AI 리터러시
인공지능 필수 지식부터 완벽 활용까지

AI 리터러시: 인공지능 필수 지식부터 완벽 활용까지
여전히 챗GPT만 붙들고 있는 당신에게

초판 1쇄 2024년 12월 2일
6쇄 2025년 11월 24일

지은이 김용성
발행인 최홍석

발행처 (주)프리렉
출판신고 2000년 3월 7일 제 13-634호
주소 경기도 부천시 길주로 77번길 19 세진프라자 201호
전화 032-326-7282(代) **팩스** 032-326-5866
URL www.freelec.co.kr

편 집 박영주
표지디자인 황인옥
본문디자인 김미선

ISBN 978-89-6540-402-6

이 책은 저작권법에 따라 보호받는 저작물이므로 무단 전재와 무단 복제를 금지하며, 이 책 내용의 전부 또는 일부를 이용하려면 반드시 저작권자와 ㈜프리렉의 서면 동의를 받아야 합니다.

책값은 표지 뒷면에 있습니다.

잘못된 책은 구입하신 곳에서 바꾸어 드립니다.

이 책에 대한 의견이나 오탈자, 잘못된 내용의 수정 정보 등은 프리렉 홈페이지(freelec.co.kr) 또는 이메일(webmaster@freelec.co.kr)로 연락 바랍니다.

인공지능 필수 지식부터 완벽 활용까지

AI 리터러시

ARTIFICIAL INTELLIGENCE LITERACY

" 여전히 챗GPT만 붙들고 있는 당신에게 "

김용성 지음

프리렉

목차

PART 1 이제는 모두의 AI 리터러시

AI 품 안에서 사는 시대 ... 10

01 AI 리터러시란? ... 13
AI 리터러시(문해력)의 정의와 발전 ... 14
AI 리터러시 핵심 영역 5 ... 17

02 AI 시대 새로운 능력, 프롬프트 엔지니어링 ... 21
AI와 대화하는 새로운 언어 ... 21
"레고처럼 조립하는" 프롬프트 기본 구성 요소 ... 25
상위 1%만 사용하는 고급 프롬프트 엔지니어링 기법 ... 35
나만 알고 싶은 프롬프팅 꿀팁 대방출 ... 44

03 윤리적 문제 이해로 AI 리터러시 Up! ... 50
AI 알고리즘의 창작품 누가 진정한 주인인가? ... 51
AI 시대의 신기루 환각현상 ... 57
AI와 개인정보의 공존 AI는 당신의 사생활을 알고 있다 ... 65
AI는 디지털 거울 인간의 편견을 학습하는 AI ... 72
AI 디바이드 AI가 만드는 새로운 양극화 ... 76

PART 2 누구나 쉽게 이해하는 인공지능 기술

인공지능, 지피지기면 백전백승 · 88

01 일상 속 알기 쉬운 예시로 AI 리터러시 Up! · 89
- **당신의 취향을 아는 AI** 넷플릭스/유튜브의 추천 알고리즘 · 90
- **늘 최적 경로를 아는 AI** 내비게이션 알고리즘 · 93
- **나를 업그레이드하는 AI** 스노우(SNOW)의 얼굴 인식 · 97
- **당신의 말에 귀 기울이는 AI** 인공지능 비서의 원리 · 100
- **나 대신 운전하는 AI** 자율주행 시대가 온다 · 104

02 인공지능 기술의 개념과 역사 · 111
- AI 기술의 정의와 기능 · 111
- AI 기술의 발전 · 116
- AI 기술의 주요 분야 · 121

03 기계 학습의 원리 · 124
- 기계 학습: 말하지 않아도 스스로 배우는 컴퓨터 · 124
- 기계 학습은 어떻게 작동할까요? · 125

04 딥러닝의 원리 · 136
- 기계 학습 vs. 딥러닝 · 136
- 딥러닝이 똑똑한 이유 · 138

05 대규모 언어 모델(LLM)의 원리 · 145
- 언어 모델의 개념 · 145
- 트랜스포머(Transformer)의 혁신 · 147
- 대규모 언어 모델의 구조와 학습 방식 · 151
- GPT 모델 · 154

06 생성형(Generative) AI의 원리 · 157
- 생성형 AI의 주요 4모델 · 157
- 생성형 AI 모델의 작동 방식 · 163

PART 3 AI 리터러시 업그레이드 생성형 AI 서비스 가이드

168

'지금 나에게 필요한' 생성형 AI 서비스 골라 잡는 법 … 170

01 대화형/텍스트 생성형 AI … 173
- 챗GPT(ChatGPT) 맞춤형 챗봇 제작, 내게 맡기세요! … 176
- 클로드(Claude) 인간미 넘치는 AI 글쓰기의 정석 … 178
- 제미나이(Gemini) 구글의 모든 것을 품은 AI … 180
- 코파일럿(Copilot) 엑셀, 파워포인트 수정도 AI와 함께 … 182
- 클로바X(ClovaX) 우리나라를 제일 잘 이해하는 대화형 AI … 184
- 노트북LM(NotebookLM) 숨은 인사이트를 찾는 AI 탐정 … 186
- 퍼플렉시티(Perplexity) 정확한 출처, AI 환각현상 최소화 … 188
- 웍스AI(Wrks AI) 직장인을 위한 올인원 AI 비서 서비스 … 190

02 이미지 생성형 AI … 192
- 디자이너(Designer) 다재다능한 이미지 생성&편집기 … 194
- 파이어플라이(Firefly) AI 이미지도 사진이 된다 … 196
- 미드저니(Midjourney) 상상을 현실로 만드는 이미지 마법사 … 198
- 비즈컴(Vizcom) 어설픈 스케치를 예술 작품으로 뚝딱! … 200
- 이머시티 AI(Immersity AI) 정지된 이미지에 생명을 … 202
- 스카이박스 AI(Skybox AI) 360도 가상 세계를 창조하다 … 204

03 동영상 생성형 AI … 206
- 드림머신(Dream Machine) 영화를 찍는 AI 감독 … 208
- 클링 AI(Kling AI) 누구나 쉽게 만드는 AI 영상 … 210
- 헤이젠(HeyGen) 당신의 분신, AI 아바타 크리에이터 … 212
- 브루(Vrew) 프로 같은 숏폼 영상으로 나도 인플루언서 … 214
- 캡컷(Capcut) 쉽고 빠른 영상 편집의 신 … 216

04 특화 기능 생성형 AI … 218
- 수노(Suno) AI로 만드는 나만의 음악 … 220
- 아이바(AIVA) 장르를 넘나드는 BGM 고수 … 222
- 감마(Gamma) 줄글을 PPT로 변신시키는 연금술사 … 224
- 릴리스AI(Lilys AI) 긴 콘텐츠도 한눈에 파악하는 AI 요약기 … 226
- 다글로(Daglo) 누락 없이 완벽한 회의 서기 … 228
- 브랜드마크(Brandmark) 클릭 한 번으로 만드는 프로급 로고 … 230

05 연구 및 교육용 생성형 AI … 232
- 사이스페이스(SCISPACE) 연구 시간을 아껴줄 유능한 조교 … 234
- 리서치래빗(ResearchRabbit) 연관 논문 그래프로 탐색 일등 … 236
- 딥엘(DeepL) 언어의 벽을 허무는 최고의 번역 파트너 … 238
- 겟지피티(GetGPT) 코딩 없이 만드는 AI 웹 앱 … 240
- 냅킨 AI(Napkin AI) 텍스트를 그래픽으로, 근사한 시각화 … 242

부록 더 살펴볼 만한 AI 서비스들 … 244

PART 4 '나' 맞춤 AI 리터러시 · 250

모두의 AI 리터러시 말고, 나만의 AI 리터러시를 … 252

01 학생의 AI 리터러시 … 254
- 시간이 부족할 때, 초스피드 발표자료가 뚝딱! with 감마 … 255
- 어설픈 스케치도 나만의 아이디어 작품으로! with 비즈컴 … 267
- 기업에 따라 변신하는 AI 자기소개서 전문가 with 젬 … 276
- 모의면접을 함께 할 도우미 앱도 노코드로! with 젯지피티 … 282

02 직장인의 AI 리터러시 … 290
- 회의 중 메모는 그만, 이제는 AI에게 맡기세요 with 다글로 … 291
- 디자인 초보도 전문가처럼 시각화가 가능하다? with 냅킨 AI … 299
- 요즘 직장인 필수 업무 데이터 분석, AI로 쉽고 빠르게! with 클로드 아티팩트 … 307
- '나 맞춤' 초개인화 AI 업무 비서가 무제한? with 웍스AI … 316

03 공무원의 AI 리터러시 … 322
- 클릭 한 번에 수백 쪽 보고서의 요약본이 나온다? with 릴리스AI … 323
- 언제든 물어보세요: 365일 깨어 있는 AI 규정 검색 도우미 with 노트북LM … 329
- 초보자도 가능한 맞춤형 보도자료·축사 AI 챗봇 제작 with 6PT … 335
- 프롬프트 한 줄로 만드는 공공 홍보 영상 with 드림머신 & 캡컷 … 345

04 교육자의 AI 리터러시 … 368
- 수업의 품격을 높이는 AI 이미지 디자인 with 마이크로소프트 디자이너 … 369
- AI 작곡가가 선물하는 근사한 우리 학교&학급 노래 with 수노 … 376
- 교실에서 AI와 떠나는 무한한 가상 세계 여행 with 스카이박스 AI … 383
- 30초 녹화로 24시간 강의 가능한 나의 분신이 뚝딱? with 헤이젠 … 390

05 연구자의 AI 리터러시 … 400
- 클릭 한 번으로 해외 논문 번역 끝! with 딥엘 … 401
- 초고속 문헌 분석의 비밀 with 사이스페이스 … 411
- 논문 마법사와 함께 떠나는 무궁무진한 관련 연구 탐색 with 리서치래빗 … 420
- 지능형 검색을 통한 완벽한 정보 정리 with 퍼플렉시티 … 429

06 자영업자의 AI 리터러시 … 441
- AI가 만들어주는 내 가게 맞춤 로고 with 브랜드마크 … 442
- AI 디자이너의 이미지 제작소에서는 무엇이든 OK! with 파이어플라이 … 449
- 제품 사진의 변신, 3D 효과로 홍보 극대화 with 이머시티 AI … 458
- 대본만으로 완성하는 매력적인 홍보 쇼츠 with 브루 … 463

마무리하며 … 477
미주 … 479

이제는
모두의
AI 리터러시

AI 품 안에서 사는 시대

여러분, 'AI'라는 말을 들으면 어떤 이미지가 떠오르시나요? 영화 속 지능적인 로봇일 수도 있고, 우리가 자주 사용하는 챗봇일 수도 있겠죠. 하지만 AI, 즉 인공지능은 이보다 훨씬 더 넓고 다양한 개념을 포함하고 있습니다. AI는 기업, 학교, 가정 등 우리의 일상 곳곳에 깊이 스며들어 있으며, 우리가 인식하지 못하는 사이에도 계속하여 우리의 삶을 변화시키고 있습니다. 또한 그 발전도 여러분이 생각할 수 없을 정도로 빠른 속도로 이루어지는 중입니다.

믿기지 않는 여러분을 위해, 한 가지 예를 소개하겠습니다. 바로 스마트폰입니다. 우리는 매일 쉴 새 없이 스마트폰을 사용하죠. 스마트폰 없이 과연 하루를 제대로 보낼 수 있을까요? 인터넷 검색, 메일 확인, 음악 감상, 길 찾기, 심지어 쇼핑까지…… 스마트폰으로 못 하는 일을 찾으려 해도 찾기 힘들 만큼 대부분의 일을 할 수 있죠. 당장 스마트폰을 놓고 집을 나왔다면 어떤 문제가 생길까요? 가고자 하는 목적지를 찾기도 어렵겠고, 버스나 지하철 도착 관련 정보도 전혀 알지 못해 당황할 겁니다.

어떻게 보면 스마트폰은, 현대인이 항시 데리고 다니는 나만의 비서라고 할 수 있을 겁니다. 2007년 최초 상용 스마트폰이 출시된 이래 어느덧 20여 년. 이제 스마트폰 없는 삶은 상상하기 어렵습니다. 그런데 사실, 스마트폰만큼이나 인공지능AI도 이미 우리 생활에 깊숙히 침투해 있음을 아시나요? 나는 챗GPT도 써본 적 없는데 무슨 이야기냐고 하실 수 있지만, 알고 보면 바로 여러분이 손에 든 그 스마트폰에 여러 AI 기술이 녹아들어 있습니다.

예를 들어, 시리Siri나 구글 어시스턴트Google Assistant 같은 음성 비서가 우리의 명령을 잘 이해하고 작업을 수행하는 것은 자연어 처리라는 AI 기술을 사용하기 때문입니다. 이 기술을 이용해 최근에는 통화 중 자동 통역도 지원하여 외국인과도 손쉽게 대화를 나눌 수 있습니다. 카메라 앱은 얼굴 인식 AI 기술을 활용하여 다른 사람이 내 휴대폰을 쉽게 열 수 없도록 도와주고, 사진을 잘못 찍었더라도 알아서 보정해 주기도 합니다. 또한 많은 스마트폰은 사용자의 패턴을 학습해 배터리 사용을 최적화하는 AI 기능을 탑재하고 있으며, 문서를 촬영하면 자동으로 텍스트를 추출해 주는 것도 AI 기술이 적용되어 가능한 일입니다.

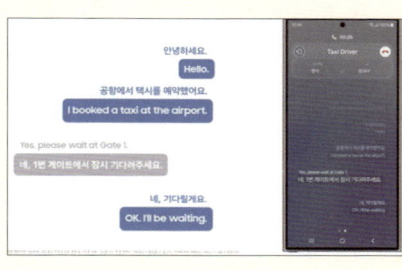 

통화 실시간 통역 기능(왼쪽)과 얼굴 인식 보안 기술(오른쪽)

그렇지만 대부분의 사람은 이런 여러 기능을 사용하면서도 그것이 AI 기술이라는 것을 인식하지 못하고 있을 겁니다. 아마도 AI를 뭔가 특별하고 복잡한 것으로만 생각하고 있기 때문일지도 모릅니다. 물론 과거의 AI는 연구자 등 특정 사람들만 사용할 수 있는 기술이었습니다. 하지만 최근에 나오는 AI 기술은 정말 누구나 쉽게 사용할 수 있는 수준입니다. 이제는 AI를 활용하여 누구나 글을 쓸 수 있고, 전문가 수준의 이미지를 만들 수 있죠. 음계를 모르더라도 누구나 1분이면 멋진 음악을 완성할 수 있는 시대입니다. AI는 스마트폰뿐 아니라, 자율 주행 자동차, 의료 진단, 금융 투자, 예술 창작 등 다양한 분야에서 활약하고 있습니다.

이처럼 AI가 우리 삶에 미치는 영향이 커질수록, AI를 제대로 이해하고 활용하는 능력, 즉 'AI 리터러시'의 중요성도 더욱 커지고 있습니다. AI 리터러시는

AI 품 안에서 사는 시대

간단히 말하면 일상에서 사용하는 이러한 AI 기술들을 더 잘 이해하고, 더 효과적으로 활용할 수 있는 능력을 의미합니다.

이는 이미 AI로 가득한 세상에서, 우리가 더 똑똑하고 효율적으로 살아갈 수 있게 해줄 것입니다. 스마트폰이 우리 일상의 필수품이 된 것처럼, AI 리터러시 역시 AI가 더욱 보편화되는 미래 사회에서 꼭 필요한 능력입니다.

01 AI 리터러시란?

앞서 AI 리터러시는 새 시대에 꼭 필요한 능력이라 했습니다. AI 리터러시를 갖추게 되면 무엇이 좋아질까요? 이미 살펴본 예시로 쉽게 생각해 보면, 음성 비서에게 더 정확한 명령을 내리거나 AI 카메라 기능을 최대한 활용하여 더 좋은 사진을 찍을 수 있을 것 같습니다.

더 나아가 새로운 AI 기술이 등장했을 때 그것을 빠르게 이해하고 활용할 수 있는 능력도 생길 겁니다. 새로운 AI 기반 앱이 출시되었을 때, AI 리터러시가 높은 사람은 그 앱의 기능과 한계를 빠르게 파악하고 자신의 필요에 맞게 활용할 수 있습니다. 이 역량은 향후 생활 편의와 웰빙, 직업 경쟁력 측면에서 모두 중요한 요소로 작용하리라 예상됩니다.

또한 AI 기반 기능의 한계나 잠재적인 문제점(예: 개인정보 보호 문제)도 인식할 수 있게 됩니다. 이 인식을 바탕으로 AI 기술을 보다 적절하게 활용할 수 있을 것이며, 경계해야 할 문제도 사전에 생각해 볼 수 있을 것입니다.

그런데 AI 리터러시란 정확히 무엇을 의미하는 걸까요? 단순히 AI 기술을 이해하는 것만으로 충분할까요? 아니면 그 이상의 것이 필요할까요? 이제 본격적으로 AI 리터러시의 정의와 그 역량을 이루는 핵심 영역들을 자세히 살펴보면서, 우리가 왜 AI 리터러시를 갖추어야 하는지, 그리고 어떻게 이를 향상시킬 수 있는지에 대해 알아보도록 하겠습니다.

AI 리터러시(문해력)의 정의와 발전

리터러시(문해력)Literacy, 文解力는 원래 언어학에서 사용하던 용어입니다. "사람들이 글을 통해 지식과 정보를 얻고 이해할 수 있는 능력"을 의미하지요. 옛날에는 많은 사람이 글을 읽거나 쓰는 것을 어려워했기에, 문해력은 학계의 중요한 연구 대상이었습니다.

불과 100년 전만 해도 지금처럼 모든 사람이 학교에 다니지 않았고, 문자 교육은 일부 계층의 특권이었습니다. 글을 읽지 못하는 '문맹'인 사람들이 많았죠. 만일 중요한 편지가 왔는데 읽을 수 없다면 어떨까요? 계약서에 서명해야 하는데 그 내용을 이해하지 못한다면 얼마나 곤란할까요?

하지만 시간이 지나면서 교육이 보편화되고, 대부분의 사람이 글을 읽고 쓸 수 있게 되었습니다. 이제 주변에서 글을 읽고 쓰지 못하는 사람을 찾기가 어렵습니다. 인류사에 전례없이 대다수가 문해력을 갖추게 된 세상이지만, 점점 복잡해지는 현대 사회는 우리에게 새로운 형태의 문해력을 요구하고 있습니다.

최근 들어 리터러시(문해력)의 개념이 점점 달라지고 있습니다. 런던경제대학LSE의 소니아 리빙스턴Sonia Livingstone 교수는, 지금까지의 리터러시는 단순히 문자를 읽고 쓰는 능력이었지만, 이제는 다양한 미디어의 등장으로 새로운 형태의 리터러시가 요구되고 있다고 이야기합니다.[1]

이는 과거와 달리 '읽고 써야 하는 대상'이 글을 넘어 정보, 게임, 미디어, 디지털, 인공지능 등으로 확대되었기 때문입니다. 문해력의 대상이 '언어'를 넘어서 다종다양한 매체로 변화한 것이죠. 이를 고려하면 <u>현대 사회에서 요구하는 리터러시(문해력)</u>는 "<u>다양한 개념을 잘 이해하고 활용하며 비판적으로 수용할 수 있는 역량</u>"으로 정의할 수 있겠습니다.

예를 들어 '게임 리터러시'라고 하면 게임을 이해하고 플레이하는 것뿐만 아니라, 게임이라는 미디어를 올바르게 활용할 수 있는 가치관과 태도까지를 포함합니다. '미디어', '디지털', '인공지능' 리터러시 개념도 이와 마찬가지 맥락에서 해석 가능합니다.

AI가 본격적으로 등장하기 이전에, 대중에게 요구되었던 리터러시 중 가장 중요한 것을 꼽자면 단연 '디지털 리터러시'가 아닐까 합니다. 두산백과에서는 디지털 리터러시를 "컴퓨터·인터넷과 관련된 디지털 기술과 콘텐츠에 대한 정보 이해 및 표현 능력"[2]이라고 정의했습니다. 미국 교육학자인 루블라와 베일리 M. Rubbla, G. Bailey 는 "디지털 기술을 사용할 줄 아는 능력과 언제 사용할지를 아는 능력"[3]으로 정의했지요.

정리하면 디지털 리터러시는 "<u>디지털 시대에 맞는 콘텐츠, 도구 등을 이해하고 적절하게 활용할 수 있는 능력</u>"으로 볼 수 있습니다. 이는 단순히 스마트폰 앱이나 키오스크를 잘 사용할 수 있는 역량이 아니라, 디지털 기술 이해 역량, 정보나 콘텐츠를 자유자재로 만들어내는 역량, 디지털 정보를 비판적으로 수용하는 역량 모두를 의미합니다.

최근에는 인공지능 기술의 급속한 발전과 일상생활에의 침투로 인해 'AI 리터러시'가 새로운 필수 역량으로 주목받고 있습니다. AI 리터러시란 무엇일까요?

2020년 듀리 롱Duri Long과 브라이언 마게르코Brian Magerko[4]는 AI 리터러시를 "AI 기술에 대해 비판적으로 판단할 수 있는 역량"이라고 정의했습니다. 이들은 AI 리터러시에는 구체적으로 AI와 효과적으로 소통하는 역량, AI와 협업하는 역량, AI를 도구로 사용하는 역량 등이 포함된다고 설명했습니다. 한편, 이유미 외[5]는 AI 리터러시를 좀 더 확장하여 "AI 기술을 이해하고 활용하는 기능적인 능력, AI 시대를 비판적으로 이해할 수 있는 능력, 이를 통해 AI가 만들어낼 새로운 세계를 예측할 수 있는 능력"이라고 정의했습니다. 이외에도 여러 학자가 AI 리터러시라는 개념을 연구하고, 각자의 관점에서 정의한바 있습니다.

AI 리터러시의 합의된 정의가 명확히 있진 않지만 이러한 정의들을 종합해 볼 때, AI 리터러시는 "AI 기술을 이해하고, 활용하며, 비판적으로 평가할 수 있는 종합적인 능력"을 의미한다고 종합해 볼 수 있습니다. 이는 단순히 AI 기술을 사용하는 능력을 넘어서, AI가 우리 사회와 일상에 미치는 영향을 이해하고 적절히 대응할 수 있는 능력까지 포함하는 것입니다.

최근 등장한 생성형 AI 기술은 AI 리터러시의 개념을 더욱 확장시켰습니다. 챗GPT와 같은 서비스가 대중에게 공개됨에 따라 누구나 AI를 활용할 수 있게 되었고, AI 리터러시의 범위 역시 더욱 넓어지고 있는 겁니다. 이러한 변화로 인해 AI 리터러시는 단순히 AI 기술을 이해하고 사용하는 것을 넘어, 생성형 AI 도구를 효과적으로 활용하여 창의적인 일을 수행하고, 생성된 결과물을 비판적으로 평가할 수 있는 능력까지 포함하게 되었습니다.

AI 리터러시 핵심 영역 5

그렇다면 진정한 AI 리터러시는 무엇일까요? 필자는 AI 리터러시 개념이 최근의 기술 발전과 사회 변화를 반영하여 확장되어야 한다고 생각합니다. 특히 생성형 AI의 등장으로, 기존 AI 리터러시 개념에 새로운 차원이 더해질 필요성이 커졌습니다. 그중 대표적인 것이 바로 '프롬프트 엔지니어링Prompt Engineering'이라는 새로운 역량으로, AI 시스템에 효과적인 명령어나 질문을 제시하여 원하는 결과를 얻어내는 능력입니다.

예를 들어 챗GPT 등으로 글을 쓸 때 "과학 에세이 작성해줘"가 아니라 "13세 학생들이 이해할 수 있는 수준으로, 블랙홀의 원리를 설명하는 500단어 에세이 작성, 비유와 일상적 예시를 포함할 것"처럼 구체적으로 요청하면 더 적절한 결과물을 얻을 수 있습니다. 이 역량을 갖추면 생성형 AI를 더욱 정교하게, 또 유용하게 활용할 수 있게 됩니다. 과거의 AI 리터러시에서는 크게 주목받지 않았지만, 이제는 핵심 기술로 부각되어 연구도 많이 진행되고 있지요.

또한, 생성형 AI의 엄청난 자유도로 인하여 AI가 생성한 콘텐츠의 신뢰성을 평가하거나 윤리적으로 활용하는 능력도 중요해졌고, 마찬가지로 AI 리터러시의 새로운 핵심 요소로 자리 잡았습니다. 이렇게 생성형 AI의 출현으로 AI 리터러시 개념이 더욱 다변화되고 있는 만큼, 지금이 우리가 배우고 교육하는 리터러시 역시 변해야 하는 아주 중요한 시점이라고 생각합니다.

이 책에서는 AI 리터러시를 다음 5가지 핵심 영역으로 재정의합니다. 이 영역들은 AI의 기초적인 원리 이해와 이를 효과적으로 활용할 수 있는 프롬프트 엔지니어링, AI를 실제 문제 해결에 적용하는 능력을 포함합니다. 더 나아가 AI 결과물을 비판적으로 평가하는 능력과 AI의 윤리적, 사회적 영향을 이해하고 고려하는 능력까지 아우르고 있습니다.

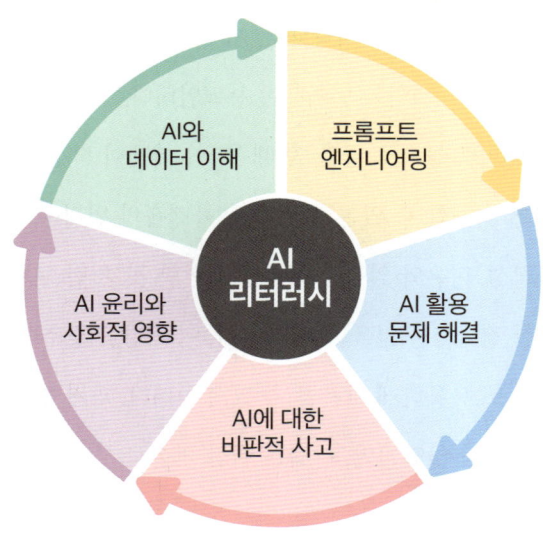

AI 리터러시 핵심 영역 5

AI 리터러시의 5가지 핵심 영역

① **AI와 데이터 이해**

AI 기술의 기본 원리와 작동 방식을 이해하고, AI의 기반이 되는 데이터의 중요성을 인식하며 이를 해석하고 활용하는 능력
→ [PART 2 누구나 쉽게 이해하는 인공지능 기술]

② **프롬프트 엔지니어링**

AI에게 효과적인 명령어나 질문을 제시하여 원하는 결과를 얻어내는 능력
→ [PART 1 중 02 AI 시대 새로운 능력, 프롬프트 엔지니어링]

③ **AI 활용 문제 해결**

일상 생활과 업무 환경에서의 다양한 문제를 AI 기술을 활용하여 해결하는 능력
→ [PART 3 AI 리터러시 업그레이드 생성형 AI 서비스 가이드 &
  PART 4 '나' 맞춤 AI 리터러시]

④ **AI에 대한 비판적 사고**

AI의 한계와 잠재적 편향성을 인식하고, AI가 생성한 결과물을 비판적으로 평가하는 능력
→ [PART 1 중 03 윤리적 문제 이해로 AI 리터러시 Up!]

⑤ **AI 윤리와 사회적 영향**

AI 사용에 따른 윤리적 문제와 사회적 영향을 인식하고, 관련 법규와 정책을 이해하는 능력
→ [PART 1 중 03 윤리적 문제 이해로 AI 리터러시 Up!]

AI 리터러시가 향상되면 어떤 점이 좋을까요? AI를 잘 이해하고 활용할 줄 알면, 우리 삶의 여러 분야에서 한층 더 좋은 결과를 만들 수 있습니다. 예를 들어, 의료 분야에서 AI는 의사들의 진단 정확도를 높이고 환자 치료 계획을 최적화하는 데 도움을 줄 수 있습니다. 교육 분야에서는 AI 기반 학습 플랫폼을 통해 학생들의 개별 학습 속도와 스타일에 맞춘 맞춤형 교육을 제공할 수 있어, 학습 효과를 크게 향상시킬 수 있습니다.

그런가 하면 비즈니스 영역에서는 AI를 활용한 데이터 분석으로 시장 트렌드를 정확히 예측하고 효율적인 의사결정을 내릴 수 있으며, 고객 서비스 품질도 크게 개선할 수 있습니다. 환경 보호 측면에서도 AI는 기후 변화 예측, 재생 에너지 최적화, 자원 재활용 등에 활용되어 지속 가능한 발전에 기여할 수 있지요. 또한, 예술과 엔터테인먼트 분야에서 AI는 창작자들에게 새로운 표현 도구를 제공하여 더욱 혁신적이고 몰입감 있는 작품을 만들어낼 수 있게 해줍니다.

이처럼 AI 리터러시는 우리 사회의 다양한 영역에서 활용되는 필수 역량이 될 것입니다. 의료, 교육, 비즈니스, 환경 보호, 예술 등 거의 모든 분야에서 AI 리터러시가 향상됨에 따라 긍정적인 발전을 기대할 수 있을 겁니다.

지금까지 우리는 AI 리터러시의 정의와, 리터러시 역량을 규정하는 핵심 영역 5가지가 무엇인지를 살펴보았습니다. 이제부터는 각 영역을 하나씩 더 자세히 알아볼 것입니다. AI 시대에 필요한 핵심 역량을 더욱 구체적으로 이해하고, AI 리터러시를 한층 더 키울 수 있는 시간이 되리라 생각합니다.

02 AI 시대 새로운 능력, 프롬프트 엔지니어링

AI 기술이 빠르게 발전하면서 우리는 이제 단순히 AI를 사용하는 것을 넘어 AI와 효과적으로 '대화'하는 방법을 배워야 하는 시대에 살고 있습니다. 이러한 맥락에서 등장한 것이 바로 '프롬프트 엔지니어링'입니다.

프롬프트 엔지니어링은 단순히 AI에게 질문을 던지는 것 이상의 의미를 갖습니다. 이는 AI의 능력을 최대한 끌어내고, 원하는 결과를 정확하게 얻어내는 과학적인 접근 방식이므로, 우리는 효율적인 프롬프팅 기법을 반드시 알아야 합니다.

AI와 대화하는 새로운 언어

프롬프트 엔지니어링은 AI 시대의 핵심 역량이자 AI 리터러시의 주요 구성 요소로서, AI와의 효과적인 소통을 가능하게 하는 '새로운 언어'입니다. 마치 알라딘의 마법 램프를 문지르는 것처럼, 적절한 프롬프트를 활용한다면 AI의 무한한 능력을 끌어낼 수 있죠. 하지만 무작정 소원을 빌듯 말하는 게 아니라, 정교한 기술과 이해가 필요한 분야입니다.

한마디로 프롬프트 엔지니어링을 정의하자면 "AI에게 효과적으로 지시를 내리고 원하는 결과를 얻어내는 기술"이라 할 수 있겠습니다. 프롬프트로 대화하는 것은 마치 외국어 사용과도 비슷합니다. 단순히 단어를 나열하는 것이 아니라, 문화와 맥락을 이해하고 적절한 표현을 사용해야 하기 때문이지요. 이 '언어'를 능숙하게 구사할수록, AI와의 소통은 더욱 원활해지고 그 결과물의 품질도 높아집니다.

필자가 강연 중에 청중에게 "챗GPT를 사용해 보신 분?"이라는 질문을 하면, 요즘에는 상당수의 청중이 사용해 보았다는 이야기를 합니다. 반면에 "그럼 챗GPT에 5줄 이상의 프롬프트(입력)를 사용하시는 분?"이라고 물으면, 손을 드는 청중의 숫자가 5% 이하로 떨어집니다. 이를 통해 많은 사람이 AI를 사용해 보긴 했지만, 아직 AI를 제대로 활용하는 단계까지는 도달하기 어려운 상황임을 알 수 있죠.

챗GPT가 국내 서비스를 시작한 지도 벌써 2년이 넘어갑니다. 그러다 보니 이제는 AI를 한 번쯤 사용해본 사람이 꽤 많이 보입니다. 그러나 AI를 제대로 사용하는 사람은 많지 않습니다. 사실 대부분의 독자는 챗GPT와 같은 AI에 프롬프트 한두 줄을 입력하고 좋은 결과를 바라고 있지 않았을까 생각됩니다. 하지만 짧은 프롬프트의 입력으로는 절대 좋은 결과물을 만들 수 없습니다. 프롬프트에도 어느 정도 공식이 있으며, 그 공식에 맞춰서 넣어야 우리가 원하는 결과물을 뽑아낼 수 있는 확률이 높아지기 때문입니다.

사실 우리는 일상생활에서 이미 프롬프트 엔지니어링의 기본을 실천하고 있습니다. 예를 들어, 네이버나 구글에서 온라인 쇼핑을 할 때를 생각해 보세요. "티셔츠"라고만 검색하는 것과 "남성용 라운드넥 반팔 티셔츠, 네이비, 브랜드명"이라고 검색하는 것 중 어느 쪽이 원하는 상품을 더 빨리 찾을 수 있을까요? 우리는 경험적으로 후자의 검색 방식이 더 효과적이라는 것을 알고 있습니다. 이처럼 우리는 누가 알려주지 않아도 자연스럽게 검색 엔진을 통해 정보를 더 효율적으로 찾는 방법을 터득해 왔던 것입니다. '인터넷 정보 검색 리터러시'라고 표현할 수도 있겠죠.

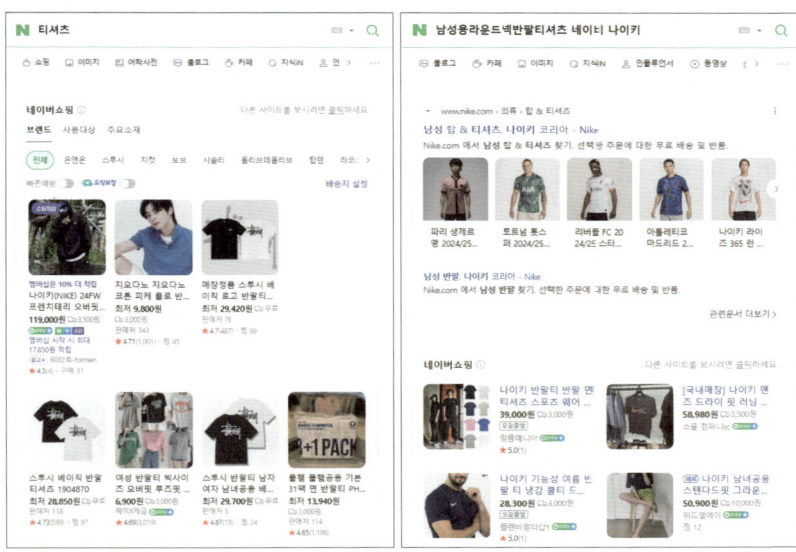

'티셔츠' 검색 화면(왼쪽) vs. '남성용라운드넥반팔티셔츠, 네이비, 브랜드' 검색 화면(오른쪽)

이 상황에서 가장 중요한 것은 무엇일까요? 바로 최소한의 입력으로 원하는 결과를 정확하고 빠르게 얻는 것입니다. 이것이 바로 프롬프트 엔지니어링의 핵심이며, 이를 통해 우리는 AI와 더욱 효과적으로 소통하고 협력할 수 있게 됩니다.

이 기술은 챗GPT, 달리DALL-E와 같은 생성형 AI의 등장으로 더욱 중요해졌습니다. 이들 AI는 매우 놀라운 능력을 가졌지만, 그 능력을 제대로 끌어내는 것은 생각보다 어렵습니다. 이를 위해서는 '올바른 질문'을 던지는 능력이 필수적입니다. 여기서 프롬프트 엔지니어링의 중요성이 부각되는 것입니다.

프롬프트 엔지니어링은 단순히 AI와 대화하는 것을 넘어, AI의 사고 과정을 이해하고 조종하는 능력입니다. 이는 AI의 한계를 이해하고, 그 한계 내에서 최대한의 성능을 끌어내는 힘을 의미하죠. 법률 문서를 요약하는 AI에게 "이 계약서를 요약해줘"라고 할 때보다 "이 임대 계약서의 주요 조항을 임차인의 관점에서 5개 항목으로 요약해줘"라고 할 때 훨씬 더 정확하고 유용한 결과를 얻을 수 있습니다.

프롬프트 엔지니어링은 또한 AI의 편향성을 제어하고 윤리적 사용을 유도하는 데도 중요한 역할을 합니다. 적절한 프롬프트를 통해 AI가 편향된 결과를 내놓지 않도록 하거나, 민감한 정보를 다루는 방식을 조절할 수 있기 때문입니다. 이는 AI 기술의 책임 있는 사용과 발전에 있어 핵심적인 요소입니다.

"레고처럼 조립하는" 프롬프트 기본 구성 요소

AI에게 명확하고 구체적인 지시를 내리기 위해서는 프롬프트의 기본 구성 요소를 이해하고 적절히 조합하는 일이 매우 중요한데요, 생각보다 어렵지 않습니다. 우리가 일상생활에서 하는 의사소통과도 비슷하니까요.

예를 들어, 친구에게 여행을 제안한다고 해봅시다. "여행 갈래?"라고 애매하게 말하는 것보다, "다음 달 첫째 주 주말(언제)에 제주도(어디서)로 힐링 여행(무엇을) 갈래? 우리 둘 다 좋아하는 카페랑 해변 관광 위주로 일정을 짜면 어떨까(어떻게)?"라고 구체적으로 말하는 것이 더 효율적이죠.

이처럼 구체적인 정보를 제공하면, 상대방이 우리의 의도를 정확히 이해하고 그에 맞는 반응을 할 수 있습니다. 프롬프트 작성도 이와 같은 원리로 접근해야 합니다. 필요한 정보를 최대한 상세하게 제시함으로써 AI가 우리가 원하는 것을 잘 이해하고 결과물을 정확하게 제공할 수 있도록 해야 합니다.

이제 프롬프트의 기본 구성 요소들을 하나씩 살펴보겠습니다. 사용 목적에 따라서 필수 프롬프트만을 사용할 수도 있지만, 추가로 필요한 경우 적절한 보조 프롬프트를 함께 사용하는 것이 좋습니다.

필수 프롬프트

다음 3가지는 프롬프트 구성 시 꼭 포함되어야 하는 필수 요소입니다. 이 중 하나라도 빠진 프롬프트를 구성한다면, 결과물이 만족스럽지 못할 확률이 매우 높습니다.

지시 사항 (Instruction)

지시 사항은 AI에게 무엇을 해야 하는지 구체적으로 알려주는 명령입니다. 마치 레고 조립 설명서에서 각 단계마다 무엇을 해야 하는지를 지시하는 것과 유사합니다.

왜 중요할까요?

AI는 사람과 달라서 막연한 지시를 이해하지 못합니다. 예를 들어, "재미있는 이야기 해줘"라고만 말하면 AI는 어떤 이야기를 해야 할지 막막해할 것입니다. 대신 "용감한 기사가 악당을 물리치는 이야기를 해줘"라고 구체적으로 지시하면, AI는 그에 맞는 이야기를 생성할 수 있겠죠.

어떻게 작성하는 게 좋을까요?

지시 사항은 명확하고 간결해야 합니다. AI가 혼란스러워하지 않도록 모호한 표현이나 중의적인 표현은 피하는 것이 좋습니다. 또한 AI의 한계를 인지하여 수행할 수 있는 작업인지 확인하고, 불가능한 작업을 지시하지 않도록 주의해야 합니다.

- 새로운 제품을 홍보하는 광고 문구를 작성해 주세요.
- AI의 역사에 관한 에세이를 써주세요.
- 이 논문을 일반인이 이해할 수 있게 쉽게 설명해 주세요.
- 기후 변화에 대한 토론 주제를 제시해 주세요.

맥락 (Context)

AI가 작업을 수행하는 데 필요한 배경 정보를 제공합니다. 영화를 볼 때 시대적 배경이나 등장인물의 관계를 알면 더 깊이 이해할 수 있듯이, AI에게도 질문의 맥락을 제공하면 더 정확하고 적절한 답변을 얻을 수 있습니다.

▌왜 중요할까요?

AI는 맥락을 통해 사용자의 의도를 파악하고, 더욱 관련성 높은 답변을 생성할 수 있습니다. 예를 들어 단순히 "아이들을 위한 앱을 만들거줘"라고만 요청하면, AI는 원하는 것 대비 너무 광범위한 결과를 내놓을지 모릅니다. 하지만 "당신은 교육용 앱 개발 회사의 기획자이고, 초등학교 저학년 학생들의 수학 실력 향상을 위한 앱을 개발해야 합니다. 최근 온라인 학습의 중요성이 커지고 있으며, 경쟁사들도 유사한 앱을 출시하고 있습니다"라는 맥락을 제공하면, AI는 더 구체적이고 관련성 높은 앱 기획안을 제시할 수 있습니다.

▌어떻게 작성하는 게 좋을까요?

맥락은 가능한 한 구체적이고 상세하게 제공하는 것이 좋습니다. 예를 들어, 그림을 생성할 때는 그림의 스타일, 색상, 분위기 등을 자세하게 설명하고, 글을 작성할 때는 주제, 목적, 대상 독자 등을 명확하게 제시해야 합니다.

- 이 보고서는 환경 친화적인 기술을 활용한 건축 프로젝트에 대한 것으로, 지속 가능한 재료와 에너지 효율적인 설계가 핵심 요소입니다.
- 이 연설문은 연말에 있을 회사 전체 미팅에서 발표될 예정이며, 회사의 성과와 내년도 비전 제시가 주된 내용입니다.
- 이번 디자인 프로젝트는 자연 친화적인 소재와 색감을 강조하며, 사용자 경험을 최우선으로 고려한 UI/UX 설계가 요구됩니다.
- 이 교육 프로그램은 성인 학습자를 대상으로 하며, 실생활에서 바로 활용할 수 있는 실무 중심의 교육 콘텐츠를 제공합니다.

❤ 출력 형식 (Output Format)

AI에게 원하는 출력 형식을 알려주는 지시어입니다. 레고 블록으로 어떤 모형을 만들지 결정하는 것처럼, AI에게도 출력 형식을 알려주면 더욱 만족스러운 결과를 얻을 수 있습니다.

왜 중요할까요?

AI는 다양한 형식의 결과물을 생성할 수 있습니다. 그러나 "AI 기술의 장단점을 정리해줘" 같이 사용자가 원하는 형식을 명확하게 지정하지 않으면 AI는 임의로 형식을 선택할 수밖에 없습니다. "AI 기술의 장단점을 표로 정리해줘"라고 출력 형식을 지정하면, AI는 사용자가 원하는 형식의 답변을 생성할 수 있습니다.

어떻게 작성하는 게 좋을까요?

출력 형식은 가능한 한 구체적이고 명확하게 작성해야 합니다. 예를 들어, 글의 형식(에세이, 목록, 시 등), 그림의 스타일(수채화, 유화, 만화 등), 데이터의 형식(표, 그래프, 코드 등)을 명확하게 지정해야 합니다.

예시

- 시간순으로 정리된 타임라인 형식으로 제시해 주세요.
- FAQ 형식으로 10개의 질문과 답변을 작성해 주세요.
- 3단 구조의 표 형식으로 정리해 주세요.
- 각 항목을 번호로 구분하여 작성해 주세요.

보조 프롬프트

필수 구성 요소 외에도, AI 답변의 품질을 높이고 더욱 구체적인 결과를 얻기 위해 추가 프롬프트 구성 요소를 활용할 수 있습니다. 이 요소들은 마치 레고 블록의 추가 부품과 같아서, 필요에 따라 자유롭게 활용하면 AI의 활용성을 극대화할 수 있답니다.

▼ 입력 데이터 (Input Data)

AI가 작업을 수행하는 데 필요한 데이터입니다. 예를 들어, 요약해야 할 글, 번역해야 할 문장, 참고해야 할 최신 정보 등이 입력 데이터가 될 수 있습니다. 입력 데이터 없이 AI 스스로 글을 생성하는 경우도 많으니, 입력해야 할 데이터가 있을 때 선택할 수 있는 옵션입니다.

▌왜 중요할까요?

AI는 주어진 데이터를 바탕으로 작업을 수행합니다. AI 요리사에게 맛있는 요리를 만들어 달라는 부탁을 했는데, 재료를 주지 않는다면 당황스럽겠죠. 즉 적절한 입력 데이터가 없으면, AI는 원하는 결과를 도출할 수 없습니다. 또한 번역을 요청할 때 번역할 텍스트가 제공되지 않으면 AI는 작업을 수행할 수 없습니다.

▌어떻게 작성하는 게 좋을까요?

입력 데이터를 제공할 때는 AI가 필요로 하는 모든 자료를 명확하게 포함시켜야 합니다. 데이터는 명확하고 구조화된 형태로 제시하며, 필요한 경우 데이터의 형식이나 단위를 명시합니다.

예시

- 다음 뉴스 기사를 요약해 주세요: [기사 원문]
- 주어진 제품 리뷰를 기반으로 요약문을 작성해 주세요: [리뷰 텍스트]
- 다음 데이터를 바탕으로 분석 보고서를 작성해 주세요: [데이터 세트]
- 이 영어 문장을 한국어로 번역해 주세요: [영어 문장]

▼ 제약 조건 (Constraint)

AI의 답변에 특정 제한을 두어, 더 구체적이고 집중된 결과를 도출하게 합니다. 이는 레고 조립에서 특정 부품이나 색상을 사용하지 않도록 지시하는 것과 유사합니다. 글자 수, 사용 언어, 포함하거나 제외해야 할 내용 등을 명시할 수 있습니다.

▍왜 중요할까요?

제약 조건은 AI가 답변의 범위를 좁히고, 사용자가 원하는 정보에 더욱 집중할 수 있도록 돕습니다. 예를 들어, "AI 기술에 대해 설명해줘"라고만 요청하면 AI는 방대한 정보를 제공하기 쉽습니다. 하지만 "AI 기술의 미래에 대해 500자 이내로 설명해줘"라는 제약 조건을 추가하면, AI는 핵심 내용만 간결하게 요약하여 제공할 것입니다.

▍어떻게 작성하는 게 좋을까요?

제약 조건은 명확하고 구체적으로 작성해야 합니다. 예를 들어, 글자 수 제한을 둘 때는 "500자 이내로"와 같이 명확하게 명시하고, 특정 내용을 포함하거나 제외할 때는 "긍정적인 측면에 초점을 맞춰 설명해줘" 또는 "객관적인 정보만 제공해줘"와 같이 구체적으로 작성해야 합니다.

- 500자 이내로 요약해 주세요.
- 긍정적인 측면에 초점을 맞춰 설명해 주세요.
- 특정 브랜드 이름을 언급하지 말고 작성해 주세요.
- 기술적인 용어 사용을 피하고 일반인도 이해할 수 있게 설명해 주세요.

❤ 예시 (Example)

AI에게 어떤 답변을 원하는지 구체적으로 알려주는 구성 요소입니다. 요리책에서 완성된 요리 사진을 보여주어 그 요리가 어떤 형태로 만들어지는지 쉽게 알 수 있게 하듯이, AI도 예시를 주게 되면 어떤 답변을 해야 하는지 쉽게 이해할 수 있습니다.

▌왜 중요할까요?

예시는 AI가 사용자의 의도를 더욱 정확하게 파악하고, 원하는 스타일의 답변을 생성하는 데 도움을 줍니다. 예를 들어, "다음과 같은 유머러스한 이야기를 써줘: [유머러스한 이야기 예시]"와 같이 예시를 제공하면, AI는 사용자가 원하는 유머 스타일을 파악하고 그에 맞는 이야기를 생성할 수 있습니다.

▌어떻게 작성할까요?

예시는 가능한 한 구체적이고 명확하게 제공하는 것이 좋습니다. 예를 들어, 글의 스타일, 문체, 분위기 등을 자세하게 설명하고, 그림의 경우에는 비슷한 스타일의 그림을 예시로 보여주는 것이 좋습니다.

다음 예시를 참고하여 OOO 파스타 레시피를 작성해 주세요.
[예시]
- 요리명: 간단하게 만드는 토마토 파스타
- 재료 (2인분): 스파게티 200g, 토마토 2개, 마늘 2쪽, 올리브유
- 조리 과정:
    1. 파스타 삶기
    2. 토마토와 마늘 볶기
    3. 파스타와 소스 섞기
    4. 올리브유와 소금으로 간하기
- 팁: 파마산 치즈를 뿌려 마무리

다음 예시를 참고하여 OOO 지역 여행 계획을 작성해 주세요.
[예시]
- 목적지: 파리, 프랑스
- 기간: 2026.05.15 - 2026.05.20 (5박 6일)
- 일정 요약:
    - 1일차: 도착, 호텔 체크인, 에펠탑 야경

- 2일차: 루브르 박물관, 세느강 크루즈
- 3일차: 베르사유 궁전 당일치기
- 4일차: 몽마르트, 오르세 미술관
- 5일차: 쇼핑, 자유 시간
- 6일차: 출국
• 예산: 1,000,000원 (항공권 제외)
• 필수품: 여권, 어댑터, 편한 신발, 여행용 가방

다음 예시를 사용하여 OOO 회사 분기 보고서를 작성해 주세요.
[예시]
- 회사명: OO 이노베이션 주식회사
- 보고 기간: 2026년 3분기 (7월-9월)
- 주요 성과:
  - 신제품 'AI 어시스턴트' 출시
  - 아시아 시장 점유율 5% 증가
- 재무 관련 내용 요약:
  - 매출: 1억 5천만 달러 (전년 대비 12% 증가)
  - 순이익: 3천만 달러 (전년 대비 8% 증가)
- 다음 분기 목표:
  - 유럽 시장 진출 준비
  - R&D 투자 20% 확대

프롬프트 조립 사례

이제 특정 예시를 활용하여 프롬프트의 구성 요소들이 실제로 어떤 식으로 배치되는지를 확인해 보겠습니다.

❤ <예시1> 제주도 여행 일정 추천

구성 요소	프롬프트 예시
지시 사항 (Instruction)	3박 4일 제주도 여행 일정을 추천해 주세요.
맥락 (Context)	당신은 제주도 여행 전문 여행사의 베테랑 여행 플래너입니다. 50대 부부와 대학생 자녀로 구성된 3인 가족이 제주도 여행 계획을 의뢰했습니다. 이 가족은 여러 관광지를 둘러보는 것을 좋아하지만, 비교적 여유로운 여행을 선호합니다. 9월 초 제주도는 날씨가 선선하고 관광객이 줄어들어 여유롭게 여행하기에 좋은 시기입니다.
출력 형식 (Output Format)	1. 일자별 세부 일정 (오전, 오후, 저녁으로 구분) 2. 각 장소별 예상 소요 시간 3. 이동 수단 및 소요 시간 4. 식사 추천 (각 끼니별 1곳) 5. 숙박 정보 6. 예상 총 경비
입력 데이터 (Input Data)	- 제주도 문화 유적지 목록 및 위치 정보 - 제주 전통 음식점 및 해산물 요리 전문점 리스트 - 제주도 내 호텔 및 리조트, 펜션 정보 (위치, 가격, 시설 등) - 제주도 주요 관광지 입장료 정보
제약 조건 (Constraint)	- 오름 1곳 이상 포함 - 유명 해변 최소 2곳 방문 - 1일 이동 거리 100km 이내로 제한 - 맛집은 제주도 특산물을 활용한 곳으로 추천 - 숙소는 해변이 보이는 곳으로 선정
예시 (Example)	1. 일자별 세부 일정: 9:00~10:30: 제주공항 도착 및 이동 10:30~12:00: 섭지코지 관광 12:30~13:30: 성산일출봉 근처 해물라면 맛집 14:00~16:00: 성산일출봉 관광 17:30~19:30: 제주 흑돼지 BBQ 2. 각 장소별 예상 소요 시간: 섭지코지: 1시간 30분 성산일출봉: 2시간 3. 이동 수단 및 소요 시간: 공항 → 섭지코지: 렌터카, 1시간 섭지코지 → 성산일출봉: 렌터카, 15분 성산일출봉 → 숙소: 렌터카, 1시간 20분 4. 식사 추천: 점심: 성산일출봉 근처 해물라면 저녁: 숙소 근처 제주 흑돼지 BBQ

5. 숙박 정보:
협재해수욕장 근처 펜션 (바다 전망 객실)
6. 1일차 예상 경비:
렌터카: 60,000원
관광지 입장료: 섭지코지 (무료), 성산일출봉 (5,000원 x 3)
식사: 점심 (30,000원), 저녁 (60,000원)
숙박: 150,000원
총 경비: 315,000원

❤ <예시2> 수학 학습 모바일 앱 기획안 작성

구성 요소	프롬프트 예시
지시 사항 (Instruction)	초등학교 저학년 학생들을 위한 수학 학습 모바일 앱의 기획안을 작성해 주세요.
맥락 (Context)	당신은 교육용 앱 개발 스타트업의 기획자입니다. 이번에 초등학교 저학년 학생들의 수학 실력 향상을 위한 앱 개발 프로젝트를 맡았습니다. 최근 온라인 학습의 중요성이 커지고 있으며, 학부모들의 교육열도 높아지고 있습니다. 경쟁사들도 유사한 앱을 출시하고 있어 차별화된 기능이 필요한 상황입니다.
출력 형식 (Output Format)	기획안을 다음 섹션으로 나누어 작성해 주세요: 1. 앱 개요 2. 주요 기능 (최소 5가지) 3. 사용자 인터페이스 설계 4. 학습 진행 방식 5. 보상 시스템
입력 데이터 (Input Data)	- **학부모 설문 결과 (500명 대상):** • 67%가 매일 15-30분 정도의 학습 시간 선호 • 91%가 자녀의 학습 진도 확인 기능 요구 - **학생 학습 데이터 (1000명 대상):** • 가장 어려워하는 영역: 곱셈 (정답률:62%) • 선호하는 학습 방식: 시각적 자료 활용 (78%) - **교사 인터뷰 내용(초등교사 10명 대상)** • 개별화된 학습 진도 조절 필요성 강조 • 실생활 연계 문제 활용 제안
제약 조건 (Constraint)	- 폭력적이거나 지나치게 경쟁적인 요소는 배제해 주세요. - 개인정보 보호를 위해 최소한의 사용자 정보만 수집해야 합니다.
예시 (Example)	다음은 주요 기능 섹션의 예시입니다. 2. 주요 기능 a) 대화형 학습: AI 튜터가 학생과 대화하며 모르는 수학 문제를 설명합니다.

b) 게임 기반 퀴즈: 난이도가 점진적으로 상승하는 수학 퀴즈를 제공하여 학생들의 흥미를 자극합니다.
c) 가상 수학 실험실: 도형과 숫자를 조작하며 수학 원리를 체험할 수 있는 인터랙티브 환경을 제공합니다.

앞의 두 예시에서는, 지금까지 살펴본 프롬프트의 구성 요소(필수 프롬프트, 보조 프롬프트)들이 마치 레고 블록처럼 서로 맞물려 하나의 완성된 프롬프트를 만들어내는 모습을 볼 수 있습니다. 이와 같이 구성 요소들을 적절히 조합하면 AI에게 더욱 명확하고 구체적인 지시를 내릴 수 있습니다. 각 요소는 AI가 사용자의 의도를 정확히 이해하고 원하는 결과물을 생성하는 데 큰 도움을 줄 것입니다.

다시 강조하건대 프롬프트 엔지니어링은 단순한 질문-답변에서 그치지 않고 AI와 효과적인 커뮤니케이션을 하기 위해 전략적인 접근이 필요한 기술입니다. 지금은 매우 복잡해 보이지만, 여러 번 연습을 하다 보면 점차 AI의 잠재력을 최대한 끌어낼 수 있을 만한, 좋은 프롬프트를 쉽고 빠르게 작성할 수 있게 될 것입니다.

상위 1%만 사용하는 고급 프롬프트 엔지니어링 기법

기본적인 프롬프트 작성법을 익힌 여러분은 AI와의 대화에서 어느 정도 자신감을 얻으셨을 겁니다. 이제 여러분의 프롬프트 엔지니어링 기법에 몇 가지 강력한 기법을 추가해 보겠습니다.

제로샷, 원샷, 퓨샷 프롬프팅을 통해 AI에게 내가 원하는 스타일대로 문서를 작성하게 할 수 있고, Chain of Thought(CoT) 기법을 이용하면 인간처럼 단계적으로 사고하도록 만들 수 있습니다. 또 역할 할당 기법을 통해 특정 전문가처럼 답변하도록 유도할 수도 있습니다.

본격적으로 이러한 고급 기법들을 하나씩 살펴보며, 여러분의 프롬프트 엔지니어링 스킬을 한 단계 높여보겠습니다. 준비되셨으면 이제 따라오시죠!

제로샷 & 원샷 & 퓨샷: 예시, 몇 개가 좋을까?

▼ **제로샷 프롬프팅** (Zero-shot Prompting): **처음 본 내용도 문제 없이!**[6]

제로샷 프롬프팅은 AI에게 별도의 예시를 주지 않은 상태에서 새로운 작업을 하도록 요청하는 방법입니다. 이 기법은 AI가 기존에 학습했던 내용을 바탕으로 처음 접하는 작업이나 질문에 대응할 수 있게 합니다. 이 과정은 마치 경험 많은 요리사에게 처음 보는 재료로 요리를 만들어 달라고 요청하는 것과 유사합니다.

그러나 복잡하거나 전문적인 작업에서는 정확도가 떨어질 수 있으며, AI의 학습 범위를 벗어나는 주제에는 관련 없는 답변을 생성할 가능성이 높다는 한계가 있습니다.

- 기후 변화의 원인에 대해 설명해 주세요.
- '인공지능 윤리'라는 주제로 에세이를 작성해 주세요.
- 현대 미술의 주요 특징을 5가지 나열해 주세요.
- 환경 보호의 중요성에 대해 연구 보고서 목차를 써 주세요.

▼ **원샷 프롬프팅** (One-shot Prompting): **하나의 예시로 좋은 결과를!**[7]

원샷 프롬프팅은 AI에게 단 하나의 예시를 제공하여 작업을 지시하는 방법입니다. 이는 최소한의 정보로 최대한의 결과를 얻고자 할 때 사용됩니다. 이 기법은 AI가 제공된 한 가지 예시를 통해 작업의 패턴을 파악하고, 이를 유사한 새로운 상황에 적용하여 해결할 수 있도록 합니다.

이 과정은 요리사에게 하나의 새로운 요리 레시피를 보여주고, 그 레시피의 기본 원리를 이용해 다른 재료로 비슷한 요리를 만들어 달라고 요청하는 것과 유사합니다. 그러나 단 하나의 예시만으로는 모든 경우의 수를 파악하기 어려울 수 있으며, 제공된 예시의 대표성이 낮다면 오히려 다른 방향으로 답변이 나올 수 있다는 한계가 있습니다. 따라서 원샷 프롬프팅을 사용할 때는 대표성이 높은 예시를 제공하는 것이 좋습니다. 아래 예시는 보조 프롬프트 요소 중 하나인 '예시_{example}' 제시 형태와 유사하며, 1개의 예시를 제공합니다.

예시

다음 예시를 기반으로 OOO 프로젝트의 간단한 제안서를 작성해 주세요.
- 프로젝트명: 스마트 시티 교통 시스템 개선
- 목적: 도시 교통 흐름 최적화 및 탄소 배출 감소
- 주요 내용:
    - AI 기반 신호 제어 시스템 도입
    - 실시간 교통 정보 제공 앱 개발
- 예상 효과:
    - 평균 통근 시간 20% 감소
    - 교통 관련 탄소 배출 15% 절감
- 소요 기간: 18개월
- 예산: 1억 원

> 다음 예시를 기반으로 OOO 대학의 OOO 학과 소개를 작성해 주세요.
> - 학과명: 인공지능학과
> - 설립 연도: 2022년
> - 교육 목표: AI 기술 개발 및 응용 능력을 갖춘 전문가 양성
> - 주요 교과과정:
>   - 머신러닝 기초 및 심화
>   - 자연어 처리와 컴퓨터 비전
>   - AI 윤리와 사회적 영향
> - 졸업 후 진로:
>   - AI 연구원, 데이터 사이언티스트, IT 기업, 금융기관, 의료기관 등
> - 학과 특징:
>   - 산학협력 프로젝트 참여 기회
>   - 최신 GPU 서버 및 연구 시설 구비
> - 입학 정원: 연간 50명

▼ 퓨샷 프롬프팅 (Few-shot Prompting): 몇 개 예시로 양질의 결과를![8]

퓨샷 프롬프팅은 AI에게 여러 개의 예시를 제공하여 작업을 지시하는 방법입니다. 마치 화가에게 여러 그림을 보여주고 비슷한 그림을 그리게 하는 것처럼, AI에게도 여러 개의 예시를 통해 원하는 결과물의 스타일과 특징을 보여주는 것이죠.

퓨샷 프롬프팅은 제로샷이나 원샷 프롬프팅에 비해 더 정확하고 일관된 결과를 제공할 수 있지만, 여전히 한계가 있습니다. 제공된 예시들 사이에 일관성이 부족할 경우 AI가 혼란스러워할 수 있으며, 너무 많은 예시를 제공하면 AI가 예시에 과도하게 의존하여 창의성을 발휘하는 것을 막을 수 있습니다.

다음 전자제품 리뷰 예시를 참고하여 OOO 제품의 리뷰를 작성해 주세요.

[예시 1]
- 제품명: 아이폰 15 프로
- 출시일: 2023년 9월
- 주요 스펙:
  - 디스플레이: 6.1인치 OLED
  - 카메라: 트리플 렌즈 (광각, 초광각, 망원)
  - 프로세서: A17 Bionic 칩
- 장점:
  - 뛰어난 카메라 성능, 특히 저조도 촬영
  - 강력한 성능과 배터리 효율성
- 단점:
  - 높은 가격대
  - 삼성 페이 이용 불가
- 총 평점: 4.5/5

[예시 2]
- 제품명: 에어팟 프로 2
- 출시일: 2022년 9월
- 주요 스펙:
  - 액티브 노이즈 캔슬링
  - 최대 6시간 재생 (케이스 포함 30시간)
  - 공간 음향 지원
- 장점:
  - 뛰어난 노이즈 캔슬링 성능
  - 편안한 착용감과 안정적인 연결

- 단점:
  - iOS 기기에 최적화, 안드로이드 호환성 제한
  - 고가의 가격
- 총 평점: 4/5

[예시 3]
- 제품명: 삼성 갤럭시 워치 6 프로
- 출시일: 2023년 8월
- 주요 스펙:
  - 디스플레이: 1.47인치 Super AMOLED
  - 배터리: 425mAh
  - 센서: 심박수, 혈압, 체성분 분석
- 장점:
  - 다양한 건강 모니터링 기능
  - 세련된 디자인과 우수한 화면 품질
- 단점:
  - 배터리 수명이 다소 짧음
  - 일부 기능은 삼성 스마트폰과 페어링 시에만 사용 가능
- 총 평점: 4.3/5

CoT & 역할 할당: AI를 내가 원하는 정확한 결과로 유도하려면?

❤ CoT 프롬프팅 (Chain-of-Thought Prompting): 복잡한 과제도 차근차근!

CoT 프롬프팅은 AI에게 문제 해결 과정을 단계별로 설명하도록 유도하는 방법입니다. 마치 수학 문제를 풀 때 풀이 과정을 꼼꼼하게 적어 내려가는 것처럼, AI에게도 생각의 흐름을 보여주도록 요청하는 것이죠.

"1부터 100까지의 숫자 중 짝수의 합을 구하는 방법을 단계별로 설명해줘"
와 같이 CoT 프롬프트를 사용하면, AI는 문제 해결 과정을 단계별로 설명
하며 답을 찾아냅니다. CoT 프롬프트는 AI가 복잡한 문제를 해결하는 과정
을 투명하게 보여주고, 논리적인 사고 능력을 향상시키는 데 도움을 줍니다.
또 AI에게 차근차근 사고할 것을 요구함으로써 환각 현상도 예방할 수 있습
니다.

하지만 단순한 작업에 대해서 불필요한 설명을 요구할 경우 효율성이 떨어
질 수 있으며, AI의 사고 과정이 인간의 논리와 일치하지 않을 수 있다는 한
계가 있습니다. 따라서 AI의 사고과정을 비판적으로 검토하는 것도 중요합
니다.

 일반 프롬프트

입력: 3 + 5 x 2 - 4 / 2 = ?

출력: 16

앞 [예시]를 보면, 계산식만 입력하자 순서를 무시한 채 순차적으로 계산하
여 틀린 답을 출력한 것이 확인됩니다(물론 요즘엔 대화형 AI 서비스가 개선되
면서 이 정도 단순한 문제는 잘 푸는 경우도 많긴 합니다). 하지만 단계별로 풀어
달라고 요청했더니, 뒤 [예시]처럼 오류 없이 논리적인 풀이를 전개하여 올
바른 답을 내놓는 모습을 볼 수 있습니다.

 CoT 프롬프트

입력 : 3 + 5 x 2 - 4 / 2 = ?, 이 계산식에 대해 단계별로 풀어주세요.

1. 곱셈과 나눗셈 먼저 계산하기:
5 x 2 = 10
4 / 2 = 2
2. 계산 결과를 원래 식에 대입하기:
원래 식: 3 + 5 x 2 - 4 / 2 = ?
대입 후: 3 + 10 - 2 = ?
3. 덧셈과 뺄셈 계산하기:
3 + 10 - 2 = 11
4. 정답:
따라서, 3 + 5 x 2 - 4 / 2 = 11 입니다.

♥ 역할 할당 프롬프팅 (Role Prompting): AI에게 맞춤 역할을!

역할 할당 프롬프팅은 AI에게 특정 역할이나 관점을 부여하여, 그 역할에 맞는 방식으로 응답을 생성하도록 유도하는 방법입니다. 이 기법은 AI가 특정 분야와 입장에 몰입해 더욱 일관되고 적절한 답변을 제공하도록 하고, 다양한 시각에서 문제를 바라볼 수 있게 해줍니다.

예를 들어, "너는 이제 데이터 분석 전문가야. 주어진 데이터를 기반으로 2026년 마케팅 전략을 제시해줘"라는 식으로 프롬프트를 작성하면, AI는 데이터 분석가의 관점에서 답변을 생성하려고 노력하게 됩니다. 하지만 AI가 실제로 해당 역할의 전문성을 갖추고 있지 않은 분야에서는, 제공되는 답변이 부정확할 위험도 있습니다.

- 심리 상담사: "당신은 경험 많은 심리 상담사입니다. 스트레스 관리를 위한 효

과적인 방법 5가지를 제안해 주세요."
- 스포츠 해설가: "당신은 축구 전문 해설가입니다. 다가오는 월드컵에서 우승할 가능성이 높은 팀과 그 이유를 분석해 주세요."
- 인공지능 윤리학자: "당신은 AI 윤리 전문가입니다. 자율주행차의 윤리적 딜레마에 대해 의견을 제시해 주세요."
- 환경 운동가: "당신은 환경 운동가입니다. 기후 변화 문제에 대해 대중에게 알릴 수 있는 캠페인 아이디어를 제안해 주세요."

프롬프팅 기법 결합: AI 상호작용 업그레이드!

더 나아가 지금까지 알아본 고급 기법들을 상황에 맞게 적절히 섞어서 활용하면, AI와의 상호작용을 한 단계 더 발전시킬 수 있습니다.

예를 들어, 복잡한 비즈니스 전략을 수립할 때 역할 할당과 CoT 프롬프팅을 결합하여 사용할 수 있습니다. 이런 복합적인 프롬프트는 AI가 특정 전문가의 관점에서 체계적이고 깊이 있는 분석을 하도록 돕습니다. 역할 할당을 통해 전문성을 부여하고 CoT를 통해 단계별 설명을 요구함으로써, 더욱 구체적이고 실행 가능한 대안을 얻을 수 있는 것이지요.

> 당신은 실리콘밸리에서 20년간 스타트업을 성공시킨 경험이 있는 CEO입니다.(역할 할당) 새로운 AI 기반 건강관리 앱의 시장 진입 전략을 수립해 주세요. 각 단계별로 어떤 고려사항과 위험 요소가 있는지 설명해 주세요.(CoT 프롬프팅)

또 다른 예로, 제로샷 프롬프팅과 원샷 프롬프팅을 결합할 수도 있습니다. 다음 프롬프트는 제로샷 프롬프팅을 통해 이메일을 생성한 후, 원샷 프롬프팅을 통해 이메일을 다듬는 예시입니다.

02 AI 시대 새로운 능력, 프롬프트 엔지니어링

> 협력사 직원에게 내일까지 견적서를 보내 달라는 이메일을 써주세요.(제로샷 프롬프팅)
> "견적서를 빠르게 전달해 주시면 대단히 감사하겠습니다."
> 위 예시를 참고하여 이메일 내용을 변경해 주세요.(원샷 프롬프팅)

다양한 프롬프트 엔지니어링 기법을 조합하여 활용하면, AI는 단순한 정보 제공을 넘어 깊이 있는 분석과 창의적인 결과물을 제공하는 든든한 조력자가 되어줄 겁니다. 숙련된 지휘자가 오케스트라의 최고의 연주를 이끌어내듯, 프롬프트 엔지니어링을 통해 AI의 잠재력을 최대한 끌어내고 원하는 결과를 만들어낼 수 있습니다.

프롬프트 엔지니어링은 단순한 기술이 아닌 AI와 소통하는 예술이라고 생각합니다. 끊임없는 연습과 탐구를 통해 자신만의 프롬프트 작성 노하우를 익히는 과정 자체가, AI와 더욱 효과적으로 상호작용하고 친숙해지는 중요한 계기가 될 것입니다.

나만 알고 싶은 프롬프팅 꿀팁 대방출

프롬프트 엔지니어링 기법들을 익혔다면, 이제 AI와의 대화를 더욱 풍성하게 만들어 줄 꿀팁들을 알아볼 차례입니다. 마치 맛있는 음식의 풍미를 더하는 양념처럼, 이 꿀팁들은 AI와의 소통 기술을 한층 더 끌어올려 줄 수 있을 것입니다.

▼ 1) 적절한 질문-답변 횟수 선택하기: 싱글턴 방식 vs. 멀티턴 방식

싱글턴(Single-turn)은 한 번의 질문과 답변으로 이루어집니다. 이 방법은 AI의 즉각적인 응답 능력을 활용하며, 복잡한 설명이 필요 없는 질문에 적합합니다. 따라서 특정 사실이나 데이터를 신속하게 얻고자 할 때 효과적입니다. 하지만 깊이 있는 정보를 얻기는 어려울 수 있으며, 복잡한 맥락이 필요한 질문에는 적합하지 않을 수 있습니다.

예시
- 대한민국의 수도는 어디인가요?
- 세계에서 가장 높은 산의 이름은 무엇인가요?
- 태양계에서 가장 큰 행성은 뭘까요?

반면 멀티턴(Multi-turn)은 여러 번 주고받으며 대화를 이어가는 방식입니다. 복잡한 주제나 여러 단계의 문제 해결에 적합합니다. AI가 이전 대화를 기억하고 참고할 수 있어서, 점진적으로 더 자세한 정보를 얻을 수 있습니다.

멀티턴을 통해 AI는 사용자의 의도를 더 잘 파악하는 한편, 다양한 관점에서 주제를 탐구할 수 있습니다. 또한, 필요에 따라 추가 질문을 하여 정보를 구체화하거나 확인받을 수도 있지요. 다만, 시간이 좀 더 소요되며 사용자가 이전 대화 흐름을 잘 파악해야 한다는 부담을 느끼기 쉬운 것은 단점입니다.

예시
- [1] 소설 쓰는 과정을 도와주세요.
- [2] 먼저 주인공의 성격을 설정해 볼까요?
- [3] 이제 주인공이 겪을 주요 사건을 구상해 봅시다.
- [4] 이 사건들이 주인공에게 어떤 영향을 미칠까요?

♥ 2) 한 번에 한 가지 주제만 물어보기

AI에게 여러 가지 주제를 한 번에 질문하면 혼란을 줄 수 있으며, 이로 인해 답변의 질이 낮아질 우려가 있습니다. 한 번에 여러 주제를 다루려고 하면 AI는 각 요소를 개별적으로 해석하려 하게 되고, 이는 불필요하게 복잡하거나 불완전한 답변 생성으로 이어지기 쉽습니다.

그러나 한 번에 한 가지 주제만 물어본다면 AI는 해당 주제에 집중하여 더 정확하고 상세한 정보를 제공할 것입니다. 이로써 우리는 AI의 처리 능력을 가장 잘 활용하고, 원하는 정보를 더 효과적으로 얻을 수 있게 됩니다. 또한 순차적으로 질문함으로써 각 주제에 대해 더 깊이 있는 대화를 나누거나, 필요에 따라 추가 질문을 통해 정보를 구체화할 수 있습니다.

> **안 좋은 예시**
> - 인공지능의 발전 과정, 현재 활용 분야, 그리고 미래 전망에 대해 알려주세요.

> **바람직한 예시**
> - 인공지능의 주요 발전 과정에 대해 설명해 주세요.
> - (이후 필요에 따라) 현재 인공지능의 주요 활용 분야는 어떤 것들이 있나요?
> - (추가로 필요하다면) 인공지능의 미래 전망에 대해 어떻게 생각하나요?

♥ 3) 역으로 프롬프트 물어보기

발상을 전환하여, AI에게 더 효과적인 질문 방법을 알려 달라 요청할 수도 있습니다. 기존 질문으로 원하는 정보를 정확히 얻지 못했거나, 더 깊이 있는 답변이 필요할 때 활용하면 좋습니다. AI에게 "어떤 프롬프트를 입력해야 더 좋은 답변을 얻을 수 있을까?"라고 물어봄으로써, AI 스스로 문제를 재구성하고 필요한 정보를 파악하게 하는 원리입니다.

이 방법은 다뤄야 하는 분야가 생소하여 이해도가 낮을 때 사용하면 좋습니다. 또한 미처 생각하지 못한 질문 방식을 AI로부터 제안받을 수 있고, AI의 답변 능력을 최대한 활용할 수 있는 방법을 직접 AI에게서 배울 수 있다는 점에서 특히 유용합니다.

예시

- 특정 브랜드의 톤앤매너를 반영한 소셜 미디어 포스트를 작성하기 위해 어떤 프롬프트를 입력하면 좋을까요?
- AI를 활용해 창의적인 제품 디자인 아이디어를 얻기 위해 어떤 프롬프트를 입력하면 좋을까요?
- 개인화된 운동 계획을 수립하기 위해 어떤 프롬프트를 입력하면 좋을까요?
- 특정 시장의 SWOT 분석을 효과적으로 수행하기 위해 어떤 프롬프트를 입력하면 좋을까요?

4) AI에게 피드백 주기

이 기법은 AI의 초기 응답을 바탕으로 더 나은 결과를 얻기 위해 지속적으로 소통하는 과정 전체를 뜻합니다. AI의 답변을 평가하고, 그에 따라 추가 지시나 수정 요청을 하는 것까지를 포함하죠. 우리가 AI에게 직접 피드백을 제공한다면, AI는 우리 의도를 더 정확히 파악하고 더 적절한 정보를 제공할 수 있게 됩니다.

이 기법은 특히 복잡한 주제를 다룰 때 유용합니다. 피드백을 통해 AI는 응답을 조정하고 개선할 수 있으며, 이는 결과적으로 더 정확하고 유용한 정보로 이어집니다. 또한 우리도 이 과정을 통해 AI와의 효과적인 의사소통 방법을 학습할 수 있습니다.

- 이 부분은 이해하기 어렵네요. 더 단순한 언어로 다시 설명해줄 수 있나요?
- 너무 추상적으로 설명했습니다. 좀 더 구체적인 사례나 예시를 들어줄 수 있을까요?
- 당신이 제시한 주장에 대한 반대 의견도 함께 제시해줄 수 있나요?

5) 창의적인 시도하기

AI는 우리가 물어보는 질문에 대한 답변도 하지만, 때로는 놀라운 창의성을 발휘할 수 있습니다. 창의적인 프롬프트를 통해 AI의 잠재력을 최대한 끌어낼 수 있으며, 이는 우리가 미처 생각하지 못한 새로운 아이디어나 독특한 관점을 제공할 수 있습니다.

AI는 방대한 데이터를 기반으로 다양한 개념을 연결하고 재조합하여 매우 창의적인 결과물을 만들어낼 수 있습니다. 이러한 시도는 예술, 문학, 광고, 제품 디자인 등 다양한 분야에서 활용될 수 있으며, 우리의 창의성과 아이디어를 자극하고 확장하는 도구로 사용될 수 있습니다. AI와의 창의적인 협업을 통해 우리 역시 기존의 사고 패턴을 벗어나 새로운 가능성을 탐색할 수 있답니다.

- 현대 기술과 고대 신화를 결합한 새로운 SF 소설의 줄거리를 제시해 주세요.
- 기존의 스포츠를 결합해 완전히 새로운 스포츠를 고안해 주세요.
- 아이들이 환경 보호의 중요성을 배울 수 있는 새로운 보드 게임을 만들어주세요.

▼ 6) 명확하고 구체적인 프롬프트 사용하기

여러 차례 강조했지만, AI와의 효과적인 소통을 위해서는 명확하고 구체적인 프롬프트를 사용하는 것이 매우 중요합니다. 이는 마치 목적지로 가기 위해 정확한 지도를 사용하는 것과 같은 원리입니다. 모호하고 일반적인 요청은 AI가 사용자의 의도를 정확하게 이해하기 어렵게 만들며, 그 결과로 나오는 응답이 우리가 원하는 수준에 미치지 못할 수 있습니다. 반면, 구체적이고 명확한 프롬프트를 사용하면 AI는 주어진 정보를 더 잘 해석하고, 그에 맞는 적절한 결과물을 생성할 수 있습니다. 명확한 프롬프트를 작성하려면, 우선 구체적인 맥락을 제공하고 결과물의 형식을 명확하게 하는 것이 좋습니다. 그리고 AI가 하는 답변에 대해 특정 제약 조건을 두거나 예시를 제공하여 적절한 답변을 생성할 수 있도록 합니다.

예시1
- 모호한 프롬프트: "다이어트에 대해 알려줘."
- 명확한 프롬프트: "30대 남성을 위한 2주간의 저탄수화물 다이어트 계획을 제안해 주세요. 일일 칼로리 섭취량, 주요 식단 구성, 피해야 할 음식 목록을 포함해서요."

예시2
- 모호한 프롬프트: "프레젠테이션 만들어줘."
- 명확한 프롬프트: "신규 모바일 앱 출시를 위한 10장 분량의 투자자 대상 프레젠테이션 개요를 작성해 주세요. 시장 분석, 제품 특징, 마케팅 전략, 재무 계획을 포함하고, 각 슬라이드의 핵심 내용은 굵은 글씨로 표시해 주세요."

03 윤리적 문제 이해로 AI 리터러시 Up!

이전에 소개한 AI 리터러시의 5가지 핵심 영역 중, AI의 실질적인 활용이나 지식과는 다소 결이 다른 2가지 요소가 있었음을 기억할 겁니다. 바로 'AI에 대한 비판적 사고'와 'AI 윤리와 사회적 영향'입니다.

생성형 AI 기술이 급부상한 가운데, 아직 (갑자기 표면화된) 신기술에 대한 사회적인 제도나 체제, 인식이 제대로 갖추어지지 않은 상황입니다. 따라서 적절한 이해와 활용을 위해서는 AI가 생성한 결과물을 비판적으로 평가하는 역량이 매우 중요합니다. 또한 무분별한 사용과 확산으로 인한 부작용을 예방하려면, AI 사용에 따른 윤리적 문제와 사회적 영향을 인식하여 올바르게 활용하는 태도 역시 함양해야 할 것입니다.

하지만 AI 자체도 생소한데, AI의 영향이나 파급력까지 당장 생각하기는 어렵습니다. 따라서 이번 장에서는 생성형 AI 상용화에 맞물려 불거진 여러 사회적 문제와 쟁점 사례를 통해 AI 때문에 발생할 수 있는 윤리적 문제를 다뤄봄으로써, 우회적으로 AI 리터러시의 두 영역을 이해해 보고자 합니다.

AI 알고리즘의 창작품 누가 진정한 주인인가?

"AI로 사진을 생성하여 SNS에 올렸는데, 이 사진의 주인은 대체 누구일까요?" 인공지능 기술의 발전으로 AI가 그림을 그리고, 음악을 작곡하고, 글을 쓰는 시대가 되었습니다. 이에 따라 AI 창작물의 저작권을 둘러싼 새로운 윤리적, 법적 문제가 제기되고 있습니다.

이 논쟁은 생각보다 고려해야 할 것들이 많기 때문에 여러 사람의 궁금증을 자아내는 것 같습니다. 필자의 강연 도중 가장 많이 나오는 질문 중 하나도, 바로 "생성형 AI로 만든 콘텐츠의 저작권은 어떻게 되나요?"입니다.

AI와 저작권

이를 이해하기 위해서는 먼저 저작권의 개념을 살펴볼 필요가 있습니다. 두산백과에 따르면 저작권은 "인간의 사상 또는 감정을 표현한 창작물인 저작물에 대해 저작권법에 따라 가지는 권리"[10]입니다. 여기서 주목할 단어는 '인간'입니다. 인간이 아닌 'AI'가 창작한 창작물은 현행법상 저작권을 인정받기 어려운 상황입니다. 이와 유사하게 현재 많은 국가에서 AI가 만든 창작물은 저작권으로 인정받지 못하는 사례들이 등장하고 있습니다.

미국의 작가 크리스티나 카슈타노바Kristina Kashtanova는 소설 '새벽의 아리야 ZARYA OF THE DAWN'를 출판하면서 AI의 도움을 받았습니다. 소설 본문은 직접 썼지만, 표지와 내지의 삽화는 모두 AI로 제작했다고 합니다. 그는 이 작품에 대해 저작권 보호를 신청했으나, 미국 저작권청은 저작권을 일부만 인정했습니다. '저자가 작성한 글'과 '이미지 배열'에 대한 저작권은 인정했지만, AI가 생성한 개별 이미지에 대해서는 인정하지 않은 것입니다.

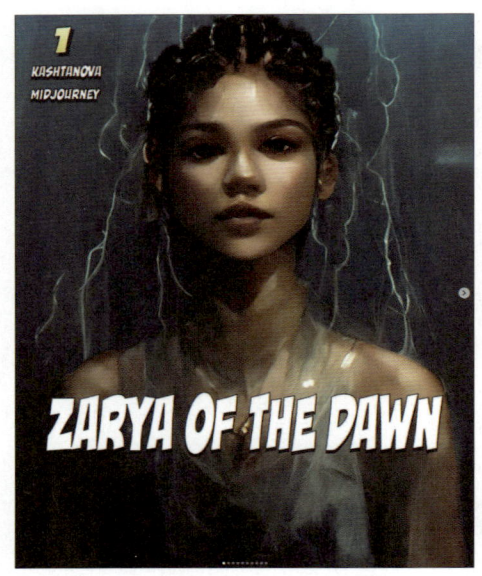

'새벽의 아리야' 표지 (출처: 작가 인스타그램 @kris.kashtanova)

♥ 학습 데이터의 문제

AI를 둘러싼 또 다른 저작권 문제는 학습 데이터의 수집 과정에서 발생합니다. 생성형 AI는 대규모의 데이터를 학습하여 결과물을 만들어내는데, 이 과정에서 원작자의 동의 없이 마구잡이로 데이터를 수집하는 경우가 많아 문제가 됩니다. 최근 게티이미지Getty Images가 스태빌리티 AIStability AI를 상대로 제기한 소송을 살펴보면 내용을 좀 더 잘 이해할 수 있습니다.

스태빌리티 AI는 방대한 양의 이미지 데이터를 학습하여 이미지 생성형 AI 모델 '스테이블 디퓨전Stable Diffusion'을 개발했으며, 이 모델을 통해 사용자들이 다양한 이미지를 생성할 수 있도록 했습니다. 게티이미지는 이 AI 모델의 학습 과정에서 스태빌리티 AI가 자사의 유료 이미지 데이터를 무단으로 사용했다고 주장하며 소송을 제기했습니다.

또한 게티이미지는 스태빌리티 AI가 자사의 저작권을 침해했을 뿐만 아니라, 생성된 이미지에 게티이미지의 워터마크가 포함되어 있어 자사의 브랜드 이미지를 훼손했다고 주장했습니다. 다음 축구 관련 사진들을 볼까요? 좌측이 게티이미지의 원본이고, 우측은 스테이블 디퓨전으로 생성한 이미지입니다. 자세히 살펴보면 우측에 유사한 양식의 워터마크가 보이시죠? (누가 봐도 비슷해 보이긴 합니다.) 이러한 (합리적인) 의심으로 소송이 진행 중이긴 하지만, 어떤 방향으로 결론이 날지는 사실 아직 모르는 상황입니다.

 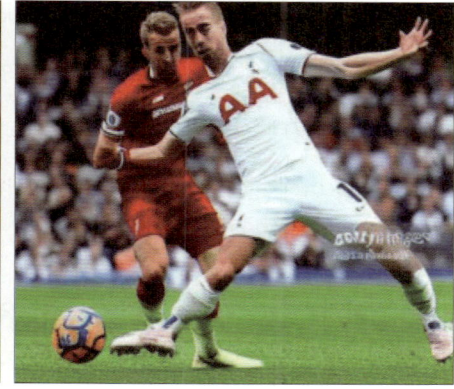

게티이미지가 제출한 소장에 포함된 브랜드 이미지 훼손 가능성이 있는 생성 이미지[11]

그렇지만 결과를 조심스레 예측해볼 수 있는 유사 판례가 나오기는 했습니다. 2023년 11월에 일러스트레이터 및 만화가인 켈리 매커넌 등 3명이 스태빌리티 AI, 미드저니 등에 제기한 저작권 침해 소송에 대해, 저작권 침해로 보기 어렵다는 판결이 나온 것입니다.[12]

이 판결의 요지는 원고가 저작권을 침해받았다고 주장한 모든 이미지의 저작권을 신청하지 않았으며, 이미지 생성에 참고한 데이터셋의 저작권 침해 여부를 일일이 증명할 수 없는 만큼 저작권 침해로 볼 증거가 불충분하다는 것이었습니다. 다만 원고가 저작권청에 신고한 저작물 16건에 대해서는 복제 혐의를 일부 인용하기도 했습니다.

❤ AI 생성물이 야기하는 문제

AI의 생성물 자체보다 더 심각한 문제가 있습니다. 바로 인간의 '의도된' AI 거짓 생성물 활용입니다. 일례로 최근에는 X(구 트위터)의 Grok-2가 큰 이슈가 되고 있는데, 유명인사, 정치인, 브랜드 등의 이미지를 제한 없이 생성할 수 있기 때문입니다. 타 이미지 생성형 AI 서비스들이 법적 문제를 우려해 이러한 콘텐츠 생성을 금지하는 것과는 대조됩니다. 이로 인해 유명 정치인이나 연예인 등의 딥페이크Deepfake 이미지가 쉽게 생성되어 빠르게 확산되고 있습니다.

다음 이미지를 보시죠. 도널드 트럼프와 일론 머스크가 입맞춤을 하는 장면인데요, 현실적으로 불가능한 장면이지만 이렇게 쉽게 생성이 가능합니다. 사실 이 이미지는 매우 수위(?)가 약한 편이고, 더 나아가 실존 인물에게 큰 피해를 주는 좋지 않은 방향의 이미지를 생성하여 공유하는 사람들도 많이 늘어나고 있습니다. 여기서 큰 문제는, 생성형 AI의 고도화로 이러한 사진(이미지)의 진위를 우리 눈으로 구별할 수 없다는 겁니다.

Grok X 계정이 게시한 거짓 생성 이미지[13]

이를 해결하기 위해 최근 국내외에서는 AI로 생성한 결과물에 워터마크를 넣는 방안을 도입[14]하고 있습니다. AI가 만든 생성물을 사람이 구분하는 것은 사실상 어려우니, 생성 시 처음부터 구분용 장치를 넣어두자는 논리입니다. 이 워터마크는 우리 눈에는 보이지 않지만, 디지털 기술을 활용하면 쉽게 구분이 가능합니다.

구글 딥마인드와 구글 클라우드에서 개발한 신스ID$_{SynthID}$가 이 분야의 대표주자이며, 속속 관련 기술들이 개발되고 있습니다. 신스ID는 이미지의 픽셀에 워터마크를 주입함으로써, 이미지를 변환하더라도 인식 가능한 상태로 남아 있도록 조치합니다. 이 기술을 사용하면 AI가 만든 이미지임을 쉽게 판단할 수 있게 됩니다.

03 윤리적 문제 이해로 AI 리터러시 Up!

SynthID의 워터마크 미삽입/삽입 이미지 비교[15]

♥ AI 제작 이미지의 주인은?

그렇다면 생성형 AI로 만든 이미지의 소유권은 누구에게 있을까요? 이에 대한 명확한 법적 기준은 아직 확립되지 않았습니다. 현재로서는 AI 개발자, AI 알고리즘 개발자, AI 사용자 등 누구에게 소유권이 있는지에 대한 논란이 계속되고 있습니다. 일부 전문가들은 AI를 도구로 보고 이를 사용한 사람에게 소유권이 있다고 주장하지만, 반대 입장을 가진 사람들은 AI 개발자에게 권리가 있다고 말합니다.

최근 많은 AI 플랫폼에서 이용 약관을 통해 생성형 AI로 만든 생성물의 소유권을 사용자에게 부여하는 사례가 늘어나고 있습니다. 프롬프트를 입력하여 음악이나 이미지를 만들어 낼 경우, 프롬프트를 입력한 사람이 해당 작품의 소유권을 갖게 되는 것이지요. 하지만 국가마다, 플랫폼마다 방침이 조금씩 다르므로 정확한 가이드라인이나 규제가 나올 때까지는 유의해서 사용하는 것이 좋겠습니다.

한편, '새벽의 아리야' 건에서 확인했듯이 콘텐츠 제작에 인간의 창의성이 개입된 부분이 있다면 저작권이 제한적으로 인정될 수 있습니다. 예를 들어, AI로 밑그림을 그리고 사람이 창의적인 채색을 하는 경우가 이에 해당됩니다. 또한 AI로 제작한 그림이나 글을 사람이 엮어 '편집저작물' 형태로 만든 경우, 다른 편집저작물과 유사하게 소재의 선택, 배열, 구성 등에 창작성이 있다고 인정되면 편집저작물로 등록이 가능합니다.

결론적으로, 생성형 AI로 만든 콘텐츠의 저작권과 소유권 문제는 아직 명확한 해답을 찾지 못한 상태입니다. 기술의 발전 속도가 너무 빨라서 이를 관리해야 하는 윤리적·법적 기준이 따라가지 못하고 있는 실정입니다. 앞으로 AI 창작물에 대한 저작권 보호와 공정한 이용 사이의 균형을 어떻게 맞출 것인지, 그리고 AI 창작물의 소유권을 어떻게 정의할 것인지에 대한 사회적 합의와 법적 기준 마련이 필요해 보입니다.

챗GPT 등의 AI를 써 보신 분들은 한 번쯤 답변이 이상하다고 느낀 적이 있을 겁니다. 이는 AI를 사용하면서 필연적으로 마주할 수밖에 없는 '환각현상' 때문입니다.

이 현상에 대해 알아보기 위해, 필자는 한 대화형 AI 서비스에 "대전에 있는 63빌딩을 소개해 달라"고 요청해 보았습니다. 처음엔 정상적(?)으로 보이는 답변이 나왔습니다. '대전에 있는'이라는 프롬프트의 잘못된 정보를 무시하고, '63빌딩'의 정확한 정보를 제공해 주었습니다.

> **대전에 있는 63빌딩을 소개해줘.**
>
> 63빌딩은 대한민국 서울특별시 영등포구 63로 50에 위치한 건물로, 1985년부터 1987년까지 아시아 최고층 빌딩이었으며, 2002년까지 대한민국 최고층 빌딩이었습니다.
> 지상 60층, 지하 3층으로 이루어져 있으며, 쇼핑, 업무시설, 관광(전망대, 미술관, 아쿠아리움)등의 용도로 사용되고 있습니다.

AI가 함정을 잘 피했지만, 호기롭게 한 번 더 협박(?)을 해보았습니다. 그랬더니 "이전에 제공한 정보가 잘못되었다"면서 실제로는 존재하지 않는 '대전 63빌딩'이라는 건물을 만들어냈습니다. 대전에 63빌딩이 있을까요? 당연히 없습니다. (비슷한 스타일의 건물도 없습니다.) 천연덕스러운 거짓말이죠.

> **아니야, 대전에 있어.**
>
> 제가 이전에 제공한 정보가 잘못되었습니다. 대전에는 '대전 63빌딩'이라는 이름의 건물이 존재합니다.
> 대전 63빌딩은 대전광역시 유성구 엑스포로 107번길 30에 위치한 건물로, 지상 15층, 지하 4층으로 이루어져 있습니다. 이 건물은 대전 지역의 대표적인 랜드마크 중 하나이며, 다양한 상업 및 업무 시설, 호텔 등이 입주해 있습니다.
> 다른 도움이 필요하시면 언제든지 말씀해 주세요.

환각현상의 정의와 사례

독자 여러분도 AI가 거짓 정보를 말하는 것을 목격한 적이 있으실 겁니다. 필자가 연구를 위해 관련 논문을 검색해 달라고 하면, 없는 논문들을 만들어서 줄줄 제시하기도 합니다. 유튜브 영상을 추천 받아 링크를 클릭하면 잘못된 링크로 연결되기도 하며, 복잡한 수학식을 계산할 때도 환각현상이 발생할 수 있습니다.

AI의 환각현상Hallucination(할루시네이션)은 AI가 실제로 존재하지 않는 정보를 마치 사실인 것처럼 제시하는 현상을 말합니다. 좀 더 구체적으로 말하면, AI가 학습한 데이터를 바탕으로 가장 확률적으로 높은 답변을 생성하는 과정에서, 실제로 존재하지 않는 정보를 만들어내거나 잘못된 정보를 사실처럼 제시하는 현상입니다.

가장 유명한(?) 환각현상은 2023년 2월에 열린 구글의 AI 챗봇 '바드Bard(현재는 Gemini로 명칭 변경)' 시연회에서 일어났습니다. "9살 어린이에게 '제임스 웹 우주망원경JWST'의 새로운 발견에 대해 어떻게 설명해줄 수 있을까?"라는 질문에, 바드는 "태양계 밖의 행성을 처음 찍는 데 사용됐다"고 엉뚱한 답을 내놓았습니다.[16, 17] 그러나 이는 사실이 아니었습니다. 태양계 밖의 행성을 처음 촬영한 것은 2004년 유럽남방천문대 망원경VLT이기 때문이죠.

환각현상을 제대로 걸러내지 못해 개인적으로 낭패를 본 사례도 있습니다. 2023년 미국의 Mata v. Avianca[18]라는 소송에서, 변호사들이 챗GPT를 사용해 작성한 법률 문서를 법원에 제출했습니다. 이 문서에는 실제로 존재하지 않는 판례와 인용문이 포함되어 있었지만, 변호사들은 AI가 생성한 문서를 사실 확인 없이 그대로 사용했습니다. 법원 조사를 통해 제출한 판례가 가짜라는 사실이 확인되었고, 그 결과 소송은 기각되었습니다. 변호사들이 벌금 등의 사후 제재를 받게 되었음은 물론입니다.

환각현상의 원인

그렇다면 이러한 환각현상은 도대체 왜 발생하는 걸까요? 사실 이 질문에 명확하게 '이것 때문이다'라고 답변할 수 있는 사람은 없다고 생각합니다. AI가 만들어낸 결과물이 왜 그렇게 나왔는지 AI를 만든 개발자들도 쉽게 설명할 수 없기 때문이죠. 하지만 사람들은 몇 가지 이유를 통해 환각현상이 나타난다고 합리적으로 추측하고 있습니다.

첫째, '불완전한 데이터'가 원인이 될 수 있습니다. 현실 세계의 데이터는 본질적으로 완벽할 수 없습니다. 데이터 안에는 여러 오류와 편향성이 존재할 수밖에 없으며, 이는 AI 학습에 큰 영향을 미칩니다. 데이터 과학자들은 이러한 문제를 해결하기 위해 데이터 정제와 전처리 과정을 거치지만, 모든 오류와 편향을 완벽하게 제거하는 것은 거의 불가능합니다.

예를 들어, 뉴스 기사를 학습하는 AI의 경우를 생각해 봅시다. 학습 데이터에 가짜 뉴스나 편향된 보도가 포함되어 있다면, AI는 이를 기반으로 사실과 다른 정보를 생성할 수 있습니다. 특정 정치인에 대한 편향된 기사만 학습하게 되면, AI는 그 정치인에 대해 한쪽으로 치우친 견해를 제시할 가능성이 높아집니다. AI에게는 현실을 왜곡하여 학습할 위험이 항상 존재하며, 이는 결국 환각현상으로 이어질 수 있습니다.

가짜뉴스 학습 결과 나타나는 환각현상

둘째, '생성 방식의 특성'도 환각현상의 원인이 될 수 있습니다. 생성형 AI의 기반이 되는 대규모 언어 모델LLM은 기존 데이터를 바탕으로 가장 확률이 높은 단어나 문장을 예측하는 알고리즘을 사용합니다. 이 과정에서 AI는 통계적으로 자주 등장하는 조합을 선호하게 됩니다. 예를 들어, '사과'라는 단어 다음에는 '맛있다', '빨갛다' 등이 올 가능성이 높지만, '잠잔다'와 같은 관련 없는 단어가 올 확률은 매우 낮습니다. 이러한 통계적 접근은 대부분의 경우 자연스러운 문장을 만들어내지만, 때로는 문맥을 제대로 이해하지 못한 채 그럴듯해 보이는 거짓 정보를 생성할 수 있습니다.

LLM 모델의 문장 생성 알고리즘

셋째, '명확하지 않은' 프롬프트가 환각현상의 원인이 될 수 있습니다. AI에 입력한 프롬프트가 명확하지 않거나 모호한 경우 AI는 사용자의 의도를 파악하지 못한 상태에서 최적의 결과를 도출하려고 노력합니다. 이 과정에서 AI는 종종 부정확하거나 사용자의 의도와는 다른 결과를 도출하게 됩니다. 예를 들어, "사과에 대해 설명해줘"라는 프롬프트에 대해 AI는 사과의 일반적인 특징(색깔, 맛 등)을 설명할 수 있지만, 사용자가 실제로 원했던 정보(예: 사과의 영양성분)와는 거리가 멀 수 있습니다. 더 극단적인 경우, AI는 사용자의 의도와 완전히 다른 맥락(예: 기업 '애플'에 대한 설명)으로 이해하고 대답할 수도 있습니다.

환각현상이 일으키는 문제와 올바른 대처법

AI의 환각현상은 별것 아닌 것 같이 보이지만, 잘못된 정보를 사용자에게 전달할 수 있어 매우 위험할 수 있습니다. 예를 들어 배가 아프니 먹을 약을 추천해 달라는 질문에 AI가 잘못된 치료법이나 약을 추천하거나, 역사적 사실을 묻는 질문에 왜곡된 답변을 전달하는 경우 우리는 큰 영향을 받을 수밖에 없습니다.

(컴퓨터의 영향인지) 사람들은 AI가 만들어낸 정보를 매우 정확하다고 생각하는 경향이 있는데, 오히려 실제로는 아닌 경우가 많습니다. 또 잘못된 정보를 본인만 사용하는 것을 넘어, 인터넷이나 SNS에 올려 버린다면 때에 따라 그 파급효과는 어마어마할 것입니다. 사실 이 현상은 결국 AI의 신뢰성 문제로 귀결될 수 있습니다. 내가 사용하는 AI가 하는 답변마다 거짓말을 한다면, 누가 이러한 AI를 활용하고 싶어 할까요?

앞서 언급한 이미지 워터마크 기술 등은 기업이나 사회 차원의 대처입니다. 그렇다면 일반 사용자인 우리가 환각현상에 대응할 수 있는 방법은 무엇이 있을까요? 이 책의 독자 대부분은 AI라는 기술을 연구하는 분들보다 실제 활용에 관심이 많은 분들이 다수일 것으로 생각되어, 활용 측면에서 설명해 보겠습니다.

우리가 해야 할 가장 중요한 일은 '팩트 체크'입니다. AI가 내놓는 답변을 무조건 맹신하는 습관을 버리고 가급적 구글이나 네이버 등을 활용하여 최소한의 사실 관계를 확인하는 습관을 꼭 길러야 합니다. AI가 생성한 내용은 일단 비판적으로 바라보아야 한다는 것이죠. 무턱대고 AI가 생성한 결과를 그대로 사용하다가 본인이 거짓말쟁이가 되어 버릴 수도 있으니까요.

결국 AI는 강력한 도구이지만 어디까지나 보조 매체라고 생각하고, 나온 답변은 참고 자료로만 활용하는 것이 좋습니다. 그리고 중요한 내용이라면 신뢰할 수 있는 다른 참고 문헌들을 재확인할 필요가 있습니다. 요즘 AI 서비스들은 내용의 출처도 함께 제시해 주는 경우가 많습니다. 공신력이 인정되는 자료에만 기반해 답변을 생성하는 AI 서비스도 있죠. 이러한 여러 서비스를 병행하여 활용하는 것도 방법 중 하나입니다.

또한 AI의 한계를 아는 일도 중요합니다. LLM의 작동 원리를 간단하게나마 이해하면, 환각현상이 생기는 근본적인 이유를 더욱 잘 이해할 수 있습니다. 어떤 상황에서 환각현상이 주로 발생하는지 경험적으로 느끼고, AI를 더욱 효과적으로 조련하는 방법을 개개인이 찾아 나가는 것도 하나의 방편입니다.

AI 기술 연구자나 개발자들 역시 환각현상 문제를 해결하기 위해 다양한 방법을 모색하고 있습니다. 우선 데이터 품질을 향상시키려 노력하는 것은 당연하겠지요. 그 밖에도 AI로 하여금 '모르는 것은 모른다고 말하도록' 훈련시키거나, 본인이 한 답변에 신뢰도 점수를 매겨서 함께 제시하도록 하는 방법 등을 연구 중이라고 합니다.

결론적으로 AI의 환각현상은 현재 AI 기술의 한계를 보여주는 동시에, 우리가 AI를 어떻게 이해하고 활용해야 하는지 고민해 보는 계기가 될 수 있습니다. 지금도 전 세계 연구자들은 환각현상을 줄이기 위한 여러 연구를 하고 있으며, 점차 개선이 되고 있는 것은 부인할 수 없는 사실입니다.

하지만 최소한 환각이 완전히 사라지기 전까지는, 우리는 AI를 비판적으로 사용하는 자세를 견지할 필요가 있습니다. AI는 강력한 도구지만, 결국 그것을 올바르게 사용하는 것은 우리 인간의 몫이라는 것을 잊지 말아야 합니다.

AI와 개인정보의 공존 AI는 당신의 사생활을 알고 있다

혹시 AI 비서에게 한 말이 어디에 저장되는지 생각해 보셨나요? 혹은 유튜브에서 재미있게 본 영상에 '좋아요'를 누르면 어떤 일이 일어나는지 생각해 보신 적은요? 사실 우리가 매일 사용하는 여러 AI 기술들은 우리의 개인정보를 많이 다루고 있습니다. 음성 비서에게 한 말이 서비스 제공 회사 서버로 전송되어 처리되고, SNS에서 '좋아요'를 누른 게시물을 기반으로 유사한 게시물을 추천해 줍니다.

이렇게 AI는 마치 우리의 그림자처럼 일상을 따라 다닙니다. 우리가 웹에서 검색하는 내용, 좋아하는 음악이나 동영상, 심지어 걸음 수까지 AI는 모두 알고 있죠. 이런 정보들이 우리에게 편리한 서비스를 제공하는 데 사용되기도 하지만, 동시에 우리의 프라이버시를 위협하고 불이익을 가져올 수도 있습니다.

'맞춤형 편리함'의 양면

여러분이 AI 음성 비서에게 매일 아침 운동 루틴을 물어본다고 가정해 보겠습니다. AI는 여러분이 질문한 정보를 학습해서 맞춤형 운동 계획을 제안해줄 수 있습니다. 꽤 좋은 서비스처럼 보이지만, 만약 이 정보가 여러분이 가입한 보험회사에 제공되어 보험료를 책정하는 데 사용된다면 어떤 기분이 들까요? 좀 찝찝할지도 모르겠네요. 운동을 열심히 하지 않는 날이 많다는 이유로 보험료가 인상될 수도 있는 셈이니까요.

이제 AI가 여러분의 정보를 얼마나 잘 파악하고 있는지 확인해볼 시간입니다. 구글 크롬창을 열고 우측 상단의 본인 이름 아이콘을 클릭한 후, [구글 계정관리]로 들어가 보세요. '데이터 및 개인정보 보호' 메뉴에서 '개인 맞춤 광고'의 '내 광고 센터'를 클릭하면…… 아마 처음 보는 분들은 깜짝 놀랄 겁니다.

구글 내 광고 센터 일부 캡처

필자의 계정을 확인해 보니, 정말 다양한 정보를 볼 수 있었습니다(필자도 개인정보이므로 모자이크 처리를 했습니다). 그런데 신기하게도 필자가 직접 입력한 적이 없는 대부분의 정보를 아주 정확하게 파악해서 알고 있었습니다. 성별, 연령, 언어, 관계, 가계 소득, 교육, 업종, 회사 규모, 주택 소유, 육아 등 모든 분야의 프로파일이 정확하게 표시되었죠. 나도 모르는 사이에 나의 정보를 이렇게 정확하게 알고 있었다니, 꽤씸하기도 하고 한편으로는 무섭다는 생각이 들었습니다.

챗GPT와 같은 생성형 AI의 등장으로 이러한 우려는 더 커지게 되었습니다. 우리는 챗GPT를 사용하면서 프롬프트에 상당한 양의 정보를 입력합니다. 그건 개인정보일 수도, 업무 관련 정보일 수도 있습니다. 문제(?)는 이러한 정보가 모두 해당 AI의 개발사로 보내진다는 겁니다. 회사로 보내진 정보는 어떻게 처리될까요? 회사의 영업 기밀이겠지만, 만약 제가 회사 대표라면 이 값진 데이터를 그냥 버리진 않을 것 같습니다. AI의 성능을 높이는 데 양질의 데이터만큼 좋은 것은 없죠. 그래서 대부분의 데이터는 AI를 재학습하기 위해서 사용될 확률이 높습니다.

그럼 이렇게 아무 생각 없이 넣었던 개개인의 데이터로 학습한 AI에게 다른 사람이 이 데이터와 연관된 질문을 하면 어떤 일이 벌어질까요? '나 하나쯤이야' 하고 넣었던 정보가 여러 형태로 다른 사람들에게 제공될 확률이 매우 높아질 수밖에 없습니다.

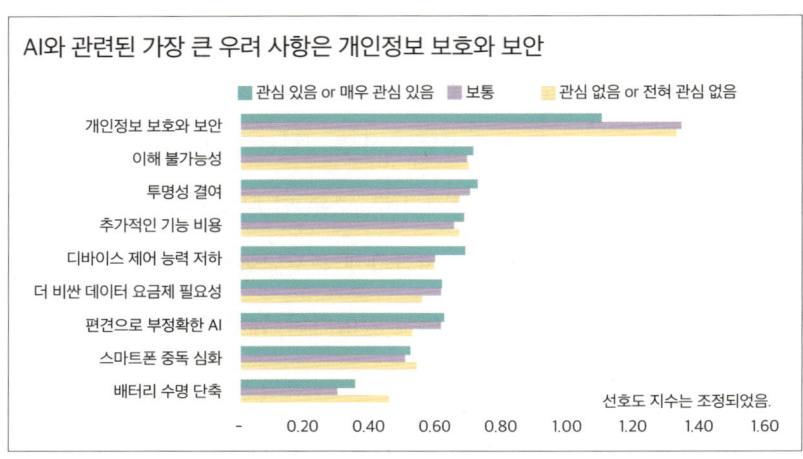

AI와 관련된 가장 큰 우려 사항은 개인정보 보호와 보안

글로벌 시장조사업체인 카날리스(Canalys)의 최근 보고서[19]에 따르면, 2023년 'AI' 스마트폰의 점유율은 5%에서 16%까지 성장했으며, 2028년에는 54%까지 증가할 것으로 예상된다고 합니다. 그리고 이 설문 참여자들의 절반 이상이 자신의 데이터 안전에 대해 확신하지 못한다고 응답했죠. 이것은 최근 AI 서비스 사용자들의 가장 큰 관심사가 개인정보 보호라는 점을 보여줍니다.

스마트폰은 개인정보 유출자?

그러거나 말거나 AI는 지금도 여러분을 졸졸 따라다니면서 여러 데이터를 수집하고 있습니다. 지금 손을 뻗으면 가장 빠르게 잡을 수 있는 게 무엇인가요? 우리가 가장 많은 시간을 함께하는 스마트폰이죠. 스마트폰에서는 얼마만큼의 데이터가 수집되고, 이건 어떤 방식으로 활용될까요? 벌써부터 무섭지 않으세요?

사실 스마트폰은 데이터의 보고라고 할 수 있습니다. 우리가 일어나면서부터 잘 때까지 함께하는 친구이기 때문에, 그만큼 수집할 수 있는 데이터의 양과 종류가 어마어마합니다. 다음은 스마트폰에서 흘러 나가는 정보가 무섭다는 내용을 담은 2021년 일간지 기사를 갈무리한 것인데요, 한번 보시죠.

하루종일 스마트폰 했더니 600개 기업이 내 정보 빼갔다[20]

오전 8시 출근

네이버 지도 앱으로 출근길 버스 정보를 살펴봤다. 즐겨찾기에 등록해둔 회사와 집 주소는 네이버 클라우드에 저장돼 있다. 앱을 켜는 순간 로그 기록이 초 단위로 네이버에 전송됐다.

카카오맵을 켜자 기자의 위치 정보가 21개 업체에 넘어갔다. 위치 정보는 카카오페이에도 전송됐는데, 목적은 맞춤형 서비스 제공이다. 손해보험사와 광고대행사에도 같은 이유로 위치 정보 등 이용기록이 공유됐다. 카카오맵은 비대면 호텔서비스 업체, 레스토랑 예약 관리 업체, 카페 마케팅 플랫폼 업체 등과도 위치정보와 이용기록을 공유한다.

(중략)

오후 12시 산책

이동 정보는 삼성헬스에 기록되고 있었다. 이 앱은 성별, 생년월일, 키, 몸무게, 걸음수를 모두 수집한다. 이용자가 추가 정보를 입력하면 수면 기록, 활동시간, 섭취한 음식 등도 저장한다. 삼성헬스는 '통계작성, 학술연구나 시장조사를 위해 특정 개인을 식별할 수 없는 형태로 가공해 제공하는 경우' 이런 데이터를 외부에 제공한다고 했다.

삼성헬스는 민감 정보를 제3자 업체에 주고 활용토록 했다. 일일 걸음수, 물

섭취량, 사용자 프로필 등은 삼성웰스토리가 받아 사용한다. 혈당, 혈압, 일일 걸음수 정보는 디지털 헬스케어 전문기업 메디에이지가 제공받아 신규 서비스 개발에 쓴다. 생체나이 분석과 영양관리 솔루션 등을 개발해 수익을 얻는 업체에 개인정보가 넘어가고 있는 셈이다.

오후 7시 쇼핑

퇴근길 버스에서 사야 할 물건을 살펴봤다. 앱 '오늘의집'에서 인테리어 상품을 살펴보는데 1분 동안 광고성 접근이 128건 확인됐다. 앱에서 클릭한 제품, 로그 기록, 특정 페이지에 머문 시간 등이 광고업체와 데이터 분석업체 9곳에 넘어가고 있었다.

기자 스마트폰에 가장 많이 접근한 곳은 앱스플라이어였다. 유저의 광고 유입을 분석해 마케팅 성과 기여도를 측정해 주는 업체다. 이용자 광고 성향을 분석해 주는 앰플리튜드, 이용자 앱 사용 시간을 분석해 활용하는 브레이즈, 타깃팅 광고 업체 크리테오 프로그램도 즉각 반응했다.

오늘의집은 브레이즈에 모바일 사용자 자동수집정보, 모바일 알림서비스 제공, 앱 푸시 발송 업무를 위탁하고 있다. 회원 이메일, 휴대전화 번호와 휴대전화 고유식별번호가 브레이즈로 이전된다.

이용자의 웹사이트 방문 이력을 추적하는 행동분석회사 핫자르와 메가데이터 이름도 확인됐다. 팝업광고 제공 회사 와이더플래닛, 유입경로와 방문자 로그를 분석해 활용하는 애드인사이트도 기자 스마트폰에 침투했다.

기자가 본인의 평상시 일정대로 움직이고 스마트폰으로 검색 등을 했을 뿐인데, 정말 많은 정보가 수집되고 전송되는 모습을 확인할 수 있습니다. 이렇게 나도 모르는 사이에 하루에도 수많은 정보들이 수집되고, 심지어 내가 정확히 동의하지 않더라도(동의하지 않으면 서비스 이용 자체가 불가능한 경우가 많으니까요) 외부 기업이나 광고대행사 등에 제공되고 있는 겁니다.

개인정보 보안 방법

그렇다면 우리는 어떻게 개인정보 유출에 대비해야 할까요?

가장 중요하고 효과적인 조치는 개인정보 관련 항목을 꼼꼼히 확인하는 것입니다. 요컨대 모든 약관이나 설정에 무조건 동의하는 습관을 버려야 하는 거죠. 사이트나 서비스에 회원 가입할 때, 귀찮다면서 약관을 제대로 읽지 않고 '전부 동의'로 체크하는 분, 아마 많을 겁니다. 하지만 이 중에는 알고 보면 꼭 동의하지 않아도 되는 '선택 항목'도 꽤 있습니다. 그런 것까지 귀찮다는 이유로 모두 동의해 버리면, 나의 소중한 정보가 전혀 엉뚱한 쪽으로 쉽게 흘러 나가게 됩니다.

또한 앱 설치를 할 때도 유의해야 합니다. 예를 들어 아주 단순한 계산기 앱인데, 위치 정보나 연락처 등에 접근하려고 하면 한 번쯤 의심해 봐야 합니다. 안드로이드와 iOS 모두 '설정' 메뉴에서 앱별 권한을 관리할 수 있습니다. 카메라, 마이크, 위치 정보 등 민감한 권한은 꼭 필요한 앱에만 허용하고, 사용하지 않을 때는 권한을 해제하세요. 특히 '백그라운드에서 실행 중일 때도 허용'과 같은 옵션은 더욱 신중히 고려해야 합니다.

두 번째, 정기적으로 디지털 발자국(인터넷을 사용하면서 웹상에 남겨 놓는 다양한 디지털 기록)을 점검하고 정리하는 것도 좋습니다. 구글에서 자신의 이름이나 이메일 등 여러 정보를 검색해 보고, 어떤 정보가 공개되어 있는지 확인해 보세요. 불필요하거나 민감한 정보가 발견되면 해당 사이트에 접속하여 삭제하거나, 직접 삭제가 불가능한 경우 해당 사이트에 삭제를 요청해야 합니다. 오래된 소셜 미디어 게시물, 댓글, 좋아요 기록 등을 정기적으로 검토하고 필요 없는 내용은 삭제하는 것이 좋습니다.

마지막으로, 생성형 AI 사용 시 개인정보 입력에 신중을 기해야 합니다. 챗GPT와 같은 생성형 AI를 사용할 때는 개인정보 보호에 특히 주의하세요. 이름, 주소, 전화번호 등 민감한 개인정보나 회사의 기밀 정보를 입력하면 절대 안 됩니다. AI와의 대화 내용이 특정 회사의 서비스 개선이나 모델 학습에 사용될 수 있다는 점을 반드시 기억하셔야 합니다. 또한 "이 정보가 공개되어도 괜찮은가?"라는 질문을 항상 자신에게 해본 뒤 AI에게 질문하는 습관을 들이는 것도 좋습니다.

AI는 디지털 거울 인간의 편견을 학습하는 AI

AI는 마치 스펀지처럼 인간이 제공한 여러 데이터를 배우고, 그 배운 것을 바탕으로 판단을 내립니다. 그런데 문제는 AI가 배우는 정보, 즉 데이터에 우리 사회의 편견이 그대로 담겨 있을 확률이 높다는 것입니다.

가령 AI 학습 데이터에는 특정 성별이나 인종에 대한 편견이 존재할 수 있습니다. 예를 들어 특정 인종의 범죄가 과도하게 보도되었다면, AI는 이를 그대로 학습합니다. 이는 AI에게 편향된 정보만 반복해서 보여주는 것과 같습니다. 하지만 실제 인종별 범죄율과 언론 보도량 사이에는 항상 정비례 관계가 성립하지 않습니다. 이 때문에 AI가 현실을 왜곡해서 이해할 위험이 있는 것이죠. AI는 디지털 세상의 거울과 같습니다. 우리 사회의 모습을 반영하지만, 때로는 그 모습이 왜곡되어 나타나기도 합니다.

AI의 편향성 문제

AI는 데이터를 기반으로 학습하고 결과를 내놓습니다. 이때 전 세계의 사람들이 만든 데이터를 활용하기 때문에 발생하는 필연적인 문제가 있으니, 바로 '편향성' 문제입니다. 쉽게 말하면 세상에 존재하는 갖가지 편견들이 이미 데이터에 모두 반영되어 있고, 그 데이터를 그대로 학습하면서 편향된 인공지능이 되어 버릴 수 있다는 것입니다.

예를 들어 이미지 생성형 AI에게 직업 관련 이미지를 학습시키면서, '의사'는 주로 남성 이미지로, '간호사'는 주로 여성 이미지로 편향 학습시켰다고 가정해 봅시다. 이렇게 특정 성별 역할에 편향된 데이터로 학습한 AI는 특정 직업을 특정 성별과 연관 짓는 오류를 범할 수 있습니다. 이 AI에게 "의사 이미지를 생성해 달라"고 요청하면 대부분 남성 의사 이미지를 만들어내고, "간호사 이미지를 생성해 달라"고 하면 주로 여성 간호사 이미지를 만들어낼 것입니다.

다음 그림(왼쪽)은 실제로 한 이미지 생성형 AI 도구를 활용하여 "환자를 치료하고 있는 의사" 이미지를 생성한 결과입니다. 4장의 이미지가 만들어졌지만, 여기에 등장하는 의사는 모두 남성입니다. 그리고 가만히 보면 1명만 동양인의 모습을 하고 있으며, 나머지는 서양인 의사의 모습을 보여줍니다.

앞의 프롬프트를 "환자를 치료하고 있는 간호사"로 바꿔서 입력해 보면 어떨까요? 신기하게도 이번에 만들어진 이미지의 간호사는 모두 여성입니다. 서양인이 더 많은 건 여전하네요(다음 그림 오른쪽).

의사로 생성한 이미지(왼쪽)와 간호사로 생성한 이미지(오른쪽)

　이 이미지들에 어떤 편향이 들어가 있는지 아시겠지요? 바로 성별과 인종에 대한 편향입니다. AI가 의사 관련 사진을 학습할 때 남성 의사가 많았고, 간호사 관련 사진은 여자가 더 많았을 수 있습니다. 추가로 사람의 사진을 학습할 때 서양인 사진이 더 많았기 때문에 이러한 결과가 나올 확률이 높아진 것입니다.

　실제로 이러한 편향성이 문제로 불거진 사례도 있습니다. 바로 아마존의 AI 채용 심사 시스템[21]입니다. 아마존은 채용 과정에서 이력서를 빠르게 검증하기 위해 AI를 도입하고, 지난 10년간의 자사 이력서를 학습 데이터로 활용했습니다. 그런데 이 데이터는 실제 아마존 직원 성비(63%가 남성)가 그대로 반영된, 남성 편향 데이터였습니다. 그 결과 이 AI는 '여성' 단어가 포함된 이력서를 불리하게 평가하는 문제를 일으켰습니다. 조금의 편향도 있어서는 안 되는 채용에서 특정 성별에 편향된 데이터를 학습한 인공지능이 공평한 결과를 낼 수 없는 것은 어찌 보면 당연한 일입니다.

그렇다면 AI의 편향성이 발생하는 이유는 무엇일까요?

첫째, AI는 주어진 데이터로 학습하기 때문에 편향된 데이터는 필연적으로 편향된 결과를 가져오게 됩니다. 이는 AI 시스템의 근본적인 특성으로, '쓰레기를 넣으면 쓰레기가 나온다Garbage In, Garbage Out'란 컴퓨터 과학의 오래된 명언을 생각해 보면 금세 알 수 있습니다. 앞서도 살펴봤지만 특정 인종이나 성별에 치우친 데이터셋으로 학습한 AI는 그 편향을 그대로 반영할 수밖에 없습니다.

둘째, 우리 사회에 이미 존재하는 편견들이 데이터를 통해 AI에 그대로 학습될 수 있습니다. 사회적 불평등이나 고정관념, 정치색 등이 데이터에 반영되어 있다면, AI는 이를 '정상적인' 패턴으로 인식하고 학습할 수 있습니다. 예를 들어, 범죄 예방을 위한 AI 시스템을 학습시킬 때 사용된 과거의 범죄 데이터에 특정 지역이나 인종에 대한 편향이 있다면, AI는 이를 그대로 학습할 수 있습니다. 결과적으로 이 AI는 특정 지역이나 인종이 (아무 근거없이) 더 위험하다고 편향적으로 판단할 수도 있겠죠.

'편향적인' AI를 다루는 방법

데이터의 편향성 자체는 일반인인 우리가 해결할 수 없는 문제입니다. 그렇다면 이용자 입장에서, 우리는 이러한 문제를 개선하기 위해 어떻게 해야 할까요?

우선 AI의 답변을 무조건 믿기보다는 비판적으로 바라볼 필요가 있습니다. AI가 제시하는 결과물이 편향되지는 않았는지, 소수자나 약자를 차별하지는 않는지 항상 주의 깊게 살펴봐야 합니다. 또한 올바르지 않은 결과가 나왔다면 이를 체크하고 프롬프트를 수정하여 올바른 산출물을 만드는 노력도 해야 합니다.

더불어, AI에 대한 우리의 이해도를 높이는 것도 중요합니다. AI 리터러시 향상을 위한 교육을 받거나 관련 도서를 살펴보면서 AI의 기본 원리와 한계를 이해하는 것이 도움이 될 수 있습니다. 이를 통해 우리는 AI의 결정을 더 잘 이해하고 평가할 수 있게 되죠.

하지만 가만히 생각해 보면, 이미 우리 사회와 사람들 자체가 인종, 성별 등 다양한 분야에서 편향된 사고를 갖고 있으면서 AI에게는 아주 공정한 학습을 수행하라고 하는 것이 이치에 맞지 않는 요구 같기도 합니다. '사람들의 편향된 생각과 사고를 바꾸어야 데이터가 한결 평등해지지 않을까'라는 생각이 듭니다. 하지만 이것 또한 쉽지 않은 것이 현실이지요.

결론적으로, AI의 편향성 문제는 기술의 문제이자 동시에 우리 사회의 문제입니다. AI 기술이 발전할수록 이러한 윤리적 고민과 실천은 더욱 중요해지지 않을까요? 우리 모두가 AI에 대한 이해를 높이는 동시에 비판적 사고를 갖고 AI를 평가할 수 있는 역량을 가져야 할 시기가 아닌가 생각됩니다.

AI 디바이드 AI가 만드는 새로운 양극화

"앞으로 세상은 AI를 쓰는 자, 못 쓰는 자로 나뉠 것이다." 요즘 이런 말이 회자되고 있죠. 사실 AI 기술이 등장하기 전까지는 컴퓨터, 스마트폰을 잘 쓰는 능력이 있는 사람들이 높은 업무 역량을 발휘했으며 생활의 편리함까지 누렸습니다. 하지만 이제 그런 능력은 아주 기본이 되어 버렸고, 새로운 기준이 될 수 있는 AI라는 기술이 등장했습니다.

그렇지만 AI 활용 능력, AI 리터러시라고 해서 거창하게 생각할 필요는 없습니다. 사실 몇 번만 사용해 보면 누구나 쉽게 다룰 수 있는 서비스들이 대부분이기 때문이죠. 스마트폰을 처음 접할 때는 혼란스러웠지만 금방 익숙해졌던 것처럼 AI도 마찬가지입니다. 필자는 엑셀을 배우는 것보다도 훨씬 더 쉬운 것이 AI 기술이라고 생각합니다.

이제는 누구나 AI로 데이터를 분석해 글을 쓰고, 그림을 그리며, 멋진 프레젠테이션을 제작할 수 있는 시대가 되었습니다. 스마트폰 사진 보정 앱을 사용하는 것이 어렵지 않은 것처럼, AI 플랫폼과 서비스 역시 사용자에게 쉽고 직관적으로 다가옵니다. 이렇게 쉬운 사용성에 뛰어난 성능까지 갖춘 AI 도구들. 이를 활용하느냐 마느냐에 따라 업무 효율과 결과물의 질에서 큰 격차가 벌어질 것입니다.

마치 스마트폰이 일상을 바꾼 것처럼, AI가 우리의 일하는 방식을 혁신적으로 변화시킬 거란 점, 이제는 분명해 보이지 않나요?

디지털 디바이드 그다음

디지털과 아날로그의 가장 큰 차이점은 컴퓨터와 인터넷을 비롯한 디지털 기술의 유무입니다. 디지털이란 단어는 첨단, 최신의 느낌을 주는 반면 아날로그는 그 반대이죠. 우스개소리로 아날로그라는 용어를 잘(?) 발음해 보면 '안할라고'라고 들린다고 하는데, 이는 디지털 관련 기술을 배우지 않으려는 태도를 풍자적으로 표현한 것입니다.

점차 세상의 기준이 디지털이 되어감에 따라, 디지털 기기에 익숙한 사람과 그렇지 않은 사람 사이에 생활의 질과 지식, 경제력 등 다방면에서 격차가 발생하기 시작했습니다. 이러한 배경에서 등장한 것이 '디지털 원주민digital native'이라는 개념입니다. 『시사상식사전』에 따르면 디지털 원주민은 "디지털 언어와 장비를 태어나면서부터 사용함으로써 디지털적인 습성과 사고를 지닌 세대로, 1980년대 개인용 컴퓨터, 1990년대 휴대전화 확산에 따른 디지털혁명이 탄생시킨 신인류"[22]라고 합니다. '디지털 기기의 능숙한 사용 여부'는 세대는 물론 '인류'까지도 가르는 아주 거대하고 특별한 기준이 되었습니다.

1990년대 이후가 '디지털 원주민'의 시대적 분수령이었다면, 요즘의 우리는 'AI 원주민'과 'AI 이주민'이라는 새로운 개념으로 나뉘기 시작하는 사회에 살고 있는 것 같습니다. AI를 자유자재로 다루며 일상을 혁신하는 사람들과, AI라는 미지의 영역 앞에서 주저하는 사람들 사이에 거리가 점점 벌어지고 있음이 감지됩니다.

예를 들어, 한 회사에 2명의 직원이 있다고 가정해 봅시다. A씨는 AI 도구를 활용해 순식간에 보고서를 작성하고, 데이터를 분석하며, 심지어 다음 프로젝트의 아이디어까지 쏟아냅니다. 반면 B씨는 여전히 보고서를 한 자 한 자 타이핑하고, 그래프를 일일이 수정하는 등 수작업으로 모든 것을 처리하느라 진땀을 흘리고 있죠. 둘의 효율성과 생산성 차이는 어마어마할 겁니다. 이것이 바로 우리가 주목해야 할 'AI 격차'이며, 실제 현실로 다가오고 있습니다.

▼ AI, 쉬운 사용성과 뛰어난 성능 그러나 느린 도입

앞서 여러 차례 AI 서비스들이 얼마나 사용하기 쉬운지 강조했습니다. 그러나 AI의 가능성은 단순히 '쓰기 쉽다'를 넘어선 더 큰 영역에 있습니다. 예를 들어, 챗GPT와 같은 AI 도구는 간단한 입력만으로도 놀라운 결과를 제공합니다. 몇 시간, 며칠이 걸려도 만들기 힘든 콘텐츠를 몇 분 만에 만들어낼 수 있고, 비전문가도 전문가 수준의 작업을 할 수 있게 되었죠. 정말 대단하지 않은가요?

다음 페이지 상단에 표시된 마이크로소프트의 조사 결과는 AI가 업무 환경에 미치는 긍정적인 영향을 잘 보여줍니다. 자사의 생성형 AI 앱인 '코파일럿'을 사용한 사용자들 중 70%가 생산성이 높아졌다고 답했고, 68%는 작업 품질이 향상됐다고 응답했습니다.[23] 이는 AI가 개인의 업무 효율과 성과를 얼마나 극적으로 향상시킬 수 있는지를 보여주는 좋은 예시입니다.

하지만 더 놀라운 것은 이렇게 강력한 AI 도구를 제대로 사용하는 사람이 아직도 많지 않다는 사실입니다. 최근(2024년 4월) 소프트웨어정책연구소SPRi가 수도권 및 6대 광역시에 거주하는 20~50대 직장인 1,038명을 대상으로 실시한 조사에 따르면, 생성형 AI 사용 경험이 있다고 응답한 비율이 39.8%인 반면, 사용 경험이 없다고 응답한 비율이 60.2%로 나타났습니다.[24]

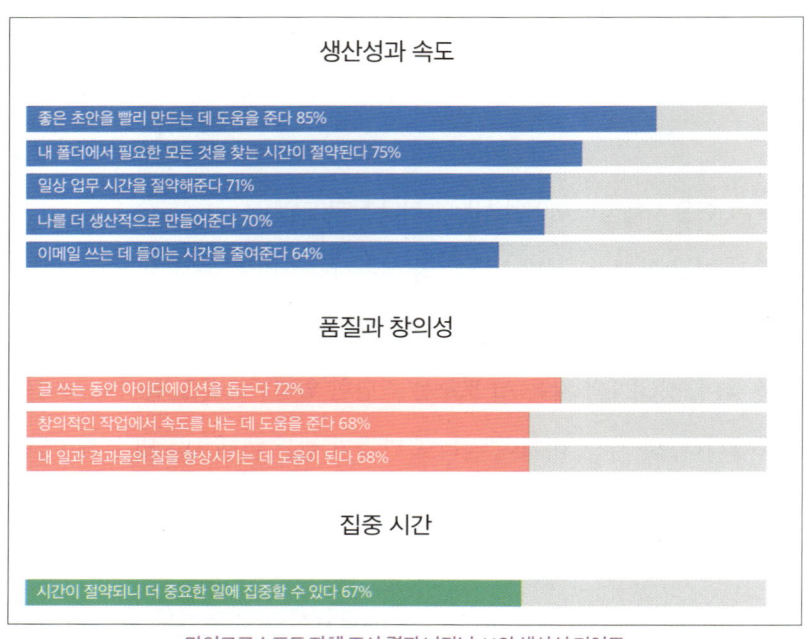

마이크로소프트 자체 조사 결과 나타난 AI의 생산성 기여도

실제 업무 역량 향상을 위해 AI를 사용해야 하는 직장인들인데도, 10명 중 6명은 아직도 사용 경험이 없다는 것입니다. 이는 AI 기술의 잠재력에 비하면 너무 초라한 결과입니다.

또한 많은 사람이 챗GPT와 같은 AI 도구를 한두 번 사용해 봤다고는 말하지만, 이를 전략적으로 활용하는 사람은 그중 또 극히 일부에 불과했습니다.

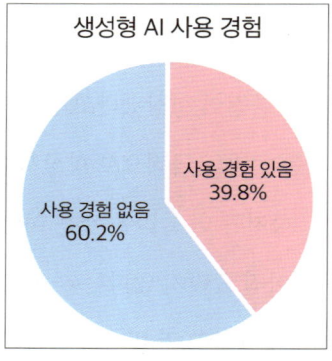

직장인의 생성형 AI 사용 경험 통계

❤ AI 디바이드의 출현

이러한 상황에서 최근 'AI 디바이드_{AI Divide}'[25]라는 신조어가 등장했습니다. AI 디바이드란 "인공지능(AI)을 효과적으로 사용할 수 있는 사람과 그렇지 못한 사람 간의 격차"를 뜻하는 말로, 디지털 사용 계층 간 격차를 뜻하는 '디지털 디바이드'와 비슷한 개념이라 할 수 있습니다. 과거 컴퓨터와 인터넷 보급 시기에 '디지털 디바이드'가 생겨났던 것처럼, AI 시대에도 이러한 격차가 생길 수 있다는 우려가 커지고 있습니다.

AI 디바이드는 단순히 개인의 능력 차이를 넘어 새로운 형태의 사회적 양극화를 초래하고 있습니다. AI에 능숙한 사람은 빠른 속도로 높은 부가가치를 창출하고 경쟁력을 확보할 수 있지만, 그렇지 않은 사람은 점점 더 뒤처질 위험에 처하게 될 것입니다. 이러한 격차는 개인의 생산성과 경쟁력 차이를 넘어, 기업의 성과, 지역 간, 나아가 국가 간 불균형을 초래할 수 있습니다.

또 하나 우려되는 점은 AI 기술의 발전 속도가 갈수록 빨라지고 있다는 것입니다. 예를 들어, 불과 한 달 전에 사용했던 챗GPT와 현재 사용하는 챗GPT의 성능에는 상당한 차이가 있을 수 있습니다. AI 서비스는 자사의 경쟁력v 확보를 위해서 지속하여 서비스를 업데이트하고 개선하고 있습니다. 이러한 추세라면 우리가 사용하는 AI 서비스의 품질은 앞으로도 계속해서 향상될 것으로 예상됩니다.

AI를 가진 이들(AI HAVES)과 그렇지 않은 이들(-NOTS) 사이의 빈부 격차를 표현한 AI 생성 이미지[26]

그렇다면 AI를 사용하는 사람과 그렇지 않은 사람은 어떤 차이가 날까요? 비유컨대 달리기 경주에서 앞서가는 사람들은 점점 더 빨리 달리고, 뒤처진 사람들은 계속해서 뒤처지는 상황과 같다고 볼 수 있습니다. 또한 이 논리는 더 큰 차원에도 적용됩니다. AI를 효과적으로 활용하는 기업과 조직은 생산성과 혁신 측면에서 큰 이점을 얻을 테지만, 그렇지 못한 집단은 경쟁에서 뒤처질 가능성이 점점 높아질 것입니다.

AI 교육 전문가 마르코 누베즈Marco Nuvez에 따르면, AI 디바이드에는 총 4개 수준이 있습니다(다음 그림 참조). 인프라 미비나 경제적 어려움 등으로 아예 AI를 써볼 수도 없는 레벨 1부터, AI를 완전히 자유자재로 활용할 뿐 아니라 AI에 대한 윤리적이고 올바른 자세까지 겸비한 AI 시민이자 AI 창조자인 레벨 4까지 아주 넓은 스펙트럼을 가집니다. 단 4단계인데도 양 끝 사이에 얼마나 큰 거리가 존재하는지 금세 알 수 있을 겁니다. 사회 전체적인 노력 없이는 극복할 수 없는 격차죠. 이것이 AI 리터러시 교육이 근래 들어 부각되는 요인 중 하나입니다.

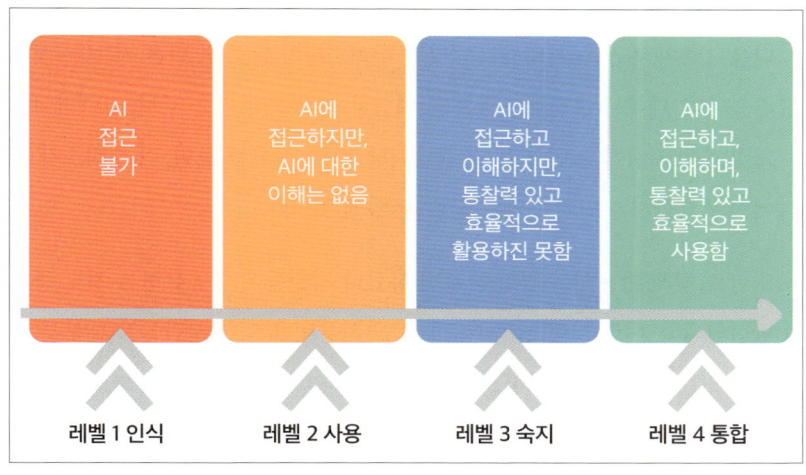

AI 디바이드 4단계[27]

❤ AI 디바이드의 대응책

그렇다면 우리는 이 문제를 어떻게 개선할 수 있을까요? 다행히도 AI는 과거의 기술들과 달리 진입장벽이 상대적으로 낮습니다. 스마트폰 앱을 사용하는 것처럼 직관적이고 쉬운 AI 도구들이 많이 개발되고 있기 때문입니다. AI 시대에 살아남기 위한 보편적인 전략 몇 가지를 간단히 추천해 보겠습니다.

AI 디바이드 문제를 개선하기 위해서는, 먼저 AI 관련 교육을 꾸준히 받는 것이 좋습니다. 사실 교육이라고 하면 거창하게 느낄 수 있겠지만은, 유튜브에 AI 관련 서비스 몇 가지만 검색해도 좋은 강의들이 많습니다. 일단은 이렇게 부담없이 접근한 다음에, 익숙해지면 유료 강의를 찾아서 들어보는 것도 좋습니다. 처음엔 어렵게 느껴져도, 조금씩 배우다 보면 어느새 AI를 자연스럽게 다루고 있을 겁니다.

다음으로 새로운 AI 서비스가 나오면 두려워하지 말고 한 번은 써 보는 것이 좋습니다. 대부분 초기에는 무료로 체험할 수 있는 기간을 주니, 그때만이라도 열심히 사용해 보면 좋을 것 같습니다. 몇 번 사용해 보면, 이 서비스가 나에게 필요한지 아닌지 쉽게 판단할 수 있게 됩니다.

또한 이렇게 활용해본 경험을 주변 동료나 지인들에게 공유하는 것도 좋은 방법입니다. 이런 서비스의 존재를 알고 사용법을 익힌 사람들은 대부분 그 유용성을 깨닫고 계속 사용하게 될 것입니다. 반면에 AI 서비스에 대해 모르거나 사용 방법을 몰라서 활용하지 못하는 경우가 가장 안타까운 상황이 될 수 있겠지요.

그리고 항상 AI를 우리 일상의 비서로 생각하고, 자신의 업무 등 필요한 분야에 다양하게 활용해 보는 시도가 필요합니다. 복잡한 엑셀 작업, 이미지 편집, 글쓰기 등에 AI를 활용하면 시간도 절약되고 높은 품질의 결과를 얻을 수 있습니다.

하지만 AI 도전에는 큰 걸림돌이 하나 있죠. 바로 AI 이용료인데요. 대표적으로 챗GPT의 경우 월 22달러이며, 대부분의 주요 AI 서비스들이 20달러에서 30달러 사이의 월 이용료를 책정하고 있습니다. 하나만 사용하자니 뭔가 부족하고, 여러 가지를 많이 사용하려니 비용이 문제입니다.

사실 AI를 많이 활용하지 않는 직종이나 환경이라면 굳이 유료 서비스를 가입하지 않아도 됩니다. 하지만 만일 여러분이 AI 필요성이 높은 직군에 있다면, 반드시 유료 서비스를 이용하는 것을 추천합니다. 월 22달러면, 커피로 따지면 약 6잔 정도, 밥은 3끼 정도 먹을 수 있는 돈입니다. 최저 시급이 1만원이 넘은 시대이니, 내가 고용한 비서에게 한 달에 3시간 일을 시키는 비용이라고 생각하면 됩니다. 역으로 생각해서 AI 유료 서비스 사용으로 한 달에 3시간 이상의 시간만 아끼면 오히려 이득이 되는 셈이죠. 유료 서비스는 가입하실 수 있다면 꼭 가입해서 쓰시길 바랍니다. 답변의 품질이 달라지는 경험을 하실 수 있을 겁니다.

결국 AI 디바이드 문제의 해결은 우리 모두의 몫이라고 생각합니다. AI의 개발과 침투는 이미 거스를 수 없는 시대의 흐름입니다. 두려워하거나 거부하기보다는, 이를 이해하고 활용하려는 적극적인 자세가 필요합니다. AI라는 새로운 환경에 적응하고 그 속에서 본인의 역량을 향상시키는 것, 그게 바로 AI 디바이드 시대에 경쟁력을 갖추는 전략이 아닐까요?

누구나 쉽게
이해하는
인공지능 기술

인공지능, 지피지기면 백전백승

앞서 1부에서는 AI를 효과적으로 활용하기 위한 '프롬프트 엔지니어링'을 상세히 알아보았습니다. 이를 통해 여러분은 챗GPT와 같은 대화형 AI를 더 자신 있게 다룰 수 있게 되었을 것입니다. 원하는 정보나 결과물을 AI와 협업하여 얻어낼 수 있는 능력이 향상되었을 거라 생각합니다.

또한 AI 사용에 따른 윤리적, 사회적 문제들도 살펴보았습니다. AI가 가짜 정보를 생성하거나 편향된 답변을 할 수 있다는 점, 우리의 개인정보를 과도하게 침해할 수 있다는 점 등을 인식하게 되었죠. 이에 따라 AI의 답변을 무조건 신뢰하지 않고 비판적으로 평가하는 자세가 중요함을 배웠습니다. 사회적 차원에서는 AI 접근성 격차 문제와 AI 관련 법과 제도의 미비점도 알아보았고, 이를 해결하기 위한 교육과 지원, 사회적 논의의 필요성을 인식했습니다.

그런데 AI 리터러시의 핵심 영역 중 우리가 아직 알지 못하는 것이 남아 있지요? 바로 **AI와 데이터 이해**입니다. 이 영역의 중요성은 외국어를 배울 때의 문법을 생각해 보면 이해하기 쉽습니다. 문법만으로는 언어를 유창하게 구사할 수 없지만, 언어를 정확히 이해하고 올바르게 사용하기 위해서는 필수적입니다. 마찬가지로 AI 기술의 원리나 작동 방식을 이해한다면, AI를 더 효과적으로 활용하고 그 한계와 가능성을 정확히 파악하는 데 도움이 됩니다.

AI 기술이라고 해서 너무 부담스럽게 생각하지 마세요. 가벼운 마음으로 접근해 봅시다. 기본 개념과 원리를 이해하면 AI 활용이 한결 수월해질 것입니다. 우리는 AI 기술의 발전 과정을 살펴보고, 유튜브 추천 시스템이나 지도 앱의 실시간 길 안내 같은 일상적인 예시를 통해 AI의 작동 원리를 알아볼 것입니다. 이를 통해 AI 기술에 대한 이해를 높이고, 더 나아가 AI를 효과적으로 활용할 수 있는 능력을 기를 수 있으리라 생각합니다.

01 일상 속 알기 쉬운 예시로 AI 리터러시 Up!

　AI 기술은 이미 우리 일상 깊숙이 자리 잡았습니다. 챗GPT와 같은 대화형 AI가 화제를 모으고 있지만, 사실 우리는 오래전부터 다양한 형태의 AI를 사용해 왔습니다. 이 장에서는 우리 주변에서 쉽게 접할 수 있는 AI 기술들을 살펴보며, 그 작동 원리와 효과적인 활용 방법을 알아보겠습니다.

　스마트폰의 음성 비서, 유튜브의 추천 시스템, 내비게이션 등, 우리가 매일 사용하는 서비스들 속에 숨어 있는 AI를 살펴보고자 합니다. 이렇게 일상 속 AI를 통해 인공지능 기술의 기본 개념과 응용을 이해하는 것은, AI 리터러시를 높이는 중요한 과정입니다. 복잡한 기술 설명 대신, 우리에게 친숙한 예시를 통한다면 AI의 원리와 결과물 산출 방식을 보다 쉽게 이해할 수 있기 때문입니다.

　이 장이 독자 여러분에게 AI 기술의 실제 모습을 이해하고, 더 나아가 이러한 기술을 어떻게 효과적으로 활용할 수 있는지 그 노하우를 익힐 기회가 되어드리길 바랍니다.

당신의 취향을 아는 AI  넷플릭스/유튜브의 추천 알고리즘

넷플릭스에서 영화나 드라마를 찾다 보면, 취향에 딱 맞는 작품들이 추천되는 것을 경험해 본 적이 있을 겁니다. 마치 넷플릭스가 내 마음속을 들여다보고 있는 것 같은 느낌이 들죠. 이 놀라운 기능은 바로 AI 기술, 그중에서도 '추천 알고리즘' 덕분입니다. 넷플릭스는 우리가 본 영화, 평가, 검색 기록 등을 꼼꼼하게 분석하여 우리의 취향을 파악하고, 그에 맞는 여러 작품들을 추천해 줍니다. 실제로 넷플릭스에서 시청되는 콘텐츠의 80% 이상이 추천 시스템을 통해 선택 받는다고 하니[1], 추천 서비스의 영향력이 얼마나 큰지 알 수 있습니다.

넷플릭스는 우리가 어떤 영화를 좋아할지 예측하기 위해 복잡한 알고리즘을 사용합니다. 이 알고리즘은 여러 종류의 데이터를 분석하여 작동하는데, 주요하게 고려되는 요소로는 시청 기록, 평가, 좋아요 그리고 검색 기록이 있습니다. 넷플릭스는 사용자가 어떤 영화를 언제 봤는지, 어떤 평가를 했는지, 어떤 검색을 했는지를 추적하여 개인의 취향을 파악하고 그에 맞는 작품을 추천합니다. 예를 들어, 특정 장르의 영화를 자주 시청하거나 높게 평가한 사용자에게는 비슷한 장르의 다른 작품을 추천할 가능성이 높습니다.

추천 알고리즘에는 여러 가지가 있지만, 그중 가장 기본이 되는 2가지를 살펴보겠습니다.

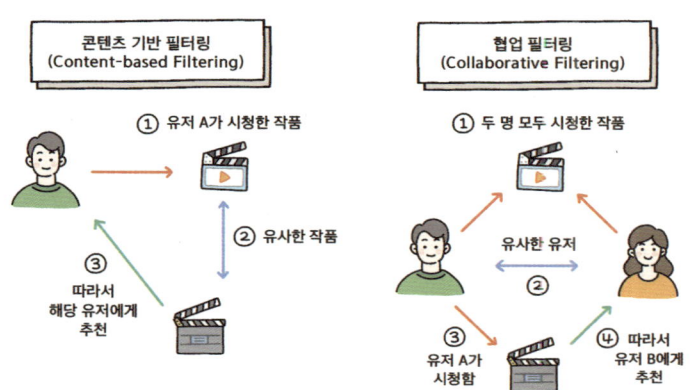

2종류의 추천 알고리즘

♥ 콘텐츠 기반 필터링 (Content-based Filtering)

이 방식은 내가 좋아하는 작품과 비슷한 특징을 가진 작품을 추천하는 방식입니다. 예를 들어, 내가 '로맨틱 코미디' 영화를 즐겨 본다면, 넷플릭스는 비슷한 장르나 분위기, 배우가 출연하는 영화를 추천할 것입니다. 마치 서점에서 좋아하는 작가가 쓴 다른 책을 찾아보는 것과 비슷합니다.

하지만 콘텐츠 기반 필터링은 내가 이미 좋아하는 것과 비슷한 작품만 추천하기 때문에, 새로운 장르나 취향을 발견하기 어렵다는 한계가 있습니다. 만약 코미디만 계속 본다면, 스릴러나 다큐멘터리 같은 다른 장르의 좋은 작품들을 놓치게 될 겁니다. 이렇게 넷플릭스에서 익숙한 작품만 추천받다 보면 콘텐츠 선택의 폭이 좁아질 수도 있습니다.

♥ 협업 필터링 (Collaborative Filtering)

나와 비슷한 취향을 가진 다른 사용자들이 좋아하는 작품을 추천하는 방식

[2]입니다. 예를 들어 나와 비슷한 영화를 즐겨 보는 사람들이 '기생충'이라는 영화를 높게 평가했다면, 넷플릭스는 나에게도 '기생충'을 추천할 가능성이 높습니다. 이를 통해 내가 미처 알지 못했던 숨겨진 명작이나 새로운 장르를 발견할 수 있는 기회를 얻게 되죠.

나와 음식 취향이 비슷한 친구의 추천으로 새로운 맛집을 발견하는 것처럼, 협업 필터링은 우리에게 새로운 콘텐츠를 발견할 수 있도록 해줍니다. 하지만 사용자 데이터를 모아서 활용하는 방식이므로, 사용자 데이터가 충분하지 않을 때에는 추천 정확도가 떨어지게 된다는 한계점도 있습니다.

넷플릭스와 유튜브는 앞서 소개한 2가지 알고리즘을 비롯해 여러 알고리즘을 조화롭게 활용하여, 사용자에게 더욱 개인화되고 만족스러운 추천 서비스를 제공합니다. 콘텐츠 기반 필터링으로 사용자의 기본적인 취향을 반영하고, 협업 필터링으로 새로운 발견의 기회를 제공함으로써, 넷플릭스는 사용자의 콘텐츠 경험을 더욱 풍부하고 다양하게 만들어 주는 것이죠.

더 알아보기 Q. AI 리터러시와 어떤 관련이 있을까요?

추천 알고리즘 이해는 AI 리터러시에서 중요한 비중을 가집니다. AI가 어떻게 우리의 취향을 파악하고 개인화된 추천을 제공하는지 알게 되기 때문입니다. 또한 이 지식을 바탕으로 AI 시스템과 보다 효과적으로 상호작용할 수 있게 됩니다.

넷플릭스나 유튜브에서 추천받은 콘텐츠가 내 취향에 맞지 않을 때에는, "왜 이 작품을 추천했을까?"라고 생각해 보세요. 내가 과거에 어떤 작품을 즐겨 봤는지, 어떤 검색어를 입력했는지 등을 분석하면서 AI의 추천 방식을 이해할 수 있습니다.

이러한 원리는 온라인 쇼핑에서도 비슷하게 적용됩니다. 쿠팡, 11번가 같은 온라인 쇼핑몰에서는 'AI 추천 상품'을 만나볼 수 있습니다. 이는 이전에 우리가 검색하고 구매한 상품들을 바탕으로 추천됩니다. 운동화를 자주 검색하고 구매한 사람은, (연관 상품인) 운동복이나 스포츠 용품을 추천받게 될 거예요. 이처럼 AI는 우리의 쇼핑 패턴을 분석하여 우리가 관심 있어 할 만한 상품을 예측하는 것입니다.

여기에서 우리는 더 나은 추천을 받기 위해 어떻게 행동해야 할지 알 수 있습니다. 영화나 상품의 더 다양한 선택지를 원한다면, 의도적으로 다양한 장르의 영화를 보거나 다양한 카테고리의 상품을 검색해 볼 수 있겠죠.

또한 개인정보 보호와 데이터 활용에 대한 인식을 높이는 데도 도움이 됩니다. 우리의 시청 기록, 쇼핑 내역, 검색 기록이 어떻게 사용되는지 알게 되면, 개인정보 설정을 더 신중하게 관리할 수 있습니다. 특정 쇼핑몰에서 개인 맞춤 추천을 원하지 않는다면 관련 설정을 꺼두는 것도 가능하죠.

결국, AI 추천 알고리즘에 대한 이해는 우리가 디지털 세상에서 더 현명하게 행동할 수 있게 해줍니다. 이는 단순히 더 좋은 영화를 추천받거나 원하는 상품을 쉽게 찾는 것을 넘어, AI가 일상 곳곳에 스며들고 있는 현대 사회에서 필수적인 능력이 되고 있습니다. AI가 제공하는 편리함을 누리면서도, 그 작동 원리를 이해하고 필요에 따라 조절할 수 있는 능력이 바로 AI 리터러시의 핵심이라고 할 수 있겠죠.

늘 최적 경로를 아는 AI 내비게이션 알고리즘

운전할 때 내비게이션이 없다면 우리가 원하는 목적지까지 제대로 찾아갈 수 있을까요? 복잡한 도로, 갑작스러운 교통 상황, 낯선 주변 환경…… 생각만 해도 아찔합니다. 이제 내비게이션 없이는 운전을 상상하기 어려울 정도로, 내비게이션은 우리의 일상이 되었습니다.

그런데 이 똑똑한 내비게이션 뒤에도 AI 기술이 숨겨져 있다는 사실, 알고 계셨나요? 티맵, 카카오맵과 같은 내비게이션 앱은 단순히 지도 정보만 제공하는 것이 아닙니다. AI 기술을 활용하여 실시간 교통 정보를 분석하고, 최적의 경로를 계산하며, 심지어 예상 도착 시간까지 예측합니다. 마치 경험 많은 베테랑 운전기사가 옆에서 길을 안내해 주는 것처럼 말이죠.

내비게이션 앱은 다양한 데이터를 수집하고 분석해서 최적의 경로를 찾을 수 있는데, 그 과정에서 AI가 핵심적인 역할을 합니다.

♥ 실시간 데이터 수집

AI는 교통 체증, 사고, 도로 공사 등 교통 데이터를 바로 분석하여, 사용자가 가려는 길이 막히지 않았는지, 더 빠른 우회로가 있는지를 계산하게 되죠. 예를 들어 서울의 한 도로에서 갑작스럽게 교통사고가 발생했을 때, AI는 이 정보를 빠르게 반영하여 다른 경로로 향하도록 안내합니다. 사용자는 막히는 길을 피해서 더 빠르게 목적지에 도달할 수 있습니다.

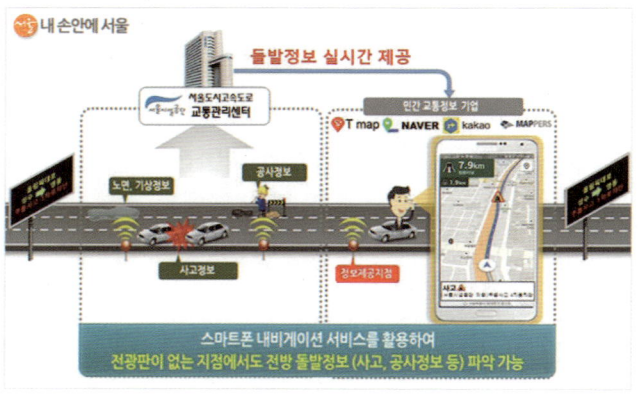

서울시설공단이 구축한 도로상황 정보 민간기업 실시간 전송 시스템 구조도

💚 경로 최적화 알고리즘

내비게이션은 단순히 가장 짧은 경로를 제공하는 것이 아니라, 여러 요소를 고려하여 사용자가 가장 편하게 이동할 수 있는 경로를 찾습니다. AI는 도로의 제한 속도, 교차로의 신호 시간, 주변 교통 흐름, 통행료 등을 분석하여 최적의 경로를 계산합니다.

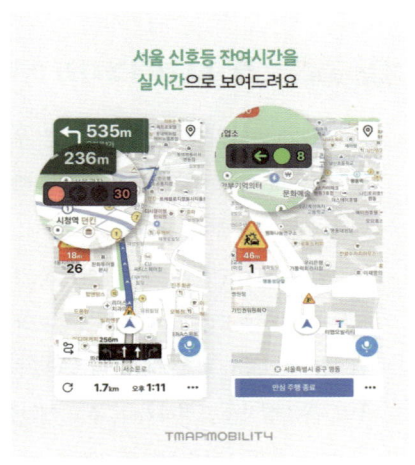

신호등 잔여 시간을 표시하는 티맵[3]

가령 퇴근 시간에는 교통량이 많은 도심지를 지나가기보다는 조금 돌아가더라도 한산한 길을 선택하는 편이 더 빠를 수 있습니다. 이렇듯 AI는 우리 대신 복잡한 정보를 실시간으로 파악하고, 최선의 선택으로 조정하는 역할을 해줍니다.

💚 예측 알고리즘

AI는 과거의 교통 데이터를 분석하여 특정 시간대나 요일에 어떤 도로가 막힐지 예측합니다. 마치 오랜 경력의 택시 기사가 특정 시간에 막히는 도로를 미리 알고 피해 가듯, AI는 과거의 데이터를 통해 미래 상황을 예측하고 더 빠른 길을 안내할 수 있습니다.

앞서 소개한 데이터와 알고리즘을 적절하게 활용함으로써 비로소 내비게이션은 항상 마술처럼 원하는 길을 척척 안내해줄 수 있는 것입니다.

> **더 알아보기** **Q. AI 리터러시와 어떤 관련이 있을까요?**

내비게이션 앱의 작동 원리를 이해하면, 우리는 앱이 제공하는 경로가 왜 그렇게 설정되었는지, 또 어떤 상황에서 경로를 변경해야 할지를 더 잘 판단할 수 있습니다.

예를 들어, 내비게이션이 자주 경로를 재설정하는 이유가 실시간 교통 데이터의 변화 때문임을 이해하면, 운전자로서 더 나은 경로 선택을 할 수 있게 되죠.

또한, 내비게이션 앱이 우리의 위치 정보와 이동 패턴을 수집하고 활용한다는 것을 이해하면, 개인정보 보호에 대해 더욱 신중하게 생각할 수 있습니다. 필요에 따라 위치 정보 공유 설정을 조절하거나, 주요 개인정보가 포함된 장소(예: 집, 직장)를 별도로 관리하는 등의 조치를 취할 수 있겠죠.

나아가 AI 내비게이션의 한계도 인식할 필요가 있습니다. 갑작스러운 사고나 기상 변화 등 미처 데이터에 반영되지 않은 정보가 있을 가능성을 인지한다면, 내비게이션을 맹신하지 않고 필요에 따라 자신의 판단을 더하여 안전하고 효율적으로 주행할 수 있을 것입니다.

결국, AI 내비게이션 알고리즘에 대한 이해는 우리가 더 스마트하고 안전하게 이동할 수 있는 밑거름이 됩니다. 내비게이션이 제공하는 편리함을 누리면서도, 작동 원리를 이해하고 주체적 판단을 적절히 취할 수 있는 능력이 바로 AI 리터러시의 핵심이라고 할 수 있을 겁니다.

나를 업그레이드하는 AI 스노우(SNOW)의 얼굴 인식

요즘 사진 찍는 사람들을 보면 스마트폰 자체 카메라보다 다른 앱들을 많이 사용하곤 합니다. 이러한 앱들은 하나같이 얼굴을 예쁘게(?) 만들어 준다는 특징이 있어 사람들의 인기를 끌고 있는 것 같습니다. 가끔 써 보면 내 얼굴이 '뽀샤시' 해지면서, 입술도 빨개지고 눈도 커지는 마법을 경험할 수 있는데요, 이 놀라운 변신은 바로 AI 기술 덕분입니다.

이 같은 필터 카메라 앱의 대표격인 '스노우'는 우리 얼굴의 특징을 정확하게 파악하고, 다양한 필터 효과를 적용하여 새로운 이미지를 만들어냅니다. '나인데, 나같지 않으면서 더욱 아름다워진 나'인 셈이죠. 이 앱의 주 사용층은 20~30대 여성[4]으로, AI 기술은 이들에게 최고의 만족감을 안겨줍니다. 어떻게 그럴 수 있는지, 스노우의 핵심 AI 기술을 만나보겠습니다.

❤ 얼굴 인식 (Facial Recognition)

사진 속 얼굴을 정확하게 인식하고, 눈, 코, 입 등 주요 부위의 위치와 크기를 파악할 수 있는 기술입니다. 스노우가 얼굴과 주요 부위를 정확하게 인식하여, 콧수염을 그려주거나 볼터치를 해주는 등 다양한 변신을 시켜줄 수 있는 것은 모두 AI 덕분이죠. 만약 눈을 제대로 인식하지 못하면, 속눈썹을 이상한 곳에 갖다 붙이는 우스운 상황이 연출될 수 있을 것입니다.

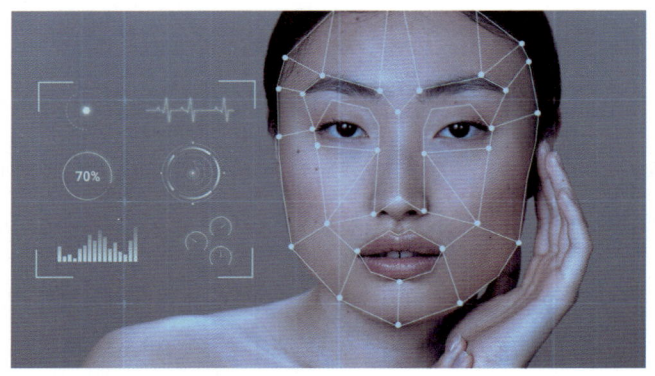

얼굴 인식 기술

❤ 얼굴 변형 (Face Transformation)

하지만 얼굴 인식 기술만으로 스노우의 마법 같은 변신 효과를 구현할 수는 없습니다. 핵심은 바로 얼굴 변형 기술입니다. 이 기술 덕택에 우리는 K-pop 아이돌처럼 보이거나, 애니메이션 캐릭터로 변신할 수 있는 겁니다.

얼굴 변형 기술의 적용 과정은 마치 퍼즐을 맞추는 것과 비슷합니다. AI는 먼저 수많은 아이돌이나 애니메이션 캐릭터의 사진을 학습합니다. 그리고 개별 사용자 얼굴의 특징을 파악한 후, 이를 학습한 기존 이미지들의 특징과 매칭시키죠. 눈을 애니메이션 캐릭터의 큰 눈으로 교체하거나, 피부톤을 아이돌처럼 매끈하게 만드는 식입니다.

이 과정에서 AI는 우리 얼굴의 고유한 특징을 완전히 없애지 않고 적절히 조절합니다. 그래서 변신 후에도 우리가 누구인지 알아볼 수 있는 겁니다. 마지막 단계로는 배경이나 조명 효과 등을 추가해서 더욱 자연스럽고 멋진 결과물로 완성합니다.

스노우 AI가 제작한 다양한 이미지들[5]

이렇게 얼굴 인식과 얼굴 변형 두 핵심 기술과 기타 여러 기술을 조합하여 멋지고 예쁜 얼굴을 만들어줄 수 있는 것입니다.

더 알아보기 Q. AI 리터러시와 어떤 관련이 있을까요?

스노우 앱을 사용하면서 우리는 AI 얼굴 인식 기술의 작동 원리오- 한계를 직접 경험할 수 있습니다. 앱이 특정 조명이나 각도에서 얼굴을 제대로 인식하지 못할 때, "왜 AI가 내 얼굴을 정확히 파악하지 못했을까?" 점검해볼 수 있죠. 이러한- 경험은 AI 기술의 현재 수준과 개선이 필요한 부분을 이해하는 데 도움이 됩니다.

동시에, 우리의 얼굴 데이터가 어떻게 수집되고 활용되는지에 대해 생각해볼 기회도 제공합니다. "내가 찍은 사진은 어디에 저장되고 어떻게 사용될까?"라는 의문을 가지면서, 개인정보 보호 설정을 확인하고 데이터 사용 동의 내용들 꼼꼼히 살펴보는 습관을 기를 수 있습니다. 이는 AI 기술 사용에 따른 개인정보 보호와 윤리적 문제에 대한 인식을 높이는 중요한 과정이며, 결과적으로 AI 기술을 더 책임감 있게 사용할 수 있게 해줍니다.

당신의 말에 귀 기울이는 AI 인공지능 비서의 원리

"Hey Siri, 오늘 날씨 어때?"

"OK Google, 타이머 5분 맞춰줘."

여러분은 AI 비서를 어떤 용도로 활용하시나요? 대부분의 스마트폰에는 AI 비서가 내장되어 있습니다. 아이폰에는 시리가, 안드로이드폰에는 구글 어시스턴트가 있죠. 최근에는 스마트 스피커나 차량에도 이러한 AI 비서가 내장되어서 우리의 삶을 편리하게 해주고 있습니다. 요리할 때 타이머를 켜거나, 운전 중에 음악을 바꾸는 등, 우리는 일상 곳곳에서 AI 비서의 도움을 받고 있죠.

겉보기에는 단순해 보이는 이 AI 비서, 그 안에는 어떤 기술들이 숨어 있을까요?[6]

♥ [1단계] 음성 인식 (Speech Recognition)

먼저 우리의 말소리를 컴퓨터가 이해할 수 있는 텍스트로 바꿔야 합니다. 그러려면 일단 무엇을 말하고 있는지, 말소리를 정확히 인식해야 합니다. 마치 외국어를 배우는 것처럼, AI는 수많은 사람의 목소리를 들으며 다양한 발음과 억양을 학습합니다. 이 과정에서 AI는 단순히 소리를 텍스트로 바꾸는 것뿐만 아니라, 배경 소음을 걸러내고 여러 사람의 목소리를 구분하는 능력도 갖추게 됩니다. 시끄러운 거리에서도 AI는 우리의 목소리만을 정확히 인식할 수 있죠. 이렇게 학습한 덕분에 AI는 우리가 말하는 내용을 정확하게 텍스트로 옮길 수 있게 됩니다.

▼ [2단계] 자연어 처리 (Natural Language Processing, NLP)

AI가 우리의 말뜻을 이해하기 위해 사용하는 기술입니다. 예를 들어, "근처 맛집 좀 찾아줘"라는 요청을 받으면, AI는 '맛집'이라는 핵심 단어와 '근처'라는 조건을 파악하고, 이에 맞는 정보를 찾아냅니다. 더 나아가 NLP는 문맥을 이해하고 중의적인 표현도 파악할 수 있습니다. 가령 "배가 너무 커"라는 말이 과일을 의미하는지, 아니면 선박에 대한 언급인지를 상황에 따라 구분할 수 있죠.

▼ [3단계] 대화 관리 (Dialogue Management)

이 기술은 AI가 사용자와의 대화를 자연스럽게 이어가는 데 핵심적인 역할을 하는데, 크게 3가지 요소(대화 맥락 이해, 정보 검색, 응답 생성)로 구성됩니다.

▌대화 맥락 이해

먼저, AI는 대화의 맥락을 파악합니다. "그 다음엔?"과 같은 모호한 질문에도 이전 대화 내용을 기억하고 있어 적절한 답변을 할 수 있죠. 또한 사용자의 습관이나 선호도를 학습하여 점점 더 개인화된 서비스를 제공합니다.

▌정보 검색

그 다음 AI는 답변을 위해 필요한 정보를 검색합니다. 사용자의 질문을 이해한 후, 관련 정보를 자체 데이터베이스나 인터넷에서 찾아냅니다. 날씨를 물어보면 실시간 기상 정보를 찾아서 제공할 수 있죠.

▌응답 생성

검색한 정보를 바탕으로 적절한 응답을 생성합니다. 이 과정에서 AI는 단순히 정보를 나열하는 것이 아니라, 대화의 맥락과 사용자의 성향을 고려하여 가장 적절한 형태의 답변을 만들어냅니다.

▼ **[4단계] 음성 합성** (Speech Synthesis)

마지막으로 준비된 답변을 다시 음성으로 변환해 사용자에게 돌려주어야 하는데, 이때 사용하는 기술입니다. 아직 사람처럼 완벽하지는 않지만 정말 사람이 말하는 것 같은 자연스러운 목소리를 만들어내는 기술 수준까지 올라왔습니다.

더 나아가 AI 비서는 문장의 의미에 따라 억양과 강세를 조절하고, 감정까지 표현할 수 있습니다. 예를 들어, 좋은 소식을 전할 때는 밝고 경쾌한 톤으로, 날씨가 안 좋다고 할 때는 조금 낮은 톤으로 말할 수 있죠. 덕분에 우리는 마치 실제 비서와 대화하는 것 같은 자연스럽고 편안한 느낌을 받을 수 있게 됩니다.

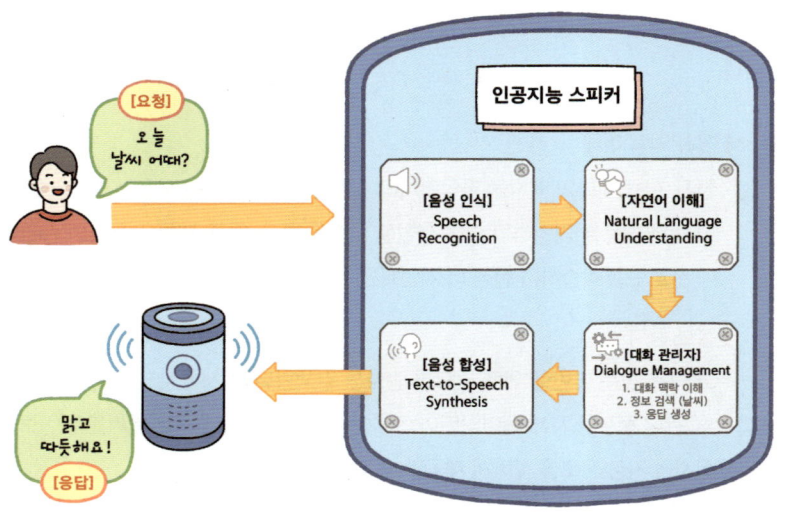

AI 스피커(비서)의 대화 시스템 구조

눈 깜빡할 새 끝나는 AI 비서와의 단순한 문답에 이렇게나 복잡한 기술들이 숨겨져 있다니, 놀랍지 않은가요?

더 알아보기 **Q. AI 리터러시와 어떤 관련이 있을까요?**

AI 비서를 사용하면서 우리는 AI 기술을 직간접적으로, 상당히 폭넓게 체험할 수 있습니다. 예를 들어 AI 비서가 내 말을 잘못 알아듣거나 엉뚱한 답변을 할 때, "왜 AI가 내 말을 이해하지 못했을까?" 또는 "AI는 어떻게 내 질문에 답변했을까?"라고 생각해 볼 수 있습니다.

AI 비서가 말을 잘못 이해했다면, 더 명확하고 간결하게 다시 질문해 보세요. 특히 특정 억양이나 줄임말 등을 인식하지 못하는 경우, AI 기술의 한계를 알고 질문을 보완하는 방법을 고민해볼 수 있겠지요. 또 엉뚱한 답변을 받았다면 AI 비서가 어떤 정보를 기반으로 답변을 생성했는지 생각해볼 수 있습니다.

이러한 경험은 AI 기술의 현재 수준과 한계를 이해하고, AI와 더 효과적으로 소통하는 방법을 배우는 데 큰 도움이 됩니다. 더 나아가, AI 비서와의 상호작용을 통해 AI가 어떤 질문에 답할 수 있고, 어떤 작업을 수행할 수 있는지 같은 AI의 기능 범위를 파악할 수도 있습니다.

음악 재생, 메시지 전송, 알람 설정 등 AI 비서가 제공하는 다양한 기능들을 알아가면서 AI를 더욱 유용하게 활용할 수 있게 되며, 동시에 어느 정도 이상의 복잡한 작업은 처리하기 힘들다는 AI의 한계도 알 수 있게 됩니다.

한편으로 AI 비서 사용은 개인정보 보호에 관한 중요한 질문을 던집니다. "내 음성 데이터는 어디에 저장되고, 어떻게 사용될까?" "AI 비서가 항상 내 대화를 듣고 있다는데 괜찮을까?" 이런 의문들을 통해 개인정보 보호 설정을 더 신중하게 관리하는 습관을 기를 수 있습니다.

결국 AI 비서와의 소통 경험은 AI 기술에 대한 이해도를 높이고, AI를 더욱 효과적으로 활용하는 능력, 즉 'AI 리터러시'를 키우는 데 중요한 역할을 합니다.

나 대신 운전하는 AI 자율주행 시대가 온다

차에 타자마자 목적지만 말하면 알아서 척척 운전해 주는 AI 운전기사가 있다면 얼마나 좋을까요? AI 운전기사는 꽉 막힌 도로에서 지루해하지 않고, 졸음 운전을 걱정할 필요도 없습니다. 우리는 차 안에서 편안히 휴식을 취하거나 일을 할 수 있어, 이동 시간을 더욱 효율적으로 활용할 수 있을 겁니다.

자율주행차는 AI를 통해 인지하고, 판단하고, 제어하는 과정을 통해 안전하고 편리한 이동을 가능하게 합니다. 어떻게 그럴 수 있는지, 이제 AI 운전기사의 마법 같은 능력을 하나씩 살펴볼까요?

♥ [1단계] 인지: 자율주행차의 '눈과 귀'

첫 번째 단계는 '인지' 단계입니다. 자율주행 자동차가 주변 환경을 인식하는 과정이죠. 이 단계에서 자동차는 카메라, 레이더, 라이더(LiDAR), GPS 등의 센서를 사용해 실시간으로 주변의 정보를 수집합니다.

- **카메라**: 자동차의 '눈'입니다. 360도로 주변을 둘러보며 차선, 교통 표지판, 보행자, 다른 차량 등을 식별합니다. 빨간 신호등을 보고 멈추거나 흰색 차선을 인식해 차선을 유지할 수 있죠. 다만 비나 안개 같은 기상 조건에는 취약할 수 있다는 단점이 있습니다.

- **레이더**: 자동차의 '초음파 귀'라고 생각하면 됩니다. 전파를 발사해 주변 물체와의 거리와 속도를 측정합니다. 카메라가 잘 보지 못하는 어두운 밤이나 안개 낀 날에도 정확하게 작동해서 자율주행차의 안정성을 높여줍니다. 앞차와의 거리를 정확히 측정해 안전 거리를 유지하게 해주기도 합니다.

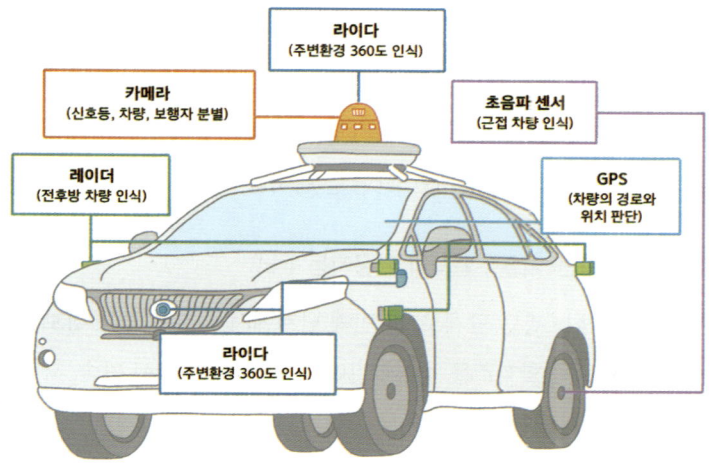

자율주행 자동차의 주요 센서들

- 라이다LiDAR: 자동차의 '레이저 눈'으로, 레이저를 쏘아 주변 환경의 정밀한 3D 지도를 만듭니다. 덕분에 자동차는 주변 물체의 모양과 거리를 아주 정확하게 파악할 수 있습니다. 도로 위의 다른 차량이나 작은 장애물까지도 놓치지 않고 감지할 수 있답니다.

- GPS: 자동차의 '위치 감각'입니다. 현재 자동차의 위치를 실시간으로 파악하여 지도와 연계해 도로 상황과 경로를 분석합니다. GPS 덕분에 자율주행차는 실시간으로 최적의 경로를 선택할 수 있고, 교통 체증을 피해 다른 길로 돌아가는 것도 가능합니다.

이 모든 센서가 모은 정보는 자동차의 '두뇌'로 전송됩니다. 마치 우리가 보고 들은 정보를 뇌로 전달하는 것처럼 말이지요. 각 센서의 장단점을 서로 보완하며 작동하기 때문에, 자율주행차는 어떤 상황에서도 안정적으로 주변 환경을 인식할 수 있습니다.

재미있는 점은, 이 센서들 덕분에 자율주행차가 어떤 면에서는 사람보다 더 뛰어난 '감각'을 가진다는 겁니다. 인간 운전자가 힘들어하는 어두운 밤이나 안개 낀 날에도 레이더와 라이다 덕분에 선명하게 주변을 '볼' 수 있죠. 또 GPS 덕분에 길을 헤매는 일도 거의 없답니다. 이렇게 수집된 정보를 바탕으로 자율주행차는 다음 단계인 '판단'을 준비합니다.

▼ [2단계] 판단: 자율주행차의 '인공지능 두뇌'

두 번째 단계는 판단 단계로, 첫 번째 단계에서 수집한 모든 정보를 바탕으로 "어떻게 운전할까?"를 결정합니다. 이 단계에서는 AI 기술, 특히 딥러닝 기술이 중요한 역할을 합니다.

자율주행차의 주행 판단 모습

- **인공지능(AI)**: 자율주행차의 '두뇌'라고 할 수 있습니다. AI는 인지 단계에서 수집한 데이터를 분석하고, 현재의 교통 상황, 주변 환경, 목적지까지의 경로 등을 고려하여 자동차가 어떻게 움직여야 할지를 결정합니다. 예를 들어, "앞차와의 거리가 가까워졌으니 속도를 줄여야겠다" 또는 "옆 차선에 공간이 생겼으니 차선을 바꿔야겠다"와 같은 판단을 내리는 거죠. AI는 데이터를 학습하여 점점 더

정교한 주행 결정을 내릴 수 있게 되며, 이 과정에서 딥러닝 기술이 큰 역할을 합니다.

- 딥러닝: AI의 '학습 능력'이라고 생각하면 됩니다. 자율주행 자동차는 주행 중에 수집된 수많은 데이터를 학습하여, 점점 더 안전하고 효율적인 주행 방법을 찾아냅니다. 마치 우리가 운전을 계속하면서 실력이 늘어나는 것과 비슷한 원리죠. 딥러닝을 통해 AI는 새로운 상황에서도 적절한 판단을 빠르고 정확하게 내릴 수 있게 됩니다.

AI는 현재 위치, 목적지까지의 최적 경로, 주변 차량의 움직임, 날씨 조건, 교통 법규 등, 우리가 운전할 때 고려하는 모든 것을 빠르게 분석합니다. 그 정보를 바탕으로 가장 안전하고 효율적인 운전 방법을 결정하는 거죠. 또한, AI는 우리가 미처 생각하지 못한 부분까지 고려할 수 있습니다. 과거의 교통 데이터를 분석해 특정 시간대에 자주 정체가 발생하는 구간을 미리 피해 가는 것이 그 예입니다.

하지만 AI도 완벽하진 않습니다. 예상치 못한 상황이 발생하면 실수를 할 수 있죠. 그래서 자율주행차 연구자들은 AI가 더 많은 상황을 학습하고, 더 안전한 판단을 내릴 수 있도록 지속적인 연구를 하고 있습니다.

▼ [3단계] 제어: 자율주행차의 '움직이는 팔과 다리'

마지막 단계는 제어 단계로, AI가 내린 판단을 실제 차량의 움직임으로 바꾸는 것입니다. 즉, 인지와 판단 단계에서 도출된 정보를 바탕으로 실제 차량의 움직임을 제어하는 과정입니다.

(왼쪽부터) ACC, LKAS, PAS 작동 모습

- **지능형 순항 제어 시스템ACC**: 이건 자동차의 '현명한 발'이라고 할 수 있습니다. 레이더와 카메라가 앞차와의 거리를 감지하고 자동차의 속도를 자동으로 조절합니다. 예를 들어, 앞차가 갑자기 속도를 줄이면 자동으로 브레이크를 밟아 안전 거리를 유지하죠. 반대로 앞차가 빨라지면 자동으로 가속해 따라 갑니다.

- **차선 이탈 방지 시스템LKAS**: 이건 자동차의 '꼼꼼한 손'이라고 할 수 있습니다. 차선을 벗어나지 않도록 계속 주시하다가 차가 차선을 넘어가려 하면 살짝 핸들을 돌려 다시 차선 안으로 들어오게 합니다. 운전자가 잠깐 딴 생각을 하더라도 차가 옆 차선으로 넘어가는 걸 막아주죠.

- **주차보조 시스템PAS**: 이건 자동차의 '주차 전문가'예요. 차량이 주차 공간을 스스로 인식하고, 운전자의 조작 없이도 안전하게 주차할 수 있도록 돕습니다. 좁은 주차 공간도 척척 알아내고, 운전자 대신 차를 주차해 줍니다. 평행 주차나 직각 주차 같은 어려운 주차도 문제없지요.

자율주행차에는 이외에도 다양한 제어 시스템이 있습니다. 예를 들어 급제동 시스템은 위험한 상황에서 신속하게 차를 멈추고, 충돌 방지 시스템은 앞에 장애물이 나타나면 자동으로 피하거나 멈추어 사고를 예방합니다.

신기한 것은 이 모든 시스템이 서로 협력해서 일한다는 점입니다. ACC가 속도를 조절하는 동안 LKAS는 차선을 지키고, 필요하면 PAS가 나서서 주차를 도와줍니다. 마치 여러 명의 전문 운전사가 팀을 이뤄 운전하는 것처럼 근사하게 말이죠!

이렇게 세 단계의 마법(인지, 판단, 제어)이 어우러져 자율주행차는 안전하고 편안하게 우리를 목적지로 데려다줍니다. 물론 아직은 완벽하지 않아서 사람의 감독이 필요하지만, 기술은 계속 발전하고 있습니다. 머지않아 편하게 차 안에서 책을 읽거나 영화를 보며 여행하는 날이 오지 않을까요?

더 알아보기 Q. AI 리터러시와 어떤 관련이 있을까요?

자율주행차의 기술을 이해하면 AI 리터러시를 높이는 데 큰 도움이 됩니다. 가령 자율주행차의 센서 기술을 통해 AI가 어떻게 '보고 듣는지' 알게 되면, AI의 데이터 수집과 처리 과정을 이해할 수 있습니다. 이를 토대로 우리 주변의 다른 AI 기술(예: AI 비서, 얼굴 인식 등)이 어떻게 작동하는지 유추하는 것도 가능합니다.

또한, AI의 의사결정 과정을 배우면서 AI의 판단이 항상 완벽할 수 없다는 것을 깨닫게 되죠. 이를 통해 AI 기술의 한계를 인식하고, AI의 결정을 무조건 믿기보다는 비판적으로 평가하는 능력을 기를 수 있습니다.

자율주행차의 제어 시스템에서는 AI가 실생활에 직접적으로 영향을 미치는 모습을 볼 수 있습니다. 예를 들어 자율주행차가 갑작스러운 보행자 출현과 같은 위험 상황에 대처하는 방식을 통해, AI의 실시간 의사결정이 안전에 직결되는 상황을 이해할 수 있습니다. 이 과정에서 "AI가 사고를 피하기 위해 탑승자를 위험에 빠뜨려도 될까?"와 같은 윤리적 딜레마도 생각해볼 수 있죠.

결국, 자율주행차에 대한 이해는 AI 기술을 더 현명하게 활용하고 AI가 주도하는 미래 사회에 대비할 수 있는 능력을 키워줄 수 있습니다.

여기까지 일상 속에서 마주치는 AI 기술 사례를 살펴보았습니다. 이제부터는 더 본격적인 AI 안쪽의 이야기를 살펴볼 시간입니다. AI 기술에서 핵심을 담당하는 기계 학습부터 딥러닝, 대규모 언어 모델, 생성형 AI까지, 한 장씩 할애하여 기본적인 원리를 천천히 이해해 보도록 하겠습니다.

처음 접하는 용어와 기술이라 다소 어렵게 느껴질 수 있지만 최대한 상세한 예시와 함께 설명하여 허들이 너무 높지 않게끔 준비했습니다. 일일이 외울 필요는 없고, 전반적인 구조와 개념 정도만 알아두어도 AI 시대를 살아가는 데 큰 도움이 될 것입니다.

02 인공지능 기술의 개념과 역사

AI를 이해하고자 사례와 기술 원리의 바다로 뛰어들기 전에, 마땅히 준비 운동이 필요하겠지요. 우리는 지금 인공지능(AI)이라는 거대한 혁명의 한가운데 서 있습니다. 하지만 이 놀라운 기술의 근간을 이루는 개념이 무엇인지, 그것이 어떻게 발전해 왔는지 알고 계신가요? 이 장에서는 AI의 기본 개념과 역사적 발전 과정을 살펴보려 합니다. 우선 AI의 주요 능력인 인식, 예측, 생성, 소통에 대해 알아보고, 역사적 발전 단계를 훑어본 뒤, 기계 학습, 자연어 처리, 컴퓨터 비전 등 핵심 기술 분야들을 간략히 소개하고자 합니다. 이를 통해 여러분은 AI라는 거대한 퍼즐의 각 조각들이 어떻게 맞춰지는지 밑그림을 그릴 수 있게 될 것입니다.

AI 기술의 정의와 기능

AI 기술을 조금 쉽게 말하면 '생각하고 학습할 수 있는 기계'를 만드는 기술입니다. 좀 더 전문적으로 표현하면, "인간의 지능을 모방하여 학습, 문제 해결, 패턴 인식 등을 수행할 수 있는 컴퓨터 시스템을 연구하고 개발하는 분야"라고 할 수 있죠.

이렇게 광범위하게 정의되는 AI는 우리 생활 속에서 다양한 형태로 자리 잡고 있습니다. 단순히 '생각하고 학습할 수 있는 기계'라는 개념을 넘어, AI는 우리가 상상하지 못했던 방식으로 우리의 일상을 변화시키는 중입니다.

그렇다면 구체적으로 AI는 어떤 일들을 할 수 있을까요? AI가 할 수 있는 다양한 작업은 크게 5가지 범주로 나눌 수 있습니다. 각각의 능력이 정확히 무엇이며 어디에 자리하고 있는지, 주변에서 흔히 볼 수 있는 AI 활용 사례들을 통해 자세히 알아볼까요?

❤ 인식 (Recognition)

인간의 여러 감각을 대신하는 인식 센서들

AI의 가장 기본적인 능력 중 하나는 '인식'입니다. 우리가 눈으로 보고, 귀로

듣고, 손으로 만지는 것처럼, AI도 다양한 센서를 통해 세상을 인식합니다. 이 그림은 이해를 위해 로봇 센서와 인간의 감각을 매칭해본 것입니다.

예를 들어, 스마트폰의 얼굴 인식 잠금 해제 기능은 AI의 얼굴 인식 기술을 활용한 것입니다. 또한, 음성인식 비서가 우리의 말을 알아듣고 똑똑한 응답을 하는 것도 AI의 인식 능력 덕분입니다.

♥ 예측 (Prediction)

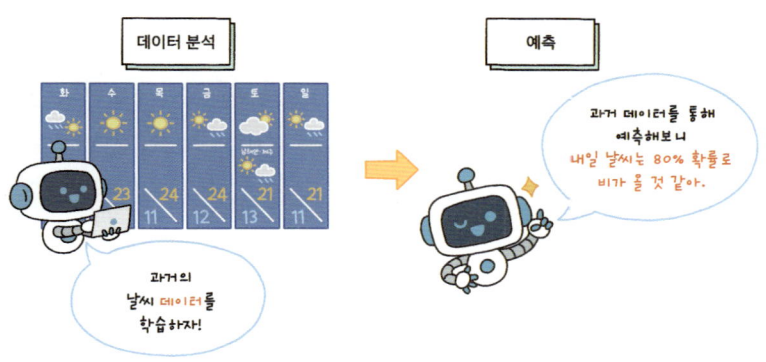

데이터 분석을 기반으로 미래 날씨를 예측하는 AI

AI는 과거의 데이터를 분석하여 미래를 예측하는 데 탁월한 능력을 보입니다. 날씨 예보 앱에서 제공하는 정확한 일기 예보, 온라인 쇼핑몰에서 우리의 취향을 파악하여 추천해주는 상품들, 주식 시장의 동향을 예측하는 금융 AI 등이 모두 AI의 예측 능력을 활용한 사례입니다.

❤ 생성 (Generation)

기존 음악을 학습한 AI는 새로운 음악을 생성할 수 있다

AI는 새로운 것을 만들어내는 데도 뛰어난 능력을 보입니다. 실제로 AI가 그린 그림이 미술 대회에서 수상을 하거나, AI가 작곡한 음악이 실제 음반으로 발매되는 일들이 벌어지고 있습니다. 심지어 AI가 쓴 기사나 소설도 등장하고 있죠.

❤ 소통 (Communication)

AI와도 마치 사람처럼 대화할 수 있다

AI는 인간과 대화하는 능력도 갖추고 있습니다. 우리가 흔히 사용하는 챗봇이나 음성 비서가 대표적인 예입니다. 이들은 우리의 질문을 이해하고 적절한 답변을 제공하며, 때로는 농담을 하거나 감정적인 대화까지 가능한 수준에 이르렀습니다.

♥ 최적화 및 의사결정 (Optimization & Decision Making)

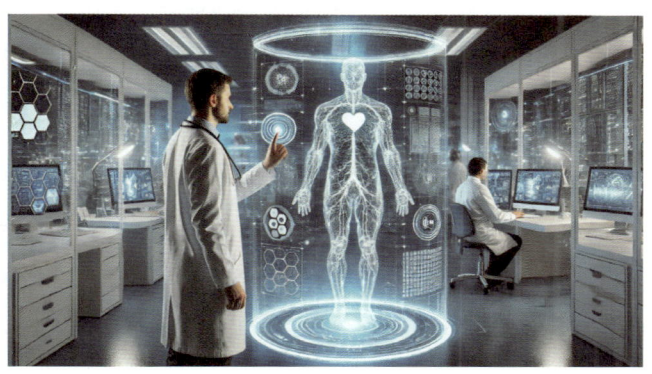

AI를 활용한 질병 진단 및 최적의 치료 방법 제안[8]

AI는 복잡한 상황에서 최적의 해결책을 찾아내는 데 탁월합니다. 예를 들어, 내비게이션 앱이 실시간 교통 정보를 분석하여 가장 빠른 경로를 제안하는 것, 온라인 광고가 사용자별로 최적화되어 표시되는 것, 환자의 진료 정보를 기반으로 최적의 치료법을 추천해 주는 것 등이 AI의 최적화 능력을 활용한 사례입니다.

이처럼 AI는 우리 일상 곳곳에서 다양한 형태로 활용됩니다. 때로는 우리 눈에 보이지 않는 곳에서, 때로는 우리가 직접 대면하는 서비스로서 AI는 우리의 삶을 더욱 편리하고 효율적으로 만들어가고 있습니다.

AI 기술의 발전

우리는 스마트폰의 음성 비서나 자동 번역기 등을 통해 '인간처럼 생각하고 학습할 수 있는 기계'와 자주 상호작용하고 있습니다. 하지만 이를 현실로 만드는 것은 사람들이 항상 꿈꿔온 영역이면서도 좀처럼 접근하기조차 어려운 분야였습니다. 지금 보면 다소 우스꽝스러운 모양새지만, 과거 사람들은 '인공지능'스러운 기술을 구현하고자 많은 노력을 기울였습니다.

그중 하나를 꼽자면 단연 '체스 두는 인형'이 아닐까 합니다. 체스는 둘이 하는 게임이죠. 항상 상대를 구할 수 있는 게 아니다 보니, 사람들은 다른 사람과 겨루는 것도 좋지만 언제 어디서나 나와 체스를 두어 줄 '인공지능'스러운 기계가 있으면 좋겠다는 생각을 줄곧 했을 겁니다.

그렇게 많은 고민 끝에 자동 체스 기계가 탄생했으니, 바로 1770년 볼프강 폰 켐펠렌이 제작한 '더 투르크The Turk'입니다. 이 기계는 터키풍 의상을 입은 인형이 체스판 위의 캐비닛에 앉아 있는 형태로, 당시로서는 놀라운 체스 실력을 보여주었습니다.

'더 투르크'는 84년간 유럽과 미국을 순회하며 성황리에 전시되었고, 나폴레옹 보나파르트와 벤자민 프랭클린 같은 유명 인사들과 대국하며 큰 화제를 모았습니다. 그러나 시간이 지나면서 '더 투르크'의 실체가 밝혀졌습

더투르크⁹

니다. 놀랍게도 이 기계는 실제 인공지능이 아닌, 정교하게 고안된 사기였던 것입니다. 체스 마스터가 캐비닛 내부에 숨어서 기계를 조종하고 있었던 것이죠. 그럼에도 불구하고 '더 투르크'는 인간의 지능을 모방하는 기계에 대한 대중의 관심과 상상력을 자극했다는 점에서 의미가 있었습니다.

이후 컴퓨터 기술의 발전과 함께 진정한 의미의 체스 AI 개발이 시작되었습니다. 1950년대부터 여러 연구자들이 체스 프로그램을 개발하기 시작했고, 1967년에는 매사추세츠 공과대학MIT의 리처드 그린블랫이 최초의 목적 지향적 체스 프로그램인 '맥핵Mac Hack'을 개발했습니다.

이러한 노력들은 1997년 IBM의 딥 블루Deep Blue가 세계 체스 챔피언 가리 카스파로프를 이기면서 큰 결실을 맺었습니다. '더 투르크'와 달리, 딥 블루는 진정한 의미의 AI 체스 프로그램이었습니다.

즉 이는 고성능 하드웨어와 정교한 알고리즘을 바탕으로 한 AI가, 사상 처음으로 인간 챔피언을 상대로 승리를 거둔 AI 역사의 쾌거였습니다. 또한 특정 영역에서 AI가 인간의 능력을 뛰어넘을 수 있다는 것을 보여준 획기적인 사건이었습니다.

이러한 역사적 맥락은 AI 기술이 단순한 속임수나 환상에서 시작해, 실제로 인간의 지능을 모방하고 때로는 뛰어넘는 수준으로 발전해 왔음을 보여줍니다. '더 투

가리 카스파로프와 딥 블루의 체스 대국 모습[10]

02 인공지능 기술의 개념과 역사

르크'에서 딥 블루로 이어지는 발전 과정은 AI 기술의 진화와 그에 대한 인류의 끊임없는 도전을 잘 보여주는 예라고 할 수 있습니다.

이렇게 오랜 세월에 걸쳐 발전해 왔음에도 사람들은 AI를 근래에 막 발명된 최첨단 기술로 착각하곤 합니다. 물론 최근 들어 급격히 대두되기는 했지만, 인공지능 기술은 앞서 소개한 체스 기계처럼 수많은 발전과 쇠퇴를 거친 아주 오래된(?) 기술이랍니다. 본격적으로 인공지능 기술의 원리를 알아보기 전에 간단하게 인공지능 기술의 변화무쌍한 여정을 간단히 짚어보겠습니다. 인공지능 기술에는 세 번의 큰 상승과 두 번의 하강이 있었습니다. 이 여정을 함께 따라가 볼까요?

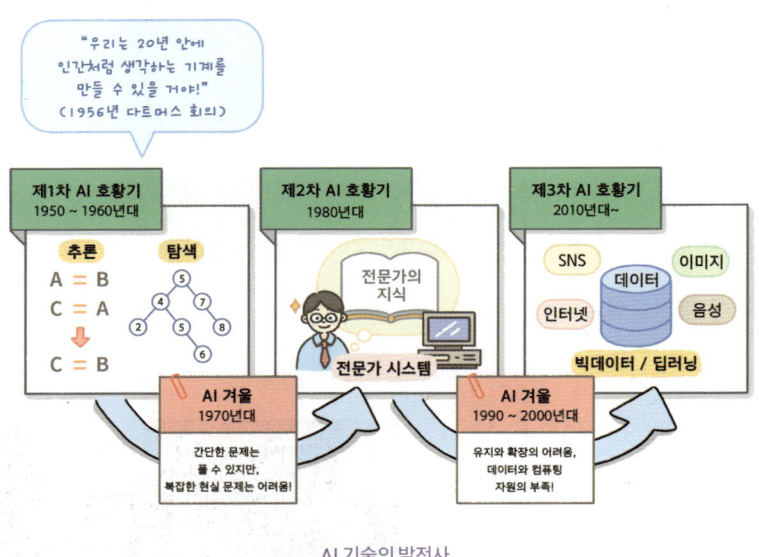

AI 기술의 발전사

▼ 1차 부흥기: AI의 첫걸음

1950년대 말, AI는 마치 갓 걸음마를 뗀 아이처럼 희망과 기대로 가득 찼습니다. 과학자들은 "우리는 20년 안에 인간처럼 생각하는 기계를 만들 수 있을 거야!"라고 자신만만하게 말했죠. 이 시기에 체커 게임을 하는 프로그램, 수학 문제를 푸는 프로그램 등이 만들어졌습니다. 하지만 곧 그들은 현실의 벽에 부딪혔습니다. AI가 단순한 게임이나 문제는 잘 풀어도, 복잡한 현실 세계의 문제는 해결하지 못했기 때문입니다. 이렇게 첫 번째 AI 겨울(1970년대 중반)이 찾아왔습니다.

♥ 2차 부흥기: 전문가 시스템의 시대

1980년대, AI는 다시 한번 날개를 펴기 시작했습니다. 이번에는 '전문가 시스템'이라는 새로운 접근법을 가지고 말이죠. 과학자들은 "우리가 의사나 변호사의 지식을 컴퓨터에 넣으면, 컴퓨터도 전문가처럼 일할 수 있을 거야!"라고 생각했습니다. 실제로 의료 진단을 돕는 AI, 광물 탐사를 돕는 AI 등이 만들어졌어요. 하지만 이 접근법도 한계에 부딪혔습니다. 전문가의 모든 지식을 완벽하게 컴퓨터에 입력하는 것이 불가능했기 때문이죠. 지식의 절대 양도 부족했고, 지식 간 모순도 발생했습니다. 그렇게 두 번째 AI 겨울이 찾아왔습니다.

♥ 3차 부흥기: 빅데이터와 딥러닝의 시대

2000년대 후반, AI는 마치 불사조처럼 또다시 부활했습니다. 이번에는 '빅데이터'와 '딥러닝'이라는 강력한 무기를 손에 쥐고 말이죠. "우리가 컴퓨터에게 규칙을 가르치려고 하지 말고, 대신 엄청난 양의 데이터를 주면 컴퓨터가 스스로 학습할 수 있을 거야!"라고 생각한 것입니다. 이 접근법은 놀라운 성과를 냈습니다. 이미지 인식, 음성 인식, 자연어 처리 등 다양한 분야에서 AI가 인간의 능력을 뛰어넘기 시작했죠.

> **AI의 겨울이란?**
>
> AI의 겨울이라는 용어는 초기의 열광적인 관심과 투자 이후, AI 기술이 약속했던 혁명적인 변화를 즉각적으로 이루지 못하면서 연구 자금과 대중의 관심이 급격히 줄어드는 현상을 말합니다. 이것이 마치 기술 발전의 겨울과 같다고 해서 붙여진 이름입니다.
>
> 하지만 이 '겨울' 동안에도 연구자들의 노력은 계속됩니다. 표면적으로는 침체기처럼 보이지만, 이 시기에 이루어지는 기초 연구와 새로운 접근법의 모색이 다음 번 AI 붐의 토대가 됩니다.
>
> 결국 AI의 겨울은 자연스러운 기술 발전 주기의 일부라고 볼 수 있습니다. 과도한 기대로 인한 거품이 꺼지고, 현실적인 평가와 함께 더 견고한 기술적 기반을 다지는 시기인 것입니다.

이렇게 세 차례 부흥기를 거치면서 AI는 점점 더 똑똑해지고, 우리 삶에 가까워졌습니다. 처음에는 단순한 게임을 하던 AI가 이제는 우리의 말을 이해하고, 우리가 찍은 사진을 분석하며, 심지어 자동차를 운전하기까지 합니다. 이제는 못 하는 것이 없는 AI지만, 이 기술은 적잖은 세월 동안 수많은 시련을 거쳐 만들어졌음을 다시 한번 생각해 보면 좋겠네요.

AI 기술의 주요 분야

누차 이야기했듯, AI 기술은 다양한 분야에 걸쳐 발전하고 있습니다. 각 분야는 서로 밀접하게 연관되어 있으면서도 고유한 특성과 응용 영역을 가지고 있죠. 다음 장부터는 본격적으로 AI 기술의 주요 분야가 어떤 원리로 작동하고 실생활에 어떻게 활용되는지 알아볼 예정입니다. 무엇이 있는지, 여기서 간단히 소개합니다.

▼ 1. 기계 학습 (Machine Learning)

컴퓨터가 데이터를 바탕으로 스스로 학습하고 성능을 향상시키는 능력을 연구하는 분야입니다. 기계 학습은 AI의 핵심이라고 해도 과언이 아닙니다. 우리가 경험을 통해 배우는 것처럼, 기계도 데이터를 통해 '경험'하고 배우게 되지요. 기계 학습은 다시 지도 학습, 비지도 학습, 강화 학습 등으로 나뉩니다. 실생활에서 흔히 보는 스팸 메일 필터링, 상품 추천 시스템, 일기 예보 등이 모두 기계 학습을 기반으로 한 것입니다.

▼ 2. 자연어 처리 (Natural Language Processing)

컴퓨터가 인간의 언어를 이해하고 생성할 수 있게 하는 기술입니다. 챗봇이나 번역 앱이 대표적인 예시죠. 하지만 이뿐만이 아닙니다. 감성 분석Sentiment Analysis, 문서 요약, 질의응답 시스템 등 다양한 응용 분야가 존재합니다. 최근에는 GPTGenerative Pre-trained Transformer 같은 대규모 언어 모델LLM이 등장해 더욱 자연스러운 언어 이해와 생성이 가능해졌습니다.

3. 컴퓨터 비전 (Computer Vision)

컴퓨터가 이미지나 비디오를 '보고' 이해할 수 있게 하는 기술입니다. 대표적으로 자율주행 자동차가 도로의 상황을 인식하도록 하는 데 사용됩니다. 또한 의료 영상 분석, 안면 인식 보안 시스템, 증강 현실 기술 등에도 폭넓게 활용됩니다. 최근에는 딥러닝 기술의 발전으로 인간의 시각 능력을 뛰어넘는 수준의 이미지 인식이 가능해졌습니다.

4. 로보틱스 (Robotics)

AI를 물리적 세계에 적용하는 분야라고 할 수 있으며, 지능을 가진 로봇을 만드는 것이 목표입니다. 산업용 로봇부터 가정용 로봇, 의료용 로봇까지 다양한 형태로 발전하고 있습니다. 최근에는 보스턴 다이내믹스의 휴머노이드 로봇처럼 인간과 유사한 동작을 수행할 수 있는 로봇들이 등장해 화제가 되고 있습니다.

5. 전문가 시스템 (Expert Systems)

특정 분야의 전문가 지식을 컴퓨터 시스템으로 구현한 것입니다. 의료 진단, 금융 자문, 법률 상담 등 전문적인 영역에서 인간 전문가를 보조하거나 대체할 수 있는 시스템을 만드는 것이 목표입니다. IBM의 왓슨Watson이 의료 진단에 활용된 것이 대표적인 예시입니다.

6. 강화학습 (Reinforcement Learning)

기계 학습의 한 분야로, 에이전트가 환경과 상호작용하며 보상을 최대화하는 방향으로 학습하는 방법입니다. 게임 AI, 로봇 제어, 자율주행 등 다양한 분야에서 활용되고 있습니다. 유명한 알파고AlphaGo가 이 기술을 기반으로 개발되었죠.

▼ 7. 딥러닝 (Deep Learning)

역시 기계 학습의 한 분야로, 인간의 뇌 구조를 모방한 심층 신경망을 사용합니다. 대량의 데이터를 학습해 복잡한 패턴을 파악하는 데 뛰어나며, 이미지 인식, 자연어 처리, 음성 인식 등 다양한 AI 응용 분야의 성능을 크게 향상시켰습니다. 자율주행 자동차의 물체 인식, 의료 영상 분석 등에 널리 사용되고 있습니다.

▼ 8. 음성 인식 및 합성 (Speech Recognition and Synthesis)

인간의 음성을 컴퓨터가 이해하게 하고, 또 컴퓨터가 인간의 음성을 만들어내도록 하는 기술입니다. 음성 비서, 자동 자막 생성, 텍스트를 음성으로 변환하는 서비스 등에 활용됩니다. 최근 딥러닝 기술의 발전으로 더욱 정확하고 자연스러운 음성 처리가 가능해졌습니다.

이상의 AI 기술들은 각각 독립적으로 발전하면서도 서로 융합하여 더 강력한 AI 시스템을 만들어냅니다. 예를 들어, 자연어 처리와 컴퓨터 비전 기술이 결합하여 이미지에 대한 자연어 설명을 생성하는 시스템이 만들어지는 식이죠.

AI 기술은 현재도 끊임없이 발전하고 있으며, 새로운 분야가 등장할 수도 있고, 기존 분야가 더욱 세세하게 나뉠 수도 있습니다. 앞으로 AI 기술이 어떻게 발전하고 우리의 삶을 어떻게 변화시킬지 예측하기는 어렵지만, 한 가지 확실한 사실은 AI가 우리 사회의 중요한 일부가 될 것이라는 점입니다.

03 기계 학습의 원리

여러분은 영화 '아이언맨'을 보셨나요? 주인공 토니 스타크의 인공지능 비서 '자비스'는 스스로 학습하고 판단하는 능력을 통해 토니 스타크를 돕습니다. 이처럼 "컴퓨터가 스스로 경험을 통해 배우고 이를 바탕으로 새로운 데이터를 처리할 수 있게 하는 기술"을 '기계 학습Machine Learning'이라고 합니다.

우리 주변의 많은 기술이 이미 기계 학습을 활용하고 있습니다. 앞서 살펴보았던 스마트폰의 얼굴 인식, 음성 비서, 자율주행 자동차는 모두 기계 학습을 기반으로 합니다. 이 기계 학습의 원리에 대해 한번 자세히 짚어보도록 하겠습니다.

기계 학습 말하지 않아도 스스로 배우는 컴퓨터

기계 학습을 조금 더 쉽게 설명하면, 컴퓨터에게 '스스로 생각하는 법'을 가르치는 것이라고 할 수 있습니다. 사람이 일일이 모든 것을 지시하지 않아도, 컴퓨터가 데이터를 통해 스스로 규칙을 찾고 문제를 해결하게 하는 것이 핵심입니다.

기계 학습의 원리

    이는 마치 어린아이가 여러 경험을 통해 세상을 배우는 것과 비슷합니다. 아이가 태어나면 우리는 여러 사물을 알아갈 수 있도록 안내합니다. '감귤'이라는 과일을 알려주기 위해서 마트에서 사온 감귤을 직접 보여주거나, 감귤 사진이나 그림을 보여주기도 하지요. 이 모든 것은 아이에게 "이렇게 생긴 것은 감귤이야"라고 알려주는 것입니다. 아이는 수많은 사례를 보면서 감귤이라는 과일을 알아갑니다. 이윽고 어느 날 아빠가 마트에서 감귤이라는 과일을 사오면, 지금까지 배웠던 내용을 기반으로 이 과일이 감귤이라는 것을 알고 맛있게 먹을 수 있겠지요.

기계 학습은 어떻게 작동할까요?

    앞서 한 설명으로 기계 학습의 기본적인 원리를 이해할 수는 있겠지만,

조금 더 상세하게 알아보려고 합니다. 기계(이하 기계 학습에서 사용되는 기계는 'AI'로 용어를 통일하여 설명)가 학습을 한다는 개념은 동일하지만, 세부 기법마다 방식은 조금씩 다르거든요. 한번 어떻게 다른지 천천히 배워봅시다.

지도 학습 Supervised Learning

♥ 지도 학습의 원리

'지도' 학습 기법은 말 그대로 AI를 잘 '지도'한다는 개념으로 생각하면 쉽습니다. 그렇다면 어떻게 잘 지도할 수 있을까요?

이전 예시인 감귤로 돌아가겠습니다. 전 세계에는 매우 다양한 종류의 감귤(만감류) 품종이 있겠지요? 우리나라로 한정 지어 생각해도 '한라봉', '천혜향', '레드향' 등 너무나도 많습니다. 그중 가장 많이 볼 수 있는 '감귤'과 '한라봉'을 학습시키고자 합니다. '감귤'과 '한라봉'을 구분시키기 위해 AI에게 감귤 사진 100장과 한라봉 사진 100장을 보여줄 수 있습니다.

조금 더 쉽게 설명하면 부모가 아이에게 여러 종류의 감귤 사진과 한라봉 사진을 보여주고, "이 사진이 감귤이고, 이 사진은 한라봉이야"라고 알려주는 것과 같습니다. 이때 부모는 사진을 보여줄 때마다 정답을 말해주지요? 맞습니다. 지도 학습의 핵심 개념은 바로 '정답'이 있다는 것입니다. 만약 아이가 볼 사진에 아무 말도 써 있지 않다면, 부모는 사진 아래에 '감귤', '한라봉'이라고 써줄 겁니다.

기계 학습에서도 이러한 과정을 진행하게 되는데요, 이를 '레이블링

Labeling'이라고 부릅니다. 기계 학습에 사용할 데이터(여기서는 감귤 사진 100장과 한라봉 사진 100장)에는 '이 사진은 감귤, 저 사진은 한라봉' 같이 일일이 레이블을 붙이게 됩니다. 예전에 '인형에 눈알 붙이는 일'을 아르바이트로 했던 것처럼, 요즘엔 '데이터 레이블링'이라는 신종 아르바이트도 등장했습니다.[11] 이 아르바이트에서는 자동차 사진을 보고 SUV인지 승용차인지 직접 구분하여 표기를 하는 일을 합니다. 자율주행차에서 사용할 기계 학습 모델 훈련용 데이터를 마련하기 위해서죠.

지도 학습을 통해 귤과 한라봉을 구분하게 된 AI

이렇게 레이블링된 데이터를 이용해 우리는 AI에게 말 그대로 '지도'를 하게 됩니다. AI는 감귤 사진과 한라봉 사진을 100장씩 보면서 '이렇게 생긴 과일은 감귤이고, 저렇게 생긴 과일은 한라봉이구나' 하며 열심히 공부합니다. 모든 학습이 끝나면 이전보다 똑똑해진 기계 학습 모델이 만들어집니다.

03 기계 학습의 원리

♥ 지도 학습 활용 사례

그렇다면 이렇게 레이블링된 데이터를 활용하여 학습이 완료된 기계 학습 모델은 어떻게 활용할 수 있을까요? 이전의 예로 돌아가보면, 감귤과 한라봉 사진 여러 장을 보고 학습한 아이는 마트에서 새로운 감귤과 한라봉을 보더라도 그동안 배운 지식을 통해 쉽게 둘을 구분할 수 있겠지요? AI도 마찬가지입니다. 지도 학습의 최종 목표는 "한 번도 못 본(새로운)" 데이터가 등장했을 때, 이미 학습한 내용을 기반으로 자동으로 분류해 주는 것입니다. 만약 감귤과 한라봉 모두를 재배하는 농장에서 이러한 지도 학습 모델을 사용한다면, 사람의 개입 없이도 인공지능이 이것들을 스스로 분류할 수 있어 여러 작업의 효율화에 도움이 될 것입니다.

지도 학습은 다양한 분야에서 활용되고 있습니다. 다른 사례도 몇 가지 소개합니다.

① 자율주행차

도로 위의 다양한 상황을 인식하고 대응하기 위해서는 지도 학습이 필수적입니다. 우리는 AI에 차량이 주행 중에 마주칠 수 있는 수많은 표지판 이미지를 학습시킵니다. '정지', '양보', '속도제한' 등의 표지판 수천 장을 보여주면서 각각 어떤 의미인지 알려주는 거죠. 이렇게 학습한 자율주행차는 실제 도로에서 처음 보는 표지판도 정확히 인식하고 그에 맞는 주행을 할 수 있게 됩니다.

② 의료 분야: X-ray 진단

이미지 지도 학습은 X-ray 영상을 통한 폐렴 진단에 활용할 수 있습니다. 의사들이 진단을 내린 수많은 X-ray 영상을 '정상'과 '폐렴'으로 레이블링하여 AI에게 학습시킵니다. 마치 의대생이 선배 의사의 진단을 보며 공부하는 것처럼 말이죠. 이렇게 학습한 AI는 새로운 환자의 X-ray 영상을 보고 폐렴 여부를 판단할 수 있게 됩니다. 물론 최종 진단은 의사가 내리겠지만, AI의 도움으로 더 빠르고 정확한 진단이 가능해집니다.

③ 금융 분야: 신용카드 부정 사용 탐지 시스템

은행은 과거의 수많은 거래 내역과 그것이 정상 거래였는지 부정 거래였는지에 대한 정보를 가지고 있습니다. 이 데이터를 활용해 AI에게 "이런 패턴은 정상 거래고, 저런 패턴은 부정 거래야"라고 가르칩니다. 그러면 AI는 새로운 거래가 발생했을 때, 그 패턴이 정상인지 의심스러운지를 즉각 판단할 수 있게 됩니다. 덕분에 우리가 모르는 사이에도 우리의 카드는 AI의 보호를 받고 있답니다.

이처럼 지도학습은 우리 일상 곳곳에서 활용되고 있으며, 앞으로 더 많은 분야에서 혁신을 이끌어낼 것으로 보입니다. 그러나 이 모든 혁신적인 응용의 기반에는 '잘 정리된 데이터'가 있음을 기억해야 합니다. 양질의 데이터와 정확한 레이블링이 있어야만 AI도 제대로 된 '지도'를 받을 수 있기 때문이죠.

비지도 학습 Unsupervised Learning

▼ 비지도 학습의 원리

여러분은 옷장 정리를 할 때 비슷한 색깔이나 종류별로 옷을 분류해본 적이 있나요? 옷에 이름표가 붙어 있지 않아도 우리는 자연스럽게 비슷한 것끼리 묶어서 정리하곤 합니다. 비지도 학습은 이처럼 정답 없이 데이터의 특징이나 패턴을 AI 스스로 찾아내도록 하는 기계 학습 기법입니다. '비지도'라는 말에서 유추할 수 있듯이, 이 방법은 데이터의 '정답' 또는 '레이블'이 없는 상태에서 학습을 진행합니다. 그렇다면 어떻게 컴퓨터가 스스로 학습할 수 있을까요? 이해를 돕기 위해 우리 주변의 예시로 설명해 보겠습니다.

비슷한 특징을 가진 것끼리 분류하는 비지도 학습

우리가 자주 가는 대형 마트에는 물건들이 어떻게 정리되어 있나요? 보통 비슷한 종류의 물건들이 한 구역에 모여 있지 않나요? 예를 들어 과일 코너에 가면 사과, 배, 파인애플 등이 모여 있고, 채소 코너에는 상추, 시금치, 당근 등이 함께 있습니다. 이처럼 비슷한 특성을 가진 것들을 그룹으로 모으는 것이 비지도 학습의 기본 개념입니다.

비지도 학습에서 컴퓨터는 처음 보는 상품을 정리하는 대형 마트 신입 직원과 비슷한 작업을 합니다. 이 직원은 각 물건이 무엇인지 정확히 모르지만, 색깔, 형태, 크기 등의 특징을 보고 비슷한 것들끼리 분류합니다. 예를 들어, 빨간색이고 둥근 물건들(사과, 토마토 등)을 한 곳에 모으고, 녹색이고 잎사귀 모양인 것들(상추, 시금치 등)을 다른 곳에 모을 수 있겠죠.

♥ 비지도 학습 활용 사례

대략적인 원리를 알았으니, 어떻게 쓰일 수 있는지 이제 비지도 학습의 실제 활용 사례를 살펴볼까요?

① 사용자 자동 그룹화

넷플릭스나 유튜브 같은 동영상 플랫폼에서는 시청자들의 시청 기록을 분석하여 자동으로 비슷한 취향의 그룹으로 분류합니다. 이것이 바로 비지도 학습의 예시입니다. 비지도 학습은 수많은 사용자의 시청 기록을 분석해서 비슷한 시청 패턴을 가진 사용자들을 자동으로 그룹화합니다. 예를 들어 '주로 밤에 로맨틱 드라마를 보는 그룹', '주말마다 액션 영화를 즐기는 그룹' 등으로 말이죠.

그리고 여러분이 속한 그룹에서 인기 있는 콘텐츠를 여러분에게 추천합니다. 흥미로운 점은 이 작업은 AI에게 각 영화나 사용자에 대한 구체적인 정보가 없어도 가능하다는 것입니다. 단지 시청 패턴만을 바탕으로 이런 서비스를 제공하는 것이죠.

② 스마트폰의 사진 정리 기능

여러분의 스마트폰 앨범에는 수천, 수만 장의 사진이 있을 겁니다. 이 많은 사진을 일일이 정리하려면 정말 힘들겠죠? 요즘 스마트폰은 AI를 이용해 자동으로 사진을 분류합니다. AI는 사진의 내용, 찍은 장소, 시간 등을 분석해 비슷한 사진들을 그룹으로 묶어줍니다. 예를 들어 '해변에서 찍은 사진', '음식 사진', '애완동물 사진' 등으로 말이죠. 재미있는 점은 AI가 이 작업을 할 때 우리는 아무런 설명을 할 필요가 없다는 거예요. 그저 사진 자체의 특징만을 보고 알아서 정리해 주니까요.

③ 뉴스 기사 자동 분류

매일 수많은 뉴스 기사가 쏟아집니다. 이 기사들을 일일이 다 읽고 스크랩하기는 어렵습니다. 그러나 비지도 학습을 활용하면 AI가 기사의 내용, 사용된 단어 등을 분석해 비슷한 주제의 기사들을 자동으로 그룹화할 수 있습니다. 독자들은 이렇게 정리된 뉴스를 더 효율적으로 볼 수 있게 됩니다.

이처럼 비지도 학습은 데이터 속에 숨어 있는 패턴이나 구조를 발견하는 데 좋은 성능을 보입니다. 지도 학습처럼 정확한 '정답'을 요구하지 않기 때문에, 때로는 우리가 미처 생각하지 못한 새로운 인사이트를 제공하기도 하지요.

다만 결과 해석에 있어서는 지도 학습보다 조금 더 어려운 것은 사실입니다. 발견한 패턴이 의미가 있는지 판단하는 일은 여전히 사람의 몫이기 때문입니다. 그렇지만 비지도 학습은 우리가 미처 알지 못했던 세상의 숨겨진 패턴들을 발견하는 데 큰 역할을 할 수 있다는 장점이 있으므로, 앞으로도 많은 활약을 할 것으로 생각됩니다.

강화 학습 Reinforcement Learning

♥ 강화 학습의 원리

여러분은 어릴 때 부모님께 칭찬받기 위해 열심히 노력했던 경험이 있나요? 혹은 반대로 잘못된 행동을 하고 꾸중을 들은 적은요? 이런 경험들이 여러분의 행동 방식을 형성하는 데 영향을 미쳤을 겁니다. 강화 학습은 이와 비슷한 원리로 작동하는 기계 학습 기법입니다. '강화'라는 말에서 알 수 있듯이, 이 방법은 AI가 특정 작업을 수행한 뒤 그 결과에 따라 보상이나 벌점을 받으면서 학습하는 방식입니다. 그렇다면 어떻게 컴퓨터가 이런 방식으로 학습할 수 있을까요?

아이가 자전거 타는 법을 배우는 과정을 생각해 봅시다. 처음에는 넘어지기도 하고 비틀거리겠지만, 계속 시도하면서 점점 나아집니다. 똑바로 가면 즐거움(보상)을 느끼고, 넘어지면 아픔(벌점)을 느끼죠. 이런 경험을 통해 아이는 어떻게 하면 자전거를 잘 탈 수 있는지 배우게 됩니다.

결과에 따른 보상과 벌점을 받으며 강화 학습이 진행됨

강화 학습에서 AI도 이와 비슷한 과정을 거칩니다. AI는 주어진 환경에서 여러 행동을 시도하고, 각 행동의 결과에 따라 보상이나 벌점을 받습니다. 이를 통해 AI는 어떤 행동이 좋은 결과를 가져오는지 학습하게 되는 것이죠.

♥ 강화 학습 활용 사례

이런 강화 학습은 우리 일상의 어디에 쓰이고 있을까요? 여기 몇 가지 사례를 소개합니다.

① 게임 AI

여러분이 좋아하는 체스나 바둑 게임의 AI 플레이어를 생각해 보세요. 이 AI는 수많은 게임을 스스로 플레이하면서 학습합니다. 이길 때마다 보상을 받고, 질 때마다 벌점을 받죠. 시간이 지날수록 AI는 어떤 수를 두면 이길 확률이 높아지는지 알아가게 됩니다. 마치 우리가 게임을 많이 할수록 실력이 늘어나는 것과 같은 원리입니다. 이렇게 학습된 AI는 결국 세계 최고의 인간 바둑기사인 이세돌 9단까지도 이길 수 있는 수준에 도달하게 되었지요.

② 로봇 공학

공장에서 일하는 로봇 팔을 생각해 봅시다. 이 로봇 팔은 다양한 물건을 집어 옮기는 작업을 해야 합니다. 강화 학습을 통해 로봇은 물건을 제대로 집었을 때 보상을 받고, 떨어뜨리거나 잘못 집었을 때 벌점을 받습니다. 수많은 시도 끝에 로봇은 어떻게 하면 다양한 모양과 크기의 물건을 안전하고 효율적으로 옮길 수 있는지 학습하게 됩니다. 이는 마치 우리가 여러 번의 시행착오 끝에 어떤 기술을 숙달하는 것과 비슷하다고 할 수 있죠.

③ 자율주행 자동차

시제품을 실제 도로에서 주행하며 학습시키기에는 위험이 너무 크겠죠? 그래서 자율주행 AI는 컴퓨터 시뮬레이션 환경에서 강화 학습을 진행합니다. 가상의 도로에서 자동차가 안전하게 주행할 때마다 보상을 받고, 사고가 날 뻔한 상황을 만들거나 교통 규칙을 어겼을 때는 벌점을 받습니다. 이런 과정을 수없이 반복하면서 AI는 다양한 도로 상황에서 어떻게 주행해야 하는지 학습하게 됩니다. 실제 도로에 나오기 전에 이미 수백만 킬로미터를 주행한 셈이 되어 보다 확고한 안전성을 기대할 수 있습니다.

이처럼 강화 학습은 복잡한 의사 결정이 필요한 상황에서 특히 강점을 발휘합니다. 미리 정해진 답이 없는 문제, 환경과 상호작용하며 계속 학습해야 하는 상황에 적합하죠. 다만 학습 과정에서 많은 시행착오가 필요하고, 실제 환경에서의 학습이 위험할 수 있다는 한계도 있습니다.

그래서 많은 경우 시뮬레이션 환경에서 먼저 학습을 진행한 뒤, 실제 환경에 적용하는 방식을 사용합니다. 우리가 살아가면서 경험을 통해 계속 배우는 것처럼, AI도 강화 학습을 통해 끊임없이 발전해 나갈 것으로 생각됩니다.

04 딥러닝의 원리

어릴 때 레고 블록을 조립해본 경험이 있나요? 처음에는 한두 개 블록만 쌓는 등 아주 단순한 형태를 만듭니다. 그러다가 점차 복잡하고 정교한 형태를 만들어내게 되지요. 그렇게 여러 번 조립을 반복하면 이윽고 상상력을 가미해 더 멋지고 창의적인 작품을 만들 수 있게 될 겁니다. 이렇게 우리가 여러 경험을 통해서 블록 조립을 잘하게 되는 것처럼, 컴퓨터도 딥러닝을 통해 더욱 복잡하고 정교한 문제를 해결할 수 있습니다.

딥러닝 Deep Learning은 기계 학습의 한 종류로, 우리 뇌의 신경망 구조에서 영감을 받아 개발되었습니다. 레고 블록들이 쌓여 복잡한 구조를 만들듯, 딥러닝은 여러 층의 인공 신경망을 쌓아 복잡한 패턴을 학습하고 문제를 해결합니다. 이번 장에서는 딥러닝 기술의 원리와 특징에 대해 자세히 알아보겠습니다.

기계 학습 vs. 딥러닝

여러분, 우리가 어떻게 생각하는 것인지 생각해본 적 있나요? 뇌는 수많은 뉴런이 서로 복잡하게 연결된 채 신호를 주고받으며 어마어마한 정보를 처리합니다. 딥러닝은 우리 뇌의 신경망 구조에서 영감을 받아 만들어졌습니다.

딥러닝도 기계 학습의 일종이라면서 왜 별도의 장으로 길게 설명하는지 궁금하실 수도 있겠습니다. 기계 학습과 딥러닝의 차이를 쉽게 이해하기 위해, 요리를 배우는 과정을 예로 들어보겠습니다.

기계 학습과 딥러닝의 차이점

기계 학습은 요리책을 보며 단계별로 요리를 만드는 것과 비슷합니다. 파스타 조리법에 "물 1리터를 끓이고, 소금 1티스푼을 넣고, 파스타 100그램을 9분간 삶는다"와 같이 쓰여 있다면, 이 지시 사항을 정확하게 따릅니다. 재료의 양, 조리 시간, 온도 등 모든 것을 오차 없이 측정하고 수행하죠. 이렇게 규칙을 배우면 레시피에 나온 다른 요리도 만들 수 있게 됩니다.

반면 딥러닝은 유명 셰프의 레스토랑에서 일하며 요리를 배우는 것과 비숫합니다. 정확한 레시피를 외우기보다는, 수많은 요리를 만들고 맛보면서 재료의 특성, 불의 세기, 조리 시간 등을 감각적으로 익히게 됩니다. 숙련된 요리사는 기존 레시피를 따르지 않아도, 재료를 만지고 냄새를 맡고 맛을 보면서 어떻게 조리해야 할지 직관적으로 알 수 있습니다. 딥러닝도 이처럼 엄청나게 많은 데이터를 통해 스스로 패턴을 찾아내고 학습합니다.

딥러닝이 똑똑한 이유

딥러닝의 구조

딥러닝의 똑똑함은 그 구조에서 비롯됩니다. 우리 뇌는 수많은 뉴런neuron이라는 신경 세포로 이루어져 있고, 이 뉴런들은 서로 연결되어 정보를 주고받으며 복잡한 생각과 행동을 가능하게 만듭니다. 과학자들은 이런 뇌의 놀라운 능력에서 영감을 받아 인공 신경망이라는 개념을 만들었죠.

인공 신경망의 기본 단위는 '노드'입니다. 이 노드는 실제 뉴런의 작동 방식을 단순화하여 모방한 것입니다. 실제 뉴런이 여러 신호를 받아들이고 처리하여 다른 뉴런에게 전달하는 것처럼, 노드도 여러 입력값을 받아 처리한 후 출력값을 내보냅니다. 이 과정에서 각 입력의 중요도를 조절하는 '가중치'라는 개념을 사용하여 학습이 가능하도록 만들었습니다.

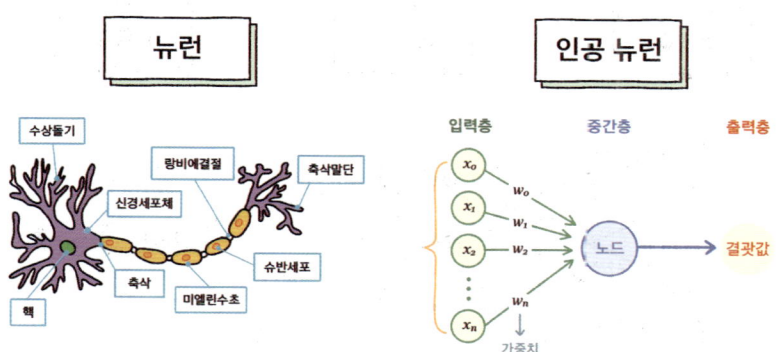

뉴런과 인공 뉴런의 구조 비교

　이러한 노드들이 모여 딥러닝의 핵심인 '인공 신경망' 구조를 이룹니다. 인공 신경망은 입력층, (여러 개의) 은닉층, 그리고 출력층으로 이루어져 있으며, 각 층은 수많은 노드로 구성되어 있습니다. 이 구조가 어떻게 작동하는지 간단히 설명하겠습니다. 입력값이 들어오면, 각 노드는 이 값에 '가중치'를 곱합니다. 그리고 이 결괏값들을 모아서 다음 층으로 전달하죠. 이 과정이 여러 층을 거쳐 반복되다가 마지막에 출력값이 나오게 됩니다.

　이 구조를 통해 딥러닝은 복잡한 패턴을 인식하고 학습할 수 있게 됩니다. 마치 우리 뇌의 뉴런들이 복잡하게 연결되어 고차원적인 사고를 가능케 하는 것처럼, 인공 신경망의 여러 층과 노드들은 서로 연결되어 복잡한 데이터 처리를 가능하게 만드는 것이죠.

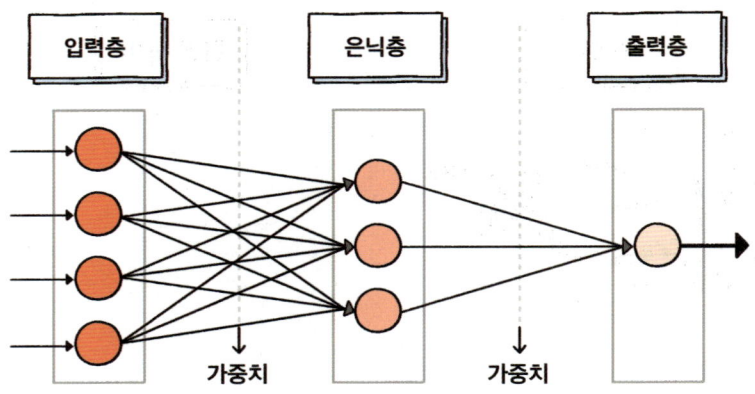

간단한 인공 신경망 구조도

심층 신경망의 등장과 기술 발전

딥러닝 기술이 오늘날처럼 높은 정확도를 보이기까지는 많은 발전 과정이 있었습니다. 초기의 인공 신경망은 은닉층의 개수가 많지 않았는데, 이로 인해 복잡한 패턴을 학습하는 데 한계가 있었죠. 단순한 형태의 이미지는 인식할 수 있어도 복잡한 형태의 이미지를 정확히 인식하기는 어려웠습니다. 또한 은닉층이 많아질수록 학습이 어려워지는 '기울기 소실 Gradient Vanishing' 문제도 있었습니다.

> **기울기 소실**
> 긴 줄에 서서 앞사람에게 들은 메시지를 뒷사람에게 전달한다고 생각해 보세요. 줄이 길어질수록 처음 메시지가 끝까지 정확하게 전달되기 어렵습니다. 딥러닝에서도 신경망의 층이 많아질수록, 입력층에서 출력층까지 정보가 전달되는 과정에서 중요한 정보가 점점 희미해지는 현상이 발생하는데,

이를 뜻하는 용어입니다.

연구자들은 이 문제를 해결하기 위해 부단히 노력했고, 결과적으로 은닉층의 개수를 크게 늘린 '심층 신경망'을 만들어냈습니다. 새롭고 강력한 학습 알고리즘의 도입, 그리고 컴퓨팅 파워의 증가로 인해 많은 은닉층을 효과적으로 학습시킬 수 있게 된 것입니다. 이렇게 발전한 딥러닝 기술은 훨씬 더 복잡한 패턴을 인식할 수 있게 되어, 오늘날 우리가 보는 놀라운 성능을 보여주고 있습니다.

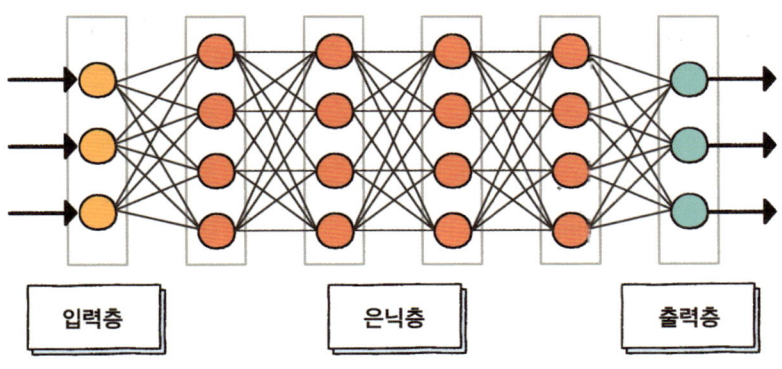

심층 신경망의 구조

쉽게 이해하는 딥러닝

심층 신경망/딥러닝의 원리를 고양이 사진 인식 과정을 통해 좀 더 쉽게 설명해보겠습니다. 딥러닝이 고양이 사진을 인식하는 과정은 마치 우리가 복잡한 퍼즐을 맞추는 것과 비슷합니다.

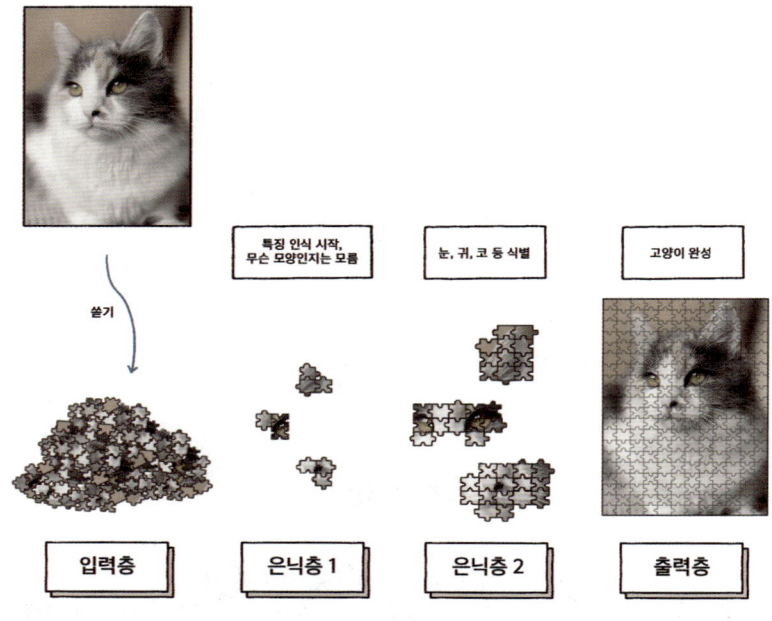

딥러닝의 고양이 사진 학습 과정

① 먼저, 입력층에서는 퍼즐 조각을 테이블에 쏟아붓듯이 사진의 모든 픽셀 정보를 한꺼번에 받아들입니다.

② 앞 부분의 은닉층에서는 사진 속 간단한 선이나 곡선, 점 같은 기본적인 형태를 식별합니다. 우리가 퍼즐에서 쉽게 찾을 수 있고 기준이 되어줄 가장자리 조각들을 먼저 맞추는 일과 비슷합니다.

③ 그다음 은닉층들에서는 퍼즐의 중간 부분을 맞추듯 이전 단계에서 찾아낸 간단한 형태들을 조합해 눈, 코, 귀와 같은 더 복잡한 특징들을 인식해 나갑니다.

④ 더 깊은 은닉층에 이르면 이러한 특징들의 전체적인 배치와 관계를 파악합니다. 예를 들어, 둥근 얼굴에 뾰족한 귀, 수염 등이 어떻게 배치되어 있는지를 종합적으로 분석하는 것이죠. 퍼즐의 큰 부분들이 거의 다 맞춰진 셈입니다.

⑤ 마지막 출력층에서는 모든 퍼즐을 완성하고 지금까지 분석한 모든 정보를 종

합하여 "이 사진은 고양이다"라는 최종 결론을 내립니다.

딥러닝의 놀라운 점은 이 모든 과정을 AI가 스스로 깨우쳐서 진행한다는 것입니다. 우리가 일일이 "이런 모양이 눈이야"라고 알려주지 않아도, 수많은 고양이 사진을 보다 보면 AI가 스스로 고양이의 특징을 파악합니다. 그리고 고양이의 특징을 파악하고 인식하는 능력을 점점 키워가면서 더욱 성능을 높여갑니다.

그렇다면 딥러닝 모델이 '호랑이' 사진을 학습하는 경우는 어떨까요? 호랑이와 고양이는 둘 다 고양이과 동물로 비슷해 보이지만, 자세히 살펴보면 분명한 차이가 있습니다. 딥러닝 모델은 이 두 동물을 구분할 때 기계 학습과 비슷한 분석 과정을 거치지만, 각 특징에 부여하는 중요도(가중치)가 다릅니다.

예를 들어, 모델이 호랑이를 인식할 때는 줄무늬 패턴, 크기, 얼굴 형태 등에 더 높은 가중치를 주겠지요. 반면 고양이를 인식할 때는 작은 체구, 둥근 얼굴, 특유의 귀 모양 등에 더 주목할 거예요. 마치 우리가 호랑이와 고양이를 볼 때 서로 다른 특징을 보고 구분할 수 있는 것과 비슷하답니다.

다음 그림에서 볼 수 있듯이, 실제로 호랑이와 고양이를 인식할 때 활성화되는 신경망의 패턴이 다릅니다(그림의 신경망 패턴은 독자의 이해를 돕기 위해 단순화하여 표현한 것입니다). 이러한 방식으로 딥러닝 모델은 유사해 보이는 대상들 사이의 미묘한 차이를 학습하고 구별할 수 있습니다.

04 딥러닝의 원리

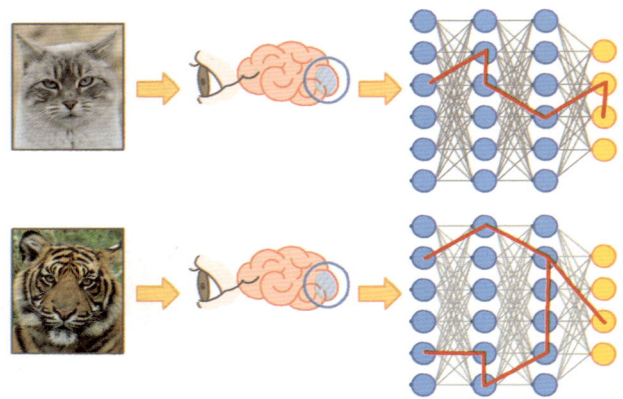

고양이와 호랑이의 패턴은 다르다

　이런 특성 때문에 딥러닝은 특히 이미지 인식, 음성 인식, 자연어 처리 같은 복잡한 패턴을 다루는 분야에서 뛰어난 성능을 보입니다. 최근 '핫'한 인공지능으로 떠오른 챗GPT 등 대화형 AI도 딥러닝 기술을 기반으로 하고 있습니다.

　하지만 딥러닝에도 단점이 있습니다. 엄청난 양의 데이터와 컴퓨팅 파워가 필요하고, 학습 과정이 '블랙박스'처럼 불투명해서 AI가 왜 그런 결정을 내렸는지 정확히 설명하기 어렵다는 점입니다.

　지금까지 딥러닝에 대해 살펴보았습니다. 이제 다음 장에서는 더욱 발전된 형태의 딥러닝 모델인 대규모 언어 모델LLM을 소개하려고 합니다. 대규모 언어 모델은 기존 딥러닝 모델보다 훨씬 더 복잡한 구조를 가지고 있으며, 상상을 초월하는 양의 데이터로 학습된 시스템입니다. 상세한 내용은 다음 장에서 더 자세히 알아보도록 하겠습니다.

05 대규모 언어 모델 (LLM)의 원리

이전 장들에서 우리는 기계 학습과 딥러닝에 대해 알아보았습니다. 대규모 언어 모델은 이 기술들을 다른 방향으로 더욱 발전시킨 것입니다. 우리가 어휘력을 늘리고 문장 구조를 익히면서 언어 실력이 늘어나는 것처럼, 대규모 언어 모델도 더 많은 데이터와 더 복잡한 구조를 통해 놀라운 언어 이해 및 생성 능력을 갖추게 되었습니다. 이번 장에서는 이런 대규모 언어 모델이 어떻게 작동하는지, 어떤 특징을 가지고 있는지에 대해 자세히 살펴보겠습니다.

언어 모델의 개념

일상생활에서 언어를 사용할 때, 우리는 다음에 올 단어나 문장을 자연스럽게 예측합니다. "나는 배가……"라는 문장을 들으면, 다음에 "고프다"라는 단어가 올 것이라고 쉽게 예상할 수 있죠. 이런 능력을 컴퓨터에게 부여한 것이 바로 '언어 모델'입니다.

언어 모델은 쉽게 말해 컴퓨터가 글을 읽고 쓰는 법을 배우는 방법이라 할 수 있습니다. 아이가 책을 읽고 글을 쓰면서 언어를 배우는 것처럼, 컴퓨터도 수많은 책, 기사, 웹페이지 등을 '읽으면서' 단어, 문법, 문맥 등을 점점 파악해 나갑니다.

이 과정에서 컴퓨터는 언어의 패턴을 인식하고 예측하는 능력을 키웁니다. 마치 우리가 많은 책을 읽다 보면 어떤 상황에서 어떤 표현이 자연스러운지 알게 되는 것처럼요. 이렇게 학습된 언어 모델은 다음에 올 단어를 예측하거나, 주어진 주제에 맞는 글을 쓰는 등 다양한 언어 관련 작업을 수행할 수 있게 됩니다.

초기의 언어 모델은 간단한 통계적 방법을 사용했지만, 현대의 언어 모델은 복잡한 신경망 구조를 활용하여 더 정확하고 자연스러운 언어 처리를 할 수 있게 되었습니다. 이러한 발전은 대규모 언어 모델의 등장으로 이어졌습니다.

대규모 언어 모델 Large Language Model은 언어 모델의 개념을 대규모로 확장한 것입니다. '대규모'라는 말 그대로, 이 모델들은 엄청난 양의 데이터와 매개변수(파라미터)를 사용합니다. 예를 들어, GPT-3라는 모델은 1,750억 개의 매개변수를 가지고 있어, 엄청난 양의 정보를 저장하고 처리할 수 있다고 합니다.

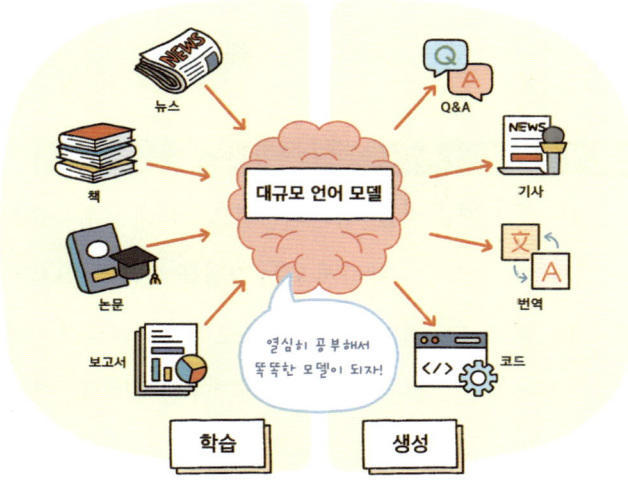

대규모 언어 모델의 원리

대규모 언어 모델의 학습 과정은 우리가 외국어를 배우는 것과 비슷합니다. 다만, 인간과는 달리 엄청난 양의 텍스트 데이터를 매우 빠른 속도로 '학습'합니다. 이 모델들은 인터넷상의 수많은 웹페이지, 책, 기사 등을 읽고 언어의 패턴을 파악하는데, 전 세계의 도서관에 있는 상당히 많은 책을 매우 빠르게, 효율적으로 처리하고 이해하는 것과 같다그 할 수 있습니다.

트랜스포머(Transformer)의 혁신

대규모 언어 모델은 딥러닝 기술, 특히 트랜스포머Transformer라는 신경망 구조를 기반으로 한 자연어 처리 모델입니다. 이 모델은 이전에 배운 딥러닝의 개념을 확장하여 엄청난 양의 텍스트 데이터를 학습하고, 인간의 언어를 이해하고 생성할 수 있는 능력을 갖추고 있습니다.

트랜스포머의 원리

여러분은 친구와 대화를 나눌 때, 무의식적으로 대화의 앞부분을 기억하면서 점차 전체적인 맥락을 이해하게 되는 경험을 해봤을 겁니다. 또는 긴 소설을 읽을 때, 앞 내용을 기억하며 전체 스토리를 파악하려고 한 경험도 있으시겠죠. 트랜스포머 모델은 바로 이런 인간의 능력을 모방한 것입니다.

트랜스포머의 시초는 2017년에 구글에서 발표한 "Attention is All You Need[12]"라는 논문입니다. 논문에 의하면 이 모델의 가장 큰 특징은 '셀프 어텐션Self-attention' 메커니즘입니다. 셀프 어텐션 매커니즘에서는, 문장 속 각 단어가 다른 단어들과 얼마나 관련이 있는지를 숫자로 나타내는 '어텐션 점수'를 계산합니다. 이 점수가 높을수록 두 단어는 서로 밀접하게 관련되어 있다는 의미입니다.

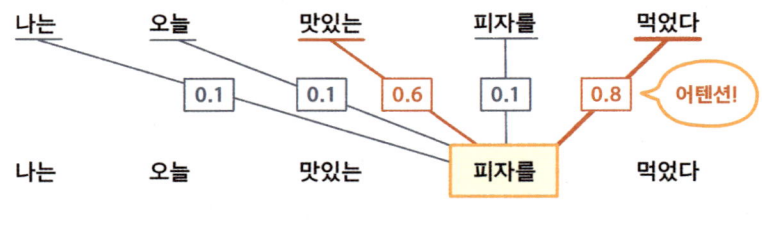

셀프 어텐션 구조도

예를 들어, "나는 오늘 맛있는 피자를 먹었다"라는 문장을 생각해 봅시다. 이 문장에서 '피자'라는 단어는 '먹었다'라는 단어와 가장 관련이 깊습니다. 따라서 '피자'는 '먹었다'라는 단어에 더 많은 관심을 기울이고, 자신의 의미를 더욱 명확하게 만들 수 있지요. 반면, '나는'이나 '오늘'과 같은 단어는 '피자'와 직접적인 관련성이 낮기 때문에 어텐션 점수가 그렇게 높지 않겠죠?

이러한 방식을 통해 언어 모델은 문맥을 더 정확하게 이해하고, 긴 문장에서도 중요한 정보를 놓치지 않을 수 있는 것입니다.

트랜스포머 모델의 특징

트랜스포머 모델은 이러한 셀프 어텐션 메커니즘을 바탕으로 몇 가지 중요한 특징을 가지고 있습니다. 이 특징들은 트랜스포머가 기존의 언어 모델들보다 더 효과적으로 언어를 처리할 수 있게 해줍니다. 그럼 알기 쉬운 예와 함께 트랜스포머의 특징을 짚어보겠습니다.

♥ 뛰어난 '병렬 처리'

이는 여러분이 책의 한 페이지를 볼 때, 모든 단어를 한꺼번에 훑어보는 것과 비슷합니다. 일반적으로 우리는 문장을 읽을 때 왼쪽에서 오른쪽으로 순차적으로 읽지만, 때로는 전체 문장을 빠르게 훑어보면서 핵심을 파악하기도 하죠. 트랜스포머는 이런 능력을 극대화하여, 긴 문장이나 단락을 매우 빠르게 처리할 수 있답니다.

♥ '장거리 의존성' 파악

이는 긴 글에서 서로 멀리 떨어진 단어들 사이의 관계를 이해하는 능력입니다. 예를 들어, 다음 문장을 생각해 봅시다. "철수는 어제 공원에서 우연히 영희를 만났다. 그녀는 매우 기뻐 보였다." 여기서 '그녀'가 '영희'를 가리킨다는 것을 우리는 쉽게 알 수 있죠. 트랜스포머도 이처럼 멀리 떨어진 단어들 사이의 관계를 정확하게 파악할 수 있습니다.

▼ '위치 정보' 활용

우리가 문장을 이해할 때 단어의 순서가 중요하듯이, 트랜스포머도 단어의 위치를 고려하여 문맥을 파악합니다. 예를 들어, "개가 고양이를 쫓았다"와 "고양이가 개를 쫓았다"는 같은 단어로 이루어져 있지만 의미가 완전히 다르죠. 트랜스포머는 이런 차이를 정확히 인식할 수 있답니다.

이러한 특징 덕분에 트랜스포머 모델은 우리가 복잡한 글을 읽고 이해하는 것과 비슷하게, 긴 문장이나 단락의 의미를 정확하게 파악하고 적절한 응답을 생성할 수 있습니다. 그 결과 긴 뉴스 기사를 읽고 핵심 내용을 요약하거나, 복잡한 질문에 정확한 답변을 제공하는 등의 고차원 작업을 매우 훌륭하게 수행하는 것이지요.

트랜스포머의 혁신적인 구조는 현대 자연어 처리 분야에서 널리 사용되는 여러 모델의 기반이 되었습니다. 대표적으로 GPT Generative Pre-trained Transformer와 BERT Bidirectional Encoder Representations from Transformers가 있는데, 이들은 각각 텍스트 생성과 언어 이해에 특화되어 있습니다. 이러한 모델들의 구체적인 작동 원리와 응용에 대해서는 이후에 더 자세히 살펴보겠습니다.

대규모 언어 모델의 구조와 학습 방식

여러분은 새로운 언어를 배우기 위해서 어떤 과정을 거치시나요? 보통 단어부터 시작해서 문법을 배우고, 그 다음 문장을 만들고, 최종적으로는 긴 글을 읽고 쓸 수 있게 되죠. 대규모 언어 모델도 이와 비슷한 과정을 거칩니다. 하지만 우리와는 달리, 엄청나게 많은 텍스트를 한 번에 학습하고 그 안에서 패턴을 찾아내는 방식으로 '언어'를 익힙니다.

대규모 언어 모델의 구조는 앞서 배운 트랜스포머를 기반으로 합니다. 이 구조는 여러 층의 '어텐션' 레이어로 이루어져 있어요. 각 레이어는 입력된 텍스트의 다른 부분에 '주의를 기울이면서' 문맥을 이해하고 의미를 추출합니다. 마치 우리가 글을 읽을 때 중요한 부분에 집중하는 것과 비슷하죠.

대규모 언어 모델의 학습과 작동 원리를 이해하기 위해, 핵심 개념인 자기 지도 학습과 전이 학습에 대해 알아보겠습니다.

♥ 자기 지도 학습 (Self-supervised Learning)

대규모 언어 모델의 가장 중요한 특징 중 하나입니다. 모델은 레이블이 없는 방대한 양의 텍스트 데이터를 사용해 스스로 학습합니다. 예를 들어, 모델에게 "사과는 [   ] 과일이다"라는 문장을 주고, [   ] 부분을 예측하게 합니다. 모델은 문맥을 바탕으로 '사과'와 '과일' 사이에 올 수 있는 적절한 단어를 예측합니다('맛있는', '빨간' 등). 그 후, 모델은 자신의 예측이 얼마나 정확한지를 평가하고, 이를 바탕으로 학습합니다.

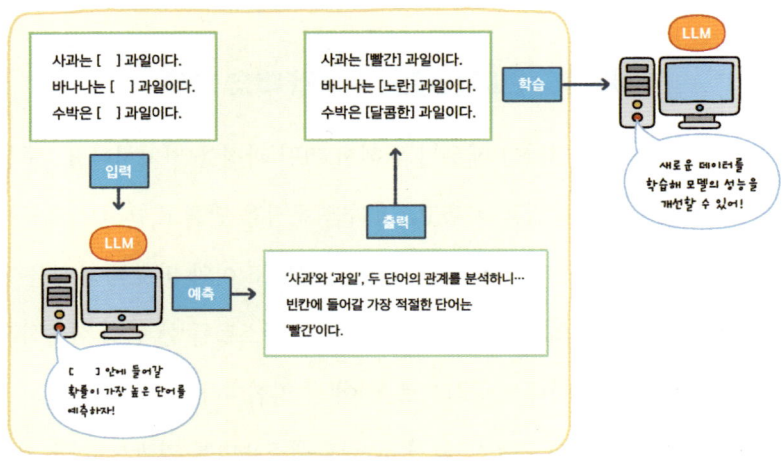

자기 지도 학습의 원리

이 과정을 수많은 문장에 대해 반복하면서, 모델은 점차 더 정확한 예측을 할 수 있게 되고, 이를 통해 언어의 구조와 의미를 파악합니다. 이러한 방식으로 모델은 인간의 직접적인 지도 없이도 스스로 언어 능력을 향상시키는 것입니다.

❤ 전이 학습 (Transfer Learning)

'전이'란 한 분야에서 학습한 지식을 다른 분야에 적용하는 능력을 말합니다. 이는 요리 숙련 과정에 비유할 수 있습니다. 한식 요리의 기본을 배운 사람은 재료 손질법, 양념 배합, 불 조절 등 기본 원리를 익혔기 때문에, 일식이나 중식 등 다른 요리도 쉽고 빠르게 배울 수 있습니다.

대규모 언어 모델의 전이 학습도 유사하게 작동합니다. 모델은 먼저 다양한 주제의 방대한 텍스트 데이터로 일반적인 언어 이해 능력을 학습합니다. 그 결과 새로운 특정 분야를 접하더라도, 학습해둔 기본 능력을 바탕으로 빠르게 적응할 수 있습니다.

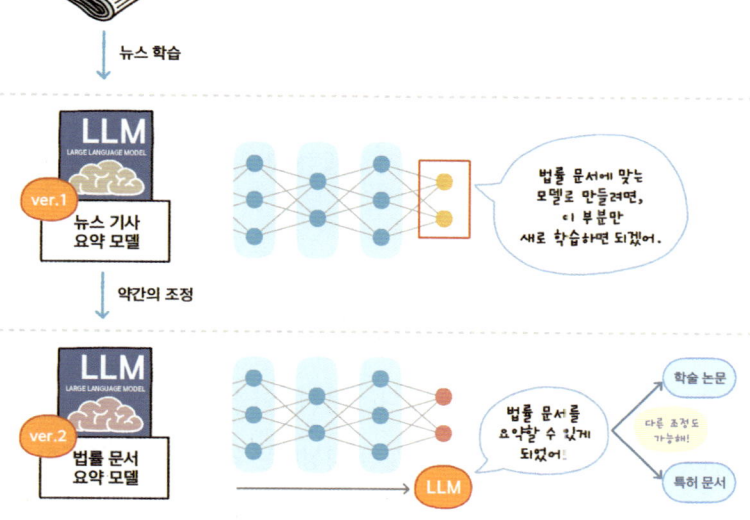

전이 학습의 원리

예를 들어, 뉴스 기사 요약에 특화된 모델은 문장의 핵심을 파악하고 중요 정보를 추출하는 능력을 갖추게 됩니다. 이 모델을 학술 논문이나 법률 문서에 쓸 때는 완전히 새로 학습시킬 필요 없이 기존 능력에 약간의 조정을 가하는 것만으로 적용할 수 있습니다. 이러한 전이 학습은 모델의 적응력과 학습 효율성을 크게 향상시킵니다.

이러한 학습 방식과 특징들 덕분에 대규모 언어 모델은 엄청난 양의 정보를 효율적으로 학습하고 다양한 작업에 적용할 수 있게 되었습니다. 바로 이 덕택에 LLM이 번역, 요약, 질문 답변, 심지어 창의적인 글쓰기까지 인간 이상의 수준으로 매우 잘 수행할 수 있는 것입니다.

GPT 모델

대규모 언어 모델의 대표적인 예로 GPT_{Generative Pre-trained Transformer} 시리즈를 들 수 있습니다. GPT는 OpenAI에서 개발한 모델로, 특히 텍스트 생성 능력이 매우 뛰어납니다.

GPT의 구조와 원리를 쉽게 설명하자면, 거대한 디지털 자료실에 빗대어 볼 수 있습니다. 이 자료실에는 세상의 모든 책, 기사, 웹페이지 등 다양한 종류의 텍스트가 저장되어 있습니다. GPT는 이 모든 텍스트를 '읽고' 그 안에서 패턴을 발견하여 원하는 것들을 생성하는 역할을 가진 똑똑한 친구입니다. 우리는 GPT와 같은 대규모 언어 모델을 활용하여 원하는 종류의 다양한 문서를 생성할 수 있습니다.

GPT의 학습 과정

GPT의 학습 과정은 크게 '사전 학습$_{\text{Pre-training}}$'과 '미세 조정$_{\text{Fine-tuning}}$', '인간 피드백 강화 학습$_{\text{RLHF}}$' 의 3단계로 나뉩니다.

♥ 사전 학습 (Pre-training)

사전 학습 단계에서 GPT는 엄청난 양의 텍스트를 읽으며 언어의 기본적인 구조와 패턴을 익힙니다. '주어', '동사', '목적어'의 관계나 '대명사'가 무엇을 지칭하는지 등을 알게 됩니다. 또한 다양한 주제의 텍스트를 읽으면서 세상에 대한 일반적인 지식도 습득합니다. 어린아이가 주변의 모든 것을 보고 들으며 세상을 이해하는 것과도 같죠. 이때 GPT는 다음에 올 단어나 문장을 예측하는 방식으로 학습하며, 이를 통해 자연스러운 문장 구성 능력을 키웁니다.

❤ 미세 조정 (Fine-tuning)

사전 학습을 마친 후에는 미세 조정 단계가 이어집니다. 이 단계에서 GPT는 특정 작업에 맞게 추가 학습을 수행합니다. 질문-답변 시스템을 만들고자 한다면, 여러 종류의 질문과 그에 대한 적절한 답변을 학습시키는 식입니다. 운동선수가 기본기와 체력을 갖춘 뒤 자기 종목에 맞춰 집중 훈련을 하는 것과 유사합니다.

이 과정을 통해 GPT는 자신의 능력을 특정 영역에 맞게 최적화하는 방법을 배우게 됩니다. 미세 조정은 상대적으로 적은 양의 데이터로 진행하기도 하며, 이를 통해 GPT는 특정 도메인이나 작업에서 뛰어난 성능을 발휘할 수 있게 됩니다.

❤ 인간 피드백 강화 학습 (RLHF)

미세 조정 외에도, 최근에는 인간 피드백 강화 학습(RLHF, Reinforcement Learning from Human Feedback)이라는 방법이 추가로 사용되고 있습니다. 모델의 출력을 인간이 평가하고, 그 평가를 바탕으로 모델을 더욱 개선하는 방식입니다.

순서는 이렇습니다. 인간 평가자가 모델이 생성한 여러 응답 중 가장 적절하다고 판단되는 응답에 높은 점수를 주고, 반대로 적절하지 않은 응답에는 낮은 점수를 줍니다. 언어 모델은 이 피드백을 바탕으로 학습하게 되는데, 그럼으로써 단순히 정확한 응답을 생성하는 것을 넘어, 인간이 선호하는 방식의 응답을 생성할 수 있게 됩니다. RLHF는 대규모 언어 모델의 응답을 더욱 자연스럽고 유용하게 만드는 데 기여하고 있습니다.

GPT의 학습 과정에, 앞서 설명한 자기 지도 학습과 전이 학습의 원리가 녹아 있음이 보이나요? GPT는 방대한 텍스트 데이터에서 자기 지도 학습을 통해 언어의 구조와 의미를 파악하고, 이렇게 얻은 지식을 다양한 작업에 전이하여 적용할 수 있습니다.

결과적으로 GPT는 텍스트 생성, 번역, 요약, 질문 답변 등 다양한 언어 관련 작업을 수행할 수 있는 매우 유연하고 강력한 모델이 되었습니다. 한 명의 전문가가 여러 분야의 일을 동시에 잘 해내는 것과 같다고 볼 수 있죠.

대규모 언어 모델은 인공지능 기술의 혁신적인 발전을 이끌었으며, 우리의 일상생활과 다양한 산업 분야에 큰 영향을 미치고 있습니다. 다만, 이 기술이 가진 잠재력만큼이나 윤리적, 사회적 우려도 더해지는 중입니다. 다음 장에서는 이러한 대규모 언어 모델을 기반으로 한 생성형 AI 기술에 대해 더 자세히 알아보겠습니다.

06 생성형(Generative) AI의 원리

음악을 멋지게 작곡하는 작곡가나, 창의적인 그림을 그려내는 화가를 보면서 한 번쯤은 감탄해본 경험이 있을 겁니다. 예술가들은 상상력과 창의력을 발휘하여 세상에 없던 새로운 작품을 만들어냅니다. 그런데 인간의 전유물인 듯하던 이 경이로운 창작 세계에 다른 생산자가 하나 끼어들었습니다. 바로 방대한 데이터를 학습한 생성형 AI입니다.

생성형 AI는 컴퓨터 스스로 새로운 콘텐츠를 창조하는 기술입니다. 마치 예술가처럼, 컴퓨터도 이제 그림을 그리고, 음악을 작곡하고, 글을 쓸 수 있게 되었죠. 어떻게 그런 전대미문의 일이 가능해졌는지, 이번 장에서는 생성형 AI의 원리와 다양한 예시를 통해 요즘 뜨고 있는 생성형 AI 기술을 파헤쳐보도록 하겠습니다.

생성형 AI의 주요 4모델 [13][14]

생성형 AI는 크게 4가지 주요 모델을 사용하여 새로운 콘텐츠를 만들어냅니다. 어떤 모델이 어떻게 작용하는지 한번 알아볼까요? (GPT 모델은 앞서 대규모 언어 모델을 다룰 때 상세하게 설명하였으므로 여기서는 나머지 세 모델을 소개하겠습니다.)

생성적 적대 신경망 GAN, Generative Adversarial Networks

이 방식은 두 개의 인공 신경망인 생성자Generator와 판별자Discriminator가 서로 경쟁하며 학습하는 방식입니다. 즉 생성자 네트워크가 새로운 데이터를 만들어내면, 판별자 네트워크는 이를 진짜 데이터와 구분하려 시도합니다. 이 과정에서 두 네트워크는 서로 경쟁하며 능력을 향상시킵니다. 그 결과 GAN은 매우 사실적이며 고품질의 데이터(특히 이미지)를 산출하며, 다양하고 창의적인 결과물을 생성할 수 있다는 장점을 갖고 있습니다.

이를 쉽게 비유하면 위조지폐범(생성자)과 경찰(판별자)의 대결로 볼 수 있습니다. 위조지폐범은 계속해서 더 정교한 위조지폐를 만들어내려 노력합니다. 한편, 경찰은 진짜 지폐와 위조지폐를 구별하는 능력을 계속 향상시킵니다. 위조지폐범은 처음에는 서툴러서 쉽게 발각되지만, 경찰의 감별 능력이 높아질수록 더욱 정교한 위조 기술을 개발하게 됩니다. 이 과정이 반복될수록 위조지폐는 점점 더 진짜와 구분하기 어려워집니다.

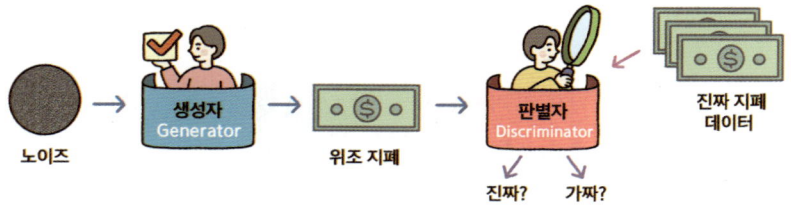

위조지폐 판별로 보는 GAN 원리

GAN은 다양한 분야에서 활용되고 있습니다. 컴퓨터 비전 분야에서는 고해상도 이미지 생성, 이미지 복원 등에 사용됩니다. 또한 패션 디자인, 건축 설계 등 창의적인 분야에서 새로운 디자인을 생성하는 데 사용되며, 게임 개발에서는 캐릭터나 환경을 자동으로 생성하는 데 사용하기도 합니다.

확산 모델 Diffusion Models [17][18]

확산 모델은 데이터에 점진적으로 노이즈를 추가한 후, 이를 다시 원래 상태로 복원하는 과정을 학습하는 모델입니다. 이 원리는 퍼즐 맞추기의 반대 과정을 상상하면 이해하기 쉽습니다. 일반적으로 우리는 조각난 퍼즐을 맞춰 완성된 그림을 만들지만, 확산 모델은 이와 반대로 작동합니다.

우선 완성된 그림에서 출발합니다. 이 그림에 점점 더 많은 노이즈를 무작위로 추가해 원래 그림을 가립니다. 결국 그림은 완전히 노이즈로 뒤덮인 상태가 됩니다. 확산 모델은 이 과정을 학습하고, 그다음 반대 과정을 수행합니다. 노이즈로 가득한 상태에서 시작해 하나씩 노이즈를 제거하며 원래의 그림을 복원하는 것입니다. 놀랍게도, 확산 모델은 복원에서 그치지 않고 완전히 새로운 이미지까지 만들어낼 수 있습니다.

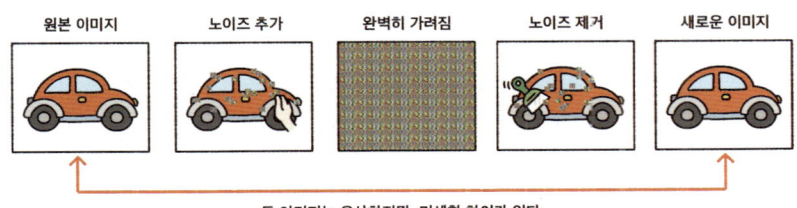

확산 모델의 원리

확산 모델은 생성 과정이 점진적이고 제어 가능해 중간 단계의 결과물을 확인하고 조정할 수 있으며, 텍스트나 다른 형태의 조건을 쉽게 결합할 수 있습니다. 확산 모델은 여러 생성형 AI에 적용되었습니다.

예를 들어 달리DALL-E나 스테이블 디퓨전Stable Diffusion과 같은 텍스트-이미지 변환 시스템에서는 "해변에서 서핑하는 강아지"와 같은 텍스트 입력만으로 해당 장면의 이미지를 생성할 수 있습니다. 의료 분야에서는 MRI 이미지의 해상도를 높이거나 노이즈를 제거하는 데 사용되며, 영화 산업에서는 특수효과 생성이나 오래된 영화의 화질 개선에 활용되는 등에도 사용됩니다.

변분 오토인코더 VAE, Variational Autoencoder

이 모델은 데이터를 압축하고 다시 풀어내는 과정(재구성)에서 새로운 것을 만들어내는 AI 모델입니다. 미술학원에 다닌다고 생각해 보세요. 학원에서 선생님은 먼저 여러분에게 다양한 풍경화를 보여주고 그 특징을 간단하게 메모하라고 합니다. 이것이 VAE의 '압축' 과정입니다.

그다음, 선생님은 여러분의 메모를 보고 원래 그림을 다시 그려보라고 합니다. 이는 VAE의 '재구성' 과정과 같습니다. 이 과정을 반복하면서, 여러분은 풍경화의 핵심 요소(나무의 모양, 하늘의 색깔, 산의 윤곽 등)를 파악하게 됩니다. 이제 여러분은 이 요소들을 조합해 완전히 새로운 풍경화를 그릴 수 있게 됩니다.

이것이 바로 VAE가 새로운 데이터를 생성하는 방식입니다. VAE의 재미

있는 점은 이 '메모'를 조금씩 바꿔가며 다양한 그림을 만들어낼 수 있다는 것입니다. 예를 들어, '맑은 날의 해변' 메모를 조금 수정하여 '흐린 날의 해변'이나 '맑은 날의 산' 그림을 그릴 수 있습니다.

변분 오토인코더 모델의 원리

이런 식으로 VAE는 기존 데이터의 특징을 학습하고, 그 특징을 바탕으로 새롭고 다양한 데이터를 생성할 수 있습니다. VAE는 GAN과 달리 상대적으로 안정적인 학습이 가능하고, 생성된 데이터의 특성을 조작하거나 해석하기 쉽다는 장점이 있어, 이미지 복원, 음악 생성, 이상 탐지 분야에 주로 사용됩니다. 예를 들어, 흐릿한 사진을 선명하게 만들거나, 기존 음악을 학습하여 새로운 유형의 음악을 제작하기도 하지요. 또한, 의료 영상에서 종양 등 이상을 탐지하는 등 정상에서 벗어난 데이터 식별에도 유용하게 사용됩니다.

Flow 기반 모델 Flow-based Model [21,22]

이는 복잡한 확률 분포를 단순한 분포로 변환하고, 이를 다시 역변환하여 데이터를 생성하는 방식입니다. 만일 복잡한 레고 모형이 있다면, Flow 기반 모델은 이것을 차근차근 분해해서 기본 블록으로 바꾼 뒤 이를 활용해서 새로운 모형을 만듭니다. 이 과정에서 레고 블록을 조립하는 규칙을 배우지요. 나중에는 완전히 새로운 레고 모형을 만들 수 있게 됩니다.

이 모델의 특별한 점은 복잡한 모형을 분해하는 방법과 다시 조립하는 방법을 정확히 기억한다는 것입니다. 그래서 원래 모형으로 돌아갈 수도 있고, 새로운 모형을 만들 수도 있습니다.

Flow 기반 모델은 정확한 확률 계산이 가능하다는 장점이 있어, 고해상도 이미지 생성이나 음성 합성 등 정밀한 제어가 필요한 작업에 주로 사용됩니다. 예를 들어, 특정 사람의 목소리를 정확하게 모방하여 새로운 문장을 말하게 하거나, 실제 사진과 구분하기 어려운 고품질의 가상 이미지를 생성하는 데 활용될 수 있습니다.

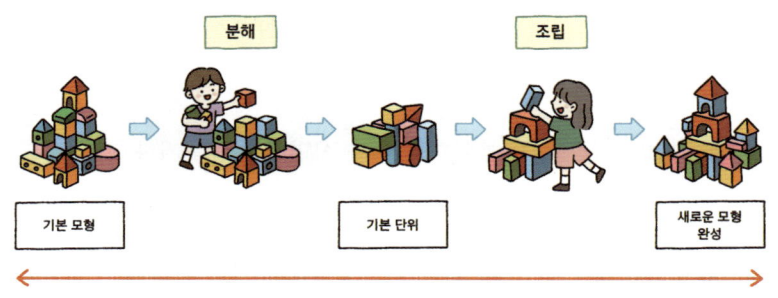

Flow 기반 모델의 원리

이처럼 생성형 AI 모델들은 각각 고유한 특징과 장점을 가지고 있습니다. 이러한 다양한 모델들이 서로 보완하며 발전함에 따라, 생성형 AI의 능력은 계속해서 확장되고 있습니다. 앞으로 이 기술들이 더욱 발전하여 인간의 창의적인 작업을 도와주며, 좀 더 새로운 가능성을 열어갈 것으로 기대됩니다.

생성형 AI 모델의 작동 방식[23]

이제 어떤 원리가 존재하는지는 알았는데, 도대체 '생성'은 어떤 과정으로 이루어지는 걸까요? 생성형 AI 모델의 작동 방식을 이해하기 위해, 텍스트를 기반으로 이미지를 생성하는 AI 모델을 개발하는 과정을 예로 들어 설명해 보겠습니다.

♥ [1단계] 목표 설정 및 데이터 수집

가장 먼저 목표를 설정하고 연관된 데이터를 수집해야 합니다. "텍스트 설명을 기반으로 자연 풍경 이미지 생성하기"라는 목표를 설정했다고 합시다. 그다음 다양한 웹사이트에서 풍경 사진과 그에 해당하는 상세한 설명을 수집합니다. 예를 들어, "안개 낀 호수 위로 떠오르는 붉은 태양, 호숫가의 나무들이 안개 사이로 보이는 장면" 같은 구체적인 설명과 그에 맞는 이미지를 수백만 장 확보합니다.

♥ [2단계] 데이터 전처리

데이터 전처리는 AI 모델 개발에서 매우 중요한 단계입니다. 이 과정은 원재료를 요리하기 좋게 다듬는 것과 비슷합니다. 아무리 좋은 재료라도 제대로 손질하지 않으면 맛있는 요리를 만들 수 없듯이, 데이터도 적절히 가공해야 AI가 효과적으로 학습할 수 있습니다.

데이터 전처리는 데이터의 종류에 따라 다르게 진행되는데, 이미지는 일관된 크기와 형식으로 변환합니다. 텍스트 설명은 문법 오류를 수정하고, 일관된 형식으로 정리합니다. 이 과정에서 저품질 데이터, 부적절한 내용, 목표와 맞지 않는 것은 데이터셋에서 제거합니다. 해상도가 너무 낮은 이미지나 풍경과 관련 없는 설명이 해당되겠죠?

이러한 전처리 과정을 거치면, AI가 학습하기에 적합한 좋은 품질의 데이터셋이 준비됩니다. 이는 마치 요리사에게 깨끗하게 손질된 신선한 재료를 제공하는 것과 같아서, AI가 더 효과적으로 학습하고 더 나은 결과를 만들어낼 수 있게 합니다.

♥ [3단계] 모델 아키텍처 선택

우리는 앞서 생성적 적대 신경망, 확산 모델, 변분 오토인코더, Flow 기반 모델 등 다양한 생성형 AI 모델에 대해 살펴보았습니다. 이제 생성하고자 하는 데이터의 종류 및 목표에 따라 적합한 모델을 선택해야 합니다. 우리는 "텍스트를 기반으로 이미지를 생성"해야 하므로, 이에 가장 적합한 모델인 확산 모델Diffusion Model을 선택해 보겠습니다. 이 모델은 이미지 생성에 뛰어난 성능을 보이며, 텍스트 조건을 효과적으로 반영할 수 있다는 장점이 있으므로 목적에 가장 부합합니다. 물론, 목적에 따라 다른 모델을 선택할 수도 있습니다.

❤ [4단계] 모델 구현

이 단계에서는 전체 모델을 실제로 구현하게 됩니다. 이는 마치 복잡한 레고 세트를 조립하는 것과 비슷합니다. PyTorch나 Python 등의 도구를 사용해 모델의 각 부분을 하나씩 만들어 가면 됩니다. 전체 모델은 크게 3가지 부분으로 나누어 구성할 수 있습니다.

▎텍스트 이해하기 모델

"붉은 노을이 지는 해변"이라는 문장이 있다고 해봅시다. 이 모델에서는 이러한 문장을 AI가 이해할 수 있는 숫자들로 변환합니다. 마치 각 단어에 고유한 번호나 코드를 부여하는 것과 비슷하다고 생각하시면 됩니드-. (예시 모델: GPT, BERT 등)

▎이미지 상상하기 모델

이해한 텍스트를 바탕으로 AI가 이미지를 상상하여 그리는 모델입니다. 입력된 텍스트를 기반으로 처음에는 흐릿하고 모호한 이미지어서 시작해 점점 선명한 이미지로 발전시키는 기능을 담당합니다. (예시 모델: DALL-E, Stable Diffusion)

▎이미지 다듬기 모델

상상한 이미지를 점점 더 선명하고 실제 같은 모습으로 만드는 모델입니다. 앞서 만든 선명한 이미지의 해상도를 높이고 실제에 가까운 이미지로 만들어내는 기능을 담당합니다. (예시 모델: DCGAN, StyleGAN 등)

이렇게 나누어진 부분을 하나로 연결하여 전체 모델을 완성합니다. 이렇게 만들어진 모델은 마치 텍스트를 읽고 그에 맞는 그림을 그리는 화가처럼 작동하게 되지요.

▼ [5단계] 모델 훈련

이 단계는 AI에게 실제로 '그림 그리는 법'을 가르칩니다. 이를 위해 우리가 준비한 데이터를 사용해 AI를 훈련시킵니다. 훈련 과정에서 AI에게 흐릿한 이미지를 보여주고 원본 이미지를 맞추게 하는데, 퍼즐을 맞추는 것과 비슷합니다. 동시에 이미지에 해당하는 텍스트 설명을 제공하여, AI가 텍스트와 이미지의 관계를 이해하게끔 합니다.

이 과정을 수백만 번 반복하는데, 매우 강력한 컴퓨터GPU를 사용해도 몇 주가 걸릴 만큼 복잡한 작업입니다. 훈련 중간중간 AI의 실력을 확인하며, 제대로 배우고 있는지 점검합니다. 이 과정을 통해 AI는 점차 텍스트 설명을 보고 그에 맞는 이미지를 생성하는 능력을 갖추게 됩니다.

▼ [6단계] 평가 및 최적화

이 단계에서는 AI의 '그림 실력'을 테스트합니다. AI에게 새로운 텍스트 설명을 주고 그림을 그리게 한 후, 그린 그림의 품질을 여러 방면에서 평가합니다. 그림이 얼마나 선명한지, 텍스트 설명과 얼마나 잘 맞는지, 전체적으로 얼마나 아름다운지 등을 검토하는 겁니다. 미술 학원에서 학생의 그림을 평가하는 것과 비슷합니다.

그리고 평가 결과를 바탕으로 AI의 '학습 방식'을 조금씩 조정합니다. 특정 유형의 이미지를 잘 그리지 못한다면 해당 부분을 더 집중적으로 학습하도록 합니다. 이 과정을 통해 AI의 전반적인 그림 실력을 향상시킵니다.

▼ [7단계] 미세 조정 및 반복

마지막은 AI의 실력을 더욱 향상시키는 단계입니다. 평가 결과를 자세히 분석하여 AI의 강점과 약점을 파악합니다. AI가 자연 풍경은 잘 그리지만 도시 풍경을 그리는 데 어려움을 겪는다면, 도시 풍경 데이터를 더 많이 제공하여 재훈련시킵니다. 한편으로 실제 사용자들의 피드백을 받아 AI의 그림 실력을 더욱 실용적이고 창의적으로 만듭니다.

이 과정은 계속해서 반복되며, 매번 AI는 조금씩 더 나은 그림을 그리게 됩니다. 마치 화가가 끊임없는 연습과 피드백을 통해 자신의 기술을 발전시키는 것과도 같습니다.

생성형 AI 모델의 작동 방식을 이해하는 것은 AI 기술의 핵심을 파악하는 데 중요한 단계입니다. 우리가 살펴본 과정은 매우 복잡하고 시간이 많이 소요되는 작업이지만, 이러한 과정을 통해 AI는 인간의 창의성을 모방하여 놀라운 결과물을 만들어낼 수 있습니다.

이 기술은 단순히 이미지 생성에만 국한되지 않습니다. 텍스트 생성, 음악 작곡, 영상 제작 등 다양한 분야에서 혁신적인 변화를 이끌고 있습니다.

AI 리터러시 업그레이드

생성형 AI 서비스 가이드

▌'지금 나에게 필요한' 생성형 AI 서비스 골라 잡는 법

여러분, AI 리터러시를 한 단계 높일 준비가 되셨나요? 이번 3부에서는 우리 삶과 업무를 혁신적으로 바꿀 수 있는 다양한 AI 서비스를 소개합니다. 앞서 1, 2부에서 AI를 제대로 이해하고 리터러시를 높이기 위한 이론적 내용을 다뤘다면, 이제는 실제 사용을 통해 여러분의 AI 능력을 키워볼 차례입니다.

최근 다양한 AI 서비스가 쏟아져 나오고 있는데요, 이들의 가장 큰 특징은 바로 쉬운 사용법입니다. 과거 AI는 전문가들만 다룰 수 있었지만, 이제는 누구나 조금만 배우면 AI의 놀라운 능력을 경험할 수 있게 되었습니다. 복잡한 코딩 지식이나 고급 기술 없이도, 간단한 조작만으로 강력한 AI 서비스를 활용할 수 있게 된 것입니다.

이러한 AI 서비스를 활용하는 것은 현대인의 AI 능력 중 가장 중요한 부분이라고 할 수 있습니다. 다른 AI 관련 능력은 조금 부족해도 일상생활에 큰 지장은 없습니다. 하지만 업무 현장에서 이러한 AI 서비스를 모른다면 어떨까요? 마치 복잡한 문서를 컴퓨터 없이 손으로 작성하거나, 연구에 필요한 자료를 도서관에 직접 가서 찾느라 시간을 낭비하는 일과도 같을 것입니다.

AI 서비스를 잘 활용하면 얻을 수 있는 장점이 정말 많습니다. 첫째, 시간을 크게 아낄 수 있습니다. AI 요약 도구로 많은 문서를 빠르게 정리하고 분석할 수 있으며, AI 데이터 분석으로 복잡한 정보를 빠르게 이해하고 시각화할 수 있기 때문입니다. 2차 자료를 만드느라 낭비하던 시간을, 온전히 진짜 내용을 소화하고 고찰하는 데 사용할 수 있게 되는 겁니다.

둘째, 작업의 질을 높일 수 있습니다. 생성형 AI가 출현하면서 배경지식이 없어도 누구나 AI 이미지 생성 도구로 전문가 수준의 그림을 만들거나, AI 문법 검사 도구로 글쓰기의 정확도를 높이는 등 적절한 보조를 받을 수 있게 되었습니다. 매번 힘들게 다른 사람의 도움을 구하지 않아도 더 쉽고 간단하게 여러 가지 일을 해낼 수 있게 된 것입니다.

셋째, 새로운 아이디어를 고안하는 데도 도움이 됩니다. 이전에는 혼자 몇날 며칠 머리를 싸매고 고민하거나 무작정 여럿이서 빙빙 맴도는 회의를 하면서 아이디어가 퍼뜩 떠오르기만을 바라곤 했습니다. 하지만 이제는 이 과정을 AI도 함께합니다. 그로써 보다 수월하게 온갖 곳에서 아이디어를 수집해 일의 새로운 방식을 찾거나, 창의적인 해결책 발견을 기대할 수 있게 되었습니다.

생성형 AI 서비스의 이런 장점들 덕분에 우리는 일상생활과 업무의 효율을 높이고, 더 좋은 결과물을 만들 수 있습니다. 하지만 아무 AI나 무작정 사용한다면 어떨까요? 오히려 시간 낭비가 될 수 있습니다. 어떤 일을 하든, 적절한 도구를 선택하는 일은 매우 중요합니다. 예를 들어, 장난감을 조립하려면 십자 드라이버가 필요한데, 엉뚱하게 일자 드라이버나 니퍼를 쓴다면 제대로 조립할 수 있을까요? AI도 어디까지나 도구이므로, 목표하는 결과에 가장 알맞은 서비스를 골라야만 합니다. 그래야 원하는 결과를 빠르고 정확하게 얻을 수 있습니다.

이렇듯 AI 서비스를 효과적으로 활용하려면 각 도구의 특징을 이해하고 목적에 맞게 선택하는 것이 정말 중요합니다. 예를 들어 같은 글을 쓰더라도, 인간적이고 맥락을 잘 이해하는 자연스러운 글이 필요하다면 클로드가 적합합니다. 반면 웹 검색을 통한 최신 정보나 체계적인 데이터 분석을 바탕으로 한 글쓰기가 필요하다면 챗GPT가 더 알맞을 수 있습니다. 이미지 만들기에서도 마찬가지로, 사진처럼 실제 같은 이미지를 만들고 싶다면 파이어플라이Firefly가 좋습니다. 반면, 추상적이거나 예술적인 이미지를 원한다면 달리DALL-E가 더 적합할 겁니다. 이렇게 상황과 목적에 맞는 AI를 고르고 활용하는 능력이 바로 현대인의

필수 AI 리터러시라고 할 수 있습니다.

자, 여기 《생성형 AI 서비스 가이드》에는 생성물의 종류나 활용 목적에 따라 AI 서비스들을 크게 다섯 가지로 나누어 실었습니다. 바로 대화형 AI, 이미지 생성형 AI, 동영상 생성형 AI, 특화 기능 생성형 AI 그리고 연구 및 교육용 AI입니다. 대화형 AI에서는 문서 작성, 아이디어 생성 등을 위한 도구를, 이미지 생성형 AI에서는 사진 만들기와 편집이 가능한 도구를 소개할 것입니다. 동영상 생성형 AI에서는 동영상 자동 생성 및 편집, 자막 넣기 등의 기능을, 특화 기능 생성형 AI에서는 음악 생성, 프레젠테이션 제작 등을 다룰 예정입니다. 마지막으로 연구와 교육용 생성형 AI에서는 데이터 시각화, 연구 자료 분석 등을 도와주는 도구들을 살펴볼 것입니다. 각 분야의 주요 도구들과 특징을 숙지하며, 여러분에게 가장 유용한 도구를 찾아보세요.

4부에서 다룰 내용도 미리 살짝 소개해 드리면, 다양한 AI 서비스를 학생, 직장인, 공무원, 교육자 등 여러 직종에서 어떻게 활용하는지 구체적으로 알아볼 것입니다. 그러므로 독자 여러분께서는 3부와 4부를 서로 연결 지어 읽어 보시기를 권합니다. 3부에서 기본 개념과 도구를 이해하고, 4부에서 실제 사례를 확인하면서 여러분의 업무나 일상에 어떻게 적용할 수 있을지 생각해볼 수 있기 때문입니다. (병렬 독서에 도움이 될 수 있도록, 3부에 소개되는 서비스의 활용 사례가 4부에서 다루어지는 경우, 각 서비스 페이지 하단의 '이럴 때 이 AI가 딱' 코너에 해당 페이지를 기입해 두었습니다.)

아울러 부디 여러 AI 서비스를 알아두는 데서 그치지 말고, 한번쯤 직접 접속해서 사용해 보시기를 바랍니다. 이를 반복하다 보면 AI 서비스를 단순히 아는 것에서 한 발 더 나아가 실제로 활용하는 데 이르고, 그 결과 진정한 AI 리터러시를 함양할 수 있을 것입니다.

01 대화형/텍스트 생성형 AI

대화형 AI_{Conversational AI}는 인간과 자연스럽게 대화를 주고받을 수 있는 인공지능으로 사용자가 텍스트를 입력하면 이에 적절하게 응답하거나 정보를 제공하는 기술입니다. 대화형 AI는 대규모 언어 모델_{Large Language Models, LLMs}을 기반으로 작동하는데요, 자세한 작동 방식은 이전에 다루었으니 확인해 보시기 바랍니다.

현재 대화형 AI 시장은 놀라운 속도로 성장하고 있습니다. 글로벌 마켓 인사이트_{Global Market Insights}의 보고서[1]에 따르면, 2023년 기준 전 세계 대화형 AI 시장 규모는 99억 달러에 달했습니다. 이 보고서는 2024년부터 2032년까지 연평균 성장률_{CAGR}이 21.5%에 이를 것으로 예측하고 있습니다. 이러한 폭발적인 성장세가 지속된다면, 2032년에는 시장 규모가 572억 달러에 도달할 것으로 전망됩니다.

대화형 AI 시장에는 다양한 주요 서비스들이 있습니다. 오픈AI_{OpenAI}의 챗GPT_{ChatGPT}, 앤트로픽_{Anthropic}의 클로드_{Claude}, 구글_{Google}의 제미나이_{Gemini} 등이 대표적입니다. 챗GPT는 현재 가장 널리 알려진 서비스로, 2024년 9월 기준 주간 활성 사용자 수가 2억 명을 넘어섰습니다.[2] 제미나이는 구글의 강력한 기술력을 바탕으로 빠르게 발전하고 있으며, 비교적 후발 주자인 클로드도 뛰어난 성능을 무기로 매우 빠른 성장세를 보이고 있습니다. 이외에도 여러 대화형 AI 서비스나 대규모 언어 모델이 앞다투어 등장하고 있습니다.

이러한 대화형 AI 서비스들은 자신들만의 무기를 계속 업데이트하고 있습니다. 현재의 경쟁에서 뒤쳐지면 시장에서 바로 도태될 수 있기 때문입니다. 이는 우리에게는 아주 좋은 소식이죠. 필자는 강연장에서 가끔 이런 말을 합니다. "어제 사용했던 챗GPT와 오늘 쓰는 챗GPT는 다르다"고요. 다소 과장된 부분이 없지 않지만, 이들이 계속 발전을 거듭하고 있는 것은 사실입니다.

이제부터 가장 주목받고 있는 대화형 AI 서비스 몇 가지를 자세히 살펴보겠습니다. 구체적으로 앞서 소개한 대표주자 셋(챗GPT, 클로드, 제미나이)은 물론, 코파일럿Copilot, 노트북LM NotebookLM 등 현 시점에서 활용도가 높은 서비스들을 다룰 예정입니다. 각 서비스의 특징, 장단점 등을 소개하여 독자 여러분이 각 도구의 특성을 이해하고 효과적으로 활용할 수 있도록 도와드리겠습니다.

챗GPT(ChatGPT)
맞춤형 챗봇 제작, 내게 맡기세요!

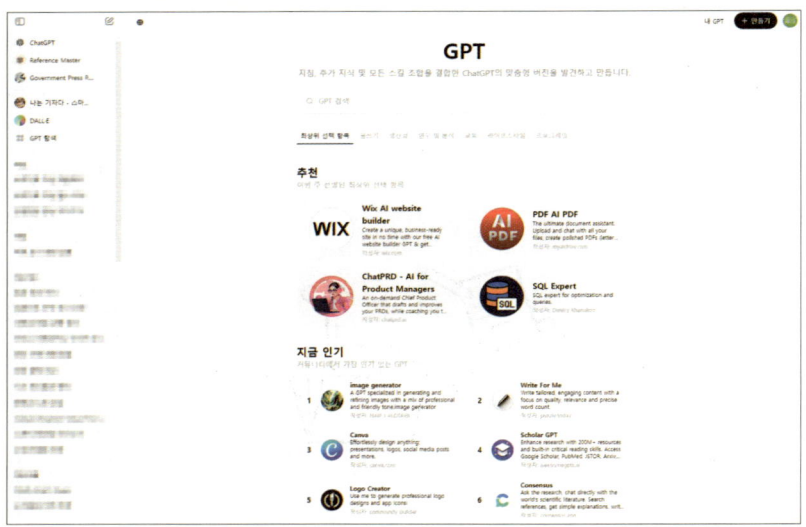

이 AI를 소개합니다

ChatGPT	챗GPT, ChatGPT, https://chatgpt.com/
탄생	2022년 11월, 오픈AI(OpenAI)
세부 모델/기능	GPT-4o, GPT-4o mini, GPT-4.5, o1, o1-mini, o3-mini 등
자신 있는 분야	맞춤형 GPT(챗봇) 생성, 고급 데이터 분석 최강자
비용	무료 플랜: GPT-4o mini 액세스, GPT-4o에 제한적 액세스, 파일 업로드, 웹 검색, 이미지 생성 등에 제한적 액세스, 맞춤형 GPT 사용 플러스 플랜(월 22달러): GPT-4o, GPT-4.5, o1, o3 등 모델에 제한적 액세스, 심층 리서치, Sora 영상 생성에 제한적 액세스, 고급 데이터 분석, 파일 업로드, 이미지 생성 한도 증가, 맞춤형 GPT 생성 및 사용

챗GPT (ChatGPT)

가장 먼저 소개할 AI는 자타공인 생성형 AI의 선두주자, 챗GPT ChatGPT 입니다. 2024년 11월 기준 시장 점유율이 약 59.2%로, 다른 서비스인 코파일럿(14.4%), Gemini(13.5%), Claude(2.8%)에 비해 월등하게 높은 수치입니다. 이 높은 점유율이 말해 주듯, 챗GPT는 사실 못 하는 게 없을 정도로 할 수 있는 일이 많은 전천후 AI입니다. 기본적인 문서 작성은 당연하고, 어려운 질문에도 척척 대답합니다. 음성 채팅을 지원해 타자를 치지 않아도 말로 묻고 답을 들을 수 있기까지 합니다. 멀티모달 모델로서 온갖 이미지와 파일을 곧잘 분석해 주며, 내장된 'DALL-E' 모델을 통해 고품질 그림도 뚝딱 그려줍니다. 최근에는 심층 리서치 기능도 제공하여 복잡한 연구 작업도 쉽게 처리할 수 있게 도움을 줍니다.

특히 GPT 모델에 기반한 애드온을 찾을 수 있는 GPT 스토어라는 기능이 엄청납니다. 범위가 실로 넓어서, 보도자료 작성부터 마케팅 전략 수립, 코드 리뷰, 법률 자문까지 정말 다양한 분야에 특화된 맞춤 AI 도우미를 만들 수 있죠. 가령 'Data Analyst'란 챗봇은 로우데이터를 넣고 분석을 요청하면, 파이썬 코딩 없이도 알아서 분석해 그래프까지 그려줍니다. 여기 원하는 챗봇이 없더라도, 조금만 공부하고 10~20분 정도만 투자하면 나만의 챗봇까지도 쉽게 만들 수 있답니다.

> 📌 **이럴 땐 이 AI가 딱**
> - **누구?** 공무원
> - **언제?** 알아서 보도자료와 축사를 작성해줄 AI 챗봇을 제작할 때 p.335

클로드(Claude)
인간미 넘치는 AI 글쓰기의 정석

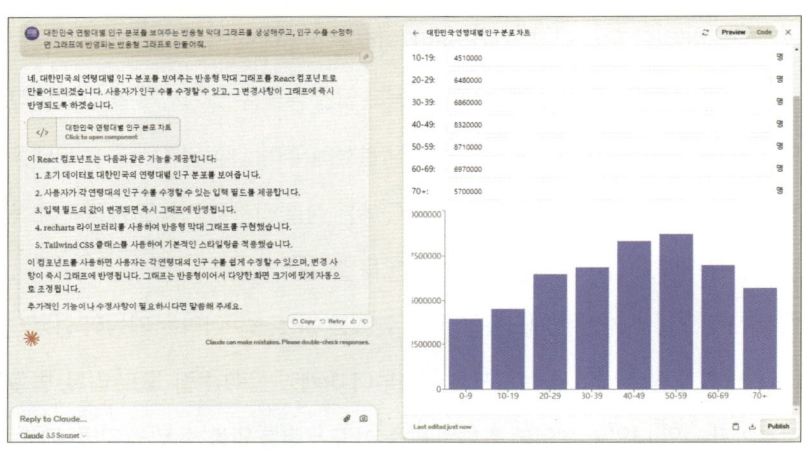

이 AI를 소개합니다	
Claude	클로드, Claude, https://claude.ai/
탄생	2023년 3월, 앤트로픽(Anthropic)
세부 모델/기능	Sonnet 4, Opus 4, Haiku 3.5
자신 있는 분야	인간과 유사한 느낌의 글쓰기, 프로젝트, 아티팩트를 통한 다양한 작업
비용	무료 플랜: Claude 4 Sonnet 모델 사용 가능(제한된 사용량) 프로 플랜(월 22달러): Sonnet 4, Opus 4, Haiku 3.5 모델 모두 사용 가능, 프로젝트 사용 가능, 무료 서비스 대비 약 5배의 사용량

클로드(Claude)

클로드Claude는 "글을 제일 잘 쓴다"고 평가받는 AI 모델입니다. 다른 AI들의 글이 종종 기계적인 느낌을 주는 데 비해, 클로드가 쓴 글은 사람이 쓴 것처럼 자연스러운 경우가 많습니다. 클로드는 텍스트의 맥락을 잘 파악할뿐더러, 한 번에 책 500쪽에 달하는 분량까지 처리 가능하다는 강점이 있습니다. 그단큼 일반적인 질문-답변부터 문서 분석, 이미지 분석까지 다양하고 복잡한 일을 잘 수행합니다.

클로드의 특별한 기능으로는 '아티팩트Artifacts'가 있습니다. 생성된 결과물을 실시간으로 편집할 수 있는 작업 공간으로, 코드 실행부터 그래프 생성, 동적 이미지 제작, 심지어 간단한 게임 개발도 가능합니다. 또한 프로젝트 기능을 지원하여 반복 작업을 단순화하거나 여러 문서를 동시에 업로드할 수 있어 효율이 높습니다. 최근 업데이트 이후 웹 검색을 통한 답변이 가능해졌으며, 심층 연구 기능도 함께 제공하여 더욱 편리해졌습니다.

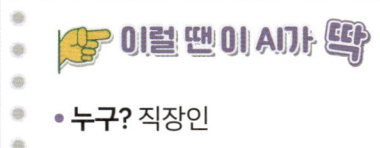

- **누구?** 직장인
- **언제?** 요즘 필수적인 데이터 분석 업무를 할 때 → p.307

제미나이(Gemini)
구글의 모든 것을 품은 AI

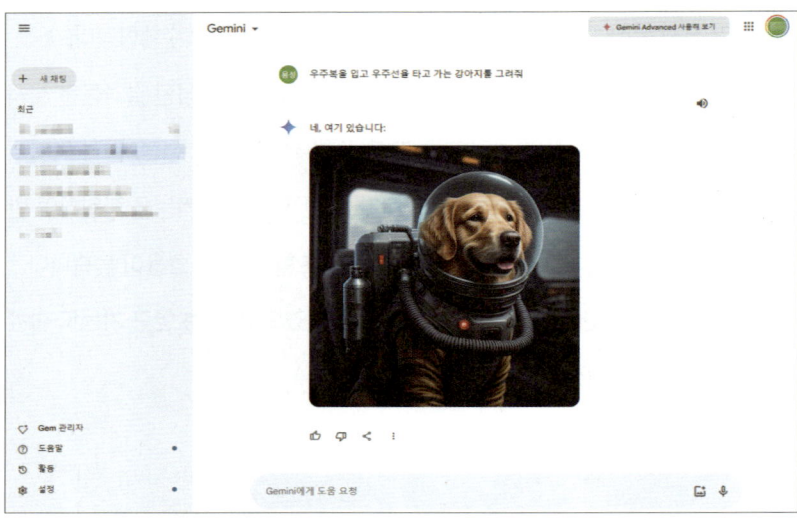

이 AI를 소개합니다	
Gemini	제미나이, Gemini, https://gemini.google.com/
탄생	2023년 12월, 구글(Google)
세부 모델/기능	Nano, Flash, Pro, Ultra
자신 있는 분야	구글 서비스와 찰떡궁합, 웹 검색을 통한 최신 정보 답변 가능
비용	무료 플랜: 기본 모델(Gemini 2.5 Flash) 사용 가능 AI 프리미엄 플랜(월 29,000원): Gemini 2.5 Pro 모델 사용 가능, 지메일/구글 문서/슬라이드 등 작성 도움, Gems 생성 가능, 2TB의 저장 공간 제공

제미나이(Gemini)

이번에 만나볼 AI는 과거 바드Bard라는 이름으로 출시되었다가 제미나이Gemini로 개명한 구글의 AI입니다. 제미나이의 가장 큰 장점은 엄청난 양의 텍스트를 한 번에 처리할 수 있다는 것인데요, Gemini 2.5 Pro 버전은 약 100만 개의 토큰(PDF 1,500페이지 분량)을 입력할 수 있습니다.

그 밖에도 제미나이는 다양한 기능을 갖고 있습니다. 일반적인 대화형 AI 기능인 질문 답변, 이미지 및 문서 분석은 당연히 잘 수행합니다. 구글이 개발한 만큼 우리가 흔히 사용하는 구글의 다양한 서비스와 뛰어난 호환성을 보여줍니다. 구글 문서와 슬라이드 작성을 돕고, 구글 드라이브의 파일이나 지메일 메일함을 검색하고 정리할 수도 있습니다. 심층 연구 기능을 활용하면 최신 자료를 연구 보고서 형태로 정리해 주기도 합니다. 한편 이마젠3 모델의 이미지 생성과 비오Veo 3 모델의 동영상 생성 역시 전 세계 사용자의 이목을 끌고 있습니다.

또 인터넷 검색을 통해 최신 정보를 제공할 수 있다는 점도 제미나이의 큰 특징 중 하나입니다. 가령 구글 여행과 연동되어 항공편 검색이나 호텔 검색도 가능하며, 유튜브 검색도 손쉽게 가능합니다. 한편 제미나이에는 GPT 스토어와 비슷한 'Gem'이라는 기능도 있습니다. 이건 반복적인 프롬프트를 자동화하는 챗봇 형태의 서비스인데요, 자주 하는 작업을 더 쉽게 할 수 있도록 도와줍니다.

> **이럴 땐 이 AI가 딱**
> - **누구?** 학생
> - **언제?** 기업 특성에 따라 자기소개서를 자유자재로 변신시키길 원할 때 ─ p.276

01 대화형/텍스트 생성형 AI

코파일럿(Copilot)
엑셀, 파워포인트 수정도 AI와 함께

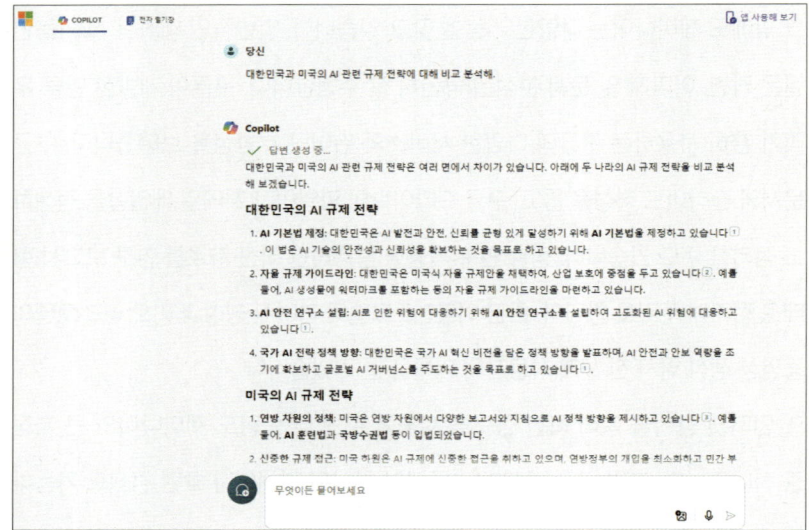

이 AI를 소개합니다

Copilot	코파일럿, Copilot, https://copilot.microsoft.com/
탄생	2023년 12월, 마이크로소프트(Microsoft)
세부 모델/기능	대화형 AI 서비스, 이미지 생성, 웹 기반 검색 및 요약 등
자신 있는 분야	마이크로소프트 서비스와 찰떡궁합으로 여러 서비스와 호환 가능
비용	무료 플랜: 웹, 앱, 윈도우 등에서 코파일럿 사용 가능, 디자이너 활용 이미지 생성 부스트 15개 제공(월)
	프로 플랜(월 29,000원): 무료 플랜 기능+ MS 365 앱에서 코파일럿 사용, 디자이너 활용 이미지 생성 부스트 100개 제공(일) → 1개월 무료 체험 가능

코파일럿(Copilot)

AI가 생소할지도 모르지만, 사실 우리가 이미 아주 익숙하게 사용하는 윈도우와 엣지 브라우저 같은 여러 마이크로소프트MS 서비스에 붙어 있는 AI도 있습니다. 바로 코파일럿Copilot입니다. 이 서비스는 2023년 2월 'New Bing'이라는 이름으로 처음 공개되었으며, 그 해 12월에는 지금의 코파일럿으로 다시 태어났죠.

코파일럿의 가장 큰 특징은 MS 제품들과의 뛰어난 호환성입니다. 사무용으로 많이 사용하는 MS 365 앱들(워드, 엑셀, 파워포인트, 아웃룩)과 연동되어 강력한 생산성을 자랑합니다. 엑셀에서는 복잡한 함수 대신 간단한 질문만으로 데이터 분석이 가능해지며, 파워포인트 슬라이드 제작 및 수정, 워드 문서 작성과 요약을 쉽게 할 수 있습니다. 챗GPT와 유사하게 채팅으로 이미지 분석 및 생성, PDF 파일 분석도 척척 해낼 수 있답니다. '엣지 코파일럿'을 활용하면 웹페이지 요약이나 질문도 가능합니다. 코파일럿은 인터넷과 연결되어 있어 최신 정보도 제공하며, 결과물에 출처를 표기해 줘서 환각 현상을 줄일 수 있습니다.

 이럴 땐 이 AI가 딱

- **누구?** 직장인
- **언제?** 엑셀 데이터 분석과 프레젠테이션 제작을 손쉽게 해결할 때

01 대화형/텍스트 생성형 AI

클로바X(ClovaX)
우리나라를 제일 잘 이해하는 대화형 AI

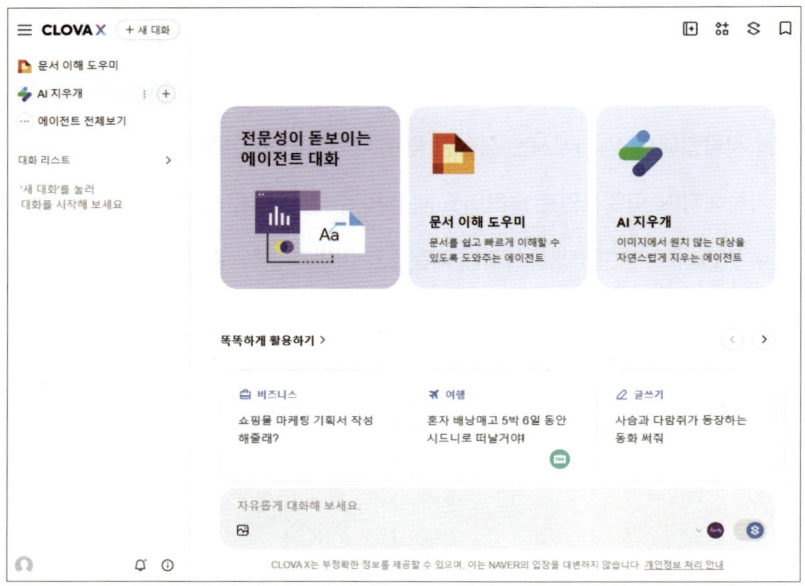

이 AI를 소개합니다

CLOVA X	클로바X, ClovaX, https://clova-x.naver.com/
탄생	2023년 8월, 네이버(NAVER)
세부 모델/기능	하이퍼클로바X 기반 대화, 스킬(외부 서비스 연계), 에이전트(전문 분야별 도우미) 등
자신 있는 분야	한국의 문화를 가장 잘 이해하는 대화형 AI(네이버의 다양한 서비스와 연계)
비용	무료 서비스 클로바X: 3시간당 50개 질문 가능 클로바X 플러스 대화 모드: 1일 문서 3회, 이미지 30회 업로드 가능

184 AI 리터러시: 인공지능 필수 지식부터 완벽 활용까지

클로바X(ClovaX)

한국인의 일상에서 빼놓을 수 없는 네이버. 국내 검색 엔진 시장 점유율 60%를 자랑하는 네이버가 선보인 대화형 AI가 바로 <u>클로바X</u>ClovaX입니다. 전 세계에서 세 번째로 빠르게 공개된 LLM인 클로바X는 자체 개발한 <u>하이퍼클로바X</u> 모델을 기반으로 하며, GPT 3.5보다 한국어를 6,500배 더 많이 학습했다는 점이 특징입니다.

클로바X의 강점은 네이버의 방대한 한국 데이터를 학습했다는 점입니다. 네이버 지도, 쇼핑, 뉴스, 지식인, 블로그, 카페 등의 데이터를 기반으로 한국의 사투리 해석이나 여행지 추천 등의 작업에서 다른 AI 서비스보다 월등한 성능을 보여줍니다. 특히 '스킬' 기능을 통해 네이버의 다양한 서비스와 연계가 가능한데, 네이버 쇼핑을 통한 상품 추천, 네이버 여행을 통한 여행지와 숙소 추천은 물론, 쏘카나 컬리 같은 외부 서비스와도 연계하여 실용성을 높였습니다.

더불어 초보자를 위한 '똑똑하게 활용하기' 기능은 글쓰기, 외국어, 생활, 학습 등 다양한 주제의 예시 프롬프트를 제공하여 진입장벽을 낮추었습니다. '에이전트' 기능도 주목할 만한데, '문서 이해 도우미'는 복잡한 문서를 쉽게 파악하도록 도와주고, 'AI 지우개'는 이미지 편집 기능을 제공하는 등 전문적인 작업을 지원합니다. 이처럼 클로바X는 한국어에 특화된 성능과 네이버 생태계와의 긴밀한 연계를 통해 차별화된 서비스를 제공하고 있습니다.

👉 **이럴 땐 이 AI가 딱**

- **누구?** 일반인
- **언제?** 한국 특화 정보나 네이버 쇼핑, 여행 등 서비스 연계가 필요할 때

노트북LM(NotebookLM)
숨은 인사이트를 찾는 AI 탐정

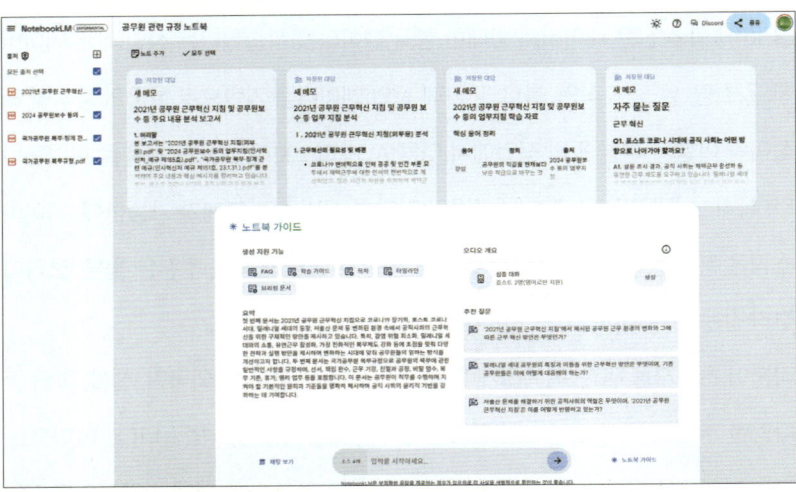

이 AI를 소개합니다	
NotebookLM EXPERIMENT	노트북LM, NotebookLM, https://notebooklm.google/
탄생	2023년 7월, 구글(Google)
세부 모델/기능	여러 파일 동시 분석하기, 자료 요약하기, 번역하기, 심층 대화 등
자신 있는 분야	여러 문서를 한 번에 읽고 인사이트 찾아내기
비용	모든 서비스 무료로 사용 가능

노트북LM (NotebookLM)

여러 문서를 비교 분석해야 한다면? 혹은 여러 문서에서 바로바로 인사이트를 찾고 싶다면? 여기 안성맞춤인 서비스, 노트북LM NotebookLM을 소개합니다. 원래 미국에서 영어로만 이용할 수 있었는데요, 2024년 6월경부터는 한국 등 200여 개 국가에서 활용 가능해졌습니다.

노트북LM의 문서는 형식에서 자유롭습니다. 구글 문서, PDF 및 텍스트 파일, 구글 슬라이드, URL도 소스로 인식해서 분석이 가능합니다. 게다가 멀티모달인 제미나이 2.0을 통해 이미지와 차트, 도형에 대한 질문도 이해하고 출처도 인용할 수 있게 되었습니다. 뿐만 아니라 구글 노트북에 자료 요약이나 새 목차 작성을 요청할 수도 있습니다. 상당한 양의 문서를 짧은 시간에 번역해 주고, 연관된 질문도 계속 제공하여 문서에 대한 이해도를 더 높일 수 있답니다. 최근 추가된 '심층 대화' 기능을 활용하면 문서 내용에 대해 토론하는 형식의 대화를 만들어내어 어디서나 들을 수 있습니다(현재는 영어만 지원).

노트북 1개당 최대 50개의 자료, 최대 2,500만 단어까지 동시에 분석할 수 있으며, 업로드된 문서는 비공개로 유지해 인공지능 학습에서 보호받을 수 있다고 해요. 게다가 작성한 노트북을 공유, 공동 작업이 가능하여 활용도가 높습니다.

👉 **이럴 땐 이 AI가 딱**

- **누구?** 공무원
- **언제?** 복잡한 규정, 언제나 척척 찾아주는 후배가 절실할 때

퍼플렉시티(Perplexity)
정확한 출처, AI 환각현상 최소화

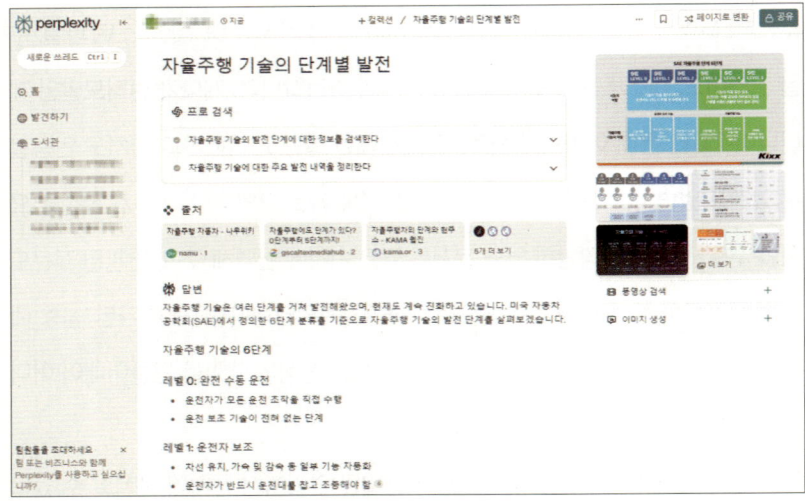

이 AI를 소개합니다	
perplexity	퍼플렉시티, Perplexity, https://www.perplexity.ai/
탄생	2022년 12월, 퍼플렉시티 AI(Perplexity AI)
세부 모델/기능	웹 검색, 학문 모드(학술 자료), 소셜 모드(토론 및 의견 검색), 심층 연구 등
자신 있는 분야	참고 문헌 검색(환각현상 최소화), 웹 검색 기반 답변
비용	무료 플랜: 프로 검색 제한됨(1일 3회), AI 모델 선택 불가능 프로 플랜(월 20달러): 1일 300회 이상 프로 검색, 무제한 파일 업로드 및 분석, GPT-4.1, Claude 4 Sonnet 등 최신 모델 사용, 월 5달러의 API 크레딧 제공

퍼플렉시티 (Perplexity)

여러분, 대화형 AI를 사용하면서 가장 아쉬웠던 점이 무엇인가요? 아마도 정확한 출처 확보가 아닐까 생각됩니다. 이런 고민을 해결해줄 AI 서비스가 있으니, 일명 "구글의 아성을 능가하는 서비스"로도 불리는 퍼플렉시티Perplexity입니다.

삼성과 SK 등 유수 대기업들의 투자로 주목받고 있는 이 서비스는, 실시간 웹 검색을 통한 최신 정보 제공과 신뢰할 수 있는 출처 제시가 가장 큰 특징입니다. 이는 챗GPT나 클로드 같은 기존 대화형 AI의 한계인 실시간 최신 정보 제공을 보완할 수 있는 기능이죠. 무엇보다 퍼플렉시티의 답변 대부분에는 문단이나 문장 끝에 번호로 참고 문헌이 표시되어 있어, AI의 '환각현상'을 크게 줄일 수 있습니다. 또 '프로pro' 검색 옵션이 있는데, 3배 더 많은 소스와 자세한 답변을 제공하니 양질의 정보를 위해서는 '프로' 검색 기능을 사용하길 추천합니다.

사용 방법은 매우 간단한데요. 포털에서처럼 원하는 키워드를 입력하여 답변을 받으면 됩니다. 일일이 검색 결과를 클릭하지 않아도 잘 정리된 답변이 출력되어 매우 편리합니다. 반대로 임의로 작성한 문서 전체를 업로드하고, 각 부분에 해당하는 참고 문헌을 찾아 달라고 요청할 수도 있습니다.

이럴 땐 이 AI가 딱

- **누구?** 연구자
- **언제?** 참고 문헌과 출처를 완벽하게 정리하고 싶을 때

웍스AI(Wrks AI)
직장인을 위한 올인원 AI 비서 서비스

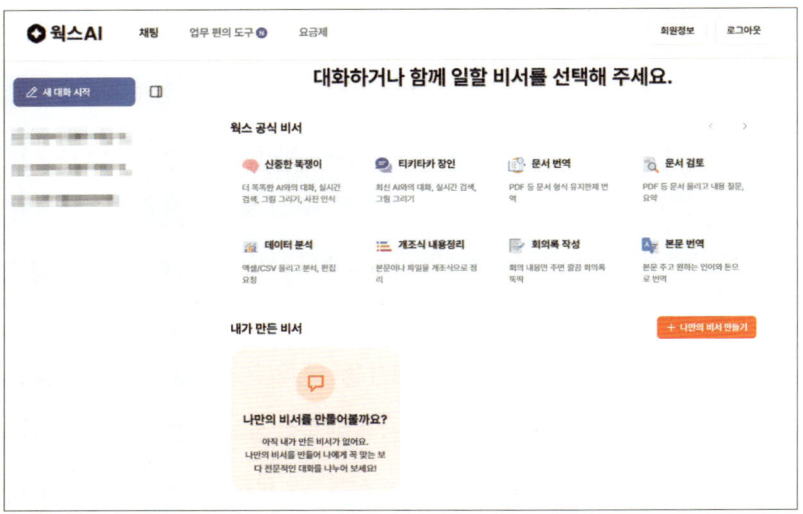

이 AI를 소개합니다

웍스AI	웍스AI, Wrks AI, https://wrks.ai/
탄생	2023년 3월, 체인파트너스
세부 모델/기능	GPT 최신 모델 기반 대화, 문서 번역(DeepL), 데이터 분석, 회의록 작성, 맞춤형 AI 비서 생성
자신 있는 분야	직장인 업무 관련 올인원 서비스, 맞춤형 AI 비서 제작
비용	무료 플랜 : 나만의 비서 최대 3개 생성 가능, 비서당 최대 5개 파일 업로드 가능 등 베이직 플랜(월 24,900원): 나만의 비서 최대 20개 생성 가능, 비서당 최대 20개 파일 업로드 가능 등

웍스AI (Wrks AI)

고물가 시대에 여러 AI 서비스를 각각 구독하느라 비용 부담을 느낀 적이 있으시죠? 웍스AI(Wrks AI)는 이런 고민을 한 번에 해결해 주는 올인원 서비스입니다. GPT 최신 모델을 활용한 대화형 AI부터 문서 번역, 데이터 분석까지 직장인이 필요로 하는 대부분의 AI 기능을 한 곳에서 제공합니다.

웍스AI의 가장 큰 특징은 '나만의 비서 만들기' 기능입니다. 사용자가 원하는 특정 업무에 특화된 AI 비서를 직접 만들 수 있는데, 예를 들어 회사 규정을 학습시켜 '회사 규정 비서'를 만들거나, 텍스트 요약, 엑셀 데이터 분석 등 특화된 작업을 수행하는 맞춤형 비서를 제작할 수 있습니다. 이러한 비서들은 단순 반복 업무를 자동화할 뿐만 아니라, 업로드된 파일들을 기반으로 체계적인 분석과 답변을 제공합니다. 또한 채용 공고 작성, 보도자료 작성, 블로그 글 작성 등 콘텐츠 제작 관련 기능도 탑재되어 있어 다양한 문서 작업을 손쉽게 처리할 수 있습니다.

이러한 다양한 기능들을 통해 우리가 여러 AI 서비스를 번갈아 가며 사용해야 하는 번거로움을 줄이고, 업무 효율을 높이는 데 많은 도움을 주는 서비스입니다.

👉 이럴 땐 이 AI가 딱

- **누구?** 직장인
- **언제?** 다양한 AI 기능을 업무에 한꺼번에 활용하고 싶을 때
   p.316

01 대화형/텍스트 생성형 AI

02 이미지 생성형 AI

<u>이미지 생성형 AI</u>는 텍스트 입력(프롬프트)을 받아 멋진 이미지를 만들어 내는 인공지능 기술입니다. 이 기술은 대규모 이미지 데이터로 학습된 인공지능 모델을 기반으로 작동하며, 상세한 작동 방식은 앞 장에서 다루었습니다.

현재 이미지 생성형 AI 시장은 폭발적인 성장세를 보이고 있습니다. 글로벌 마켓 인사이트Global Market Insights의 보고서에 따르면[2], 2023년 기준 전 세계 이미지 생성형 AI 시장 규모는 3억 3,630만 달러에 달했습니다. 이 보고서는 2024년부터 2032년까지 연평균 성장률CAGR이 17.5%에 이를 것으로 예측하고 있습니다. 이러한 추세가 지속된다면, 2032년에는 시장 규모가 14억 달러에 도달할 것으로 전망됩니다. 대화형 AI와 비교하면 시장의 규모는 작지만, 꾸준히 성장을 거듭한다는 것은 매우 긍정적이라고 생각합니다.

이러한 시장 성장은 실제 사용 통계에서도 확인할 수 있습니다. 최근 조사에 따르면, 매일 약 3,400만 장의 사진이 AI로 만들어지고 있으며[3], 소셜 미디어에 공유되는 이미지 중 71%가 AI로 생성한 이미지[4]라고 합니다. 이는 이미지 생성형 AI가 이미 우리의 일상생활과 온라인 문화에 깊숙이 침투해 있음을 보여줍니다.

이미지 생성형 AI 분야에서는 비교적 신생 기업의 약진이 돋보입니다. 오픈AI OpenAI의 달리 DALL-E, 스태빌리티 AI Stability AI의 스테이블 디퓨전 Stable Diffusion, 미드저니 Midjourney 등이 대표적입니다. 어도비 Adobe는 파이어플라이 Firefly를, 구글 Google은 이마젠 Imagen을, 마이크로소프트 Microsoft는 디자이너 Designer를 출시하는 등, 기존 IT 대기업들도 자사의 서비스를 출시했습니다. 이 중 미드저니는 뛰어난 이미지 품질로 마니아층을 형성하고 있으며, 스테이블 디퓨전은 오픈소스로 공개되어 다양한 응용 프로그램 개발에 활용도고 있습니다.

이미지 생성형 AI 서비스들 역시 서로 경쟁하며 지속적으로 발전하고 있습니다. 초기에는 단순한 2D 이미지 생성에 그쳤지만, 최근에는 사진 편집, 이미지 변환, 3D 모델링 등으로 기능을 확장·다양화하고 있어, 한층 넓은 분야에서 더욱 편리하게 사용할 수 있게 되었습니다.

이번 장에서는 현재 가장 주목받고 있는 이미지 생성형 AI 서비스 총 6종을 자세히 살펴봅니다. 마이크로소프트 디자이너, 파이어플라이, 미드저니를 비롯해 비즈컴 Vizcom, 이머시티 AI Immersity AI, 스카이박스 AI Skybox AI 등입니다. 이미지는 텍스트에 비해 더 즉각적으로 인지되는 만큼, 원하는 그 이미지를 얻으려면 먼저 각 서비스의 특징, 장단점, 활용 사례 등을 제대로 알아야 합니다. 여기서 짧게나마 소개해 드리는 정보를 잘 읽어 보시고, 꼭 직접 활용해 보면서 이미지 생성형 AI 활용의 '감'을 잡으시길 바랍니다.

디자이너(Designer)
다재다능한 이미지 생성&편집기

이 AI를 소개합니다	
Microsoft Designer	마이크로소프트 디자이너, Microsoft Designer, https://designer.microsoft.com/
탄생	2024년 7월, 마이크로소프트(Microsoft)
세부 모델/기능	AI로 만들기(이미지, 인사말 카드, 아이콘 등), AI로 편집하기(이미지 편집, 배경 제거, 생성형 지우기 등)
자신 있는 분야	무료로 높은 퀄리티의 이미지 생성 및 편집 가능
비용	무료 플랜: 매월 15개의 부스트 제공 코파일럿 프로 사용자(월 29,000원): 매일 100개의 부스트 제공

디자이너 (Designer)

업무에 필요한 이미지가 있는데, 고민이 있다면? 무료 이미지는 마음에 들지 않고, 마음에 드는 이미지는 유료라서 부담스럽습니다. 이런 고민을 해결할 수 있는 서비스가 바로 마이크로소프트 디자이너Microsoft Designer입니다.

디자이너에는 다양한 기능이 있습니다. 우선 'AI로 만들기'로는 아바타, 스티커, 배경화면 등 다양한 이미지를 제작할 수 있습니다. 간단한 텍스트 입력으로 이미지가 만들어지는데, 생성된 이미지에 여러 필터를 입힐 수도 있고, 밝기, 대비, 채도 등도 몇 번의 클릭만으로 조정됩니다. 어떻게 요청할지 잘 모르겠더라도, 제작 전에 여러 스타일의 '프롬프트 템플릿'을 제공해서 별다른 아이디어 없이도 프롬프트 일부만 수정하여 이미지를 생성할 수 있어 편리합니다.

또 '생성형 지우기'를 사용하면 필요 없는 부분을 클릭 한 번으로 지울 수 있습니다. 일명 '누끼'라고 하는 배경 제거 작업도 쉽게 가능해요. 내 사진을 멋진 애니메이션 스타일로 변경하는 것도 아주 간단합니다. 가장 중요한 건 이 모든 기능이 무료로 제공된다는 것! 디자이너에서 자유롭게 여러 이미지를 만들고 수정해 보는 것은 어떨까요?

👉 이럴 땐 이 AI가 딱

- **누구?** 교육자
- **언제?** 수업의 품격을 높여줄 적절한 이미지 자료가 필요할 때

10
파이어플라이(Firefly)
AI 이미지도 사진이 된다

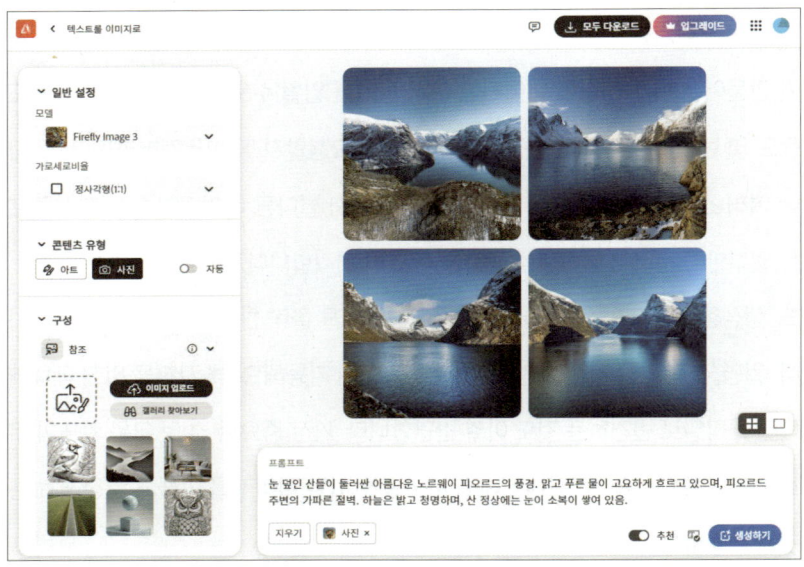

이 AI를 소개합니다	
	어도비 파이어플라이, Adobe Firefly, https://firefly.adobe.com/
탄생	2023년 9월, 어도비(Adobe)
세부 모델/기능	텍스트로 이미지 생성, 생성형 채우기, 생성형 확장하기, 텍스트 효과 등
자신 있는 분야	사진 스타일 고퀄리티 이미지 생성
비용	무료 플랜: 제한된 생성 크레딧 제공 (생성 이미지에 워터마크 표시) 프리미엄 플랜(월 13,200원): 월 2,000개의 생성 크레딧 제공, 워터마크 제거

파이어플라이 (Firefly)

가장 실사에 가까운 이미지가 필요할 때 단연 돋보이는 서비스, 바로 **파이어플라이**Firefly입니다. 개발사가 포토샵 등 전문 그래픽 소프트웨어를 다루는 어도비인 만큼, 축적된 노하우를 통해 생성형 AI에서도 상당한 수준을 보여줍니다.

파이어플라이의 기본 기능 역시 텍스트를 이미지로 변환하는 것입니다. 여러 이미지 예시와 프롬프트를 제시하여 사용자가 아이디어가 떠오르지 않을 때도 도움을 줍니다. 이미지의 스타일이나 효과 등을 자유롭게 변경할 수도 있고, 직접 참조할 이미지를 입력하여 수정하는 것도 가능합니다. '생성형 채우기' 기능에서는 특정 개체를 추가하거나 변경할 수 있고, 이미지에서 필요 없는 부분을 지울 수도 있어요. 또한 이미지 확장 기능도 제공하여 이미지의 잘린 부분이나 부족한 배경 등을 보완할 수 있습니다.

특별한 점은 어도비가 파이어플라이 기술로 만들어진 작품에 대해 크리에이티브 클라우드 라이선스 인증을 부여한다는 거예요. 덕분에 사용자는 어떤 디자인 작업을 하더라도 저작권 걱정을 하지 않아도 됩니다.

👉 **이럴 땐 이 AI가 딱**

- **누구?** 자영업자
- **언제?** 비용과 시간을 절약하며 여러 홍보물을 제작할 때

p.449

미드저니(Midjourney)
상상을 현실로 만드는 이미지 마법사

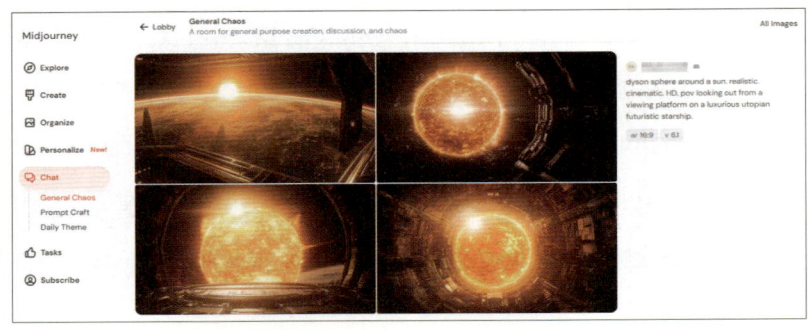

이 AI를 소개합니다	
Midjourney	미드저니, Midjourney, https://www.midjourney.com/
탄생	2022년 7월, 미드저니(Midjourney)
세부 모델/기능	텍스트로 이미지 생성, 이미지 조합, 확장, 변형 등 다양한 기능
자신 있는 분야	사실적인 이미지부터 추상적인 이미지까지 고퀄리티 이미지 생성 가능
비용	무료 플랜: 별도로 제공하지 않음 베이직 플랜(월 10달러): 월 200분까지 Fast mode 사용 가능, 3개 동시 작업 가능

미드저니 (Midjourney)

<u>미드저니</u>Midjourney는 AI 생성 이미지 퀄리티를 논할 때 빼놓는다면 섭섭할 정도로 뛰어난 서비스입니다. 미드저니가 생성하는 결과물은 품질이 아주 좋아 충성도 높은 팬층이 형성될 정도예요. 심지어 한 기술 매체에 따르면 이미지 생성 AI 중 미드저니의 결과물이 가장 우수했다는 평가도 있었답니다.[5]

미드저니도 프롬프트의 조합으로 이미지를 생성할 수 있다는 점에서는 타 이미지 생성형 AI와 다르지 않습니다. 이때 <u>사실적인 표현과 추상적인 표현 모두 잘한다</u>는 게 큰 특징이죠. 구체적으로, 텍스트를 활용하여 이미지를 생성하면 <u>프롬프트당 4가지 이미지가 생성되고</u>, 이 이미지의 해상도를 높이거나 다른 형태의 이미지 변형을 만들 수 있는 옵션도 함께 제공됩니다. 이런 다양한 기능 덕분에 원하는 이미지를 더욱 세밀하게 만들 수 있는 것이죠.

하지만 몇 가지 한계도 있어요. 이미지를 만들기 위해서는 디스코드라는 서버를 이용해야 하므로 진입 장벽이 다소 높다는 점이 아쉽습니다. 또한 고가의 요금제를 쓰지 않으면 내가 만든 이미지가 타인에게 공개되기 때문에, 이 점도 부담으로 느껴질 수 있겠지요.

 이럴 땐 이 AI가 딱

- **누구?** 직장인
- **언제?** 고품질 이미지가 필요한 회사 프로젝트를 수행할 때

비즈컴(Vizcom)
어설픈 스케치를 예술 작품으로 뚝딱!

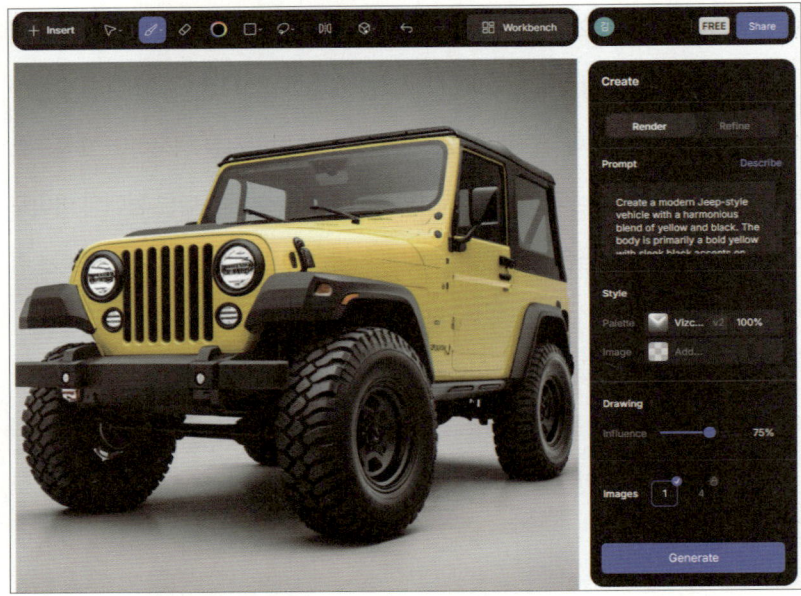

이 AI를 소개합니다

VIZCOM	비즈컴, Vizcom, https://www.vizcom.ai/
탄생	2023년 3월, 비즈컴(Vizcom)
세부 모델/기능	스케치 렌더링, 렌더링 결과물 세부 수정, 3D 모델로 변형
자신 있는 분야	스케치만 올리면 멋진 이미지로 렌더링
비용	무료 플랜: 무제한 생성 및 내보내기, 에디터 2명까지 허용 프로페셔널 플랜(월 49달러): 무제한 생성 및 내보내기, 에디터 무제한 허용, 한 번에 4개의 이미지 생성, 고품질 이미지 내보내기, 3D 모델 내보내기 등

비즈컴 (Vizcom)

가끔 떠오르는 아이디어를 시각화하고 싶지 않나요? 예전에는 부족한 미술 실력 탓에 스케치로 끝나는 경우가 많았지만, 이제는 그 스케치를 우리 대신 멋진 작품으로 만들어줄 서비스가 등장했습니다. 바로 고품질 렌더링 변환 기능을 갖춘 비즈컴Vizcom입니다. 비즈컴에 자동차를 스케치하고 "모던한 노란색과 흰색이 섞인 자동차"라는 프롬프트를 넣는다면, 그림과 같이 자동으로 예쁜 색이 입혀진 모던한 디자인의 자동차를 볼 수 있습니다.

이 서비스에는 여러 흥미로운 기능이 있는데요, 가령 '영향력Influence' 항목의 수치를 조절하여 AI가 스케치와 프롬프트에서 한 발 벗어나 더 창의적인 모델을 만들게 할 수 있습니다. 또 제공되는 다양한 렌더링 스타일을 이용해 여러 느낌의 작품을 만들어볼 수도 있죠. 결과물은 마찬가지로 세부 수정이 가능합니다. 불필요한 부분을 지우거나 새로운 요소를 추가하고, 색상이나 디자인을 변경하는 등 다양한 편집 옵션을 활용할 수 있어요. 프로페셔널 플랜 이상 사용자는 만든 이미지를 3D 모델로 내보내어 다른 분야에서도 활용할 수 있답니다.

- **누구?** 학생
- **언제?** 나만의 아이디어를 멋진 작품으로 제작하고 싶을 때
  → p.267

이머시티 AI(Immersity AI)
정지된 이미지에 생명을

이 AI를 소개합니다

immersity AI	이머시티 AI, Immersity AI, https://www.immersity.ai/
탄생	2024년 5월, 레이아(Leia)
세부 모델/기능	2D 이미지를 3D 모션 변환, 2D 이미지를 3D 이미지 변환, 2D 이미지를 3D 비디오 변환 등
자신 있는 분야	사진을 넣으면 짧은 모션 형태의 동영상으로 쉽게 변환 가능
비용	무료 플랜: 무제한 생성(워터마크 포함)
	유료 플랜(월 4.99달러): 상업적 사용 가능, 워터마크 제거

이머시티 AI (Immersity AI)

AI로 만든 멋진 사진에 생동감을 불어넣으면 어떨까요? 사진만 넣으면 간단하게 영상을 생성해 주는 서비스를 찾고 계신가요? 이러한 니즈를 충족해 주는 서비스가 바로 이머시티 AI Immersity AI입니다.

이머시티 AI는 AI 기반으로 2D 이미지 및 비디오를 3D로 변환하는 플랫폼입니다. 가장 많이 사용되는 기능은 2D 이미지를 실제로 움직이는 것 같은 영상으로 만들어주는 기능이에요. 또한 2D 비디오를 3D 형태로 바꾸는 기능도 제공합니다. 사용자가 쉽고 빠르게 고품질의 3D 콘텐츠를 제작할 수 있도록 지원하기 때문에, 제품 프레젠테이션, 마케팅, 교육 등 다양한 분야에서 활용되고 있습니다. 일례로 제품 홍보 영상을 제작할 때도, 제품 이미지에 움직임을 추가해 제품의 특성을 더욱 효과적으로 전달할 수 있게 되었죠.

완성된 결과물은 MP4, GIF, PNG 등 다양한 형식으로 다운르드 가능합니다. 더불어 애플 비전 프로, 메타 퀘스트 등 다양한 XR 기기와의 호환성을 제공합니다.

이럴 땐 이 AI가 딱

- **누구?** 자영업자
- **언제?** 단순한 제품 이미지를 움직이는 3D 영상으로 제작하여 홍보 효과 극대화를 노리고 싶을 때 → p.458

스카이박스 AI(Skybox AI)
360도 가상 세계를 창조하다

이 AI를 소개합니다

Skybox AI by Blockade Labs	스카이박스 AI, Skybox AI, https://skybox.blockadelabs.com/
탄생	2023년 2월, 블록케이드 랩(Blockade Lab)
세부 모델/기능	텍스트로 360도 파노라마 이미지 생성, 생성물 리믹스, 3D 메시 형태 내보내기 등
자신 있는 분야	텍스트만으로 멋진 파노라마 이미지를 쉽게 생성 가능
비용	무료 플랜: 월 5개 이미지 생성 가능, 낮은 속도, 생성 이미지 다운로드 불가 베이직 플랜(월 24달러): 월 100개 이미지 생성 가능, 높은 속도, 생성 이미지 다운로드 가능

스카이박스 AI (Skybox AI)

AI로 2D 이미지만 생성하는 것이 지쳤다면? 내가 가보고 싶은 곳이 있거나, 가상의 메타버스 공간을 만들어보고 싶다면? 이럴 때 이용해볼 만한 AI 서비스, **스카이박스 AI**Skybox AI를 소개합니다.

스카이박스 AI는 생성형 AI 기술을 활용하여 360도 파노라마 이미지를 생성하는 서비스입니다. 과거에는 3D 모델링에 대한 전문적인 지식이 필요했지만, 이제는 스카이박스 AI를 통해 텍스트 입력만으로 누구나 쉽게 3D 모델과 메타버스 공간을 만들 수 있게 되었습니다.

스카이박스 AI의 핵심 기능은 입력받은 영문 프롬프트로 파노라마 이미지를 생성하는 것입니다. 생성된 이미지는 리믹스 모드를 통해 직접 수정할 수 있어, 원하는 스타일로 약간씩 변형이 가능합니다. 또한 다양한 형식(JPG, PNG, EXR, HDR 등)으로 내보낼 수 있어 여러 용도로 활용할 수 있다는 것이 큰 장점입니다. 스카이박스 AI는 3D 모델링에 대한 기초적인 지식이 없어도 쉽게 메타버스 공간을 만들 수 있어 활용도가 높습니다.

이럴 땐 이 AI가 딱

- **누구?** 교육자
- **언제?** 학생들과 교실에서 벗어나 무한한 가상 세계 여행을 떠나고 싶을 때 ● p.383

03 동영상 생성형 AI

동영상 생성형 AI는 텍스트 설명이나 이미지를 바탕으로 생생한 동영상을 만들어내는 인공지능 기술입니다. 이 기술은 대규모의 비디오 데이터로 학습된 AI 모델을 기반으로 작동하며, 최근 대중의 관심을 많이 받고 있습니다.

이에 따라 동영상 생성형 AI 시장은 빠른 속도로 성장하고 있습니다. 포춘 비즈니스 인사이트Fortune Business Insights의 보고서에 따르면[6], 2023년 기준 전 세계 동영상 생성형 AI 시장 규모는 5억 3,440만 달러였습니다. 보고서는 또한 이 시장의 연평균 성장률이 2024년부터 2032년까지 19.5%를 기록하리라 예측했으며, 2032년에는 시장 규모가 무려 25억 6,290만 달러에 도달할 것으로 전망하고 있습니다. 이는 이미지 생성형 AI 시장보다 더 빠른 성장세를 보이는 것으로, 비디오 콘텐츠에 대한 수요가 매우 많다는 것을 알 수 있습니다.

이러한 큰 수요에 발맞추어, 동영상 생성형 AI 서비스들은 지속적으로 발전하고 있습니다. 초기에는 짧은 클립 생성에 그쳤지만, 최근에는 실사 수준의 높은 품질을 가진 비디오, 길이가 긴 비디오, 나와 동일한 아바타 생성 등으로 그 기능을 확장하고 있습니다. 그 결과 머지않아 미디어 제작, 엔터테인먼트, 마케팅 등 다양한 산업 분야에 많은 기여를 할 수 있을 것으로 생각됩니다.

이번 장에서는 드림머신Dream Machine, 클링 AIKling AI, 헤이젠HeyGen, 브루Vrew, 캡컷Capcut 등 가장 주목받고 있는 동영상 생성형 AI 서비스들을 자세히 살펴보겠습니다. AI 동영상은 갈 길이 멀었다고 생각하실지 모르지만, 이들 서비스는 현재도 이미 영화 제작, 광고, 교육 콘텐츠 등 다양한 분야에서 활용되고 있습니다.

동영상은 텍스트나 이미지에 비해 더 다양한 요소로 구성되는 복잡한 제작물이므로, AI 서비스마다 집중하는 영역이 다릅니다. 여기서는 각 서비스의 특징, 장단점, 활용 사례 등을 소개하여 독자 여러분이 각 도구의 특성을 이해하고 효과적으로 활용할 수 있도록 도와드리겠습니다.

드림머신(Dream Machine)
영화를 찍는 AI 감독

이 AI를 소개합니다	
Dream MACHINE	드림머신, Dream Machine, https://lumalabs.ai/dream-machine/
탄생	2024년 6월, 루마AI(Luma AI)
세부 모델/기능	텍스트 to 비디오, 텍스트 to 이미지, 이미지 to 비디오, 카메라 모션 등
자신 있는 분야	텍스트만 활용하여 고품질 영상 생성하기
비용	무료 플랜: 제한된 사용, 상업적 이용 불가
	라이트 플랜(월 9.99달러): 월 3,200 크레딧 제공, 높은 생성 우선 순위, 최신 Ray2 모델 사용, 상업적 이용 불가

드림머신 (Dream Machine)

전문가가 아니더라도 누구나 전문가 수준의 고품질 영상을 제작할 수 있는 서비스, 드림머신Dream Machine을 소개합니다. 드림머신을 활용하면 간단한 프롬프트 입력만으로 매우 고품질의 영상을 제작할 수 있습니다.

드림머신의 가장 큰 특징은 무료로, 양호한 품질의 영상을 제작할 수 있다는 점입니다. 런웨이 등 다른 동영상 생성형 AI들은 유료로 제공하는 기능을 무료로 활용 가능해 매우 유용합니다.

'텍스트 to 비디오', '텍스트 to 이미지'는 기본입니다. 특히 최근 출시된 Ray2 모델은 이전 버전 대비 10배 향상된 연산 능력을 바탕으로 더욱 사실적이고 자연스러운 영상을 만들어냅니다. 부드러운 움직임과 초고해상도 디테일을 제공하여 실제 촬영한 것 같은 수준의 결과물을 얻을 수 있습니다. 물리적 시뮬레이션도 뛰어나 물, 불, 폭발 등의 효과도 매우 사실적으로 구현합니다.

영상 품질도 좋고 무료로 좋은 기능을 제공하는 드림머신이지만 한계점도 있습니다. 사용자가 많이 몰리지 않을 때는 무료 사용자도 빠르게 결과물을 만들 수 있으나, 사용자가 몰릴 경우 우선 순위에서 밀려 결과물 산출이 매우 오래 걸리기도 합니다. 이럴 땐 조금 기다렸다가 사용해 보는 것도 좋겠네요.

이럴 땐 이 AI가 딱

- **누구?** 공무원
- **언제?** 고품질의 공공 홍보 영상을 저렴하고 빠르게 제작하고 싶을 때 p.345

클링 AI (Kling AI)
누구나 쉽게 만드는 AI 영상

이 AI를 소개합니다	
KLING AI	클링 AI, Kling AI, https://www.klingai.com/
탄생	2024년 6월, 콰이쇼우(Kuaishou)
세부 모델/기능	최대 3분 길이의 비디오 생성 가능
자신 있는 분야	텍스트 to 비디오, 이미지 to 비디오, 이미지 생성 등
비용	무료 플랜: 매일 일정량의 크레딧 무료 제공, 표준 모드 사용 가능(5초/10초 영상 생성)
	스탠다드 플랜(월 10달러): 매월 660개 크레딧 제공, 빠른 영상 생성, 워터마크 제거, 전문가 모드 비디오 생성, 비디오 확장 등

클링 AI (Kling AI)

이제 누구나 영화 감독이 될 수 있는 시대가 열렸습니다. 클링 AI(Kling AI)에 텍스트 몇 줄만 입력하면 상상만 하던 장면들을 영상으로 만들어낼 수 있기 때문입니다. 무료로 누구나 쉽게 영상을 만들 수 있어 상당한 인기를 끌고 있으며, 품질은 다른 유료 서비스에 뒤지지 않는다는 것이 큰 장점입니다.

클링 AI의 핵심 기능은 텍스트와 이미지를 비디오로 변환하는 것입니다. '텍스트 to 비디오' 기능은 사용자가 입력한 텍스트를 바탕으로 영상을 생성합니다. 무료 사용자는 5초, 유료 사용자는 최대 3분의 영상을 만들 수 있으며, 16:9, 9:16, 1:1 등 다양한 비율로 제작 가능합니다. 한편 '이미지 to 비디오' 기능은 정지된 이미지에 생동감을 불어넣어 비디오로 변환합니다. 예를 들어, 모나리자 그림을 업로드하고 "모나리자가 선글라스를 쓰는 장면"이라고 지시하면, AI가 이를 해석해 실제로 모나리자가 선글라스를 착용하는 영상을 만들어냅니다.

그러나 중국 정부의 엄격한 AI 규제 정책으로 인한 논란도 있습니다. 정치적으로 민감한 주제에 대해서는 비디오 생성을 거부하고 오류 메시지를 표시하는 등의 제한이 적용되고 있습니다.

👉 이럴 땐 이 AI가 딱

- **누구?** 교육자
- **언제?** 위험성이 높은 실험이나 장소를 안전하게 학생들에게 보여 줄 때

03 동영상 생성형 AI

헤이젠(HeyGen)
당신의 분신, AI 아바타 크리에이터

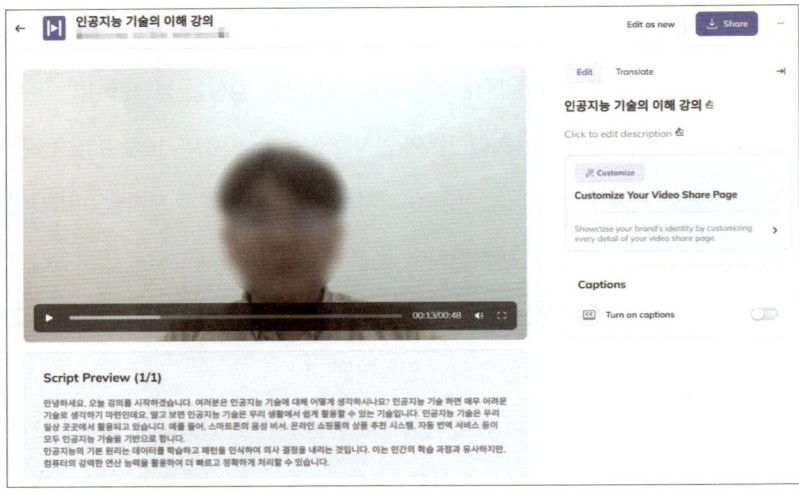

이 사이트를 소개합니다

HeyGen	헤이젠, HeyGen, https://www.heygen.com/
탄생	2022년 9월, 헤이젠(HeyGen)
세부 모델/기능	아바타 생성, 음성 복제, 비디오 번역 등
자신 있는 분야	내 영상으로 아바타를 생성하여 교육, 언론, 홍보 등 다양한 분야에 활용 가능
비용	무료 플랜: 비디오 3개 생성(월), 최대 3분 길이 비디오 생성 크리에이터 플랜(월 29달러): 비디오 생성 무제한, 최대 5분 길이 비디오 생성

헤이젠 (HeyGen)

나와 똑같은 아바타가 직접 말하는 영상을 만들 수 있다면 어떨까요? **헤이젠** HeyGen이 있으면 가능합니다. 사람 얼굴을 촬영한 영상을 업로드하면, AI가 이를 학습해 그 사람의 얼굴과 목소리를 가진 아바타를 만들어냅니다. 교육자나 언론인에게 특히 유용하며, 콘텐츠 수정이 매우 간편하다는 것도 큰 장점입니다. 딥페이크 등 범죄에 악용되는 걸 막기 위해, 아바타를 제작하기 전에 사용자 본인 얼굴을 촬영해 동일인임을 확인(매칭)하는 절차를 꼭 거치게 되어 있습니다.

헤이젠은 사용자의 모습과 목소리를 담은 개인화된 아바타를 생성할 뿐 아니라, 그 아바타를 이용하여 자연스러운 영상 콘텐츠까지도 제작합니다. 텍스트만 입력하면 내 아바타가 말하는 영상이 자동으로 생성되며, 시의성이 떨어진 콘텐츠도 텍스트만 바꿔 새로운 영상으로 재활용할 수 있습니다. 또한 음성 복제 기능을 통해 40개 이상의 언어로 말하는 아바타를 만들 수 있고, 비디오 번역 기능으로 한 가지 언어로 된 비디오를 다른 언어 버전으로 자동 변환할 수 있습니다.

헤이젠은 무료로도 사용할 수 있지만, 월 29달러 플랜 가입 시 영상의 길이도 30분으로 늘어나고 생성 개수 제한도 없어집니다.

👉 이럴 땐 이 AI가 딱

- **누구?** 교육자
- **언제?** 30초 녹화로 24시간 강의해줄 나의 분신을 제작하고 싶을 때 ▶ p.390

브루(Vrew)
프로 같은 숏폼 영상으로 나도 인플루언서

이 시를 소개합니다	
Vrew	브루, Vrew, https://vrew.voyagerx.com/
탄생	2017년 3월, 보이저엑스(VoyagerX)
세부 모델/기능	자동 자막 생성, 텍스트 to 비디오, AI 음성 제작, AI 내 목소리 만들기 등
자신 있는 분야	텍스트로 비디오 만들기
비용	무료 플랜: 음성 분석 120분(월), AI목소리 1만 자(월), 텍스트로 비디오 만들기 3천 자(회) 라이트 플랜(월 9,900원): 음성 분석 120분(월), AI목소리 1만 자(월), AI 이미지 생성 100 크레딧(월)

브루(Vrew)

유튜브 등 뉴미디어의 부상과 SNS 유행으로, 이제 모두가 영상을 만들어 업로드하는 시대입니다. 브루Vrew는 AI 기술을 활용해 전문지식 없이도 고품질의 영상과 음성을 쉽게 제작할 수 있게 해주는 서비스입니다. 복잡한 편집 과정 없이 간단한 조작만으로 유튜브나 틱톡 등에 업로드할 수 있는 수준의 영상을 만들 수 있다는 점이 큰 장점입니다.

브루의 핵심 기능인 '자동 자막 생성' 기능은 AI 음성 인식 기술을 활용해 영상의 음성을 자동으로 텍스트로 변환합니다. '텍스트 to 비디오' 기능은 입력된 텍스트에 맞는 영상을 자동으로 조합하여 높은 수준의 비디오를 만들어냅니다. 예를 들어, 리코타 치즈 샐러드 레시피를 알려 달라고 하면 스스로 레시피를 스토리보드로 구성하여, 레시피와 어울리는 영상을 제작해 줍니다. 'AI 목소리'에서는 500개 이상의 AI 목소리를 제공하며, 사용자가 직접 30문장 정도를 녹음하면 자신만의 AI 목소리를 만들 수도 있습니다.

다만 브루는 주로 간단한 영상 제작이나 자막 작업에 적합한 도구로, 복잡하고 전문적인 영상 편집 작업에는 한계가 있다는 점이 좀 아쉽습니다.

👉 이럴 땐 이 AI가 딱

- **누구?** 자영업자
- **언제?** 본업만으로 너무 바쁜 나 대신 우리 가게를 홍보해줄 쇼츠를 올리고 싶을 때 ▶ p.463

캡컷(Capcut)
쉽고 빠른 영상 편집의 신

이 AI를 소개합니다

CapCut	캡컷, CapCut, https://www.capcut.com/
탄생	2020년 4월, 바이트댄스(ByteDance)
세부 모델/기능	영상 편집, 자동 자막 생성, AI 모델, 긴 동영상 자르기 등
자신 있는 분야	사용법이 매우 간단해 10분만 배우면 누구나 영상 편집 가능
비용	무료 플랜: 영상 편집, 템플릿 활용 영상 제작 등 다양한 기능 중 일부 사용 가능
	프로 플랜(월 19,800원): 모든 프로 기능과 자료에 접근 가능, 100GB 저장 공간

캡컷(Capcut)

베가스, 프리미어 같은 전문가용 영상 편집 프로그램이 있지만, 요즘 유튜브에 올리는 영상들은 간단한 편집만으로도 충분합니다. 캡컷CapCut은 이러한 요구를 완벽히 충족시키는 최고의 영상 편집 프로그램입니다. 일반인들도 너무 쉽게 사용할 수 있어 많은 사람의 사랑을 받고 있죠.

그런 캡컷은 최근 편집자들을 지원하기 위해 AI 기능을 대폭 강화했습니다. 캡컷 AI의 주요 기능은 간편한 영상 편집과 AI 기반 콘텐츠 생성입니다. 영상 편집 기능을 활용하면 1분짜리 영상에서 원하는 부분 20초 정도만 추출하고 자막을 넣는 작업을 몇 분 만에 끝낼 수 있습니다. 그 밖의 AI 기능으로는 긴 영상에서 중요한 부분만 골라 여러 개의 쇼츠로 만들어주는 기능, 옷 이미지를 가상 모델에게 입혀보는 기능, 화질이 낮은 영상을 개선해 주는 기능 등이 있습니다. 자동으로 자막을 만들어주고, 소리와 영상을 따로 처리할 수 있는 기능도 제공합니다.

캡컷은 웹에서도 사용할 수 있지만, PC용 프로그램을 내려받으면 더 많은 기능을 편리하게 사용할 수 있습니다.

👉 이럴 땐 이 AI가 딱

- **누구?** 공무원
- **언제?** 갑자기 추가된 홍보 영상 편집 업무를 얼른 끝내고 야근에서 해방되고 싶을 때 ▶ p.354

04 특화 기능 생성형 AI

　지금까지 3개 장에 걸쳐 텍스트, 이미지, 동영상 등 한 가지 유형의 생성물에 특화된 서비스들을 살펴보았습니다. 그런데 생성형 AI 서비스 시장이 점점 성장하면서, 최근에는 여러 목적을 갖고 다양한 작업을 처리할 수 있는 다재다능한 생성형 AI 서비스들이 사용자들의 주목을 받고 있습니다. 이러한 서비스들은 앞서 소개한 단순 텍스트나 이미지 생성을 넘어 각 분야에 특화하여, 세분화된 여러 역할을 담당하고 있습니다.

　실제로 프롬프트 한 줄 입력으로 멋진 PPT를 만들거나, 개성 있는 가사가 포함된 음악을 작곡하는 AI가 있습니다. 힘든 회의록 작성을 녹음한 음성 파일 업로드만으로 금세 해주거나, 수백 페이지에 달하는 PDF 파일을 신속하게 요약하는 AI 서비스도 많은 사랑을 받고 있습니다. 한 분야에 특화되어 발전해 가는 만큼, 그 결과물은 범용적인 대화형 AI 서비스가 제공하는 것과는 차원이 다릅니다. 즉 '내가 해야 하는 바로 그 일'을 해주는 AI 서비스를 찾아내어 사용한다면 곧바로 높은 품질의 결과물을 얻게 되는 것입니다. 그 결과 시간과 노력이 크게 절감되며, 업무 효율도 획기적으로 향상시킬 수 있습니다.

시장에는 세분화된 영역에서 어느 한 가지 작업과 결과물을 목표로 하는 AI 서비스들이 점점 더 많이 등장하고 있습니다. 이번 장에서는 현재 가장 주목받고 있는 특화 생성형 AI 서비스들을 하나씩 소개하겠습니다. 감마Gamma, 수노Suno, 릴리스AILilys AI, 다글로Daglo, 브랜드마크Brandmark 등의 서비스들은 저마다 '자신 있는 분야'가 다릅니다. 가령 감마는 프레젠테이션 제작에서 최고로 인정받고 있으며, 수노는 음악 작곡을 위한 AI 도구로 유명세를 타고 있습니다. 이 장의 정보는 독자 여러분이 각 서비스가 어떤 일을 하는지, 특성을 정확히 이해하고 필요에 맞는 도구를 선택하여 효과적으로 활용할 수 있는 첫걸음이 될 것입니다.

수노(Suno)
AI로 만드는 나만의 음악

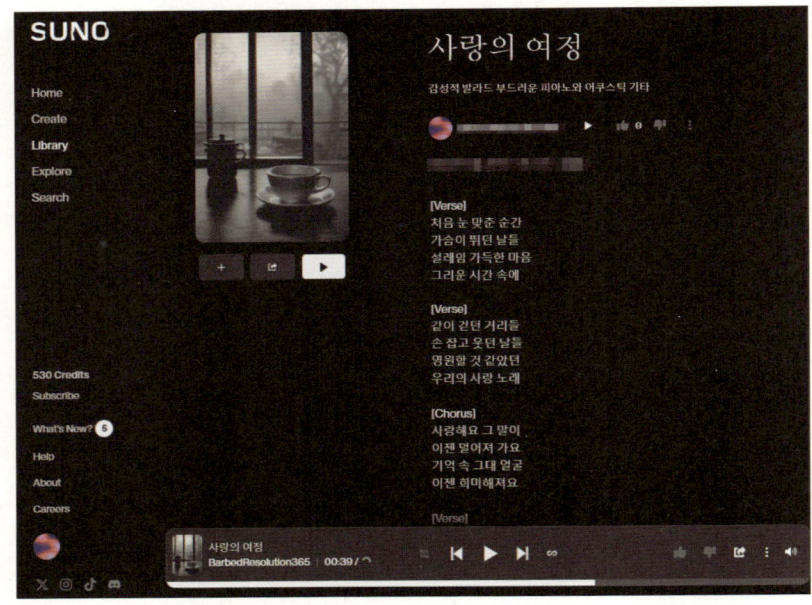

이 AI를 소개합니다	
SUNO	수노, SUNO, https://suno.com/
탄생	2023년 12월, 수노(Suno)
세부 모델/기능	텍스트로 음악 생성, 가사로 음악 생성, 다른 사용자 생성 음악 리스트 제공 등
자신 있는 분야	음악에 대한 지식과 경험이 전혀 없는 사람도 수준급의 음악 생성 가능
비용	무료 플랜: 50크레딧 제공(10곡 생성 가능/일), 상업적 사용 불가 프로 플랜(월 10달러): 2500크레딧 제공(월), 상업적 사용 가능

수노(Suno)

우리 가족을 위한 축하 음악을 만들 수 있다면? 우리 회사 홍보 음악을 직접 만들 수 있다면? 과거에는 음악에 대한 전문성 없이 작곡한다는 것은 상상하지도 못할 일이었지만, 이제는 아이디어만 있으면 30초만에 멋진 음악 한 곡을 뚝딱 만들어 낼 수 있습니다. 수노Suno가 있기 때문이죠.

수노에 "아빠를 위한 k-pop 스타일의 생일 축하 노래"처럼 음악을 설명하는 프롬프트를 입력하면, AI가 그에 맞는 멋진 노래를 만들어냅니다. AI 보컬이 멋진 음성으로 노래를 불러주기까지 하는데, 그 실력이 상당합니다. 'AI 단독 작사작곡'보다 내 언어로 노래하는 게 좋다면, 직접 쓴 가사와 원하는 장르를 입력해 보세요. AI가 그에 맞는 곡조를 붙여줄 거예요. 수노가 만들 수 있는 노래의 장르는 팝, 힙합, 랩, 재즈, R&B 등 800여 가지가 넘는다고 하니, 선택의 폭이 정말 넓다는 것도 큰 장점이랍니다.

다만, 개별 악기의 사운드를 세밀하게 제어하기 어려워 전문적이고 복잡한 음악 제작이나 편집은 어렵다는 단점이 있긴 합니다.

이럴 땐 이 AI가 딱

- **누구?** 교육자
- **언제?** 학생들과 우리 학교/학급 노래를 만들고 싶을 때
  p.376

아이바(AIVA)
장르를 넘나드는 BGM 고수

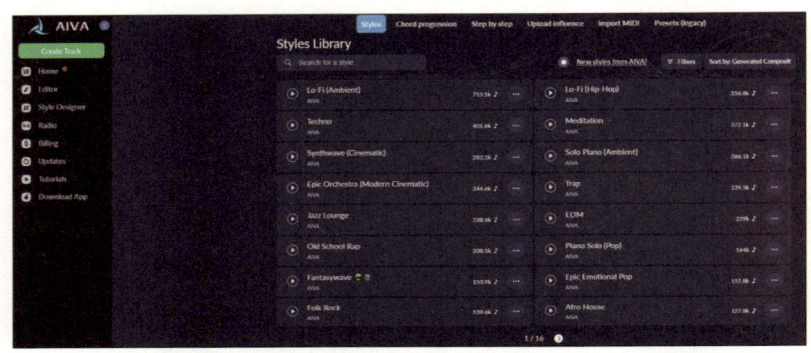

이 AI를 소개합니다

AIVA	아이바, AIVA, https://www.aiva.ai/
탄생	2016년 2월, 아이바테크놀로지(AIVA Technologies)
세부 모델/기능	장르로 음악 생성, 생성된 음악 수정, 기존 음악 스타일과 유사한 음악 생성 등
자신 있는 분야	원하는 장르만 선택하면, 1분만에 멋진 BGM 완성
비용	무료 플랜: 비상업적 사용, 월 3곡까지 다운로드 가능, 최대 3분 길이 음악 생성 스탠다드 플랜(월 15유로): 유튜브 등에 곡 사용 가능, 월 15곡까지 다운로드 가능, 최대 5분 길이 음악 생성

아이바(AIVA)

혹시 영상에 삽입할 저작권 걱정 없는 배경 음악BGM을 찾고 있으세요? AI를 활용하여 배경 음악을 자동으로 만들어주는 서비스가 있습니다. 바로 **아이바** AIVA, Artificial Intelligence Virtual Artist입니다. 아이바는 작곡가 협회에 등록된 최초의 AI 작가로도 알려져 있습니다.

아이바는 사용자가 250가지 이상의 다양한 스타일(클래식, 재즈, 피아노 등) 중 원하는 것을 고르면, AI 기반으로 <u>몇 초만에 해당 스타일의 음악을 자동으로 생성</u>합니다. 이렇게 생성된 음악은 사용자가 직접 편집도 할 수 있습니다. 이미 존재하는 음악과 유사한 스타일의 음악을 만들고 싶다면, 음악 파일을 업로드하고 이를 색다르게 변형하여 제작할 수도 있습니다. 앞서 소개한 수노와 다른 점은 가사가 별도로 붙지 않는, 연주곡 BGM만 생성 가능하다는 것입니다.

완성된 곡은 MP3로 다운로드 받을 수 있으나, 상업적인 사용을 위해서는 유료 플랜 가입이 필요합니다. 또한 생성된 음악을 세부 수정하는 일은 음악적 지식이 있어야 가능하다는 한계가 있습니다.

👉 이럴 땐 이 AI가 딱

- **누구?** 자영업자
- **언제?** 홍보 영상에 저작권 걱정 없는 멋진 배경음악을 넣고 싶을 때

감마(Gamma)
줄글을 PPT로 변신시키는 연금술사

이 AI를 소개합니다	
Gamma	감마, Gamma, https://gamma.app/
탄생	2023년 3월, 감마(Gamma)
세부 모델/기능	텍스트로 프레젠테이션 생성, 프롬프트로 프레젠테이션 생성, 파일 또는 URL 가져오기로 프레젠테이션 생성
자신 있는 분야	프레젠테이션 제작 경험이 많지 않은 사람도 손쉽게 초안 제작 가능
비용	무료 플랜: 400크레딧 제공(프레젠테이션 10개 제작 가능, 이후 유료 가입 필요, 결과물에 워터마크 포함) 플러스 플랜(월 10달러): 프레젠테이션 무제한 생성 가능, 결과물에 워터마크 제거

감마(Gamma)

회사나 학교에서 가장 어렵고 번거로운 일 중 하나가 발표자료 만드는 것이 아닐까요? 과거에는 프레젠테이션 제작에 최소 몇 시간씩 투자해야 했지만, 이제는 아이디어만 있으면 감마를 통해 누구나 금방 프레젠테이션을 만들 수 있습니다.

감마Gamma는 다양한 방식으로 프레젠테이션을 생성합니다. 노트나 개요가 있다면 '텍스트로 붙여넣기'를 이용하세요. 텍스트를 바탕으로 AI가 자동으로 디자인된 프레젠테이션을 만들어냅니다. 아직 간단한 아이디어밖에 없나요? '생성' 기능에 한 줄 프롬프트만 입력해도 멋진 프레젠테이션을 만들어주니 걱정 마세요. 한편 '파일 또는 URL 가져오기' 기능이 있어 기존 문서나 웹페이지를 바탕으로 프레젠테이션을 제작하거나 개선할 수도 있습니다. 완성된 자료는 PDF나 PPT 파일로 저장 가능해 외부에서 활용하기도 쉽습니다.

그러나 감마도 한계가 있습니다. 디자인을 세부적으로 조정하는 데는 제약이 있어 전문적인 디자인이 필요한 프레젠테이션 제작은 어렵습니다. 또한 템플릿의 다양성이 부족하고, 슬라이드 쇼나 세부 글자 크기 조정 등의 기능이 제한적입니다.

이럴 땐 이 AI가 딱

- **누구?** 학생
- **언제?** 데드라인 임박! 초스피드로 발표자료를 제작해야 할 때

  p.255

04 특화 기능의 생성형 AI

릴리스AI (Lilys AI)
긴 콘텐츠도 한눈에 파악하는 AI 요약기

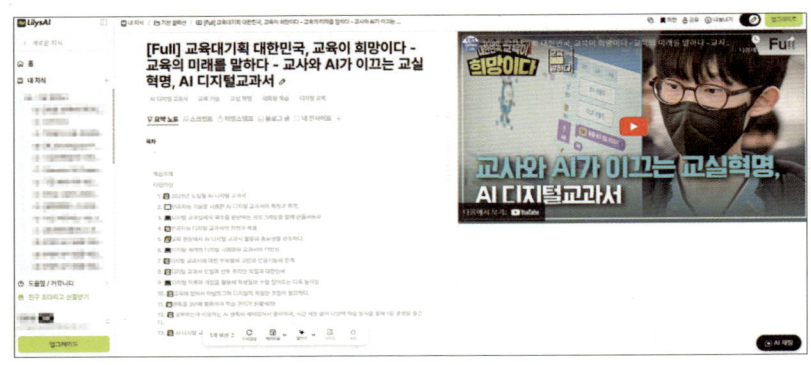

이 AI를 소개합니다

LilysAI	릴리스AI, Lilys AI, https://lilys.ai/
탄생	2023년 10월, 릴리스AI(Lilys AI)
세부 모델/기능	영상(유튜브 등) 요약, 웹사이트 요약, PDF 요약, 녹음 요약 등
자신 있는 분야	링크 하나로 빠르고 정확하게 긴 영상 요약하기
비용	무료 플랜: 무제한 요약, 빠른 요약 부스트(5회/월) 스타터 플랜(월 7,900원): 무제한 요약, 무제한 완벽 노트(GPT-4o 기반 요약), 빠른 요약 부스트(30회/월), 요약 노트 내보내기 등

릴리스AI (Lilys AI)

가끔 유튜브 영상이 너무 길어 다 보기 힘들고 핵심 내용만 알고 싶을 때가 있으셨죠? 이제 릴리스AI(Lilys AI)를 사용하면 유튜브 영상을 쉽게 요약해볼 수 있습니다. 과거에는 긴 영상을 끝까지 봐야 했지만, 이제는 AI가 핵심 내용을 추려 시간을 절약해 줍니다.

릴리스AI의 핵심 기능은 다양한 형태의 콘텐츠를 요약하는 것입니다. 예를 들어, 유튜브 URL만 입력하면 영상 전체를 요약 노트로 제공하고, 원하는 부분만 클릭해서 볼 수 있습니다. 만약 영상 파일이 있다면 동일한 방식으로 입력하면 이를 요약해 줍니다. 긴 아티클도 URL이나 PDF 파일로 입력하면 주요 내용을 쉽게 파악할 수 있게 요약해 줍니다. 심지어 녹음 파일을 넣으면 회의록 형태로 내용을 정리해 주어 긴 회의도 한눈에 파악할 수 있습니다.

다만 무료 사용자의 경우 요약 내용의 정확성이 다소 떨어질 수 있으며, 요약 속도가 느릴 수 있습니다. 자주 사용한다면 유료 플랜을 고려하는 것도 좋아 보입니다.

👉 **이럴 땐 이 AI가 딱**

- **누구?** 공무원
- **언제?** 수백 페이지 보고서를 알기 쉽게 요약 정리하고 싶을 때

  p.323

다글로(Daglo)
누락 없이 완벽한 회의 서기

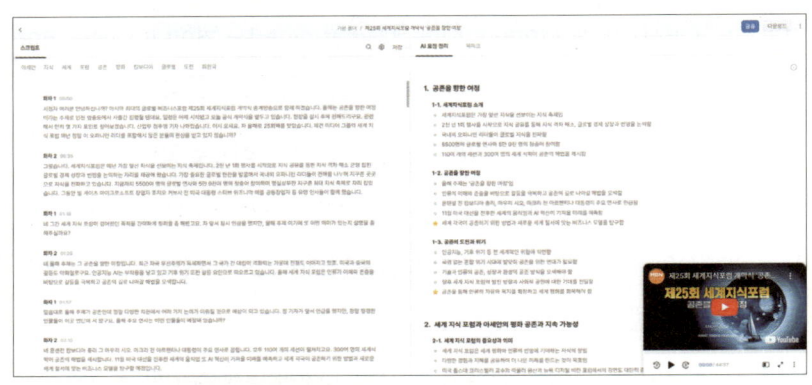

이 AI를 소개합니다	
daglo	다글로, Daglo, https://daglo.ai/
탄생	2019년 4월, 액션파워(Action Power)
세부 모델/기능	음성/영상 파일을 텍스트로 변환, 변환된 텍스트 요약 및 수정, 공유 기능
자신 있는 분야	음성 파일 하나로 회의록이나 강의 내용을 쉽게 정리 가능
비용	무료 플랜: 하루 업로드 횟수(5건), 한 달 받아쓰기 시간(10시간) 프로 플랜(월 14,900원): 업로드 횟수 제한 없음, 광고 제거, 보드 Chat 무제한

다글로 (Daglo)

매 회의마다 작성해야 하는 회의록, 누가 대신 써줄 수는 없을까요? 수업이나 강의 후에도 내용 정리가 필요할 때가 많습니다. 이럴 때 다글로Daglo를 사용해 보세요. 다글로는 AI 기반의 음성 인식 및 회의록 정리 도구입니다.

다글로는 유능한 서기입니다. 기본적으로 음성이나 영상 파일을 인식하여 텍스트로 변환해 제공합니다. 다양한 언어(한국어, 영어, 일본어, 중국어 등 14개 언어)를 지원하며, 주제(일반, 법률, 의학, 과학, IT 등)를 선택하여 변환 정확도를 높일 수도 있습니다. 게다가 별도 파일이 없어도 텍스트 추출이 가능한데, URL만 붙여넣으면 유튜브 영상의 음성을 텍스트 파일로 바꿔주는 기능도 있습니다.

회의록 작성 시에는 화자를 표시하여 말하는 사람을 자동으로 구분해 주어 편리하며, 속도가 빨라 1시간 분량의 음성을 텍스트로 변환하는 데 약 3분 내외가 소요되니 매우 효율적입니다. 일단 회의록이 자동 작성되면 이를 직접 편집하고 요약 및 공유도 가능해, 회의 내용을 효과적으로 기록하고 관리하는 데 큰 도움이 됩니다.

👉 **이럴 땐 이 AI가 딱**

- **누구?** 직장인
- **언제?** 반복되는 회의, 큰 힘 안 들이고 효과적으로 기록하고 싶을 때 ▶ p.291

---

04 특화 기능의 생성형 AI

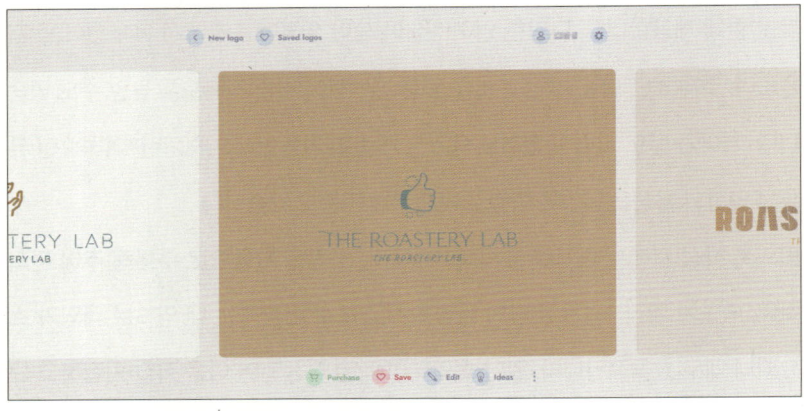

이 AI를 소개합니다	
BRANDMARK	브랜드마크, Brandmark, https://brandmark.io/
탄생	2017년 8월, 브랜드마크 (Brandmark)
세부 모델/기능	AI 로고 생성, 로고 랭크, 로고 크런치, 나만의 글꼴 생성 등
자신 있는 분야	간단한 입력과 조작으로 나만의 로고를 쉽게 생성하기
비용	무료 플랜: 무료로 로고를 생성할 수는 있으나 다운로드는 불가능 베이직 플랜(25달러/1회 지불): PNG형태 로고 파일 다운로드 가능

브랜드마크 (Brandmark)

누구나 한 번쯤 자신만의 로고를 갖고 싶다는 생각을 해본 적이 있을 것입니다. 로고는 자신의 회사나 가게를 창업할 때도 필수입니다. 로고를 만들자고 하면 너무 어렵게 느껴지지만, 요즘은 AI로 금세 만들 수 있습니다. 브랜드마크Brandmark는 디자인 경험이 전혀 없는 사용자에게도 손쉽게 전문적이고 독특한 로고를 생성해 줍니다.

브랜드마크에 브랜드 이름, 슬로건, 브랜드를 설명하는 키워드(영어 단어를 입력하면 더 효과적입니다)들을 차례로 입력하고, 색상 스타일을 선택하기만 하면 금세 여러 버전의 로고들이 제작됩니다. 로고 이미지를 클릭하고 스크롤하면 각 로고가 실제 쇼핑백이나 앱 등에 노출되면 어떤 느낌일지 목업에 얹어서 보여주기까지 합니다. 이를 고려하여 완성된 로고 시안 중 원하는 것을 선택한 뒤, 세부 디자인을 수정하면 됩니다. 직접 수정이 어렵더라도 클릭 한 번으로 배색, 폰트, 아이콘, 레이아웃(전체 구조) 등 세부 요소를 AI가 여러 가지 버전으로 바꾸어 보여주니, 누구나 나만의 로고를 쉽게 완성할 수 있습니다.

그 밖에 브랜드마크의 주요 기능으로는 로고 랭크(나의 로고를 업로드 후 점수로 평가), 로고 크런치(저해상도 로고를 고해상도로 변경), 나만의 폰트(서체) 생성 등이 있습니다.

👉 이럴 땐 이 AI가 딱

- **누구?** 자영업자
- **언제?** 우리 가게/브랜드를 어필할 맞춤형 로고가 필요할 때
  p.442

04 특화 기능의 생성형 AI

05 연구 및 교육용 생성형 AI

특별히 AI 서비스가 큰 위력을 발휘하는 분야가 있으니, 바로 연구 및 교육 분야입니다. 연구나 교육을 위해서는 필연적으로 방대한 자료를 찾고, 분석하고, 정리하고, 자신의 것으로 소화해야만 합니다. 그러기 위해서는 많은 시간과 노력이 필요합니다. 이때 AI를 이용하면 자료 수집과 정리에 소모되는 힘을 절약하고, 그만큼 실질적인 연구나 교육 설계에 공을 더 많이 쏟을 수 있습니다.

그런 만큼 이미 다양한 연구 및 교육용 생성형 AI 서비스가 개발되어 연구자와 교육자에게 많은 도움을 주고 있습니다. 이들 서비스는 연구/교육 자료를 쉽게 찾고, 해석하며, 번역하는 등 다양한 작업을 효율적으로 수행할 수 있도록 지원합니다. 특히 최근에는 인공지능 기반 번역, 자동 논문 탐색 및 요약, 교육용 챗봇 제작, 데이터 시각화 등의 기능이 주목받고 있습니다.

이러한 도구들은 연구자의 언어 장벽을 낮추고, 방대한 학술 자료를 효율적으로 분석하며, 학생들에게 맞춤형 학습 경험을 제공하는 데 큰 힘이 됩니다. 일례로 딥엘DeepL은 고품질 번역을 통해 연구자들의 국제적 연구를 돕고 있으며, 리서치래빗ResearchRabbit은 관련 연구 논문을 효과적으로 찾아주고, 연구자들 간의 관계도를 시각화하여 새로운 협력 기회를 제공하기도 합니다.

필자 역시 교육자이자 연구자인 만큼, 강의와 연구의 품질과 생산성을 제고하기 위해 이 분야의 여러 AI 서비스에 깊은 관심을 갖고, 꾸준히 팔로우업하고 있습니다. 이 노하우를 살려, 이번 장에서는 딥엘과 리서치래빗을 비롯해, 사이스페이스Scispace, 겟GPT GetGPT, 냅킨 AI Napkin AI 등 현재 유용하게 이용 가능한 연구 및 교육용 생성형 AI 서비스들을 동료 연구자와 교육자에게 소개하고자 합니다. 여기 소개한 서비스들이 여러분의 교육과 연구에 힘이 되어드리길 바랍니다.

05 연구 및 교육용 생성형 AI

사이스페이스(SCISPACE)
연구 시간을 아껴줄 유능한 조교

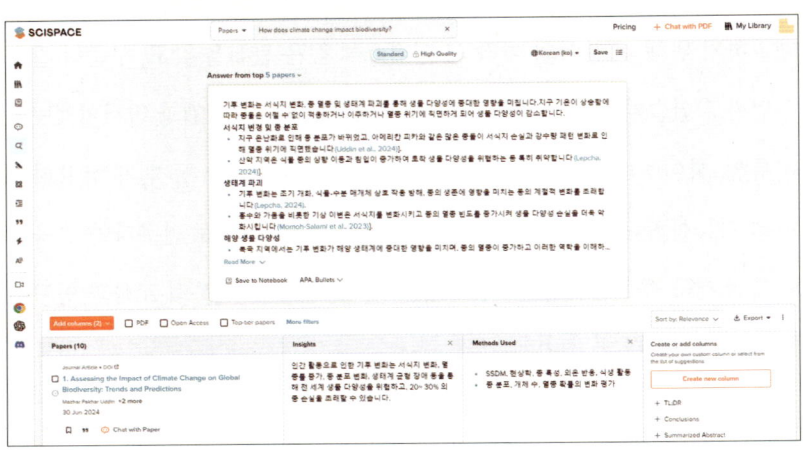

이 AI를 소개합니다	
SCISPACE	사이스페이스, SCISPACE, https://typeset.io/
탄생	2022년 5월, 타입셋(Typeset)
세부 모델/기능	AI 기반 논문 검색 및 추천, PDF 문서와의 대화형 상호작용, 논문 요약 및 핵심 내용 추출 등
자신 있는 분야	간단한 키워드 입력으로 연관된 논문 탐색, 요약, 비교
비용	무료 플랜: 논문 및 PDF와 제한된 채팅, 제한된 문헌 검색, 제한된 요약 출력 등
	프리미엄 플랜(월 20달러): 논문 및 PDF와 무제한 채팅, 무제한 문헌 검색, 무제한 요약 출력 등

사이스페이스(SCISPACE)

연구에 필요한 논문을 찾고 이해하는 일은 생각보다 쉽지 않습니다. 과거에는 관련 분야의 여러 논문을 찾아 직접 읽고 비교해야 했지만, 이제는 그럴 필요가 없습니다. 사이스페이스SCISPACE가 있으니까요. 사이스페이스는 AI 기반 학술 연구 플랫폼으로, 연구자들의 논문 이해와 분석을 효과적으로 지원합니다.

핵심 기능은 AI 기반 논문 검색 및 추천, PDF 문서와의 대화형 상호작용, 그리고 논문 요약 및 핵심 내용 추출입니다. 원하는 주제의 키워드만 입력하면 AI가 연관된 논문들을 찾아주고, 이를 표로 요약하여 쉽게 비교해 줍니다. 이를 통해 연구자들은 자신에게 필요한 논문을 빠르게 선택할 수 있죠.

이때 논문 전체를 읽을 수도 있지만, 요약 기능을 통해 핵심만 빠르게 파악할 수도 있습니다. 더 나아가 AI 채팅 기능을 통해 논문에 대해 간단한 질문부터 심층적인 질문까지 할 수 있어, 더욱 깊이 있는 이해가 가능합니다. 오픈 액세스Open Access 위주인지라 분야별로 검색 가능한 범위가 다를 수 있음은 조금 아쉽습니다.

이럴 땐 이 AI가 딱

- **누구?** 연구자
- **언제?** 연구 기간 단축을 위해 초고속 문헌 탐색이 필요할 때
  p.411

05 연구 및 교육용 생성형 AI

리서치래빗(ResearchRabbit)
연관 논문 그래프로 탐색 일등

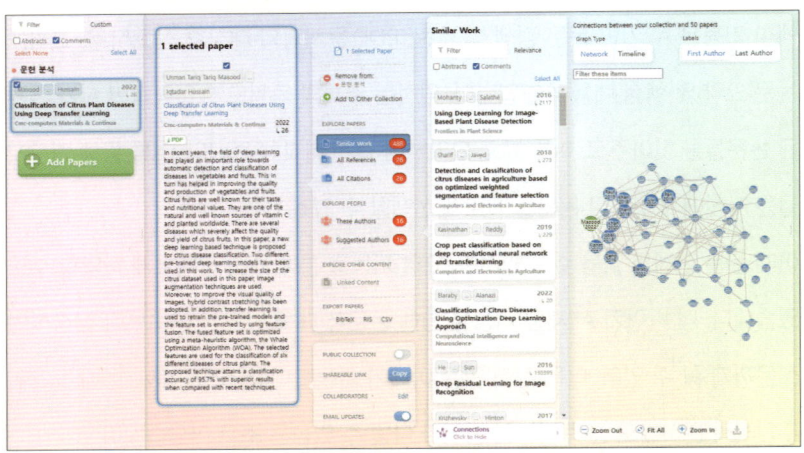

이 시를 소개합니다

ResearchRabbit	리서치래빗, ResearchRabbit, https://www.researchrabbit.ai/
탄생	2021년 8월, 리서치래빗(ResearchRabbit)
세부 모델/기능	연관 논문 추천 및 시각화 그래프 제공, 저자 관계 그래프 제공 등
자신 있는 분야	논문 제목이나 키워드로 연관된 논문을 그래프로 보기 좋게 시각화
비용	모든 기능을 무료로 제공

리서치래빗 (ResearchRabbit)

앞서 소개한 사이스페이스의 한계점은 다양한 논문의 관계 파악이 쉽지 않다는 것입니다. 여러 논문 간 연결고리를 한눈에 파악할 수는 없을까요? 이때 필요한 서비스가 바로 **리서치래빗**ResearchRabbit입니다. 리서치래빗은 연구자가 원하는 논문의 제목이나 키워드를 넣으면, 해당 연구와 관련된 다양한 인사이트를 제공하는 서비스입니다.

리서치래빗의 가장 큰 기능은 지정한 논문과 연계된 여러 논문을 검색하고, 이를 인터랙티브하게 시각화해(그림 오른쪽 부분 참고) 보여준다는 점입니다. 논문뿐만 아니라 저자들 간의 관계도 시각화해 주어, 연구 분야의 전반적인 동향을 한눈에 파악할 수 있습니다. 이를 통해 연구자는 자신의 연구 주제와 관련된 이전 연구와 이후 연구들의 방향성을 쉽게 이해할 수 있습니다.

또한 리서치래빗은 파악한 논문들을 BibTeX, RIS, CSV 형태로 다운로드할 수 있게 해주어 다양한 용도로 활용할 수 있게 합니다. 게다가 관심 있는 주제를 설정하면 알림을 보내 최신 동향을 놓치지 않도록 도와주기도 하니, 리서치래빗과 함께라면 연구자는 항상 최신 정보를 쉽게 파악할 수 있을 겁니다.

👉 **이럴 땐 이 AI가 딱**

- **누구?** 연구자
- **언제?** 여러 연구 간 관계를 한눈에 보며 연구 동향을 빠르게 파악하고 싶을 때 ● p.420

딥엘(DeepL)
언어의 벽을 허무는 최고의 번역 파트너

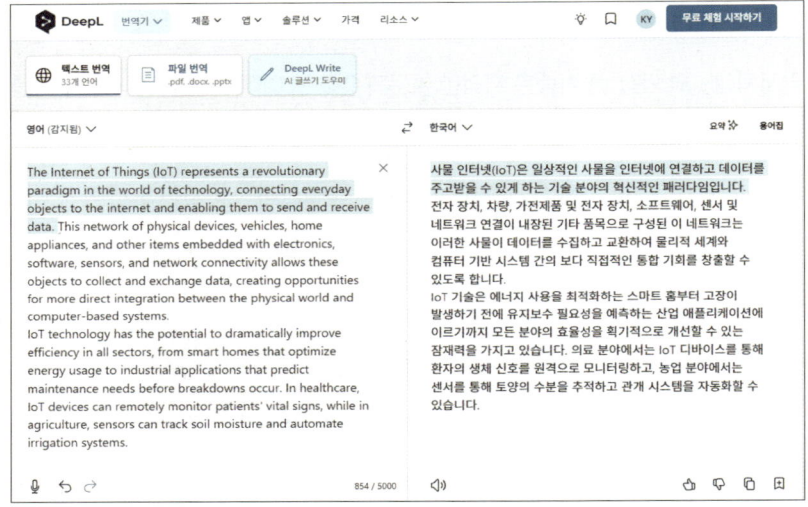

이 AI를 소개합니다

DeepL	딥엘, DeepL, https://www.deepl.com/
탄생	2017년 1월, 딥엘(DeepL)
세부 모델/기능	텍스트 번역, 파일 번역, DeepL Write
자신 있는 분야	세계에서 가장 자연스럽고 정확한 번역
비용	무료 플랜: 최대 3,000자까지 번역 가능(글자 수 제한), 파일 번역 월 3회(최대 5MB)
	스타터 플랜(월 10.49달러): 무제한 텍스트 번역(글자 수 제한 없음), 파일 번역 월 5회(최대 10MB), 데이터 보안(번역 즉시 텍스트 삭제)

딥엘 (DeepL)

참고 자료의 번역이 필요할 때, 번역을 의뢰하자니 번역료가 부담되고 일반 번역기의 품질은 떨어질 것 같아 고민하신 적 있나요? 딥엘DeepL은 이런 고민을 해결해 줄 수 있는 AI 기반의 고성능 번역 서비스입니다. "세계에서 가장 정확한 번역기"로 알려진 딥엘은 33개 언어 간 번역을 지원하며, 맥락을 이해하는 뛰어난 능력으로 자연스러운 번역 결과를 제공합니다.

딥엘은 텍스트 번역에서 타사 번역기보다 훨씬 자연스럽고 정확한 번역 품질을 보여줍니다. 또한, PDF, 워드, 파워포인트 등 다양한 형식의 파일을 번역하는 '파일 번역' 기능은 해외 보고서나 논문 번역에 매우 유용합니다. 그리고 단순 번역뿐 아니라, 사용자가 작성한 글을 다듬어서 훨씬 자연스럽게 바꿔주기도 합니다(AI 기반 텍스트 편집 및 개선 도구, 딥엘 라이트DeepL Write). 유료 기능에 대해서도 30일 무료 체험을 제공하여, 서비스의 품질을 경험해 보고 선택할 수 있다는 장점이 있습니다.

👉 이럴 땐 이 AI가 딱

- **누구?** 연구자
- **언제?** 다른 언어로 작성된 논문이나 보고서를 빨리 읽고 싶을 때

p.401

겟지피티(GetGPT)
코딩 없이 만드는 AI 웹 앱

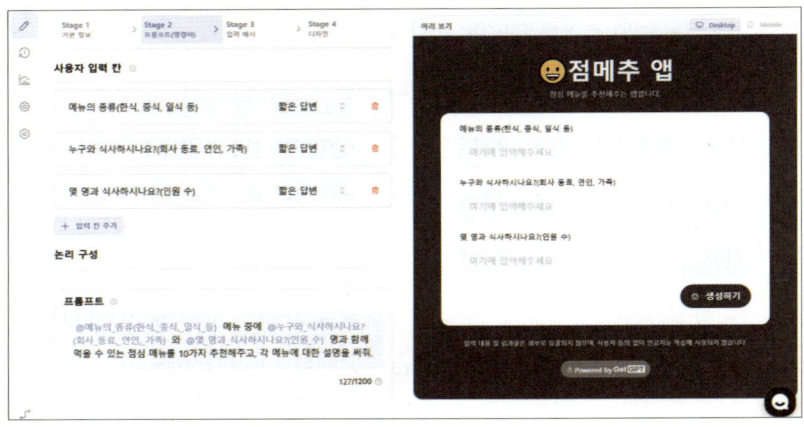

이 AI를 소개합니다

Get GPT	겟지피티, GetGPT, https://getgpt.app/
탄생	2023년, 워드브릭스(Wordbricks)
세부 모델/기능	마켓 플레이스를 통한 다른 앱 탐색, 스튜디오를 통한 앱 제작하기
자신 있는 분야	코딩 없이 5분만에 나만의 웹 앱 제작 가능
비용	무료 플랜: 대부분의 기능을 제한 없이 사용 가능 우선 사용권(월 25,000원): 대기 없이 바로 사용, 최적화된 AI 모델 이용 가능, 액셀 생기부 무제한 사용 등

겟지피티 (GetGPT)

앱스토어에 무수한 앱이 있지만, 정작 내 마음에 쏙 드는 앱은 찾을 수 없던 경험, 한 번쯤 있으시지요? 이제는 프로그래밍 지식이 거의 없어도, 앱을 한 번도 만들어보지 않았어도 나만의 웹 앱Web App을 만들 수 있습니다. AI를 이용해 개발 경험이 없는 사용자도 쉽게 AI 기반 앱을 제작할 수 있게 해주는 겟지피티GetGPT를 통해서 말이죠.

겟지피티에는 여러 기능이 있습니다. 처음이라 막막하다면, 우선 겟지피티로 다른 사람들이 만들어 놓은 여러 앱을 사용해볼 수 있습니다. '마켓플레이스'를 살펴보세요. MBTI 성격유형 분석기, 동화책 만들기, 학생부 생성기 등 다양한 앱을 아주 간단한 방법으로 사용할 수 있습니다. 다음은 당연히 앱을 직접 만들 차례입니다. '스튜디오'에 가면 심플 앱부터 PDF 기반 앱까지 매우 다양한 앱을 직접 제작 가능하답니다. 스튜디오 사용법만 간단히 배우면 누구나 5분만에 앱을 만들 수 있고, 제작 및 배포한 앱의 사용 통계도 확인할 수 있습니다.

물론 실제 우리가 스마트폰에서 쓰는 수준의, 고급 기능을 갖춘 앱은 제작하기 어렵다는 한계가 있지만, 그때 그때 필요한 기능을 갖춘 맞춤 앱을 스스로 만들어 써본다면 삶도 편리해지고, AI 리터러시 향상에도 도움이 될 겁니다.

👉 이럴 땐 이 AI가 딱

- **누구?** 학생
- **언제?** 언제나 면접을 함께 준비해줄 면접 도우미가 필요할 때
  - p.282

05 연구 및 교육용 생성형 AI

냅킨 AI(Napkin AI)
텍스트를 그래픽으로, 근사한 시각화

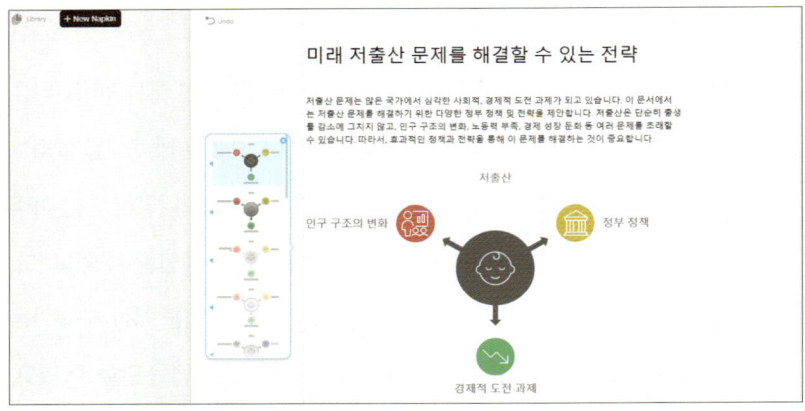

이 AI를 소개합니다	
Napkin	냅킨 AI, Napkin AI, https://www.napkin.ai/
탄생	2023년 8월, 냅킨테크놀로지스(Napkin.Technologies)
세부 모델/기능	텍스트를 시각화, AI 기반 자동 분류 및 태깅, 다양한 시각화 옵션 제공 등
자신 있는 분야	텍스트만 입력하면 멋진 그래프, 인포그래픽, 흐름도 등으로 한방에 시각화
비용	스타터 플랜(무료): 모든 편집 도구 사용 가능, 최대 3개의 냅킨 생성
	프로페셔널 플랜(베타 무료): 무제한 냅킨 생성, 다른 사용자와 협업 가능

냅킨 AI (Napkin AI)

글은 열심히 써 놓았는데, 이걸 그림으로 표현하자니…… 머리속이 하얘지는 경험을 한 적이 있을 겁니다. 사실 글을 그림으로 표현하기란 마냥 쉽지만은 않은 일이죠. 이러한 고민을 해결해줄 수 있는 AI 서비스가 등장했으니, 바로 **냅킨 AI** Napkin AI 입니다.

냅킨 AI는 텍스트를 시각적 그래픽으로 변환하는 AI 서비스입니다. 우리가 효과적인 배치를 고민하지 않아도, AI 기술을 활용해 아이디어를 효과적으로 시각화해 주는 겁니다. 아이디어 키워드만 있다면 'Draft with AI'에 간단한 아이디어만 써보세요. 그러면 냅킨이 멋진 글을 완성해 주고, 시각화 아이디어까지 제공합니다. 특히 '블랭크 냅킨'이라는 기능을 통해 아이디어를 자유롭게 배치하고 연결할 수 있어, 창의적인 사고도 촉진할 수 있습니다. 다이어그램, 차트, 이미지 등 다양한 형식의 시각 자료를 생성할 수 있으며, 실시간 협업 기능도 제공합니다.

다만 냅킨 AI는 아직 베타 버전이므로 일부 기능이 불안정할 수 있으며, 높은 품질의 디자인 제작은 다소 어렵습니다. 완성물이 일관되지 않을 확률도 높습니다.

이럴 땐 이 AI가 딱

- **누구?** 직장인
- **언제?** 디자인 초보지만 내 아이디어를 멋진 시각 자료로 제작하고 싶을 때 → p.299

더 살펴볼 만한 AI 서비스들

30개 서비스 외에, 아쉽게 싣지 못한 AI 서비스들을 추가로 소개합니다. 두루 살펴보고, 여러분의 필요와 취향에 딱 맞는 서비스를 만나보세요.

대화형/텍스트 생성형 AI

이름	소개	추천	주소
큐	네이버에서 제공하는 AI 검색 서비스	최신 정보나 맛집, 여행, 쇼핑 등 네이버의 다양한 서비스와 연동된 AI 검색 서비스를 활용할 때	cue.search.naver.com
뤼튼	뤼튼테크놀로지스에서 개발한 한국형 대화형 AI 서비스	무료로 GPT 최신 모델을 활용해서 문서 작성, 과제 등을 수행할 때	wrtn.ai
POE	다양한 AI 모델을 한곳에서 사용할 수 있는 통합 플랫폼	여러 AI 모델을 다양하게 활용해 보고 싶을 때	poe.com
젠스파크	웹의 다양한 정보를 모아 요약해 주는 AI 기반 검색 서비스	최신 뉴스나 자료를 모아 블로그 형태의 요약된 문서를 만들 때	genspark.ai

이미지 생성형 AI

이름	소개	추천	주소
이디오그램	정교한 텍스트 형태 이미지 생성이 강점인 AI 이미지 생성 서비스	영문 텍스트가 포함된 이기지를 생성하고 싶을 때	ideogram.ai
레오나르도 AI	이미지 업스케일링, 일관성 있는 인물 이미지 생성 등이 강점인 서비스	하나의 인물로 다른 유형의 여러 이미지를 생성하고 싶을 때	app.leonardo.ai
아트브리더	이미지 합성 기능이 강점인 이미지 생성 서비스	서로 다른 느낌의 이미지를 하나로 합성하고 싶을 때	artbreeder.com
캔바	다양한 디자인 템플릿과 이미지 등을 제공하는 종합 디자인 플랫폼	다양한 디자인 템플릿을 활용해 나만의 프레젠테이션이나 포스터를 제작할 때	canva.com

동영상 생성형 AI

이름	소개	추천	주소
피카	피카 이펙트라는 기능을 통해 특정 효과(폭발, 녹이기, 부풀리기 등)를 적용한 영상 생성 등의 특징을 가진 서비스	여러 영상 효과를 적용한 특별한 교육용 자료를 만들고 싶을 때	pika.art
픽토리	텍스트 대본을 입력하면 그에 맞는 영상을 조합하여 하나의 멋진 영상이 생성되는 서비스	제품이나 가게 홍보 영상을 쉽고 빠르게 제작하고 싶을 때	pictory.ai
플루닛 스튜디오	텍스트 대본을 입력하면 아나운서 AI아바타(한국인 포함)가 대본을 읽는 영상이 생성되는 서비스	특정 행사의 사회자가 필요하거나 소개 영상을 만들고 싶을 때	studio.ploonet.com
신테시아	원하는 주제를 입력하면 그에 맞는 대본과 소개자료, 아바타가 자동으로 생성되는 서비스	특정 주제 교육 영상 또는 제품 홍보 영상을 만들고 싶을 때	synthesia.io
헤드라	대본(또는 음성)과 얼굴 사진을 입력하면 자동으로 자연스러운 아바타가 생성되는 서비스	자신과 동일한 아바타를 생성하여 강의 영상 등을 만들고 싶을 때	hedra.com

부록 더 살펴볼 만한 AI 서비스들

특화 AI

구분	이름	소개	추천	주소
AI 도구 검색	퓨처툴스	AI 도구들을 카테고리별로 정리하여 정보를 제공하는 AI 도구 큐레이션 서비스	다양한 최신 AI 도구들을 탐색하고 싶을 때	futuretools.io
메모	노션 AI	노션에서 제공하는 부가 기능. AI로 요약, 문서 생성 등 가능	협업 도구를 사용하여 업무를 하면서 AI의 도움을 받아 글의 완성도를 높이고 싶을 때	notion.so
마인드맵	윔지컬	자동 마인드맵, 플로우차트 생성 등을 제공하는 서비스	AI 마인드맵 기능으로 멋진 교육 자료를 만들고 싶을 때	whimsical.com
PPT	톰	자동 프레젠테이션 제작 서비스	쉽고 빠른 발표자료 제작이 필요할 때	tome.app
음성 합성	일레븐랩스	음성 합성(내 목소리 복제)을 제공하는 서비스	뉴스 기사나 도서 등을 오디오북 형태로 제작할 때	elevenlabs.io
음악	유디오	자동 음악 생성 서비스	나만의 멋진 AI 음악을 만들고 싶을 때	udio.com
3D 모델링	메시	텍스트 프롬프트로 3D 모델링을 해주는 서비스	간단한 입력으로 멋진 3D 모델링 결과물을 만들고 싶을 때	meshy.ai
로고	루가 로고 메이커	맞춤형 로고 디자인 자동 생성 서비스	우리 회사/가게에 딱 맞는 로고를 제작하고 싶을 때	looka.com
프로그래밍	커서	AI 기반 코드 에디터. 자동 코드 생성 및 수정 등 다양한 기능을 지원하는 서비스	어려운 프로그래밍 관련 업무나 과제를 빠르고 정확하게 해결하고 싶을 때	cursor.com
웹 개발	웨직	노코드 웹사이트 제작 서비스	우리 회사/가게를 홍보하는 홈페이지를 손쉽게 만들고 싶을 때	wegic.ai

연구 및 교육용 AI

이름	소개	추천	주소
컨센서스 AI	학술 연구 검색 및 요약에 특화된 서비스	최신 연구 동향을 빠르게 파악하고 싶을 때	consensus.app
커넥티드 페이퍼	연구 간 관계를 시각화해 보여주는 서비스	연구자가 여러 논문들의 관계를 빠르게 파악하고 싶을 때	connectedpapers.com
퀴지즈	자동 퀴즈 제작, 루브릭 등을 제공하는 서비스	나만의 교육 자료를 활용하여 자동으로 퀴즈를 제작하고 학생들과 함께 풀어봐야 할 때	quizizz.com
매직스쿨	수업 계획 및 강의 자료 생성 등 여러 도구를 제공하는 교육 포털 서비스	교육과 관련된 다양한 활동(슬라이드, 퀴즈, 강의 계획 등)을 한 곳에서 수행하고 싶을 때	magicschool.ai
브리스크 티칭	수업 계획 및 퀴즈 생성 등 여러 도구를 제공하는 크롬 확장 프로그램	나만의 교육 자료를 활용하여 자동으로 구글 설문지 퀴즈를 제작할 때	briskteaching.com
디핏	문서 작성 및 맞춤형 수업 자료, 활동지 등 제작이 가능한 서비스	나만의 교육 자료를 활용하여 자동으로 학습 자료와 활동지를 쉽고 빠르게 제작할 때	web.diffit.me

부록 더 살펴볼 만한 AI 서비스들

여러분, 지금까지 다양한 AI 도구들을 살펴보셨습니다. 대화형 AI부터 이미지, 동영상 생성 AI, 그리고 특화된 기능을 가진 AI와 연구·교육용 AI까지, 우리 일상과 업무 곳곳에서 활용할 수 있는 도구들을 소개해 드렸습니다. 이 도구들은 단순히 새로운 기술이 아닌, 우리의 삶을 더욱 풍요롭고 효율적으로 만들어줄 수 있는 든든한 조력자들입니다.

예를 들어, 챗GPT나 클로드 같은 대화형 AI는 우리의 아이디어를 발전시키고 글쓰기를 도와줄 수 있습니다. 디자이너나 파이어플라이 같은 이미지 생성 AI는 창의적인 시각 자료 제작을 손쉽게 만들어주죠. 드림머신이나 클링 AI 같은 동영상 생성 도구들은 복잡했던 영상 제작 과정을 간소화해 줍니다. 감마나 수노 같은 특화 기능 AI들은 프레젠테이션 제작이나 음악 작곡 등 특정 분야에서 전문가 수준의 결과물을 만들어낼 수 있게 해줍니다. 또한 사이스페이스나 리서치래빗 같은 연구·교육용 AI 도구들은 학습과 연구 과정을 더욱 효율적으로 만들어줍니다.

이러한 AI 도구들을 잘 활용한다면, 우리는 단순 반복적인 작업에서 벗어나 인간만이 할 수 있는 더욱 창의적이고 가치 있는 일에 집중할 수 있을 것입니다. 하지만 동시에 우리는 이 도구들을 제대로 이해하고 올바르게 사용할 줄 아는 AI 리터러시를 갖추어야 합니다. AI가 만들어낸 결과물을 무비판적으로 수용하는 것이 아니라, 그것을 비판적으로 평가하고 필요에 따라 수정·보완할 수 있는 능력이 필요한 것이죠.

앞으로 AI 기술은 더욱 발전하여 우리 삶의 더 많은 영역에 스며들 것입니다. 우리가 지금 소개한 도구들도 계속해서 업데이트되고 새로운 기능들이 추가될 것입니다. 따라서 AI 도구들의 발전 동향을 구준히 파악하고, 새로운 도구들을 적극적으로 탐색하고 익히는 자세가 중요합니다.

다음 부에서는 이러한 AI 도구들을 여러 직종별로 어떻게 활용할 수 있는지 구체적인 사례를 통해 살펴보겠습니다. 여러분의 직업이나 관심 분야에서 AI를 어떻게 활용할 수 있을지, 함께 고민해 보는 시간을 가져볼까요?

'나' 맞춤
AI 리터러시

모두의 AI 리터러시 말고, 나만의 AI 리터러시를

앞서 3부에서 여러분께 총 30종의 생성형 AI 서비스를 소개해 드렸습니다. 어떠셨나요? 그냥 몇 가지 툴만 다룰 수 있으면 된다고 생각했는데, 막상 숫자가 너무 많아서 놀라셨을지도 모르겠습니다. 비슷한 작업을 수행하는 AI만 해도 여럿이고, "이런 것도 있어?" 싶을 정도로 아주 세세한 일에만 집중하는 AI도 있습니다. 이게 소개해 드리고픈 서비스 수백 가지 가운데 추리고 추린 것이라는 사실을 고려하면, 정말 엄청나다고도 말할 수 있겠네요.

요즘에는 일반적인 앱이나 웹 서비스 등을 개발할 때조차 너도 나도 AI를 활용하기 시작한 데다, 기반이 되는 AI 모델의 발전 속도도 어마어마한 만큼 이러한 'AI 폭발'은 당분간 격화되어 가리라 생각됩니다. 넘쳐나는 AI 홍수 속에서 남들보다 앞서 딱 맞는 AI 서비스를 발견하고, 제대로 활용할 수만 있다면 훨씬 큰 경쟁력을 획득할 수 있는 시대가 열린 것입니다.

그런데 여러분, 이쯤되면 눈치채셨겠지만 방대한 AI 서비스를 아는 것만으로는 당장 내 생활에 이렇다 할 도움이 되진 않습니다. AI 서비스들이 아무리 AI를 이용해 이용 장벽을 대폭 낮추었다고 해도 본질적으로 대부분 생소한 웹사이트기 때문에, 어떤 메뉴가 어디에 있는지를 알아보는 것도 사실 품이 꽤 드는 일입니다.

더 나아가 이럴 때는 어떤 결과물이 나오는지, 이 정도 결과물이면 어디에 써도 된다든지 등의 감은 직접, 충분히 이용해 보지 않으면 잘 생겨나지 않습니다. 시간과 노력을 절약하고자 AI에 관심을 가졌는데, 막상 그걸 살펴보다가 중요한 일을 놓친다면 주객전도가 따로 없지요. 우리는 한정된 자원을 투자할 대상을 슬기롭게 식별해야 합니다.

AI 리터러시란 "AI를 이해하고 효과적으로 활용할 수 있는 능력"을 의미하지만, 그 '효과적'의 정의는 사람마다 다릅니다. 왜냐하면 학생, 직장인, 공무원, 교육자, 연구자, 자영업자 등 각자의 위치와 역할에 따라 필요로 하는 AI 지식과 기술은 다르기 때문입니다. 가령 내가 고등학생이라면, 전문 연구자들이나 읽을 법한 해외 논문들을 정리하는 서비스를 공들여 익혀 보았자 피부에 와닿는 효과는 없을 겁니다.

다시 말해, 모든 사람에게 똑같은 AI 리터러시가 필요하지는 않습니다. 모름지기 '나 버전'의 AI 리터러시를 함양해야 합니다. 그러기 위해서는 '상황'과 '고민'에서 출발하는 게 좋습니다. 여러분의 '현재 일상과 업무에서 어떤 고민과 어려움이 있는지'를 생각한 후에, '그 경우 AI를 어떻게 활용할 수 있는지'에 집중하는 겁니다. '문제-해결'이 한 쌍을 이루는, 이른바 '나 맞춤 AI 리터러시'입니다.

3부에서는 AI 서비스를 유형별로 소개하는 가이드에 초점을 맞추었다면, 여기에서는 여러분 각자의 상황과 요구에 맞는 실질적인 AI 활용 능력을 키우는 데 도움이 될 서비스들을 다시 엄선했습니다. 특정 상황에서 출발하여 잘 맞는 AI 서비스를 소개하고, 첫 사이트 접속부터 차근차근 함께 해보도록 하겠습니다.

다만 아쉽게도 필자가 독자 여러분께 일대일로 맞춤 AI 리터러시를 찾아드릴 수는 없기 때문에, 상황별 매칭을 위해 직업을 기준으로 크게 6개 그룹으로 나누었습니다. 각 장에서 학생, 직장인, 공무원, 교육자, 연구자, 자영업자에게 특화된 AI 서비스들을 4가지씩 추천하고, AI 사용 효과를 바로 볼 수 있는 구체적인 상황을 핀 포인트로 알려드리고자 합니다.

AI의 기술적 원리에 대한 지식 역시 AI 리터러시의 크고 중요한 축이지만, (앞서 다루기도 한 만큼) 여기에서는 철저히 각 서비스의 '사용법'에 집중하겠습니다. 이 가이드에 따라 먼저 AI의 효과를 체감하게 된다면, 추후 다른 서비스의 탐색이나 여러 활용법 도전에도 더 열린 자세로 나설 수 있으리라 생각합니다. 그럼 지금부터 일상과 업무에 실질적인 변화를 가져다줄 '맞춤 AI 리터러시'를 찾으러 함께 떠나볼까요?

모두의 AI 리터러시 말고, 나만의 AI 리터러시를

01 학생의 AI 리터러시

학생들의 하루는 너무나 빡빡합니다. 수업과 과제는 기본이고, 동아리 활동, 프레젠테이션 준비, 시험 공부까지…… 24시간이 모자랄 지경입니다. 자격증 취득과 공모전, 어학연수 등 졸업 후의 진로도 미리미리 준비해야 하지요. 이렇게 다양한 과업을 효과적으로 수행해야 하는 것이 학생들의 현실입니다. 만일 경제적인 문제까지도 스스로 해결해야 한다면, 가장 부족한 자원은 역시 시간일 것입니다.

이때 AI 서비스들을 적절하게 활용한다면, 시간 절약과 높은 수준의 결과물 완성에 상당 부분 도움이 됩니다. 내가 원하는 이미지 레퍼런스를 찾으러 구글을 몇 시간씩 뒤지지 않고, 그냥 스케치를 그려서 근사한 이미지를 몇 분만에 얻을 수 있다면 어떨까요? 자기소개서도, 발표자료도 백지에서 처음부터 하기보다는 AI의 초안을 수정하고 발전시켜 가는 방향으로 작업한다면 한결 수월하게 끝낼 수 있습니다. 친구나 선후배와 힘들게 시간을 맞추지 않아도 혼자서 면접 준비를 하고, 외국어 공부도 틈새 시간을 활용해 더 자유자재로 할 수 있을 겁니다.

모두가 AI를 활용하는 세상에서, 홀로 사용하지 않는다면 분명 타인과의 경쟁에서 뒤처질 수 있습니다. 이제 고민하지 말고 AI를 학업과 성장을 돕는 든든한 파트너로 만들어 보는 것은 어떨까요? 친구의 도움도 좋지만, AI의 도움은 그보다 몇 배의 효과를 가져다줄 것입니다.

시간이 부족할 때, 초스피드 발표자료가 뚝딱! with 감마

아마 여러 수업에서 프레젠테이션을 활용해서 발표해야 할 일이 많을 텐데요, 직접 발표자료를 만들고 수정하다 보면 몇 날 며칠이 걸리는 것은 흔한 일이죠. 그리고 아이디어가 있더라도 이걸 프레젠테이션으로 구현하려면 그것도 쉽지 않은 일입니다. 디자인 감각이 별로 없거나 프레젠테이션 제작 경험이 없다면 시간도 많이 걸리고 완성본도 생각한 것보다 낮은 퀄리티로 나오곤 합니다.

여러분의 이러한 고민을 프레젠테이션 제작 AI, 감마Gamma를 통해 해결해 보겠습니다. 일단 포털 사이트에 '감마'를 검색하거나 주소창에 gamma.app을 입력해 감마앱에 접속해 보세요. (우측 QR코드로도 접근 가능)

처음 접속하면 다음 그림 왼쪽과 같은 메인 화면이 뜹니다. 감마를 이용하기 위해서는 회원가입을 해야 합니다. 중앙 하단의 [Sign up for free(무료로 가입하기)]를 클릭해 회원가입을 진행해 주세요. 구글 계정과 연동하거나 따로 이메일로 가입할 수 있습니다.

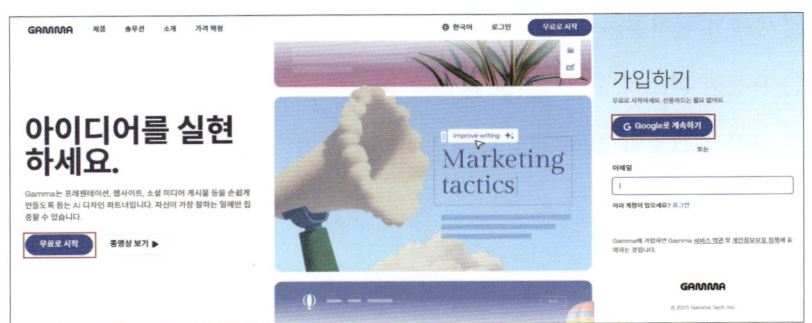

그림 [~'s Workspace(~의 워크스페이스)]라는 작업 공간이 열립니다. 지금은 비어 있지만, 앞으로 제작한 Gammas(프레젠테이션)를 여기서 다시 보거나 관리할 수 있습니다. 우선 상단의 [+ 새로 만들기] 버튼을 클릭해 [AI로 만들기]에 진입해 봅시다.

그림에서 보듯 감마는 3가지 옵션을 제공합니다. 현재 가지고 있는 자료

에 따라 3가지 중 선택하면 됩니다. 자료가 전혀 없고 아이디어만 있다, 라고 하면 [생성]을, 텍스트나 간단한 개요는 마련된 상태라면 [텍스트로 붙여넣기]를, 토대가 될 기존 문서가 있을 때에는 [파일 또는 URL 가져오기]를 클릭하면 됩니다. 그럼 사례를 통해서 하나씩 다뤄 보겠습니다.

키워드 입력으로 발표자료 만들기

아이디어만 있을 때는 가운데의 [생성]을 이용합니다. [생성] 타일을 클릭하면 다음 화면이 열립니다. 순서대로 함께 해보겠습니다.

① 먼저 만들 자료의 유형을 선택합니다. 웹사이트나 문서도 만들 수 있지만, 지금은 발표자료가 필요하므로 [프레젠테이션]을 선택하면 되겠지요. 그리고 원하는 주제와 아이디어만 간단히 프롬프트로 입력하면 됩니다. (여기선 생략되었지만) 하단에는 프롬프트 예시가 있어 아이디어가 떠오르지 않을 때 도움을 받을 수도 있습니다. 또 만들 카드 개수와 언어도 지정합니다. 무료 버전은 최대 10개의 카드(슬라이드)를 만들 수 있어요.

② 다 되었다면 이제 [개요 생성] 버튼을 누르면 됩니다. 좀 기다리니 바로 아래에

[윤곽선outline] 칸이 나타나고, 각 슬라이드별 소제목과 내용이 출력됩니다. 필자는 프롬프트 입력창에 "교육 분야에서 AI의 활용과 미래 전망"을 입력하여 다음과 같은 개요를 얻었습니다. 이대로 해도 되지만, 읽어보고 마음에 들지 않는다면 텍스트를 클릭해 얼마든지 수정할 수 있습니다.

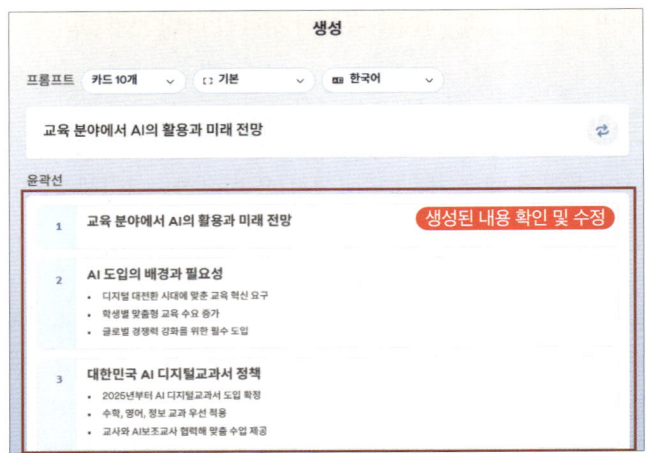

③ 스크롤을 내려 [gamma 맞춤화]로 이동해 보겠습니다. [gamma 맞춤화]에서는 프레젠테이션 화면 구성에 필요한 사항을 정합니다. [텍스트의 양]을 최소Minimal, 축약Concise, 상세 등 여러 단계로 조절할 수 있습니다. 프레젠테이션은 텍스트/이미지 비중에 따라 다른 느낌을 주므로, 신중히 선택하도록 합니다.

다음으로는 프레젠테이션에서 빼놓을 수 없는 이미지를 어떻게 삽입할지를 정합니다. [웹 이미지]를 선택하면 온라인에서 적당한 이미지를 찾게 됩니다. [웹 이미지] 선택 시 [이미지 라이선스] 항목이 나오며 사용되는 이미지의 저작권 범위를 직접 설정할 수 있으니 용도에 맞게 설정하면 됩니다.

[AI 이미지]를 선택하면 AI가 슬라이드마다 알아서 적당한 이미지를 생성하여 삽입합니다. 이 경우 추가 항목이 2가지 나타나는데, [이미지 스타일] 입력창에 원하는 이미지를 설명하고, [AI 이미지 모델]에서 이 이미지를 생성해줄 AI 모델을 지정하면 됩니다. 여기서는 [상세, AI 이미지, Flux Fast] 옵션으로 선택해 진행합니다. 조정을 마쳤다면, 이제 테마를 정해 보겠습니다.

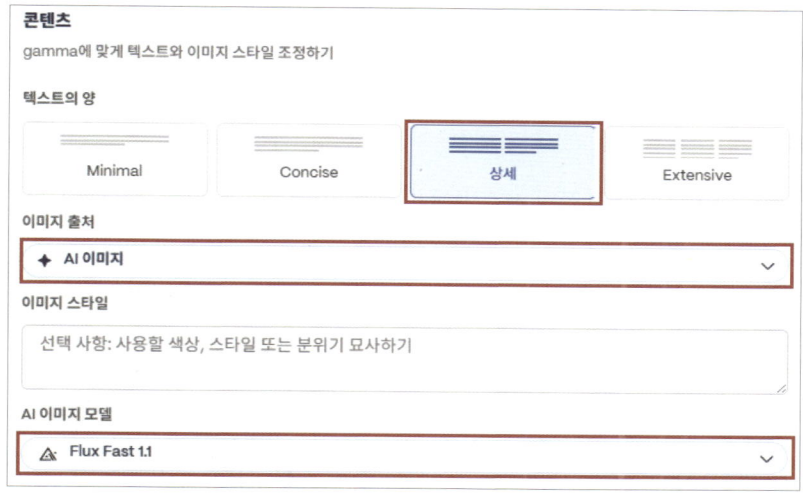

④ 테마는 파워포인트의 템플릿과 비슷합니다. 예시로 제시된 다양한 테마 타일을 클릭하거나, [더보기] 버튼을 클릭하여 원하는 테마를 선택할 수 있습니다. 다되었다면 하단의 [생성] 버튼을 누르세요. 모든 준비가 끝났습니다! 이제 AI가 멋진 프레젠테이션 작업을 시작합니다.

다음 그림은 우리가 입력한 주제로 완성된 프레젠테이션입니다. 세부 슬라이드를 살펴보면 멋진 이미지를 잘 생성해 주었고, 소제목별 설명이 충실하게 들어가 있는 것을 확인할 수 있습니다. 놀라운 점은, 이 모든 것을 완성하기까지 1분 남짓의 시간밖에 걸리지 않았다는 사실입니다.

AI로 발표자료 수정 및 공유하기

분명 처음부터 끝까지 AI로 제작한 프레젠테이션이 눈에 차지 않을 확률이 높습니다. 걱정 마세요. 카드 순서를 바꾸는 기본 조치 외에도, 감마에서는 다양한 수정/재작업 기능을 지원합니다. 몇 가지 사례를 보여드립니다.

[직접 수정하기]

직접 수정을 원한다면 우측 [툴바]를 확인하세요. 툴바에서는 다양한 카드 템플릿과 레이아웃을 지원할 뿐 아니라, 자동으로 차트와 표를 그려주고, 비디오나 웹페이지 등 멀티미디어와 외부 링크를 삽입할 수도 있습니다. 파워포인트와 비슷하면서도 더 간단하게 새 카드 추가와 작성이 가능합니다.

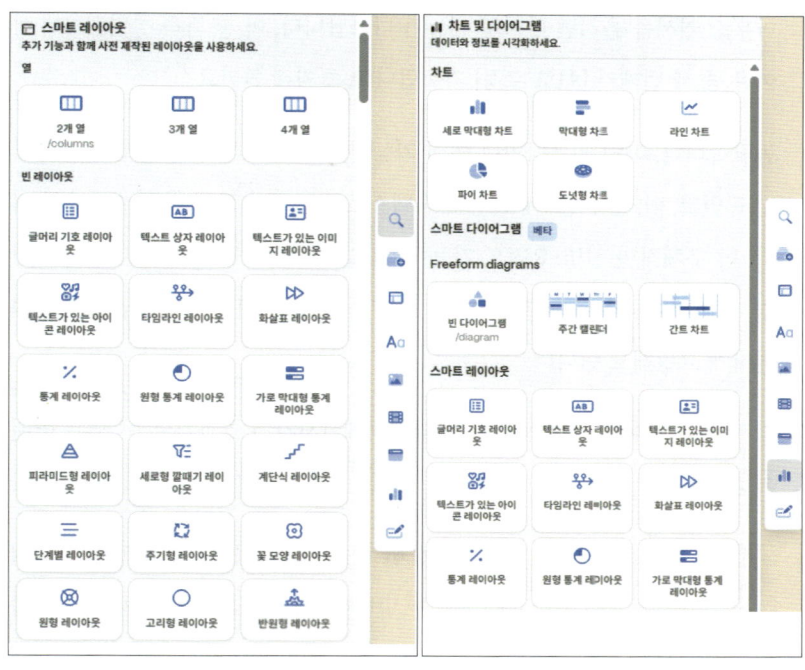

감마 툴바의 카드 템플릿(왼쪽)과 차트 및 다이어그램(오른쪽) 기능

감마에 삽입할 수 있는 비디오 및 미디어(왼쪽)와 앱 및 웹페이지(오른쪽)

[AI로 수정하기]

감마에서는 AI를 이용하여 추가적인 편집이 가능합니다. 카드(슬라이드)에

마우스 커서를 올리면 다양한 메뉴가 나타납니다. 이 중 좌측 상단의 3개 아이콘 중 세 번째가 [AI로 수정] 기능입니다. 클릭해 볼까요?

놀랍습니다. 이렇게나 다양한 일이 가능하다고요? 맞춤법과 문법을 수정할 수도 있고, 이 슬라이드에 한정해서 텍스트를 길거나 짧게 만들 수도 있습니다. 더 구체적인 설명 요청도 가능하네요. 번역도 지원합니다. 레이아웃 변경, 이미지 추가도 문제없네요. 이 중 원하는 수정 메뉴가 없다면 채팅처럼 편하게 요청해도 됩니다.

다른 메뉴는 어떤 작업인지 대강 알겠는데, [시각적 효과를 높이기]는 어떤 기능일까요?

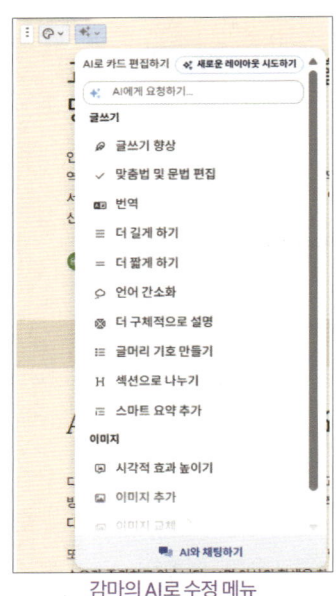

감마의 AI로 수정 메뉴

한번 해보겠습니다. 마침 이 슬라이드에는 밋밋한 표만 있고 아무런 시각 효과가 없어서 아쉬웠던 참입니다.

바로 결과가 나옵니다. 자동으로 각 사례에 맞는 이미지를 넣어주었네요. 상단 메뉴에서 원본(위)과 수정 버전(아래)을 비교해 볼 수 있고, 제안을 평가할 수도 있습니다. 마음에 드나요? [체크] 표시 버튼을 클릭해 확정하면 됩니다.

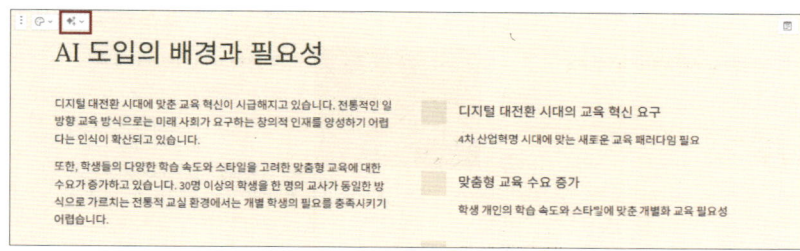

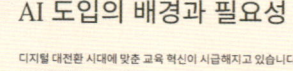

[발표자료 공유하기]

여럿이서 협업하고 있다면, 공동 작업을 하면 편리합니다. 모두의 피드백을 모아봅시다. 우측 상단 메뉴에서 [공유]를 클릭합니다. 온라인 실시간 협업을 원한다면 [협업] 메뉴를 선택하고, 이메일 주소로 협업자를 초대할 수 있습니다(다음 그림 왼쪽).

그렇지 않고 완성된 결과물만 필요하다면, PPT, PDF, PNG 파일 형식으로 다운로드할 수도 있습니다(다음 그림 오른쪽). [PowerPoint(으)로 내보내기] 옵션을 이용한다면 감마에서는 다소 어려웠던 다른 작업들을 파워포인트 프로그램에서 이어서 할 수도 있겠지요?

텍스트 입력으로 발표자료 만들기

앞서 본 대로 프레젠테이션을 처음부터 만들 때도 있겠지만, 보통은 혼자 또는 팀과 함께 조사하여 작성한 보고서/레포트는 갖고 있을 겁니다. 어떻게 보고서 작성까진 마쳤는데, 발표에 쓸 프레젠테이션까지 제작하기에는 시간이 촉박하다고 해봅시다. 그런 경우에는 감마에 텍스트를 입력하여 발표자료를 만들 수 있습니다.

[AI 만들기] 화면으로 돌아가, 좌측의 [텍스트로 붙여넣기] 타일을 클릭하세요. 그럼 [텍스트로 붙여넣기] 창이 열립니다. 마찬가지로 한 단계씩 같이 해봅시다.

① 먼저 어떤 콘텐츠를 생성할지 정합니다. 유형으로는 [프레젠테이션]이 기본 선택되어 있을 겁니다. 아래 흰 칸에 준비된 자료를 그대로 복사해 붙여넣으세요. (워드 문서나 텍스트 파일이라면 하단의 '파일을 가져올' 텍스트를 클릭해 통째로 첨부해도 됩니다). 텍스트가 많아도 알아서 잘 요약을 해주기 때문에 괜찮습니다. 개요가 있다면 개요를 넣어도 좋습니다. 여기서는 '인구 고령화가 경제에 미치는 영향 및 대응 방안'으로 제목을 정했고, 상세 목차는 대화형 AI로 생성했습니다.

② 다음은 입력한 텍스트로 어떤 작업을 수행할지 정합니다. 여러 옵션이 있는데,

이 중 [이 텍스트를 그대로 유지합니다]를 클릭하고, 그 아래 [프롬프트 에디터로 계속하기] 버튼을 눌러주세요.

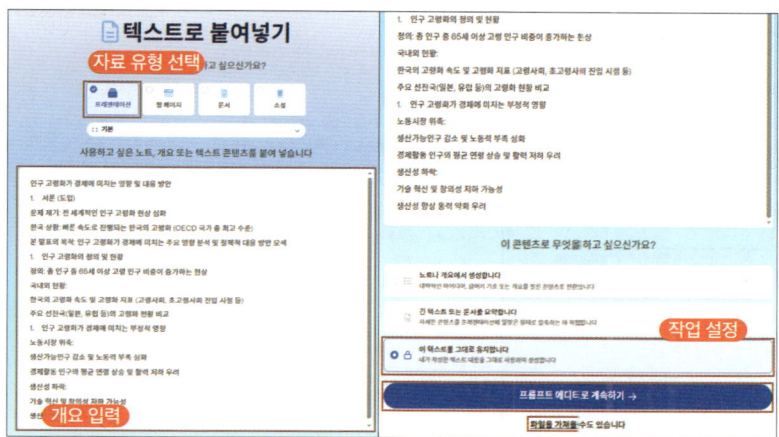

③ 그럼 [프롬프트 편집기] 화면이 나타납니다. 살펴보면 [생성]에서의 설정과 유사한 내용이 보일 겁니다. 우선 좌측 [설정] 영역에서는 텍스트 콘텐츠의 생성 방식, 출력 언어 등 프레젠테이션의 다양한 구성 요소를 상세하게 설정할 수 있습니다. [생성]에서와 같은 방식으로 [이미지] 출처를 정해주면 되며, [형식] 메뉴에서는 카드(슬라이드)의 크기를 설정할 수 있습니다.

우측 [콘텐츠] 영역에서는 앞서 입력한 자료를 기반으로 작성된 슬라이드 구성을 확인할 수 있습니다. 이때 [자유 형식]과 [카드별]의 2가지 옵션을 제공합니다. [자유 형식]의 경우, 완성된 개요를 입력했다면 그대로 노출되지만, 긴 문서 전체를 입력했을 때는 알아서 슬라이드 개요 형태로 요약해 보여줍니다. [카드별] 옵션에서는 각 카드에 어떤 내용이 들어갈지 정확하게 지정할 수 있으며, 드래그해 순서를 바꾸거나 새로 추가할 수도 있습니다. 여기서는 [자유 형식]으로 진행하겠습니다.

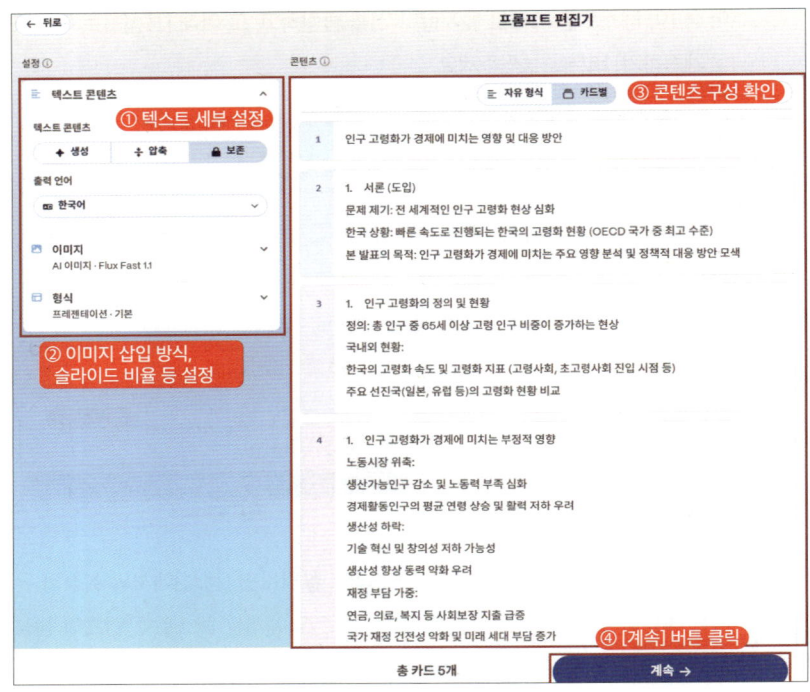

④ 모든 설정을 마친 후 [계속] 버튼을 누르면, 이전 방식과 동일하게 [테마 선택] 화면이 나옵니다. 원하는 테마를 골라서 [생성] 버튼을 눌러주면 끝입니다. (앞에서 설명한 과정과 동일하여 다시 설명하지 않겠습니다.)

이렇게 텍스트 개요를 활용해서 그림처럼 멋진 프레젠테이션을 만들어 보았습니다. 이제부터는 여러분이 가진 자료를 활용하여 감마에서 다양한 프레젠테이션 자료를 신속하게 제작해 보세요.

어설픈 스케치도 나만의 아이디어 작품으로! with 비즈컴

미술이나 디자인, 기술, 공학 등 다양한 과목에서 특정 제품이나 건축물 등을 스케치해본 경험이 있을 겁니다. 사실 스케치하는 것도 쉽지 않지만, 완성된 스케치를 활용해서 실제 제품처럼 색을 칠하거나 꾸미는 작업은 매우 어렵습니다. 시간이 많이 들 뿐만 아니라, 전문성이 없다면 이러한 일들은 거의 할 수가 없지요. 그렇다고 당장 전문가에게 의뢰하기에는 비용이 부담이 되는 경우도 많습니다.

하지만 생성형 AI의 발전에 따라, 이제 이러한 장벽을 넘을 수 있는 강력한 도구가 나타났습니다. 바로 비즈컴Vizcom이라는 AI 기반 스케치 렌더링 서비스입니다. 비즈컴을 활용하면 디자인 전용 소프트웨어나 렌더링 기술 없이도 여러분이 생각한 아이디어나 제품을 실제 모습으로 구현해볼 수 있습니다.

한번 접속해 봅시다. 포털 사이트에 'vizcom'을 검색하거나 vizcom.ai을 입력하면 됩니다. (우측 QR코드로도 접근 가능) 메인 화면(다음 그림 왼쪽)에서 [Get started(시작하기)] 버튼을 클릭해 시작합니다. 역시 회원가입은 필요합니다. 구글 계정이나 이메

일로 진행하면 됩니다.

처음 시작할 때는 우선 작업 공간인 워크스페이스를 만들어야 합니다. 이름을 정하고 같이 작업할 사람들에게 초대 이메일을 보내면 완료됩니다. 이 과정은 혼자 작업한다면 [Skip for now(건너뛰기)]를 클릭해 패스할 수 있습니다.

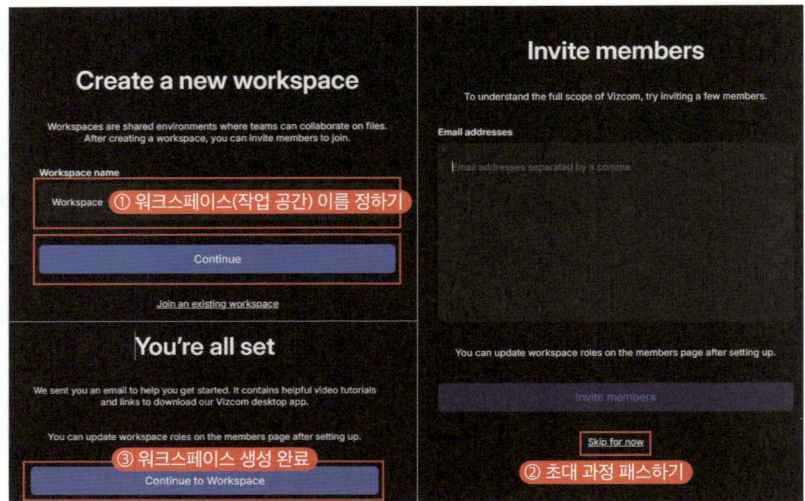

이제 준비가 모두 끝났습니다. 비즈컴은 프롬프트를 모두 영어로 입력해야 해서, 영어가 익숙하지 않은 사용자는 번역기를 활용해야 하는 불편이 있긴 합니다. 그럴더라도 비즈컴 사용은 생각보다 어렵지 않습니다. 우리가 넣을 것은 단지 스케치입니다. 그러면 금세 멋진 렌더링 이미지를 만들 수 있습니다. 지금 바로 해보겠습니다.

스케치 이미지로 렌더링하기

비즈컴의 작업 방식은 크게 2가지입니다. 첫 번째는 기존 스케치를 활용하는 것입니다. 그려둔 스케치가 있다면 그것을 파일로 만들어 올리면 되고, 없다면 웹 검색을 통해 다운받아서 활용할 수 있습니다. 두 번째는 아예 비즈컴상에 직접 마우스나 태블릿 펜으로 그림을 그리고 바로 렌더링으로 바꾸는 것입니다. 두 방법을 차례로 해보겠습니다. 우선 '스케치 올리기'부터입니다.

① 다음은 처음 생성된 워크스페이스의 모습입니다. 여기서부터 시작합니다. 우측 상단의 [New file(새 파일)] 버튼을 클릭해 보세요. [Files] 아래 [Create New File(새로 만들기)] 타일을 클릭해도 됩니다.

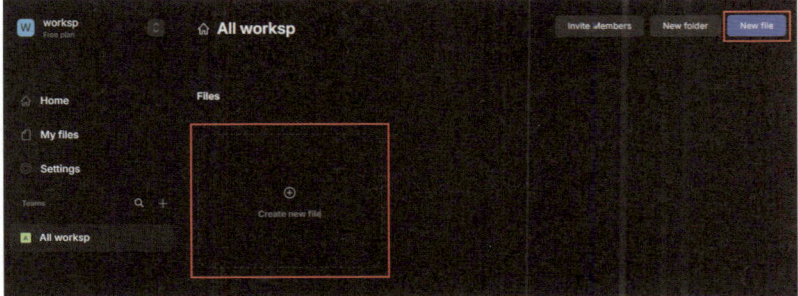

② 그러면 [Welcome To Vizcom(비즈컴에 오신 것을 환영합니다)] 팝업창이 뜹니다. 위칸에 만들고자 하는 프로젝트 이름을 결정하여 입력하고, [Start in studio(스튜디오에서 시작하기)]를 눌러 주세요. 그럼 이어서 [Studio(스튜디오)] 팝업창이 나타납니다. 3가지 중 원하는 이미지 사이즈를 결정하고, [Upload an image(이미지 올리기)] 버튼을 누릅니다.

③ 이미지를 업로드할 수 있도록 탐색기 창이 열립니다. 스케치 이미지를 찾아 [열기] 버튼을 클릭해 올려주면 됩니다. 필자는 'Dall-E 3'로 '스마트 스탠드' 스케치 이미지를 생성해서 준비했습니다.

④ 다음은 스케치 이미지를 비즈컴에 업로드한 모습입니다. 좌측에는 [Layers(레이어)] 패널이, 중앙에는 업로드한 이미지가, 우측에는 렌더링 생성에 필요한 [Create(생성)] 패널이 있습니다. [Prompt(프롬프트)] 탭을 보면, 자동으로 올린

이미지에 해당하는 프롬프트가 생성된 것을 볼 수 있습니다. 이 프롬프트는 직접 수정해도 좋고, 다른 대화형 AI에 넣어 보완해도 좋습니다.

필자는 대화형 AI를 통해 스케치 이미지를 설명하는 프롬프트를 다음과 같이 새롭게 생성했습니다.

> A sleek, minimalist dual device stand made of brushed metal. The stand holds both a tablet and a smartphone, each with a clock display, in portrait orientation. The metallic finish is silver, with soft, rounded edges for a modern look. The stand has rubberized feet to prevent slipping, and the devices are held at a slight angle for easy viewing.

⑤ [Create(생성)] 패널의 다른 항목들에서는 렌더링 작업의 세부 사항을 설정할 수 있습니다. 우선 [Style(스타일)] 탭-[Palette(팔레트)]를 클릭하면 여러 가지 렌더링 스타일이 보입니다. 만들고자 하는 렌더링을 고려해 적절한 것을 선택하면 됩니다. 만약 렌더링에 참조할 수 있는 이미지가 있다면 아래 [Image(이미지)]에 업로드하세요. 그럼 비즈컴은 이 이미지를 참조하여 결과물을 생성합니다.

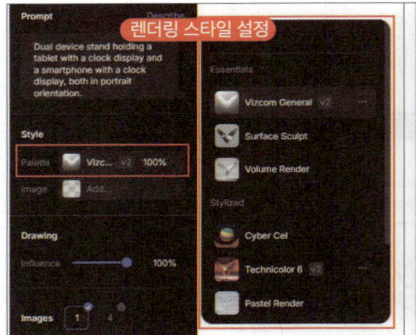 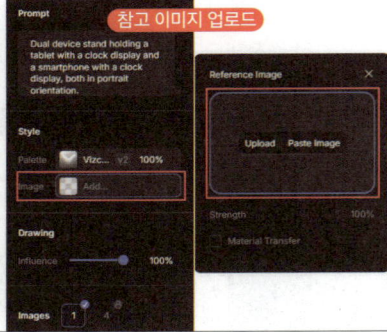

⑥ 기능을 익혔으니, 이제 렌더링 설정을 하겠습니다. 앞서 생성한 프롬프트를 [Create(생성)] 패널의 [Prompt(프롬프트)] 칸에 붙여넣습니다. [Palette(팔레트)]는 기본인 'Vizcom General(비즈컴 제너럴)'을 사용하고, 참조 이미지는 따로 넣지 않습니다.

아래 [Drawing(드로잉)] 탭-[Influence(인플루언스)] 수치는 70%로 설정합니다. 이 숫자는 'AI의 자유도'로, 100%에 가까울 때 AI는 입력한 프롬프트에 최대한 가까운 결과물을 생성하지만, 반대로 0%에 가까워질수록 엄청난 창의력을 발휘하게 됩니다. 대략 70~80% 정도로 두는 편을 추천하지만, 창의적인 작품을 원한다면 0%쪽으로 설정해 보세요.

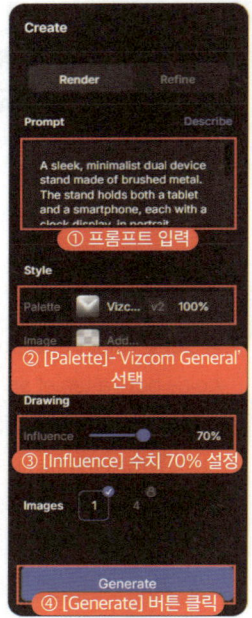

⑦ 다되었습니다. 마지막으로 [Generate(생성하기)] 버튼을 누르면 렌더링이 진행됩니다.

근사한 스마트 스탠드가 완성되었습니다. 스케치 이미지만으로 몇 초 만에 이 정도의 렌더링 이미지가 만들어진다니, 정말 멋지지 않나요?

직접 그려서 렌더링하기

이번에는 비즈컴에 직접 그리는 방식으로 렌더링을 해보도록 하겠습니다.

① 다시 새 프로젝트를 만듭니다. 이번에는 [Studio(스튜디오)] 팝업창에서 [Upload an image(이미지 올리기)]를 이용해 이미지를 업로드하는 대신, [Create(생성)] 버튼을 바로 클릭해 주세요.

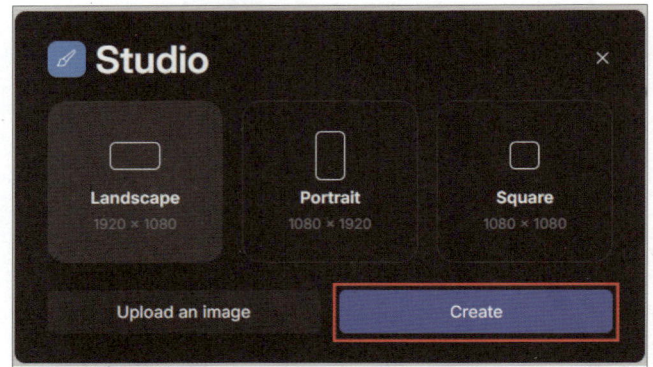

② 다음처럼 빈 스튜디오가 나타납니다. 이전에는 [Layers(레이어)] 패널에 업로드한 이미지만 있었지만, 지금은 '배경Background'과 'Layer1' 2개가 있는 모습이 눈에 띄네요.

③ 이제 상단 툴바에서 '브러시' 툴을 선택하여 직접 그림을 그릴 수 있습니다. 우리가 많이 사용해본 그림판과 비슷하게, 마우스로 간편하게 그리면 됩니다. (팁 하나! [Shift] 키를 누르며 드래그하면 직선을 쉽게 그릴 수 있습니다.) 원한다면 툴바 세부 설정에서 브러시의 굵기나 압력을 조정하고 색을 변경할 수 있으며, 원하는 도형을 직접 추가해도 됩니다.

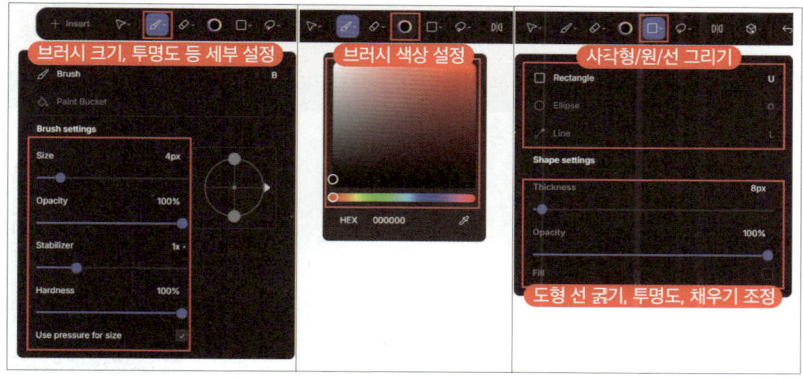

④ 이전에 만들었던 스마트 스탠드를 직접 그려보았습니다. 필자도 그림 실력이 많이 부족하긴 하지만, 비즈컴만 거치면 이런 단순한 그림도 얼마든지 멋진 작품으로 재탄생할 수 있습니다.

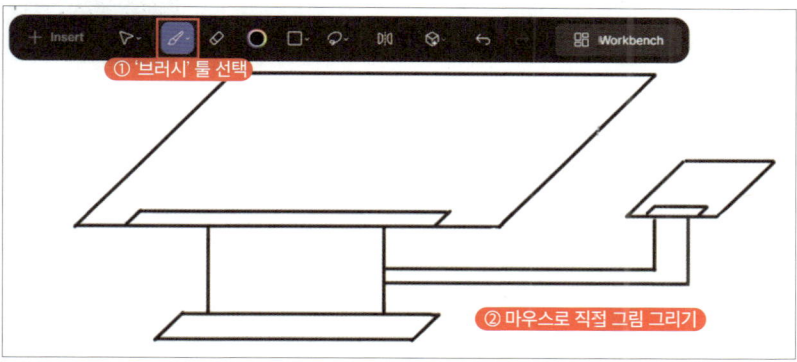

⑤ 웹상의 유사 그림판(?)에 원하는 그림을 완성했다면, 앞서와 동일한 방식으로 렌더링을 진행합니다. 팔레트는 'Vizcom General', 인플루언스는 70%로 설정하였으며, 프롬프트는 다음과 같이 입력했습니다. 프롬프트를 직접 고민해도 좋지만, 영어이기도 한 만큼 대화형 AI를 활용하는 것이 더 좋습니다.

> A metallic dual device stand in a classic style. The stand is made from polished metal with a sleek, silver finish, and accented with deep brown leather padding to add a touch of elegance. The stand provides ergonomic

support with a slightly raised backrest for both devices.

⑥ [Generate(생성하기)] 버튼을 클릭하고 잠시 기다린 모습입니다. 다시 한번 멋진 렌더링이 완성되었습니다.

어떤가요? 생각보다 어렵지 않습니다. 부족한 그림 실력 때문에 평소 시각화 구현에 자신이 없었다면, 비즈컴의 도움을 적극 고려해 보시기 바랍니다.

기업에 따라 변신하는 AI 자기소개서 전문가

학생들이 취업 준비를 할 때 가장 많은 시간과 노력을 들이는 일 중 하나가 자기소개서 작성입니다. 기업마다 다른 형식과 요구사항에 맞춰 여러 버전의 자기소개서를 작성해야 하지요. 이로 인해 정작 중요한 면접 준비나 직무 관련 역량 향상을 위해 투자할 시간이 부족해지곤 합니다.

하지만 이제는 걱정을 덜어도 됩니다. 구글 젬Gem이 있기 때문이죠. 제미나이Gemini의 하위 서비스 중 하나인 Gem은 일종의 응용 프로그램으로서, AI 기술을 활용하여 반복되는 프롬프트를 자동화할 수 있는 서비스입니다. 챗GPT의 '나만의 GPT'와 유사한 이 도구를 사용하면 자기소개서 작성에 들이는 시간과 노력을 크게 줄일 수 있습니다.

구글 Gem은 다음 주소 gemini.google.com/gems/view를 입력하여 접속할 수 있습니다(옆 QR코드로도 접근 가능). 그럼 이제 구글 Gem을 활용하여 어떻게 효율적으로 자기소개서를 작성하고 취업 준비의 효율성을 높일 수 있는지 알아보겠습니다.

Gem으로 나만의 자기소개서 생성하기

구글 제미나이Gemini에 접속하면, 좌측에 [Gem 관리자]라는 메뉴가 있습니다. 구글에서 제공하는 여러 종류의 Gem을 모아둔 메뉴로, '코딩 파트너', '브레인스토밍 도우미' 등 다양한 Gem이 제공됩니다. 이 중 원하는 Gem을 골라서 활용하면 됩니다. 아직 GPT 스토어처럼 다양하지는 않지만 필요한 것들이 계속 업데이트되고 있습니다.

다만 [Gem 관리자]는 제미나이 유료 버전인 '제미나이 어드밴스드 Gemini Advanced' 전용이므로, 사용을 위해서는 업그레이드를 해야 합니다. 경우에 따라 첫 달 무료 체험이 가능하니, 한번 확인해 보시길 바랍니다. 여기에서는 제미나이 어드밴스드를 이용 가능하다고 가정하고 진행하겠습니다.

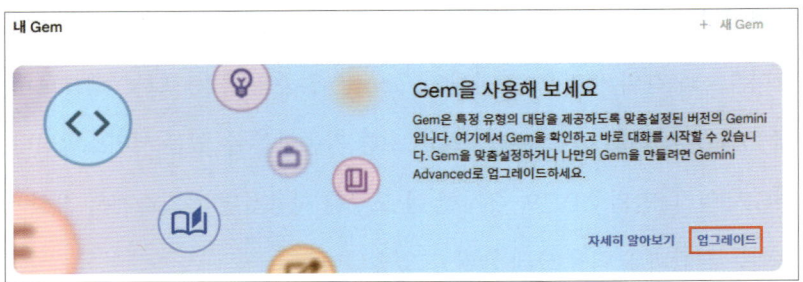

[Gem 관리자]를 이용하면 구글에서 제공하는 Gem은 물론이고, 나만의 Gem도 만들어서 사용할 수 있습니다. 이 기능을 이용해 나 대신 여러 버전의 자기소개서를 생성해줄 '나만의 자기소개서 만들기' Gem을 제작할 수 있습니다. 한 단계씩 함께 해봅시다.

① 제미나이 어드밴스드 메인 화면에 진입합니다. Gem 제작을 위해서는 우선 좌측 메뉴의 [Gem 관리자]를 클릭하고, 바뀐 화면에서 [+ 새 Gem] 버튼을 눌러주세요.

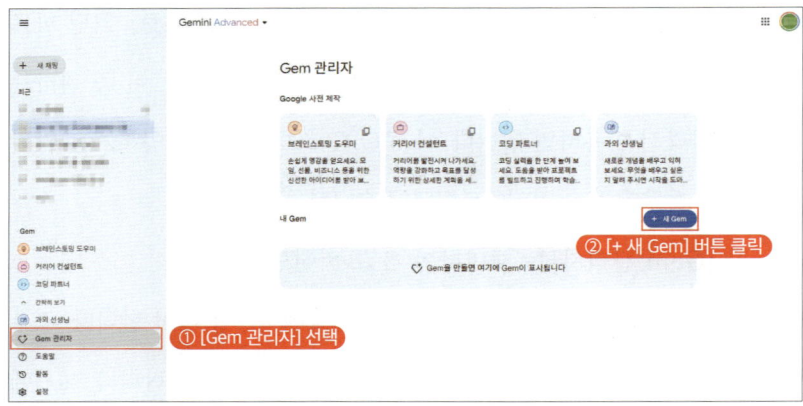

② 다음은 Gem 이름과 요청 사항을 입력하는 단계입니다. 이름은 '기업별 자기소개서 생성 도우미'로 지었습니다. 요청 사항은 '목표'와 '생성될 프롬프트 스타일'로 구분했으며, 대화형 AI를 활용하여 생성했습니다. 요약하면 기업명과 간단한

자기소개를 넣으면 기업별로 맞춤형 자기소개서를 작성해 달라는 내용이며, 우리가 원하는 내용을 충실히 담고 있습니다. 여기까지 마쳤으면, 우측 상단의 [저장] 버튼을 누릅니다.

그러면 버튼 텍스트가 [업데이트]로 변경되고, 우측 [미리보기]에는 생성한 Gem의 테스트를 해볼 수 있는 프롬프트 입력창이 생성됩니다. 여기에 간단히 테스트를 하여 결과를 미리 확인해 볼 수 있으며, 결과에 따라 다시 요청 사항을 수정할 수도 있습니다. 요청 사항을 수정했다면, 꼭 [업데이트] 버튼을 눌러 반영하는 것을 잊지 말도록 합시다.

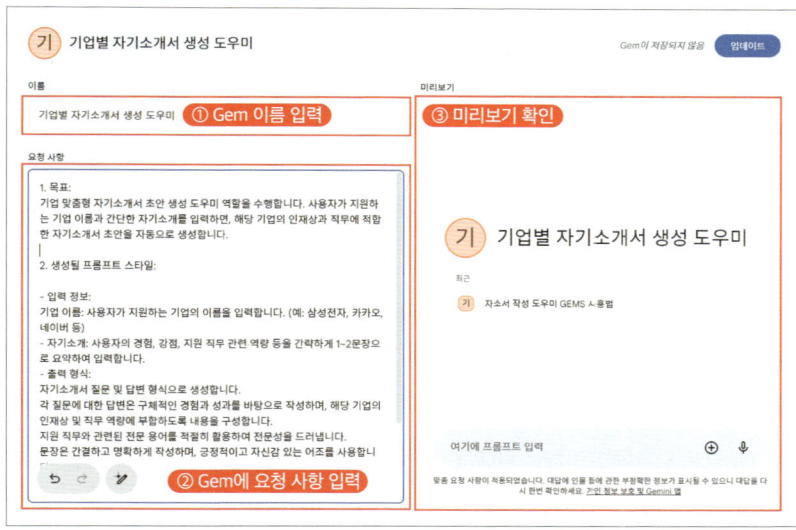

③ 여기서는 별다른 수정을 하지 않고 앞 그림의 [미리보기]대로 Gem을 완성했습니다. 아주 간단히 완성되었지요?

이제 자기소개서를 수정하려고 몇 번이고 유사한 프롬프트를 입력하지 않아도, 간단히 해결할 수 있게 되었습니다. 잘되는지 한번 해보겠습니다.

01 학생의 AI 리터러시

① [Gem 관리자] 메인 화면으로 돌아오면, [내 Gem] 항목에 저장된 Gem이 보입니다. '기업별 자기소개서 생성 도우미' Gem을 실행합니다.

② 하단의 [여기에 프롬프트 입력] 창에 다음 프롬프트를 입력해 보겠습니다.

> 기업 이름: 현대자동차
> 자기소개: 자동차에 대한 열정과 뛰어난 협업 능력을 바탕으로 현대자동차의 미래 모빌리티 개발에 기여하고 싶은 지원자입니다. 대학 시절 자율주행 자동차 동아리 활동을 통해 실제 차량 개발 프로젝트에 참여하며 기술적 역량을 키웠습니다.

③ 금세 오른쪽 그림처럼 현대자동차 지원자의 염원을 담은 자기소개서가 완성되었습니다. 한번 읽어볼까요?

프롬프트에서 제공한 정보가 매우 간단함에도 불구하고 채용해야 하는 이유, 직무 분야에 대한 준비 과정, 성장 과정 및 학창 시절 등 아주 상세한 자기소개서를 잘 작성해 주었습니다. 혹시 원하지 않는 내용이 나왔다면 프롬프트를 조금 수정하여 다시 만들어도 되고, 내용을 직접 수정해도 좋습니다.

기업별 자기소개서 생성 도우미 • 사용자설정 Gem

현대자동차 자기소개서 초안

1. 현대자동차에 지원하게 된 동기와 현대자동차가 귀하를 채용해야 하는 이유를 서술해 주십시오.

어릴 적부터 자동차는 저에게 단순한 이동 수단 이상의 의미였습니다. 특히 현대자동차는 혁신적인 기술과 디자인으로 세계 시장을 선도하며, 저에게 꿈과 열정을 심어주었습니다. 대학 시절 자율주행 자동차 동아리 활동을 통해 실제 차량 개발 프로젝트에 참여하며, 자동차 산업에 대한 이해도를 높이고 기술적 역량을 키웠습니다. 특히, 팀원들과의 협업을 통해 목표를 달성하는 과정에서 뛰어난 협업 능력과 문제 해결 능력을 발휘했습니다. 현대자동차의 미래 모빌리티 개발에 대한 열정과 끊임없이 배우고 성장하려는 의지를 바탕으로, 혁신적인 기술 개발에 기여하고 싶습니다.

2. 귀하가 지원한 직무 분야에 대한 지원 동기와 해당 직무 분야를 위해 어떤 노력과 준비를 해 왔는지 구체적으로 서술해 주십시오.

자율주행 자동차 동아리 활동을 통해 쌓은 기술적 역량과 협업 경험을 바탕으로, 현대자동차의 미래 모빌리티 개발에 기여하고 싶습니다. 특히, 센서 융합, 차량 제어, 인공지능 등 자율주행 시스템의 핵심 기술에 대한 깊이 있는 이해를 바탕으로, 안전하고 효율적인 자율주행 시스템 개발에 참여하고 싶습니다. 또한, 사용자 경험을 고려한 편리하고 혁신적인 모빌리티 서비스 개발에도 기여하고 싶습니다. 이를 위해 관련 분야 전문 서적 탐독, 온라인 강의 수강, 프로그래밍 능력 향상 등 꾸준히 노력해왔습니다.

3. 귀하의 성장 과정과 학창 시절에 대해 간략하게 기술해 주십시오.

어린 시절부터 호기심이 많고 새로운 것에 도전하는 것을 즐겼습니다. 특히, 자동차에 대한 관심은 대학 시절 자율주행 자동차 동아리 활동으로 이어졌습니다. 동아리 활동을 통해 팀원들과 함께 차량을 개발하고, 다양한 문제 상황에 대처하며 협업 능력과 문제 해결 능력을 키웠습니다. 또한, 학업에도 충실하며 전공 지식을 쌓았고, 다양한 교내외 활동을 통해 넓은 시야를 갖추기 위해 노력했습니다.

4. 현대자동차의 핵심가치 중 하나를 선택하여, 귀하가 해당 가치를 실천했던 경험을 구체적으로 작성해 주십시오.

현대자동차의 핵심가치 중 '도전' 정신은 제가 가장 중요하게 생각하는 가치입니다. 자율주행 자동차 동아리 활동 당시, 예상치 못한 기술적 문제에 직면했을 때 포기하지 않고 팀원들과 함께 끊임없이 해결 방안을 모색하며 문제를 해결했습니다. 이러한 경험을 통해 어려운 상황에서도 긍정적인 태도로 도전하고, 혁신적인 해결 방안을 찾아내는 능력을 키웠습니다. 현대자동차에서도 '도전' 정신을 바탕으로 끊임없이 배우고 성장하며, 미래 모빌리티 산업을 선도하는 데 기여하고 싶습니다.

이제 여러 기업의 자기소개서도 일일이 수정할 것 없이 Gem 하나면 너무나 손쉽게 작성할 수 있겠죠? 이제 여러분만의 Gem을 다양한 분야에 대해 만들어보고 활용해 보세요.

모의면접을 함께 할 도우미 앱도 노코드로! with 겟지피티

취업, 대학원 진학, 인턴십 등 인생의 중요한 순간마다 우리는 면접을 마주하게 됩니다. 이럴 때 가장 큰 고민은 무엇일까요? 바로 예상 질문과 그에 맞는 멋진 답변을 준비하는 것이죠. 각 분야와 상황에 맞는 다양한 질문을 예측하고, 거기에 적절한 답변을 준비하는 일은 정말 막막하고 시간도 많이 걸립니다. 면접 준비 책을 사거나 온라인 강의를 들어봐도 나의 상황에 딱 맞는 질문과 답변을 찾기는 쉽지 않습니다.

이제는 이런 고민에서 벗어날 수 있게 되었는데요, 겟지피티GetGPT라는 서비스를 활용하면 됩니다. 여러분이 원하는 스타일로 면접 도우미 앱을 만들 수 있습니다. 이 앱에 면접 준비 정보를 입력하면, 빠르게 다양한 면접 질문과 예시 답변을 결과물로 만들어줄 것입니다.

일단 겟지피티에 접속해 봅시다. 'getgpt'를 검색하거나 getgpt.app 주소를 입력하세요. (옆 QR코드로도 접속 가능) 메인 화면은 [마켓플레이스]로 다양한 프로그램/챗봇이 배포되고 있습니다. 이용하려면 당연히 로그인/회원가입은 필요합니다. 우측 상단의 [로그인] 버튼을 클릭하세요. 구글/카카오/네이버 계정 혹은 이메일로 가입할 수 있습니다.

준비는 끝났습니다. 지금부터 면접 도우미 앱을 겟지피티를 활용해 손쉽게 개발해 보겠습니다.

'여러분의 면접을 도와드립니다' 앱 개발하기

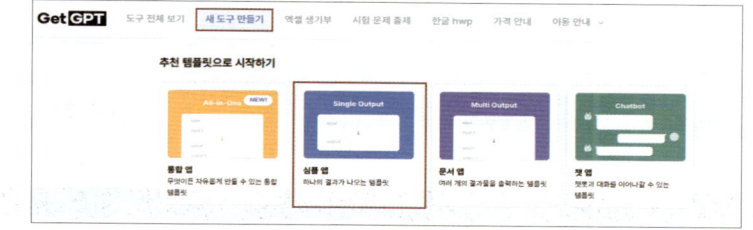

겟지피티의 [새 도구 만들기] 탭을 클릭하세요. 여러 템플릿을 사용하여 앱 개발을 시작할 수 있습니다. 우리는 하나의 결과가 나오는 [심플 앱] 템플릿으로 시작하겠습니다.

심플 앱에 속한 여러 하위 템플릿이 나타납니다. 이때는 바로 [빈 템플릿]을 선택하면 됩니다.

01 학생의 AI 리터러시   283

심플 앱을 제작하기 위해서는 총 4개 스테이지를 거쳐야 합니다. 전혀 어렵지 않습니다. 각 스테이지별로 겟지피티가 요청하는 정보를 입력하고, [다음] 버튼을 눌러 넘어가면 됩니다. 어떻게 진행되는지, 화면과 함께 천천히 알아보겠습니다.

① [스테이지 1. 기본정보]

가장 먼저 앱의 이름(제목)을 정하고, 앱이 어떤 기능을 하는지 설명을 구체적으로 입력합니다. 완성한 앱은 다른 사람들에게 공유도 가능합니다. 내가 만든 앱이 잘 사용되려면, 제목과 설명을 잘 써야겠죠?

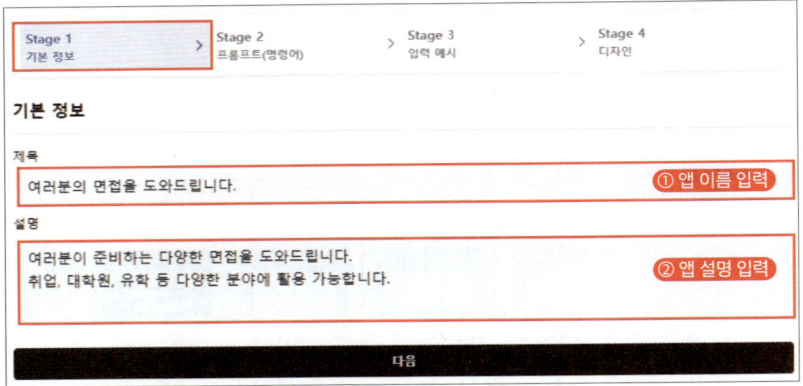

② [스테이지 2. 프롬프트(명령어)]

앱의 작동을 구성하는 단계입니다. 상단의 [사용자 입력 칸]과 하단의 [논리 구성]으로 이루어져 있습니다. [사용자 입력 칸]이 사용자에게 보여질 부분이고, [논리 구성]이 화면 뒤에서 AI가 할 작업이라고 생각하면 쉽습니다.

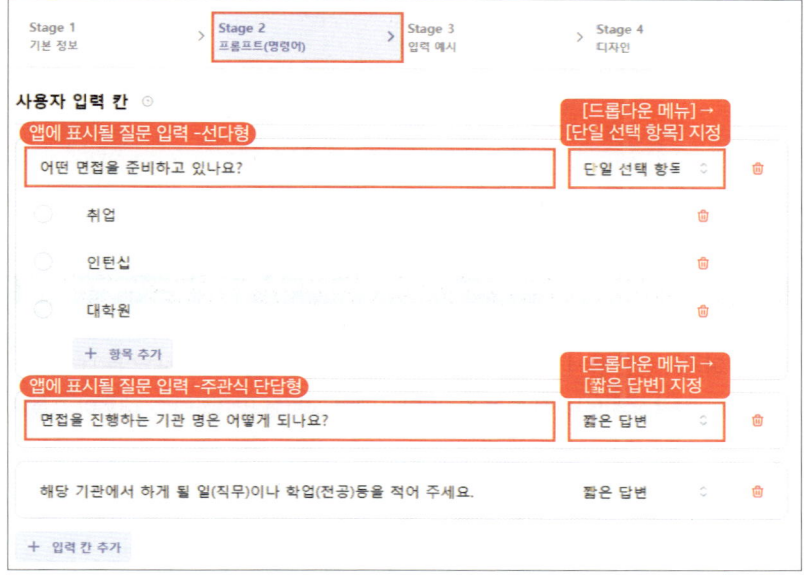

우선 [사용자 입력 칸]에 앱을 통해 사용자에게 할 질문을 입력해야 합니다. 면접 도우미 앱이므로, 어떤 면접을 준비하고 있는지, 면접 진행 기관은 어디인지, 해당 기관에서 하게 될 직무나 학업은 무엇인지 등 3가지 질문을 준비했습니다.

오른쪽 드롭다운 메뉴에서는 사용자의 답변 형식을 선택할 수 있습니다. 짧은 답변, 문장, 단일 선택 항목, 다중 선택 항목 그리고 파일까지 총 5가지 형식입니다.

이때 '단일 선택 항목'을 선택하면 질문은 선다형 문항이 되어 사용자는 여러 선택지 중 하나를 고르게 됩니다(복수 답안을 허용하려면 '다중 선택 항목'으로 설정). '짧은 답변'을 선택하면 주관식 단답으로 답변하게 됩니다.

③ 질문을 다 입력했다면, 하단의 [논리 구성]을 채울 시간입니다. 가장 중요한 부분입니다. 앞에서 [사용자 입력 칸]에 넣은 내용들을 잘 조합하여 대화형 AI에게 프롬프트를 대신 전달해 주는 곳이라고 생각하면 됩니다.

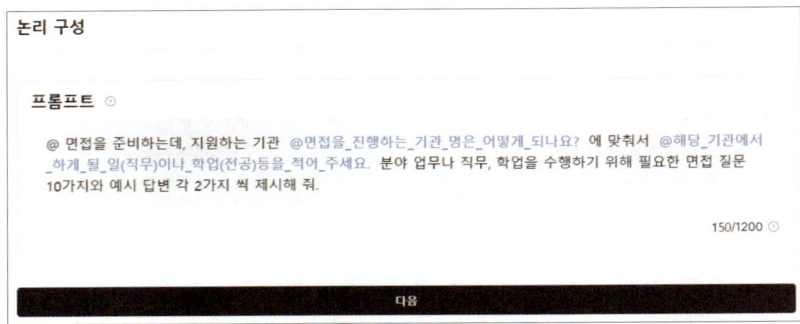

여기서 팁은 앞서 입력한 '[사용자 입력 칸]'의 정보와 잘 매칭시키는 데 있습니다. 사용자가 [사용자 입력 칸]에 면접 관련 정보를 입력하면 그 내용이 프롬프트로 넘어와야 하기 때문입니다.

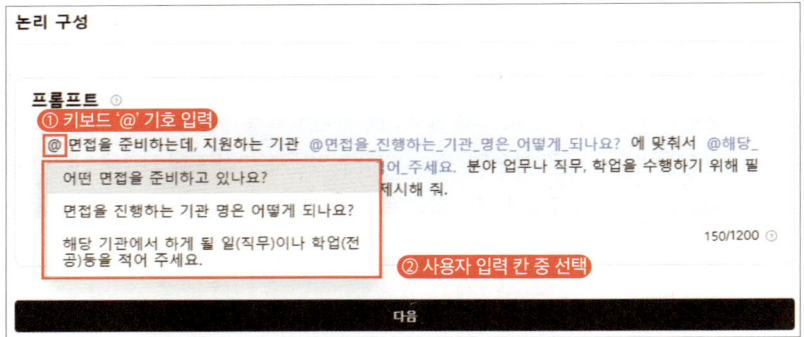

그러기 위해서는 '@' 기호를 활용합니다. 프롬프트 창에 '@'를 입력하면, 앞서 만든 [사용자 입력 칸]의 해당 내용이 표시됩니다. 그것 중 하나를 선택하여 그림과 같이 프롬프트를 구성하면 됩니다. (그 프롬프트가 예시로 입력되었다고 가정하고 하면 훨씬 쉽습니다.)

④ [스테이지 3. 입력 예시]

챗봇 형식의 앱 특성상, 사용자들이 처음 앱을 만났을 때 뭘 입력해야 할지 고민하며 헤매기 쉽습니다. 그러지 않도록 미리 예시를 주어, 테스트를 해볼 수 있도록 도움을 주는 것입니다. 옵션이므로, 반드시 입력하지 않아도 완성하는 데에는 아무 지장이 없습니다.

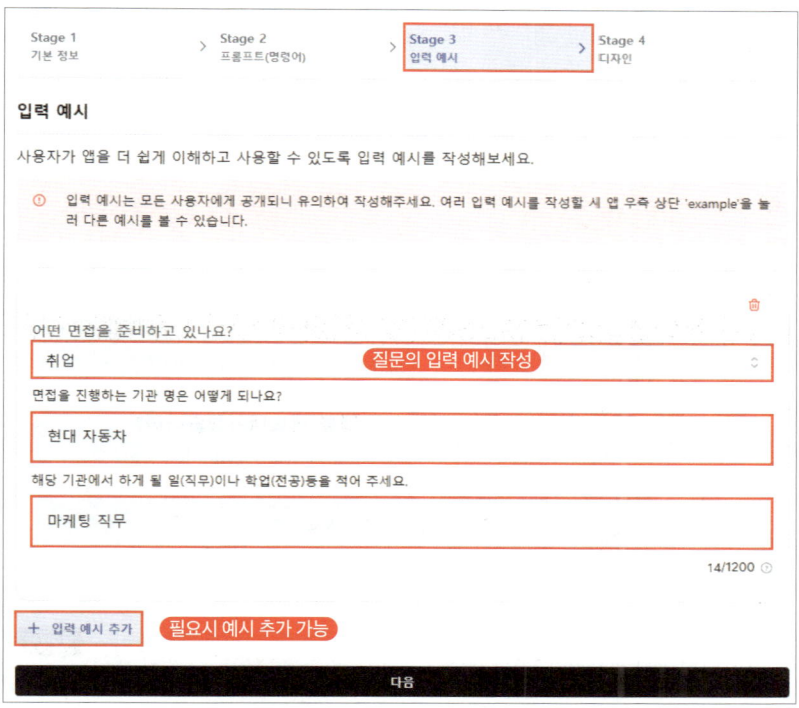

⑤ [스테이지 4. 디자인]

마지막으로 앱의 외관을 꾸밀 차례입니다. 대표 이미지를 설정할 수 있습니다. 간단하게 하려면 제공된 이모지 중 하나를 선택하면 되고요, 원하는 이미지가 있다면 업로드하여도 좋습니다. 전체적인 앱 색상 변경도 가능하며, 실행 버튼의 텍스트도 쉽게 변경이 가능합니다.

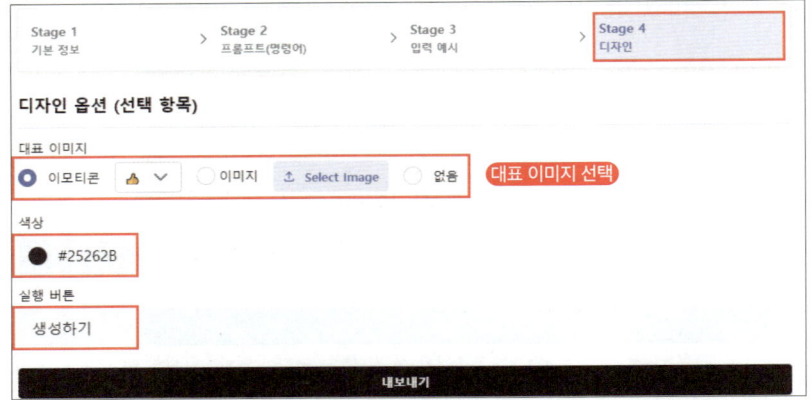

⑥ 여기까지 완료하였으면, 마지막으로 하단 [내보내기] 버튼을 눌러주세요. [앱을 내보내시겠습니까?] 팝업창이 뜹니다. 공개 범위는 '전체 공개', '링크가 있는 모든 사용자', '비공개' 3가지입니다. 어느 하나를 선택해 [내보내기] 버튼을 다시 클릭하면 끝입니다.

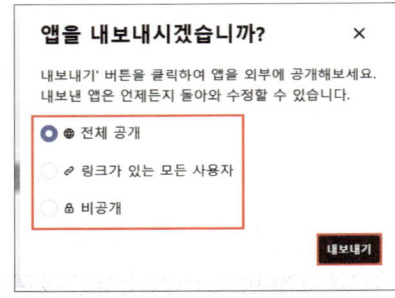

짜잔! '여러분의 면접을 도와드립니다.'라는 앱이 몇 분만에 만들어졌습니다. 궁금하시다면 직접 사용해 보실 수 있습니다. 우측 QR코드를 찍어보세요.

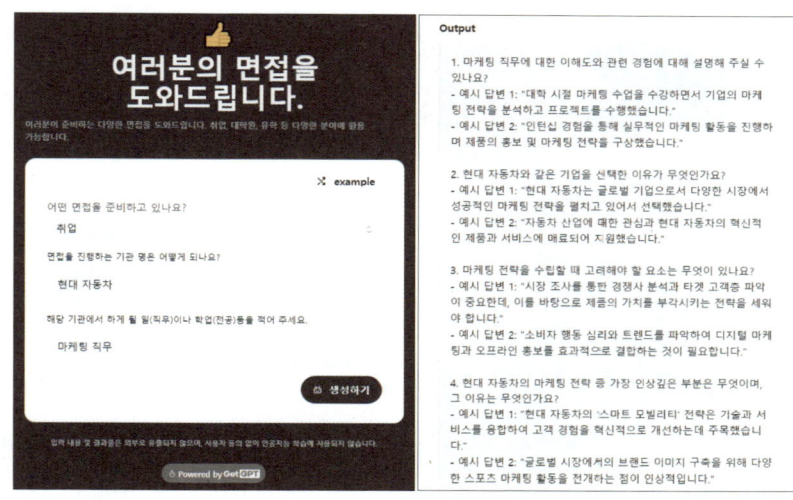

이제 면접 준비도 어렵지 않게 할 수 있겠네요. 여러분도 한번 만들어서 사용해 보시죠!

02 직장인의 AI 리터러시

직장인들의 하루는 너무나 치열합니다. 끊임없이 쏟아지는 이메일 응대와 회의 참석은 기본이고, 보고서 작성, 데이터 분석, 프로젝트 관리까지…… 근무 시간은 항상 부족하기만 합니다. 업계 트렌드 파악과 새로운 스킬 습득, 인맥 관리 등, 자기 개발도 게을리할 수 없지요. 이렇게 쌓여가는 업무와 자기 개발 사이에서 우리는 항상 시간에 쫓기곤 합니다.

하지만 AI 서비스들을 적절하게 활용한다면, 업무 효율 제고와 성과 창출에 획기적인 도움이 됩니다. 복잡한 엑셀 데이터를 분석하느라 많은 시간을 소비하지 않고, AI에게 먼저 인사이트를 추출하게 한 뒤 검토하고 보완하면 어떨까요? 기획안이나 보고서도 백지 상태에서 시작하기보다는 AI의 초안을 토대로 수정하고 발전시켜 나간다면 훨씬 빠르게 완성할 수 있습니다. 해외 거래처와의 의사소통도 AI를 활용하여 더욱 수월해지고, 시장 조사나 경쟁사 분석도 더욱 정교하게 진행할 수 있을 것입니다.

이렇듯 지금 이 순간에도 전 세계의 비즈니스 현장에서는 AI가 많은 역할을 하고 있습니다. 단순 반복 업무부터 복잡한 의사결정까지, AI는 이제 현대 직장인의 필수 도구가 되어가고 있죠. 마치 과거 컴퓨터와 이메일이 그랬던 것처럼, AI는 우리의 업무 방식을 더 스마트하고 효율적으로 변화시킬 것입니다. 이제 AI를 우리의 든든한 업무 파트너로 받아들일 시간입니다. 매일 밤 야근하며 고군분투하는 대신, AI와 함께라면 사람만이 할 수 있는 더 창의적이고 가치 있는 일에 집중할 수 있을 테니까요.

회의 중 메모는 그만, 이제는 AI에게 맡기세요 with 다글로

과거 직장인들에게 회의록 정리는 매우 소모적이고 시간이 많이 드는 업무였습니다. 모든 회의 내용을 녹음하고, 다시 들어보며 중요한 내용을 선별하여 정리하는 과정은 많은 노력과 집중력을 요구했죠. 회의록 정리에 바빠 다른 중요한 업무에 시간을 할애하기 어려웠고, 추후에 작성하다 보니 때로는 핵심 내용을 빠트리는 경우도 있었습니다.

이제는 회의에서 발언을 경청하고 생산성 있는 의견을 내는 데만 집중하셔도 됩니다. 회의록 작성은 다글로Daglo가 해줄 테니까요. 다글로는 AI 기술을 활용하여 회의 내용을 자동으로 녹음하고 텍스트로 변환한 뒤, 핵심 내용을 요약해주는 서비스입니다. 회의 참석자들은 회의에 더 집중할 수 있고, 서기 업무 담당자는 회의록 정리에 들이는 시간과 노력을 크게 줄일 수 있어 모두가 윈-윈하는 결과가 될 것입니다.

우선 다글로에 접속해 봅시다. 포털 사이트에 '다글로'를 검색하거나 daglo.ai를 입력하면 됩니다(우측 QR코드로도 접근 가능). 다음과 같은 메인 화면이 뜹니다. [다글로 시작하기]나 우측 상단 [로그인] 버튼을 클릭해서 회원가입을 먼저 진행해 주세

요. 카카오를 비롯해 네이버, 구글, 애플 등 여러 소셜 계정과 연동되며, 이메일 계정으로도 가입할 수 있습니다.

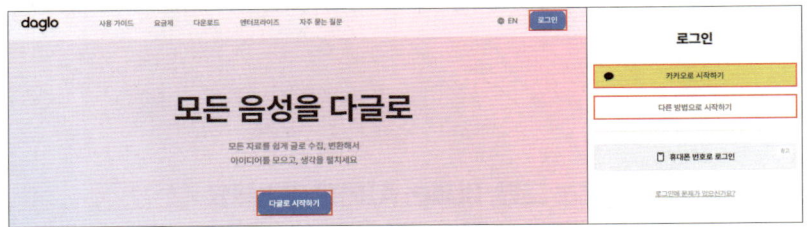

다글로를 이용하려면 우선 이용약관에 동의해야 합니다. 선택 항목의 경우 다소 민감할 수 있는 내용을 포함하고 있으므로, 꼼꼼히 읽어보시기 바랍니다. 다음으로는 이름을 물어보는데, 일종의 닉네임 개념입니다. 꼭 본명을 입력할 필요는 없습니다. [가입하기] 버튼을 누르면 가입은 완료됩니다. 마지막으로 다글로 사용 목적을 알려주면 끝입니다. 회의록이 필요하니, [회의록 작성]을 선택합시다.

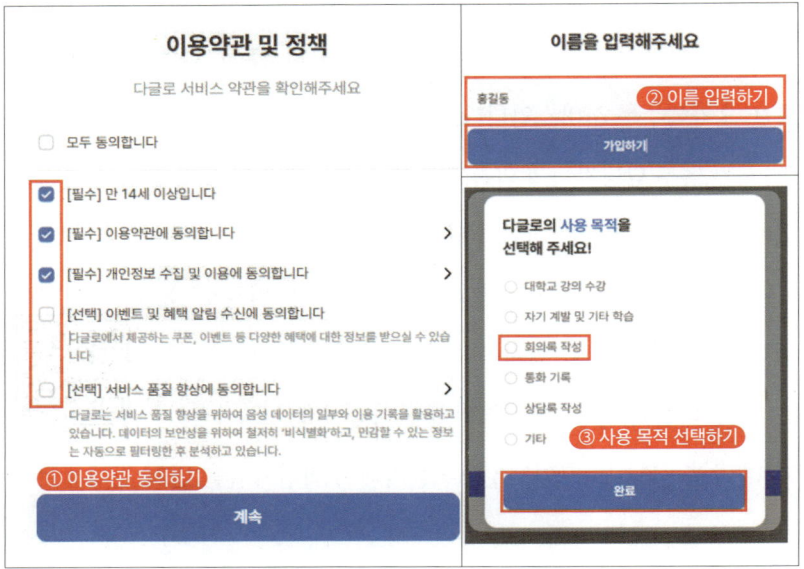

그럼 다글로가 사용자의 목적에 맞추어 자동으로 가이드를 제공해 줍니다. 건너뛰셔도 되지만, 한번 쭉 살펴보면 도움이 될 겁니다. 이제 준비는 마쳤습니다. 그럼 본격적으로 다글로를 활용하여 어떻게 효율적으로 회의록을 작성하고 관리할 수 있는지, 그리고 이를 통해 업무 생산성을 어떻게 높일 수 있는지 알아보겠습니다.

회의 음성 파일 업로드하기

회의록 작성, 즉 텍스트 추출을 위해서는 원본이 될 음성 파일이 필요합니다. 일단 회의에 성심성의껏 참여하되, 스마트폰의 녹음 기능을 쭉 켜두세요. 회의가 끝나면 회의 전체가 녹음된 음성 파일이 생겼을 겁니다. 이제 다글로에서 다음 순서에 따라 회의록을 작성해 봅시다.

① 다글로에서는 음성 파일 하나를 분석하고 저장하는 공간을 '보드'라고 부릅니다. 메인 화면에서는 현재까지 만든 전체 보드를 목록으로 한눈에 보여줍니다. 좌측에 있는 메뉴는 중요 보드를 모아 보거나 폴더별로 보드를 관리할 수 있게 해줍니다. 하단에는 남은 이용 시간이 표시됩니다. 무료 플랜인 경우 한 달 동안 총 10시간의 음성 파일을 받아쓸 수 있습니다.

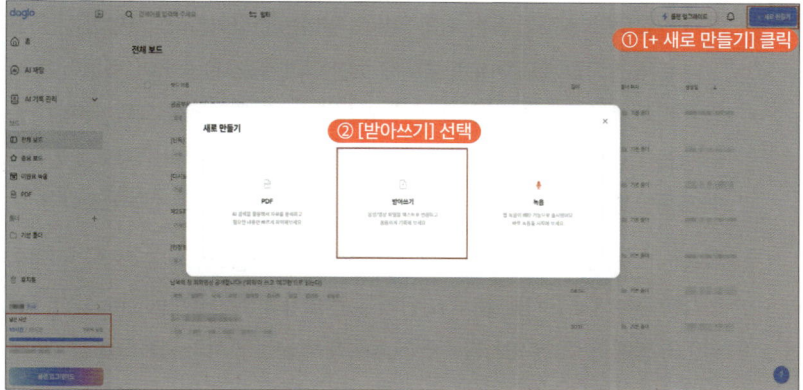

아직 만든 보드가 없어 현재는 공간이 비어 있네요. 새로운 보드 제작을 위해서 우측 상단의 [+ 새로 만들기] 버튼을 클릭합니다. 그러면 앞 그림처럼 [새로 만들기] 팝업창이 뜹니다. [PDF 분석]과 [받아쓰기], [녹음] 기능을 사용할 수 있습니다. 우리는 음성을 텍스트로 변환해야 하므로, [받아쓰기]를 선택하겠습니다.

② [새 보드 만들기] 팝업창이 나옵니다. 왼쪽을 보면 [받아쓰기할 파일을 업로드해 주세요.]라 쓰인 넓은 공간이 있습니다. 업로드할 수 있는 파일은 "최대 4시간 길이, 최대 3개, 총 용량 500MB 이하"라고 알려줍니다. 녹음이 너무 길어지지 않게 유의해야겠지요? 이 텍스트를 클릭하면 PC에서 음성 파일을 검색하여 업로드할 수 있는 탐색기 창이 뜹니다. 원하는 회의 음성 파일을 선택하여 업로드하세요. (하단 [https://~] 창에 유튜브 링크를 붙여넣어도 요약이 가능합니다.)

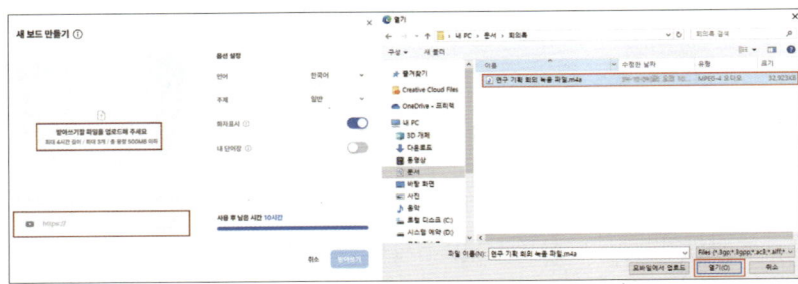

③ 잠시 기다리면 파일 업로드가 완료됩니다. 바로 [받아쓰기]를 진행해도 되지만, 오른쪽에서 추가 옵션을 선택할 수도 있습니다. 우선 녹음 파일의 언어와 주제를 설정합니다. 필자가 올린 회의 파일의 언어는 한국어입니다. [언어]는 기본 그대로 두면 되겠네요. 메뉴를 클릭해 보면 영어, 일본어, 중국어, 독일어 등 다양한 언어 받아쓰기가 가능함을 알 수 있습니다. [주제]도 법률, 의학, 과학, IT, 종교 등을 지정할 수 있네요. 해당 사항이 있을 때는 고르는 편이 정확도를 높이는 데 도움이 됩니다. 아쉽게도 일반적인 기획 회의라 [일반]으로 선택했습니다.

다음은 [화자표시] 기능이 있는데요, 활성화하면 자동으로 목소리를 인식하여 화자를 구분해서 표시해 줍니다. [단어장]은 내가 자주 사용하는 기술 용어나 특정인의 별명 등, 고유 명사를 사전에 등록해서 음성 인식의 정확도를 높여주는 기능을 합니다. AI가 잘 인식하지 못하는 단어는 따로 단어장에 등록해 두는 것이 좋겠습니다.

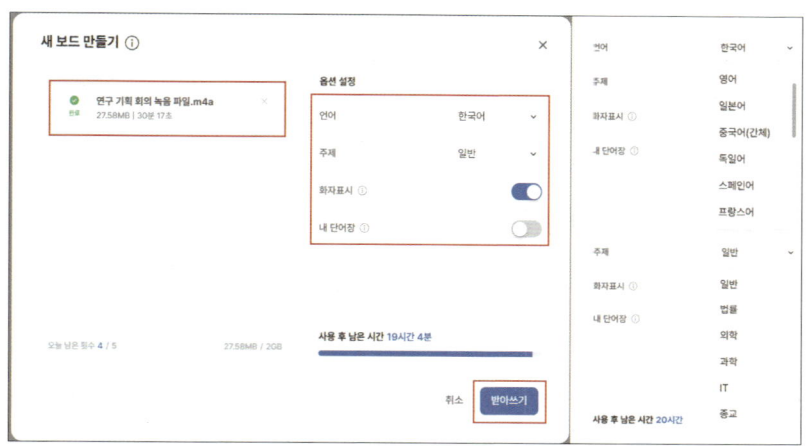

④ 음성 파일 업로드와 모든 설정이 끝났으면 [받아쓰기] 버튼을 클릭해 주세요. 그럼 AI가 음성 회의 파일 받아쓰기를 시작합니다. [전체 보드]에 음성 파일 이름 그대로 새 보드가 나타납니다. 받아쓰기 중일 때는 다음과 같이 '받아쓰기 중..'이라고 표시되다가, 완료되면 사라집니다.

회의록 확인/편집/공유하기

이제 회의록 음성을 받아쓰기한 보드가 완성되었습니다. 어떻게 되었는지 확인해 볼까요?

① 전체 보드 목록에서 '음성 파일명' 텍스트를 클릭하면, 다음과 같은 보드 상세 화

면이 나옵니다. 음성 파일을 그대로 받아쓰기한 좌측의 [스크립트] 영역과 AI를 통해 스크립트를 정리 및 가공할 수 있는 [AI 검색], [AI 요점 정리] 등의 기능을 모아둔 우측 영역으로 구성되어 있습니다.

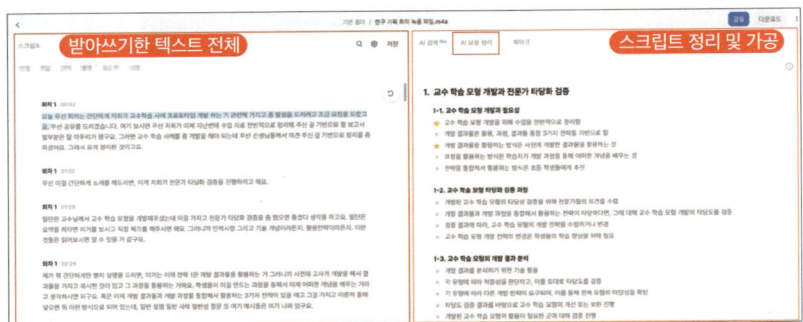

② [스크립트]를 먼저 확인합니다. 회의 음성이 또렷하다면 AI가 제대로 받아 적지만, 그렇지 못할 경우 받아쓰기에 약간의 오류가 있을 수 있습니다. 물론 오류는 쉽게 수정 가능합니다. 잘못 적힌 텍스트 부분을 드래그하고, 워드에서 수정하듯이 새로 입력하면 됩니다.

③ [화자표시]를 체크했었다면 자동으로 화자도 구분되어 있을 겁니다. 클릭해서 실제 이름이나 직함대로 수정할 수도 있습니다. 예를 들어 다음처럼 '화자 1'을 선택하고 [모두 변경]을 클릭하면, 입력한 이름(연구 책임자)으로 모든 '화자 1'이 바뀝니다.

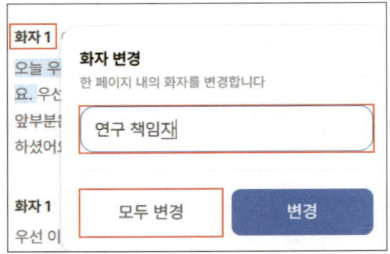

> **연구 책임자** 00:02
> 오늘 우선 회의는 간단하게 저희가 교수학습 사례 프로토타입 개발 하는 거 관련해 가지고 좀 말씀을 드리려고 조금 요청을 드렸고요. 우선 공유를 드리겠습니다. 여기 보시면 우선 저희가 이제 지난번에 수업 자료 전반적으로 정리해 주신 걸 기반으로 잘 보고서 앞부분은 잘 마무리가 됐구요. 그러면 교수 학습 사례를 좀 개발을 해야 되는데 우선 선생님들께서 의견 주신 걸 기반으로 정리를 좀 하셨어요. 그래서 요게 정리된 것이고요.

> **연구 책임자** 01:02
> 우선 이걸 간단하게 소개를 해드리면, 이게 저희가 전문가 타당화 검증을 진행하려고 해요.

간혹 목소리가 비슷한 사람이 있거나 발언자가 많아서 잘못 구분된 경우도 있습니다. 그럴 때는 잘못 표기된 화자를 클릭하고 올바른 화자를 입력한 뒤 [변경]해 주면 됩니다. 지정한 화자만 변경됩니다.

④ 스크립트를 정리했다면 오른쪽의 'AI 기능 모음' 영역을 살펴봅시다. 두 번째 탭 [AI 요점 정리]가 기본으로 선택되어 있습니다. 이 [AI 요점 정리]는 회의록 작성에 매우 좋은 기능입니다. 회의록은 모든 스크립트를 다 정리하기보다 핵심 내용 위주로 정리하는 경우가 많은데, 그럴 때 AI 노트를 사용하면 손쉽게 정리가 가능하기 때문입니다.

요점 텍스트에 마우스를 갖다 대면 [AI 요점 정리] 세부 메뉴가 팝업됩니다. 이 중 두 번째는 [재생] 버튼으로, 클릭하면 요약에 해당되는 회의 내용을 다시 들을 수 있습니다. 부정확하게 요약된 듯한 부분을 빠르게 확인 가능해 아주 유용한 기능입니다. 잘못된 내용은 [스크립트]에서와 마찬가지로 직접 지우고 수정하면 됩니다.

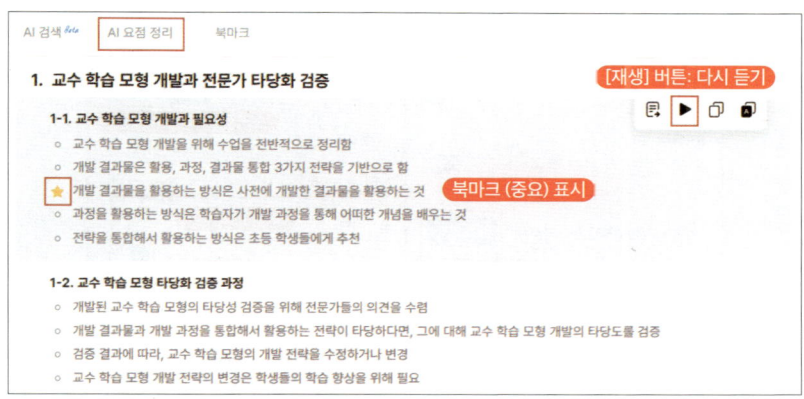

⑤ 첫 번째 탭인 [AI 검색]은 최근(집필 시점 기준)에 추가된 베타 기능으로, 스크립트를 기반으로 AI에게 추가 답변이나 작업을 요청할 수 있게 해줍니다. 문서 파일을 업로드한 대화형 AI에게 묻는다고 생각하고 질문하면 됩니다. 여기에서는 시험삼아 화자 1의 생각을 일목요연하게 정리해 달라고 부탁했습니다. 잘 정리된 발언이 출력되었네요. '연결질문'이라고 하여, 추가로 물어볼 만한 질문도 추천하고 있습니다.

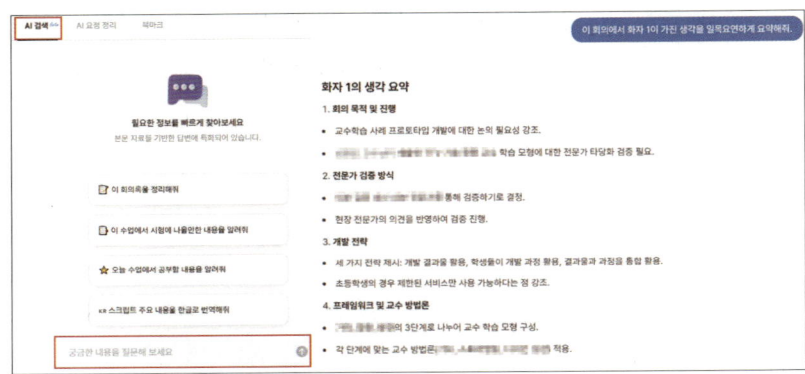

⑥ 완성된 보드는 외부로 공유하거나 파일로 저장 가능합니다. 보드 우측 상단의 [공유] 버튼을 누르면 링크를 통해 보드를 다른 사람과 공유할 수 있습니다. 또 [다운로드] 버튼을 누르면 스크립트를 hwp, doc, txt 등의 형식으로 다운로드하여 외부에서 다양한 용도로 활용 가능합니다. ([AI 요점 정리]의 경우는 파일로 다운로드 받을 순 없지만, 마우스를 갖다 대면 나타나는 세부 메뉴창의 가장 우측 아이콘을 클릭해 전체 복사해서 사용하면 됩니다.)

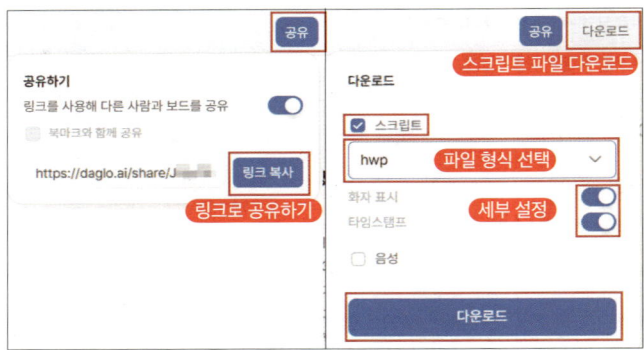

이렇게 다글로를 통해 회의 내용 정리를 마쳤습니다. 과정이 조금 번거로워 보일지 모르지만, 직접 회의록을 정리하는 일에 비하면 이 정도 노력은 아무것도 아니죠. 이제 회의 중간에 보고를 걱정하기보다 당면한 회의에 집중하고, 이후 다글로를 활용하여 정리해 보세요. 여러분의 업무 시간을 크게 줄여줄 수 있을 겁니다.

디자인 초보도 전문가처럼 시각화가 가능하다? with 냅킨 AI

업무 내용의 효과적인 전달은 회사원에게 있어 매우 중요한 스킬입니다. 특히 복잡한 데이터나 아이디어를 간단명료하게 설명해야 할 때, 말과 글보다는 시각화된 자료가 훨씬 나을 때가 많죠. 거의 필수라고 해도 과언이 아닙니다.

하지만 멋진 시각화 자료를 직접 만들기에는 우리의 디자인 감각과 실력이 부족한 경우가 대부분입니다. 필요한 자료가 한두 장이 아니다 보니 매번 가능한 동료에게 부탁하기도 번거롭고, 상품 디자인이 아닌 이상 전문 디자이너에게 의뢰하기도 애매합니다.

그렇지만 냅킨 AI_{Napkin AI}의 등장으로, 이런 고민도 옛갈이 되었습니다. 드디어 누구나 깔끔하고 센스 있는 시각 자료를 만들 수 있게 되었으니까요. 과연 그런지 한번 보겠습니다. 우선 냅킨 AI에 접속합니다. '냅킨 AI'를 검색하거나 napkin.ai 주소로 들어가면 됩니다. (우측 QR코드로도 접근 가능)

다음과 같은 메인 화면이 열립니다. 우측 상단의 [Get Napkin Free(무료로 냅킨 시작하기)] 버튼을 클릭해 회원가입을 진행해 주세요. 구글 소셜 계정 연동을 지원하며, 이메일로도 가입할 수 있습니다.

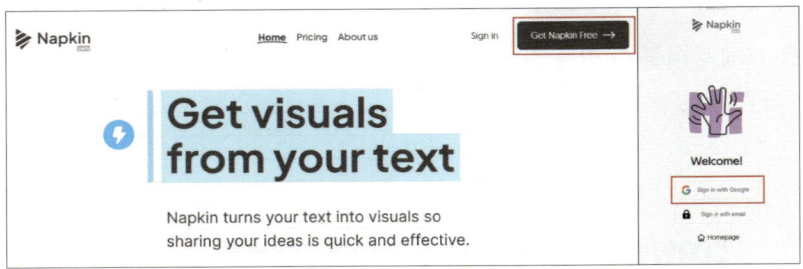

로그인하면, 냅킨이 일련의 설문조사를 띄웁니다. 필수 질문이라 답변을 해줘야 합니다. 먼저 사용 목적을 묻습니다. 회사에서 쓸 것이니 [For work(업무용)]를 고르고 [Next(다음)] 버튼을 클릭해 넘어갑니다. 이어서 회사 규모를, 그다음은 직무를 물어봅니다. 직무의 경우 'Marketing & Brand(마케팅과 브랜딩)'부터 'Engineering(기술)', 'Consulting(컨설팅)', 'Legal(법률)' 등 다양합니다. 해당되는 것을 골라 주시면 됩니다. 마지막으로는 냅킨으로 주로 제작할 시각화 자료 종류를 물어봅니다. 프레젠테이션, 블로그, 고객 소통용, 브레인스토밍용 등 여러 항목 중 적당한 것을 고르고 [Submit(제출하기)] 버튼을 눌러 완료하세요.

설문지까지 제출했다면, 이제 냅킨을 사용할 준비가 끝났습니다. 이제 냅킨 AI를 활용하여 직장인에게 꼭 필요한 시각화 자료를 만드는 방법을 알아보겠습니다.

AI와 키워드를 활용해 시각화 결과 만들기

냅킨이 환영인사를 건넵니다. [Create my first Napkin(내 첫 냅킨 만들기)]을 클릭해 작업 공간으로 진입하세요. 냅킨은 2가지 텍스트 입력을 지원하는데, 우리는 간단한 쪽을 해보겠습니다. 아이디어나 키워드만 있을 때, AI를 활용해 문서 초안을 만들고, 그 초안을 다시 시각화하는 방식입니다.

① 냅킨이 물어봅니다. "어떻게 텍스트를 넣을 건가요?" 우리는 두 번째 [By generating text using AI(AI로 텍스트 생성하기)] 버튼을 클릭해 시작하겠습니다. (만약, 텍스트나 워드/파워포인트/노션 등의 문서가 있다면 첫 번째 버튼인 [By pasting my text content(내 텍스트 콘텐츠 붙여넣기)]를 클릭하여 텍스트나 파일을 업로드하면 되고, 이후 시각화 과정은 동일합니다.)

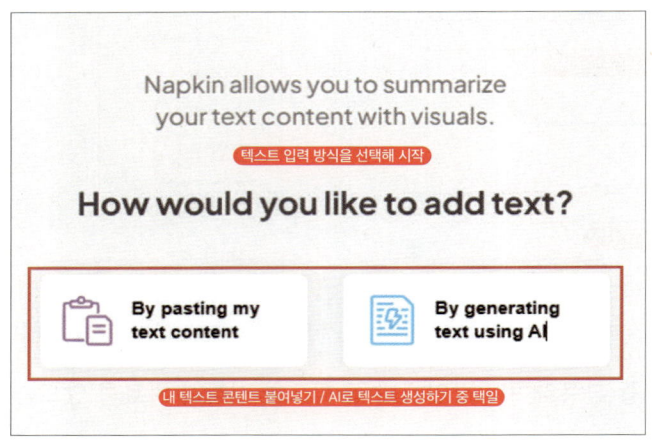

TIP 앞 화면은 냅킨 첫 사용 시 만날 수 있는 화면입니다. 이후로는 냅킨 AI 상단 버튼(+ New Napkin)을 이용해 새 작업을 진행할 수 있습니다. 이때 입력할 텍스트 문서가 있다면 [Blank Napkin]을, 아이디어만 있다면 [Draft with AI]를 선택하면 됩니다.

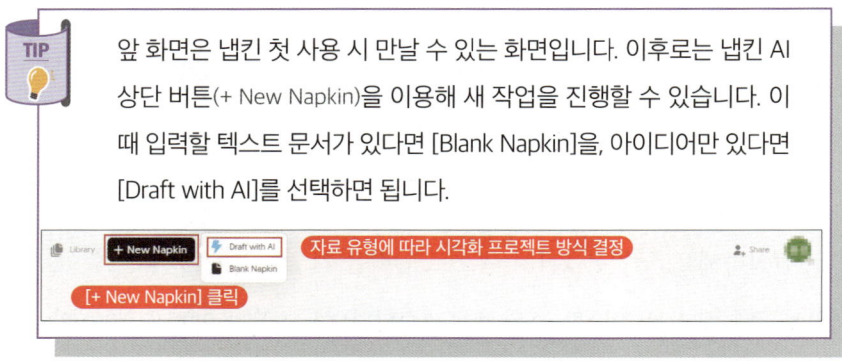

② 그러면 다음과 같은 프롬프트 입력창이 나옵니다. 여기에 여러분이 원하는 시각화 아이디어를 넣으면 됩니다. 회사에서 많이 사용할 수 있는 신제품 출시 전략에 대한 SWOT 분석을 요청하기 위해 "전기차 신제품 출시 전략 SWOT 분석"이

라는 프롬프트를 입력하고, [Continue(계속하기)] 버튼을 클릭하겠습니다.

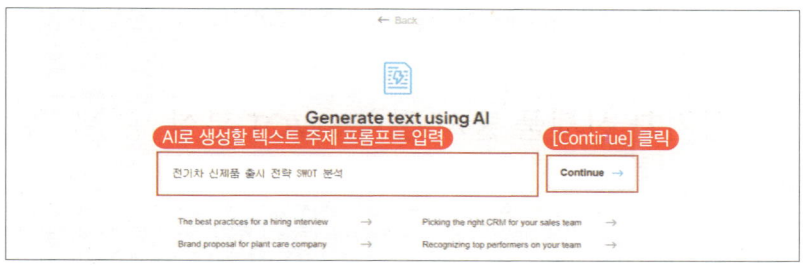

③ 이제 AI가 방금 넣은 프롬프트와 관련된 글을 멋지게 작성해 줍니다. 아이디어 하나만으로 SWOT 분석이 뚝딱 완료되었네요. 읽어 보면 보고서 등의 기초 자료 참고용으로 얼마든지 활용할 만한 정보들입니다.

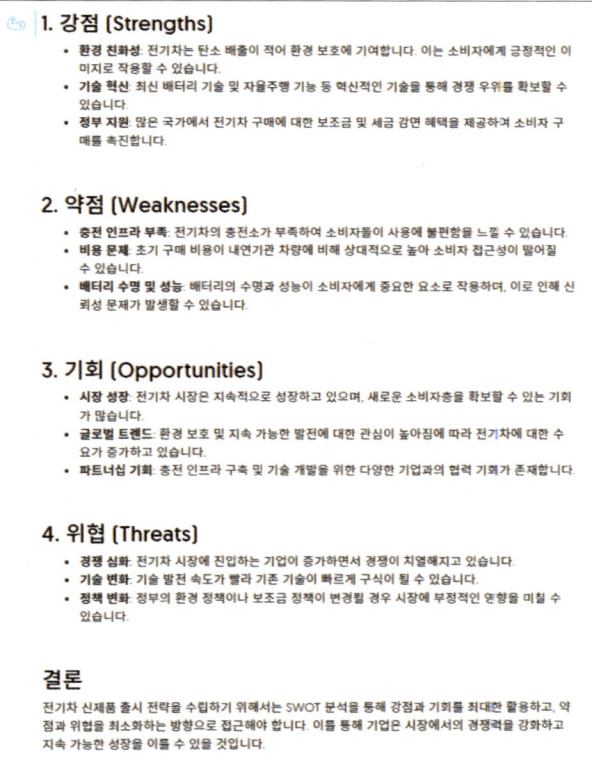

02 직장인의 AI 리터러시   303

④ 그러나 냅킨의 진가는 아직 나오지 않았습니다. 완성된 글 문단에 마우스를 갖다 대면, 왼쪽에 파란색 번개 모양 아이콘이 등장합니다. 아이콘을 클릭해 보세요.

전기차 신제품 출시 전략 SWOT 분석

본 문서는 전기차 신제품 출시를 위한 전략을 수립하기 위해 SWOT 분석을 수행합니다. SWOT 분석은 강점(Strengths), 약점(Weaknesses), 기회(Opportunities), 위협(Threats) 네 가지 요소를 통해 기업의 내외부 환경을 평가하고, 효과적인 마케팅 전략을 개발하는 데 도움을 줍니다. 이 문서에서는 전기차 시장의 현재 동향과 경쟁 상황을 고려하여 신제품 출시 전략을 제안합니다.

⑤ 잠시 기다리면 해당 문단 내용을 AI가 분석하여 예쁘게 시각화해 줍니다. 인포그래픽, 다이어그램, 플로우차트 등 다양한 형태의 시각화 자료가 추천됩니다. 살펴보고 여러분의 아이디어를 가장 멋지게 시각화한 것을 선택하면 됩니다.

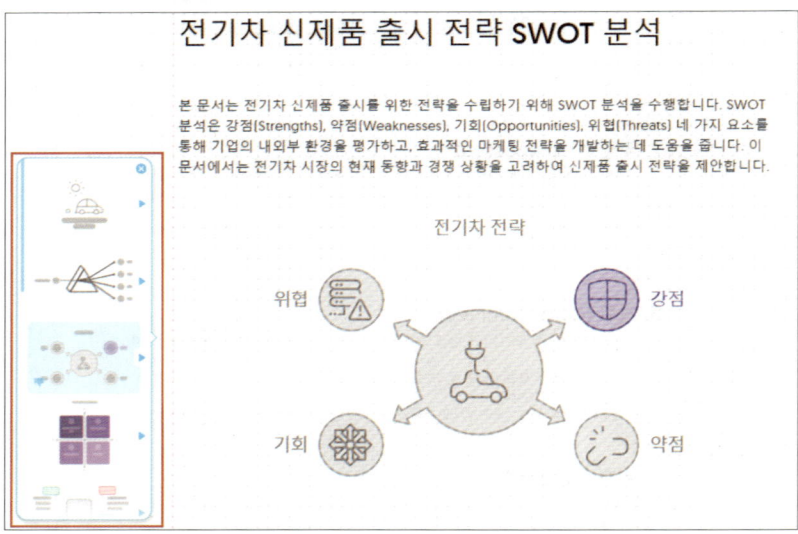

⑥ 그럼 이제 시각화 결과물 중 적절한 것을 하나 선택해 보겠습니다. 그러면 결과물 전체 형태는 그대로 유지한 채 세부 스타일만 변경할 수 있는 기능을 제공합니다. 약간의 색상과 구성 변경이 되어 훨씬 다양한 결과물을 볼 수 있습니다.

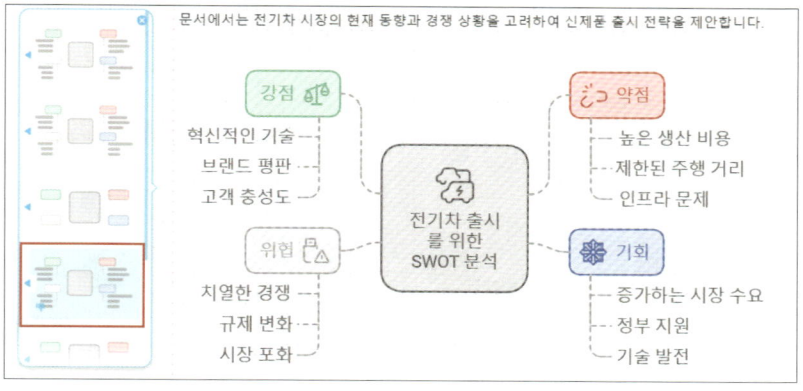

시각화 결과물 세부 수정 및 공유하기

이미 완성도가 상당하지만, 더 나아가 다양한 작업을 할 수 있습니다. 몇 가지 소개합니다.

① 원한다면 디자인을 세부적으로 수정할 수도 있습니다. 예를 들면, 아이콘을 클릭해 다른 스타일의 아이콘으로 변경할 수 있으며, 각 부분의 색상이나 글의 폰트도 쉽게 변경이 가능합니다.

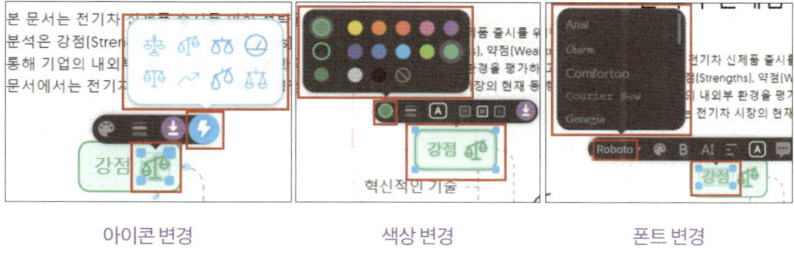

아이콘 변경   색상 변경   폰트 변경

② 냅킨은 시각화 결과물을 파일로 저장하는 기능도 제공하는데요, 마우스로 결과물 전체를 드래그하여 선택하면 메뉴가 팝업됩니다. 가장 오른쪽이 [Export(내보내기)] 버튼입니다. 클릭하면 PNG/SVG/PDF/PPT 파일로 다운로드가 가능합니다. 옵션에서는 색상 모드(라이트/다크)를 설정할 수도 있습니다.

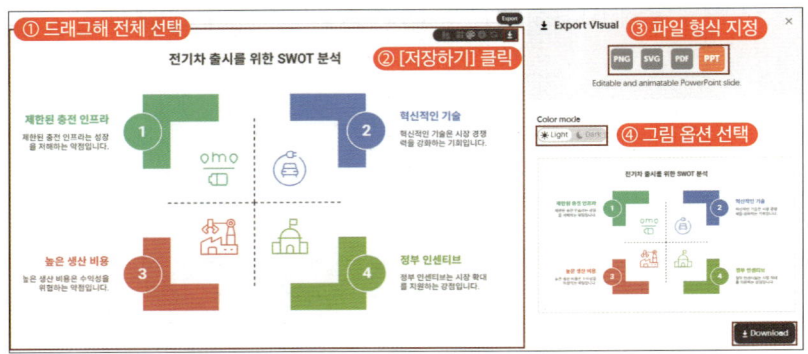

③ 완성된 냅킨 프로젝트 페이지를 직접 공유하여 팀원과 협업을 할 수도 있습니다. 우측 상단 [Share(공유하기)] 버튼을 누르면, 다른 사람과 공유할 수 있는 여러 옵션이 나타납니다. 링크를 공유하여 상대방이 편집할 수 있는 권한도 줄 수 있고, 전체 페이지를 PDF로 저장해 활용할 수 있습니다.

어떠세요? 이제 더 이상 파워포인트를 붙들고 끙끙댈 필요가 전혀 없어 보이지 않나요? 냅킨 AI만 있다면 여러분의 보고서, 회의 자료, 블로그, SNS 등에 다양하고 전문적인 시각 효과를 더해 적은 시간으로 성공적인 의사소통을 할 수 있을 것입니다.

요즘 직장인 필수 업무 데이터 분석, AI로 쉽고 빠르게!
with 클로드 아티팩트

시각화에서 한 술 더 떠, 최근 많은 직장인의 골칫거리가 되고 있는 영역이 있습니다. 바로 데이터 분석 및 시각화입니다. 인터넷 보급과 스마트폰의 발명으로 데이터가 그야말로 넘쳐나는 시대이며, 사업이 성공을 거두기 위해서는 그런 복잡한 데이터를 정제하고 분석하는 기술이 어느덧 필수가 되었습니다.

그런데 복잡한 데이터를 이해하고 의미 있는 인사이트를 도출하기 위해서는 기본적인 코딩 기술, 통계 지식이 필요합니다. 전문 데이터 분석가를 고용할 수 있으면 몰라도, 그러기 어려운 작은 규모의 회사에서는 데이터를 다룰 필요성을 느끼더라도 현실적으로 넘어야 할 산이 많지요.

하지만 이제는 전문 지식이 다소 부족하더라도, 데이터 분석에 도전해 볼 수 있는 길이 열렸습니다. 클로드 아티팩트 Claude Artifact를 소개합니다. 클로드 아티팩트는 대화형 AI인 클로드의 기능 중 하나입니다. 아티팩트에서는 AI 기술을 활용하여 다양한 형태의 데이터를 자동으로 분석하고 시각화할 수 있습니다. 코딩 지식이 없는 사용자도 쉽게 데이터를 업로드하고 분석 결과를 얻을 수 있지요. 심지어 간단한 프롬프트로 게임 제작까지 가능합니다.

클로드 아티팩트를 이용하기 위해서는, 일단 클로드에 가입해야 합니다. 포털에 '클로드'를 검색하거나 claude.ai로 접속하세요. (우측 QR코드로도 접근 가능)

메인 화면에서 바로 회원가입을 진행할 수 있습니다. 구글 계정이나 이메일로 가입 가능하며, 휴대전화 번호 인증까지 마쳐야 최종 가입이 완료됩니다. 인증 시 국가South Korea를 선택하고 번호를 입력한 뒤 인증 번호를 요청하세요. 클로드는 정책상 미성년자의 이용을 지양하고 있습니다. 성인 여부도 체크해 주세요.

그다음 클로드는 자기 소개를 하며 이름을 묻습니다. 본명을 입력해도 좋고, 별명을 입력해도 상관없습니다. 이 이름으로 여러분을 불러줄 겁니다. 계속해서 이용 정책을 안내하고, 자신이 완벽하지 않다면서 주의사항도 전달합니다. [Acknowledge & Continue(동의 및 계속)] 버튼과 [Sounds Good, Let's Begin(좋아요, 시작합시다)] 버튼을 차례로 눌러서 완료하면 됩니다.

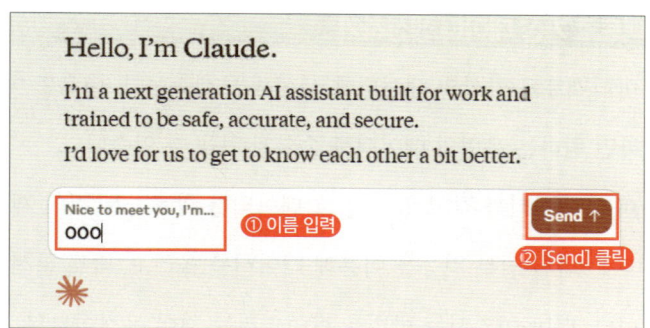

다음이 클로드 메인 화면입니다. 중앙에 프롬프트 입력창이 있고, 하단에는 참고할 수 있는 대화 예시가 있습니다. 좌측 메뉴에서는 이전 대화를 다시 확인할 수 있습니다(현재는 내역이 없어 비어 있습니다).

클로드 아티팩트는 별다른 설정 등을 하지 않고 이 상태로 사용할 수 있습니다. 그럼 어떻게 복잡한 데이터를 쉽게 분석하고 시각화할 수 있는지 함께 알아보겠습니다.

아티팩트로 가상 데이터 생성하기

우선 아티팩트로 가상의 데이터를 생성해 보겠습니다. 클로드 아티팩트를 활용하면 원하는 유형의 데이터를 손쉽게 얻을 수 있습니다.

물론 이미 데이터를 갖고 있다면 그 데이터를 활용하는 것이 제일 좋습니다. 이때는 파일 첨부 기능을 이용해 데이터를 올리고, 바로 분석을 요청하면 됩니다. 다만 여기서는 방법을 보여드리는 것이 목적이므로, 가상 데이터를 생성하여 써보도록 하겠습니다.

① 클로드의 프롬프트 입력창에 다음과 같은 간단한 프롬프트를 입력해 봅시다. 국가마다 AI 웹 서비스를 사용하는 사람들이 얼마나 되는지, 그리고 평균 사용 시간은 얼마인지 데이터 생성을 요청하는 프롬프트입니다.

> 국가별 AI 웹 서비스 평균 사용시간, 접속자 수로 6개월 기간(1개월마다 측정)의 가상 데이터를 생성하고 표로 정리해 주세요.

② 바로 결과가 출력됩니다. 한번 살펴볼까요? 프롬프트에 답변은 화면 좌측에, 아티팩트 출력 결과는 화면 우측에 제시됩니다. 먼저 답변부터 읽어보면, 데이터의 범위, 항목, 표 구조, 스타일링 등 다양한 내용에 대한 설명을 해주고 있네요. 현재는 모든 항목을 가상으로 생성했지만, 우리가 필요한 데이터의 범위를 사전에 설정해 주면 더욱 현실성 있는 데이터를 얻을 수 있습니다.

> 네, 요청하신 대로 국가별 AI 웹 서비스의 평균 사용시간과 접속자 수에 대한 6개월간의 가상 데이터를 생성하고 표로 정리하겠습니다.
>
> </> **국가별 AI 웹 서비스 사용 데이터 표 (6개월)**
> Click to open component
>
> 이 표는 다음과 같은 특징을 가지고 있습니다:
>
> 1. 데이터 범위:
>   - 6개월 동안의 데이터를 월별로 제공합니다 (1월부터 6월까지).
>   - 8개 국가의 데이터를 포함합니다 (미국, 중국, 일본, 한국, 영국, 독일, 프랑스, 캐나다).
> 2. 데이터 항목:
>   - 접속자 수: 100,000명에서 1,100,000명 사이의 랜덤 값으로 생성됩니다.
>   - 평균 사용 시간: 5분에서 60분 사이의 랜덤 값으로 생성됩니다.
> 3. 표 구조:
>   - 월: 각 월의 데이터가 그룹화되어 있습니다.
>   - 국가: 각 행은 특정 국가의 데이터를 나타냅니다.
>   - 접속자 수: 천 단위 구분자를 사용하여 가독성을 높였습니다.
>   - 평균 사용 시간: 분 단위로 표시됩니다.
> 4. 스타일링:
>   - 테이블 셀에 테두리를 추가하여 구분을 명확히 했습니다.
>   - 가로 스크롤을 추가하여 모바일 기기에서도 전체 데이터를 볼 수 있게 했습니다.
>
> 이 표를 통해 사용자는 다음과 같은 정보를 얻을 수 있습니다:
>
> - 각 국가별 AI 웹 서비스의 월간 사용 추이
> - 국가 간 서비스 사용 패턴 비교
> - 접속자 수와 평균 사용 시간의 관계
>
> 이 데이터는 가상으로 생성된 것이므로, 실제 상황과는 다를 수 있습니다. 실제 분석에서는 이러한 데이터를 바탕으로 추가적인 인사이트를 도출하거나, 통계적 분석을 수행할 수 있을 것입니다.
>
> 추가적인 정보나 수정사항이 필요하다면 말씀해 주세요.

③ 실제 데이터 생성은 우측의 별도 창인 아티팩트에서 진행됩니다. 아티팩트에서는 자동으로 코드를 작성하고, 그 코드를 기반으로 데이터 생성 및 시각화 등 다양한 작업을 해줍니다. 아티팩트에서 자동으로 작성되는 코드를 보고 있으면 아마 많이 놀라실 겁니다. (순식간에 코드 수백 줄을 만들어 너거든요.) 아티팩트에 생성된 데이터를 살펴보면, 월별로 국가별 접속자 수와 평균 사용시간을 잘 생성하고 표로 보여주고 있습니다.

국가별 AI 웹 서비스 사용 데이터 (6개월)			
월	국가	접속자 수	평균 사용 시간 (분)
1월	미국	928,176	6
	중국	1,007,383	49
	일본	1,083,278	60
	한국	232,760	40
	영국	914,632	8
	독일	436,587	16
	프랑스	301,223	6
	캐나다	253,726	8
2월	미국	360,577	53
	중국	453,197	10
	일본	1,004,176	19
	한국	644,347	33
	영국	530,677	52
	독일	516,552	34
	프랑스	820,429	7
	캐나다	892,508	42
3월	미국	657,608	10
	중국	131,621	42
	일본	994,587	50
	한국	1,055,530	10
	영국	348,237	28
	독일	209,577	46

TIP 아티팩트는 무료 플랜으로도 사용할 수 있습니다. 다만 이 책에 제시한 결과는 유료 플랜으로 얻은 것이므로, 무료 버전의 결과와 다소 차이가 있을 가능성은 있습니다.

아티팩트로 데이터 시각화하기

데이터가 준비되었다면, 이제 시각화할 차례입니다. 역시 아티팩트로 간단하게 할 수 있습니다.

① 클로드에 그래프를 요청하는 프롬프트를 입력합니다. 주어진 데이터를 활용하

여 어떤 그래프를 그리면 좋을지 역으로 질문해도 좋습니다. 이번에는 단순히 파이 차트와 산점도 2가지 형태로 그래프를 그려 달라고 해보겠습니다.

> 생성된 데이터를 활용해서 파이 차트, 산점도로 그래프를 그려주세요.

② 결과는 금방 나옵니다. 답변을 살펴보니, 파이 차트와 산점도를 어떤 방식으로 그렸는지 상세하게 안내해 주고 있네요. 또한, 드롭다운 메뉴를 통해서 월을 선택하면 해당 월의 데이터를 자동으로 그래프로 나타내줄 것임도 함께 설명하고 있습니다.

네, 생성된 데이터를 활용하여 파이 차트와 산점도 그래프를 그리도록 하겠습니다. 각 월별 데이터를 시각화하고, 사용자가 원하는 월을 선택할 수 있도록 하겠습니다.

</> 국가별 AI 웹 서비스 사용 데이터 차트 (파이 차트 및 산점도)
    Click to open component

이 차트 컴포넌트는 다음과 같은 특징을 가지고 있습니다:

1. 데이터 생성:
   - 6개월 동안의 8개 국가에 대한 AI 웹 서비스 사용 데이터를 가상으로 생성합니다.
   - 접속자 수는 100,000명에서 1,100,000명 사이의 랜덤 값입니다.
   - 평균 사용 시간은 5분에서 60분 사이의 랜덤 값입니다.

2. 월 선택 기능:
   - 사용자는 드롭다운 메뉴를 통해 원하는 월의 데이터를 선택하여 볼 수 있습니다.

3. 파이 차트:
   - 선택한 월의 국가별 접속자 수 비율을 보여줍니다.
   - 각 국가는 서로 다른 색상으로 표시됩니다.
   - 레이블에는 국가 이름과 비율(%)이 표시됩니다.
   - 툴팁을 통해 정확한 접속자 수를 확인할 수 있습니다.

4. 산점도:
   - X축은 접속자 수, Y축은 평균 사용 시간을 나타냅니다.
   - 각 점은 하나의 국가를 나타내며, 색상으로 구분됩니다.
   - 툴팁을 통해 정확한 접속자 수와 평균 사용 시간을 확인할 수 있습니다.

이 차트들을 통해 사용자는 다음과 같은 인사이트를 얻을 수 있습니다:

- 각 월별 국가 간 서비스 사용 비율의 변화
- 접속자 수와 평균 사용 시간의 관계
- 국가별 서비스 사용 패턴의 차이
- 시간에 따른 서비스 사용 추이

이 시각화를 통해 AI 웹 서비스의 사용 현황을 다각도로 분석할 수 있습니다. 추가적인 기능이나 수정사항이 필요하다면 말씀해 주세요.

③ 이 정보를 참고해 우측 아티팩트 창에서 완성된 그래프를 확인해 보겠습니다. 요청한 대로 파이차트가 그려졌고요, 국가별로 비율을 나누고 색상도 다르게 표현해 주었습니다. (따로 색상 지정을 하지 않았지만, 자동으로 색상을 구분하여 그려주었네요.)

산점도도 접속자 수와 평균 사용 시간 관계로 잘 표현된 것을 볼 수 있습니다. 또한, 드롭다운 메뉴에서 해당 월을 선택하면 그에 맞는 데이터가 그래프로 잘 나오는 것도 확인할 수 있습니다.

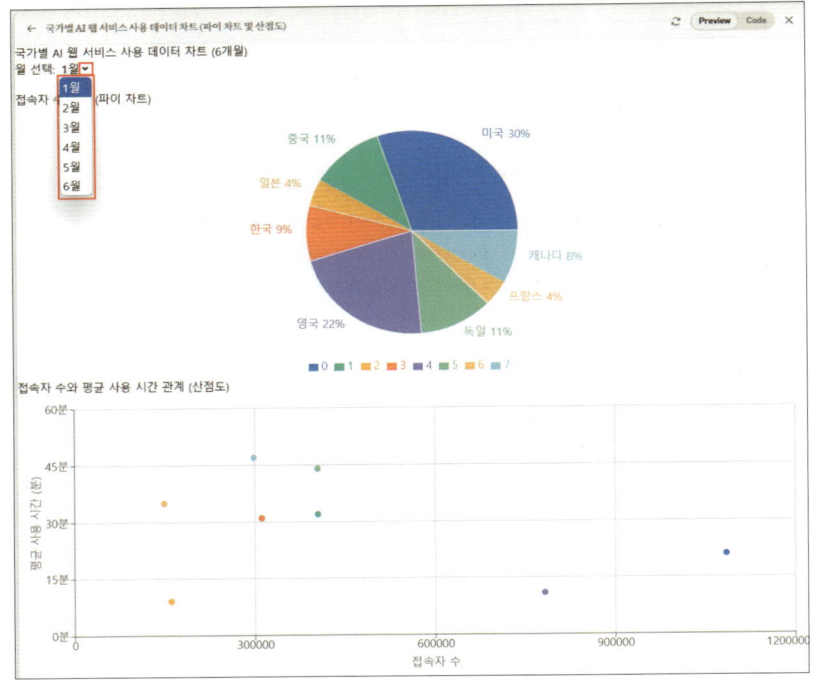

 간혹 클로드가 코드를 열심히 짜는 것은 확인했는데, 막상 [Preview(프리뷰)] 탭에 제대로 보이지 않을 때가 있습니다. 코딩 중에 사소한 실수를 한 경우이니, 당황하지 말고 다시 해 달라고 요청하면 됩니다.

아티팩트로 인터랙티브 그래프 만들기

데이터를 입력하면 바로 반영되는, 상호 작용이 가능한 인터랙티브 그래프 역시 아티팩트로 금방 만들 수 있습니다. 한번 해봅시다.

① 일일이 그래프를 새로 그리지 않아도 숫자만 입력하면 바로 볼 수 있도록, '부서 직원의 실적 누적 그래프'를 인터랙티브 막대 그래프로 만들어 두려고 합니다. 실적을 입력하면 자동으로 그래프를 유동적으로 변경하는 기능을 갖추게 할 것입니다. 다음 프롬프트를 입력해 볼까요?

> 우리 회사의 직원 5명(A~E로 구분)의 실적(계약 수)을 누적하여 나타내는 막대 그래프를 그려주세요. 인터랙티브 그래프를 통해 계약 수가 늘어날 때마다 숫자를 변경할 수 있도록 해주고, 결과는 바로 막대 그래프에 반영시켜주세요.

네, 말씀하신 대로 직원 5명의 실적을 나타내는 인터랙티브 막대 그래프를 React 컴포넌트로 만들어 드리겠습니다. 사용자가 각 직원의 계약 수를 조정할 수 있고, 그 결과가 실시간으로 그래프에 반영되도록 하겠습니다.

</> 직원 실적 차트 **React 컴포넌트**
Click to open component

이 React 컴포넌트는 다음과 같은 기능을 제공합니다:
1. 5명의 직원(A부터 E까지)에 대한 계약 수를 입력할 수 있는 입력 필드를 제공합니다.
2. 입력된 데이터를 기반으로 실시간으로 업데이트되는 막대 그래프를 표시합니다.
3. 그래프는 recharts 라이브러리를 사용하여 만들어졌으며, 반응형으로 설계되어 다양한 화면 크기에 적응합니다.
4. Tailwind CSS 클래스를 사용하여 기본적인 스타일링을 적용했습니다.

이 컴포넌트를 사용하면 각 직원의 계약 수를 쉽게 입력하고 변경할 수 있으며, 그 결과가 즉시 그래프에 반영됩니다.

사용 방법이나 추가 기능에 대해 궁금한 점이 있으시면 말씀해 주세요.

② 리액트 컴포넌트를 통해 직원 계약 수를 조정하여 그래프를 만드는 실적 차트를 만들어 냈습니다. 각 직원의 계약 수를 변경하면 자동으로 그래프에 반영되니 실시간 데이터를 반영할 수 있는 그래프 제작에 최적이죠.

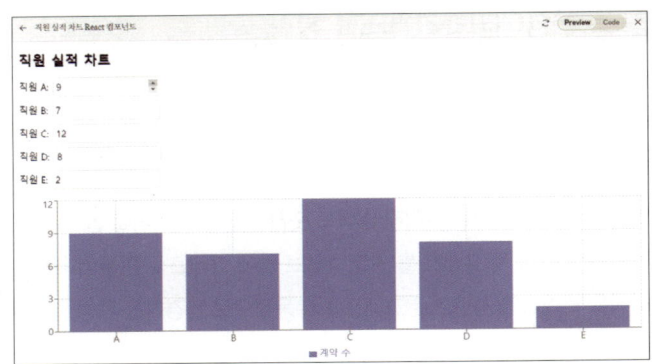

여러분의 회사에서도 분명 매우 다양한 데이터를 다루고 있을 것입니다. 이러한 데이터를 클로드 아티팩트를 활용해서 분석하고, 멋진 시각화까지 쉽게 진행해 보세요.

'나 맞춤' 초개인화 AI 업무 비서가 무제한? with 뤼튼AI

직장인의 업무는 그야말로 다종다양합니다. 작업에 따라 하루에도 온갖 프로그램과 툴을 오가시는 분이 적지 않으리라 생각합니다. 같은 종류의 프로그램이라도 특성과 강점이 미묘하게 달라서, 우리 회사, 내 업무에 딱 맞는 것을 만나려면 아무래도 노력이 꽤 필요했지요.

이는 생성형 AI가 보급되고 있는 요즈음에도 크게 다르지 않습니다. 이메일 초안 작성, 보고서 목차 생성, 데이터 분석 등 온갖 작업에 특화된 AI 서비스가 쏟아지는 가운데, 내가 원하는 딱 그 업무에 맞는 AI 도구를 찾아내기는 쉽지가 않습니다. 더 편하게, 빨리 일하기 위해 노력하다가 시간이 많이 소요되고, 오히려 일이 늦어지는 경우도 있었을지 모릅니다. 다행히 발견하더라도 여전히 여러 도구를 오가며 작업해야 하는 불편함이 있었습니다.

영 안 맞는 AI 서비스를 아쉬운 대로 쓰던 여러분, 여기 희소식이 있습니다. 웍스AI_{Wrks AI}를 만나보세요. 웍스AI의 '나만의 비서 만들기' 기능을 이용하면, 철저히 내 업무에 맞춰진 AI 비서를 직접 만들고 활용할 수 있습니다.

이제 검색창에 '웍스AI'를 검색하거나 wrks.ai 주소를 입력해 웍스AI를 열어보세요. (우측 QR코드로도 접근 가능) 회원가입을 할 수 있는 페이지가 먼저 열립니다. 카카오, 네이버, 구글, 애플 등 다양한 소셜 계정 로그인을 지원합니다. 원하는 것을 선택해 약관에만 동의하면 간단히 가입 완료됩니다.

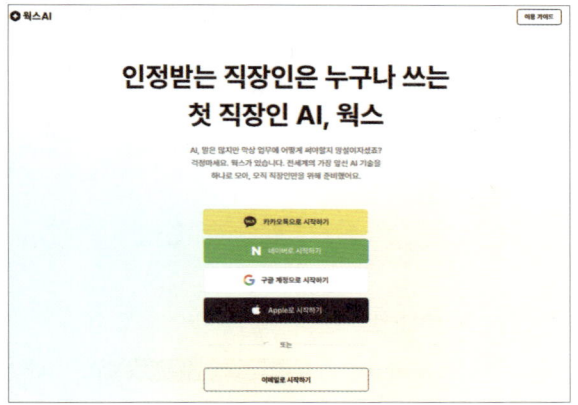

'직장인을 위해 준비한 AI 서비스'라니, 기대되네요. 앞서도 이야기했듯 뭉뚱그려 직장인이라고 해도, 직종에 따라 전혀 다른 천차만별의 일을 합니다. 구체적으로 어떻게 도움이 될지 함께 알아보도록 합시다.

어떤 업무로 테스트해 보면 좋을까요? 여기서는 사무직이라면 다들 하는 업무, 이메일 작성을 해보고자 합니다.

업무 이메일 초안 작성 비서 만들기

이메일은 자주 사용하는 연락 수단이지만 항상 어떻게 시작해야 할지 많은 고민을 하게 합니다. 웍스AI의 나만의 비서 기능을 활용하면 업무 이메일 초안을 쉽게 작성할 수 있습니다.

① 다음은 로그인까지 완료한 웍스AI의 메인 화면입니다. 상단에는 [웍스 공식 비서]들이 나오는데요, 이 중 원하는 비서가 있으면 직접 사용해도 좋습니다. 하지만 나의 업무에 맞는 개인화된 비서는 없을 확률이 높죠. 그럼 우리가 직접 만들어야 합니다. 우선 [+ 나만의 비서 만들기] 버튼을 클릭해 보겠습니다.

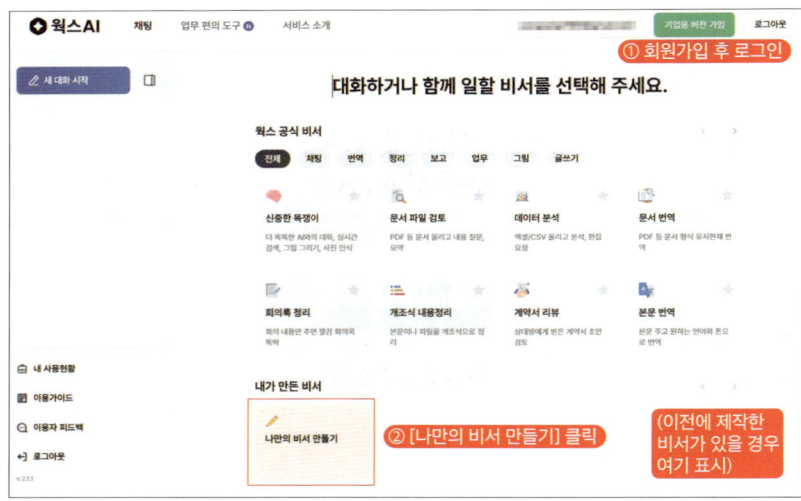

② [나만의 비서 만들기] 팝업창이 뜹니다. 어떤 역할을 하는 비서를 만들지 여기서 정하면 됩니다. 무료 플랜인 'Starter 요금제'는 나만의 비서 3개를 사용할 수 있다고 하네요. 방법도 간단합니다. 비서 이름, 비서의 캐릭터 및 역할을 입력하고 [만들기] 버튼을 누르면 끝입니다.

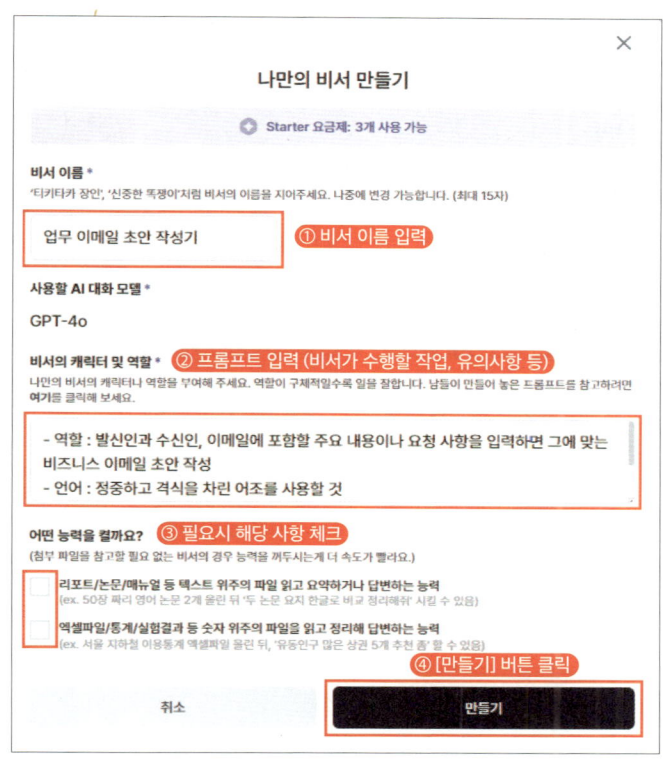

③ 필자는 비서 이름을 '업무 이메일 초안 작성기'로 지었습니다. 캐릭터 및 역할은 다음과 같이 지정했습니다.

- 역할: 발신인과 수신인, 이메일에 포함할 주요 내용이나 요청 사항을 입력하면 그에 맞는 비즈니스 이메일 초안 작성
- 언어: 정중하고 격식을 차린 어조를 사용할 것
- 구조 및 형식: 제목, 인사말, 본문, 마무리 인사, 서명 순으로 구성
- 금지 사항: 비속어나 비공식적 표현을 피할 것

첨부 파일이 있는 경우 리포트/논문 요약 능력 또는 엑셀파일/통계 파일을 읽고 정리하는 능력 중 선택할 수도 있습니다. 이메일 초안 작성기이므로, 따로 첨부 파일은 체크하지 않고 [만들기] 버튼을 클릭했습니다.

④ 메인 화면으로 돌아오면, 이와 같이 [내가 만든 비서]에 '업무 이메일 초안 작성기'가 추가되어 있습니다.

업무 이메일 초안 작성 비서 사용하기

아주 간단한 입력만으로 나만의 비서가 완성되었습니다. 이제 나만의 비서와 열심히 대화만 하면 됩니다. 그럼 바로 해볼까요?

① 메인 화면에서 [업무 이메일 초안 작성기]를 클릭하면 다음과 같은 창이 열립니다.

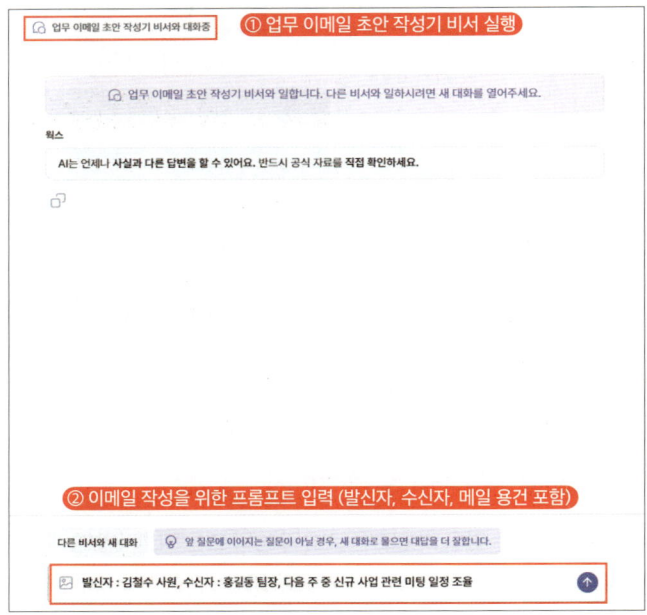

② 하단 입력창에 프롬프트를 입력하고 결과를 확인해 볼게요.

> 발신자: 김철수 사원, 수신자: 홍길동 팀장, 다음 주 중 신규 사업 관련 미팅 일정 조율

③ 별다른 지시 없이 발신자, 수신자, 업무 내용만 넣었을 뿐인데 멋진 이메일 초안을 몇 초 만에 작성해 주었습니다. 작성된 이메일은 바로 쏘내도 손색이 없을 정도로 완벽합니다.

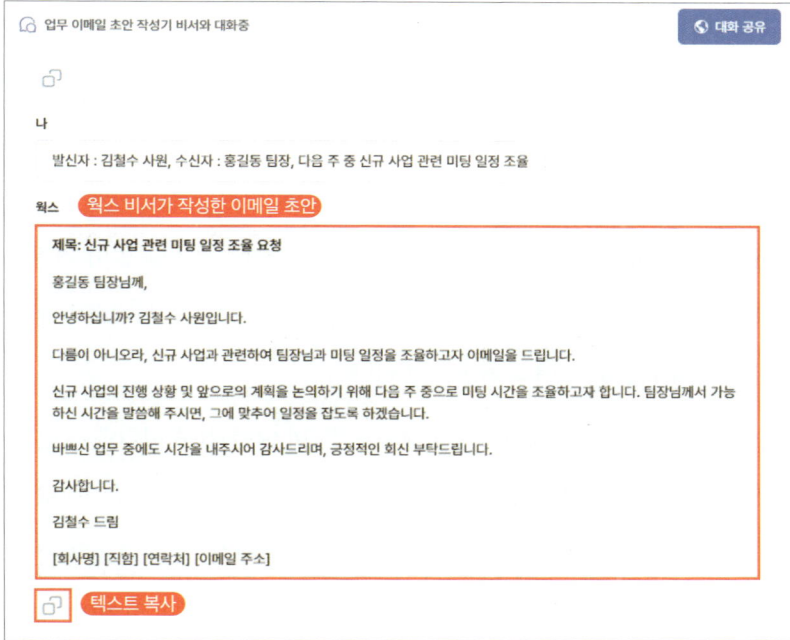

앞으로 모든 이메일은 이 비서를 이용해서 보내면 이메일을 쓰기 위해 썼던 노력이 훨씬 줄어들지 않을까요? 또 다른 유형의 비서도 얼마든지 만들 수 있으니, 나의 업무 중 자동화가 필요한 것들을 찾아보세요. 행복한 직장생활이 기다릴 것입니다.

03 공무원의 AI 리터러시

　매일같이 쏟아지는 공문과 기획서 작성은 물론, 수많은 자료를 검토하고 정리하는 일까지, 공무원들에게는 다양한 업무가 산적해 있습니다. 여기에 수시로 개정되는 지침을 숙지해야 하며, 각종 민원에 신속하게 대응해야 할 필요도 있습니다. 이처럼 다양한 업무를 정확하고 빈틈없이 처리해야 하는 것은 매우 중요합니다. 이 많은 업무를 효율적으로 처리하기 위해 가장 필요한 자원은 단연 시간일 것입니다.

　이때 AI 서비스들을 적절하게 활용한다면, 더 빠른 업무 처리에 상당 부분 도움이 됩니다. 수십 페이지의 보고서를 일일이 검토하지 않고, AI로 핵심 내용을 먼저 파악한 뒤 꼼꼼히 살펴본다면 어떨까요? 보도자료 작성 등 매번 해야 하는 반복적인 업무도 챗봇 형태로 자동화할 수 있을 것입니다.

　이제 공공 분야에서도 AI는 든든한 조력자가 되어가고 있습니다. 아직 이러한 변화가 낯설게 느껴질 수 있지만, AI를 활용한 업무 혁신은 이미 시작되었다고 볼 수 있습니다. 동료와의 협업 못지않게, AI의 강점을 적극 활용한다면 업무의 질적 향상은 물론 시간 효율도 크게 개선될 것입니다. 이제 망설이지 말고 나의 반복적인 업무들을 하나씩 자동화해 보는 것은 어떨까요?

클릭 한 번에 수백 쪽 보고서의 요약본이 나온다? with 릴리스AI

공무원들에게 있어 차년도 신규 사업이나 정책 기획, 업무 계획은 매년 해야 하는 중요한 업무이지만, 동시에 가장 시간과 노력이 많이 드는 작업 중 하나입니다. 이를 위해 방대한 양의 연구 보고서, 논문, 정책 문서를 분석해야 하며, 이는 큰 부담이 될 수밖에 없습니다.

이러한 고민을 한 방에 해결해줄 수 있는 도구를 소개하겠습니다. 바로 릴리스AI Lilys AI입니다. 릴리스AI는 AI를 활용하여 영상, 웹사이트, PDF, 음성 파일, 텍스트 등 다양한 지식 소스를 자동으로 분석하고 핵심 내용을 요약해 주는 서비스입니다.

포털 사이트에 '릴리스AI'를 검색하거나 lilys.ai 주소로 접속해 보세요(우측 QR코드로도 접속 가능). 회원가입만 하면 무료로 사용할 수 있습니다. 구글과 네이버 소셜 로그인을 지원합니다.

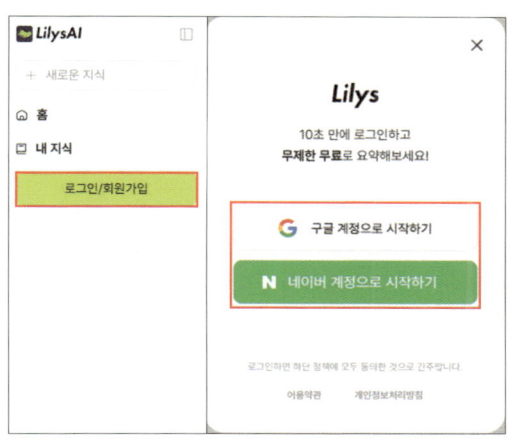

03 공무원의 AI 리터러시

그럼 릴리스AI를 활용하여 다양한 데이터를 쉽고 빠르게 요약하는 방법을 알아보겠습니다.

PDF만 넣고 멋진 요약본 받아보기

각종 보고서들은 대개 PDF 형식으로 제공됩니다. 릴리스AI는 PDF 요약을 지원하기 때문에, 보고서를 그대로 올리기만 하면 빠른 시간에 상당히 정확한 요약본을 받아볼 수 있습니다.

여기 필자가 찾은 한국지능정보사회진흥원의 '인공지능(AI) 국제협력 현황 및 특징 현황 분석'[1]이라는 보고서가 있습니다. 총 79페이지의 연구 보고서로, 바쁜 업무 중에 무작정 전부 읽기는 상당히 부담스러운 양이네요. 전체를 읽을 만한지 아닌지 미리 알아볼 수 있다면, 자료 선별에 큰 도움이 될 겁니다. 이때 릴리스AI가 우리의 업무 시간을 절약해줄 수 있습니다. 이 보고서를 요약해 봅시다. 방법은 아주 간단합니다.

① 다음 릴리스AI 메인 화면에서 입력창 좌측 하단 [업로드] 버튼을 클릭합니다.

② 탐색기 창이 나옵니다. 원하는 보고서를 찾아 업로드해 주세요. 파일을 드래그해 입력창에 놓아도 됩니다.

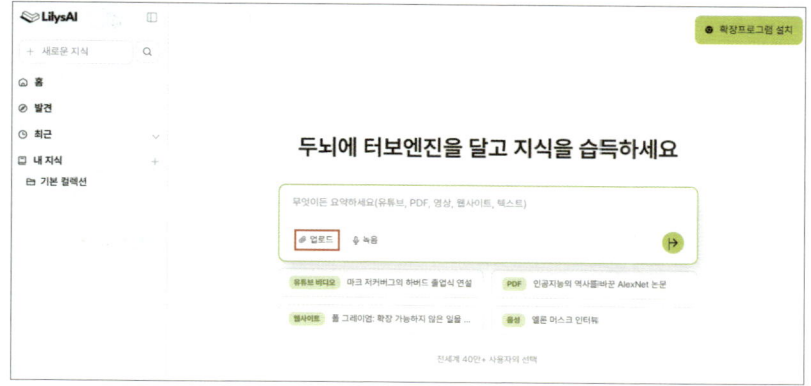

③ [PDF 파일을 요약하시겠습니까?]라 묻는 팝업창이 나오면 [확인] 버튼만 누르면 됩니다. 그러면 AI가 빠르게 요약을 시작합니다. (빠른 요약을 위해서는 부스트가 필요해요.)

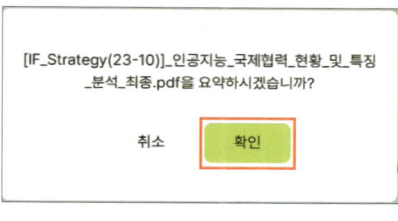

④ 대략 몇 분 후 결과물 화면이 출력됩니다. 화면 우측에는 [원본 문서 창]이 있습니다. 한 화면에서 요약본과 원본을 크로스체크할 수 있어 편리합니다. 화면 좌측 [요약 노트] 탭에서는 [타임라인]이라 하여 릴리스A 가 요약한 문서의 흐름이 넘버링된 주제문으로 나열됩니다. 해당 제목을 클릭하면 요약 상세 페이지를 볼 수 있습니다.

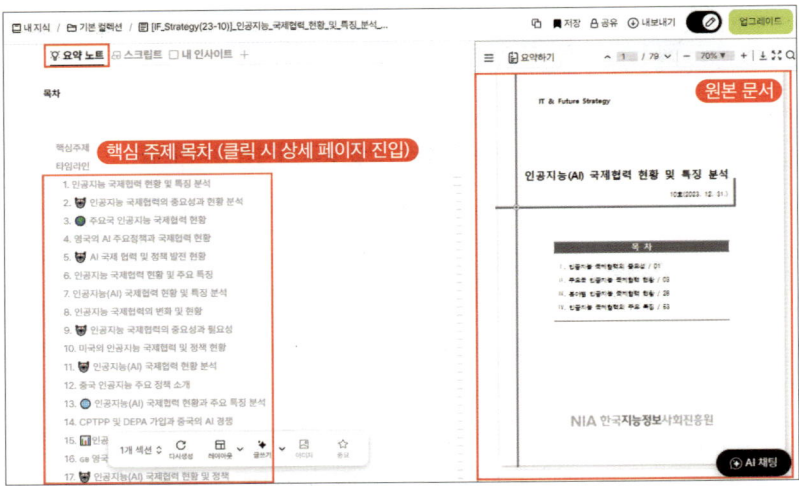

⑤ 요약 상세 페이지입니다. 상당한 양의 PDF 자료인데도 불구하고 아주 빠르고 정확하게 요약된 것을 볼 수 있습니다. [요약 노트] 각 섹션 우측 상단에는 페이지 번호가 적혀 있는데, 클릭하면 우측 [원본 문서 창]이 PDF의 해당 페이지로 자동 이동합니다. 즉, 요약된 내용과 원본 내용을 쉽게 비교하며 분석할 수 있게 되는 것이지요.

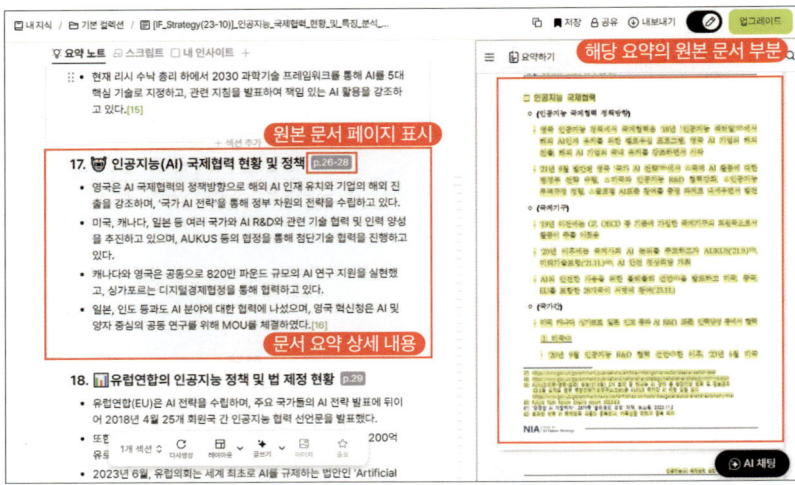

⑥ 또한, PDF 문서에 대해 심층적인 질문도 가능합니다. 우측 하단의 [AI 채팅] 버튼을 누르면 AI에게 PDF 내용을 질문할 수 있는 창이 나옵니다. 채팅창에는 추천 질문이 있어 어떤 질문을 해야 할지 아이디어를 얻을 수 있으며, 바로 선택하여 질문도 가능합니다.

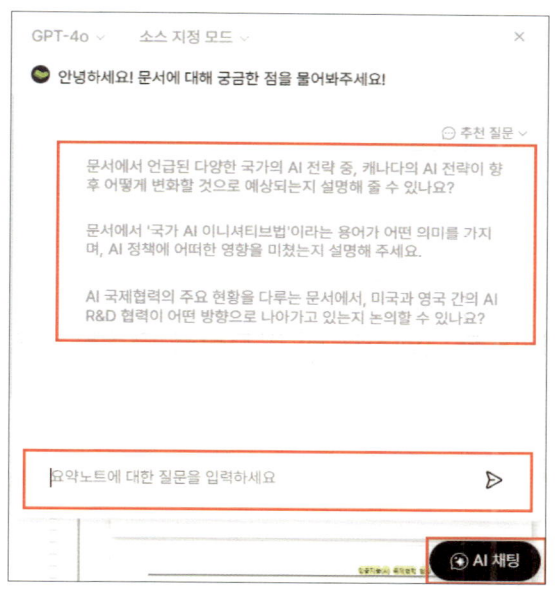

이런 식으로 문서 요약노트를 읽고 추가 질문 몇 번만 한다면, 최소한의 시간만 들여 연구 보고서나 정책 관련 문서 등 웬만한 PDF의 내용을 충실히 분석할 수 있게 됩니다. 이는 차년도 신규 정책 기획이나 업무 계획뿐만 아니라, 공무원 업무의 여러 분야에 쏠쏠히 활용될 수 있을 것입니다.

영상 링크 하나로 영상 쉽게 요약하기

공공 분야에서는 공청회, 포럼 등 여러 행사가 자주 열립니다. 대부분 한 번 진행하면 최소 2~3시간은 기본이죠. 이러한 공청회나 포럼은 매우 다양한 기관에서 개최하기 때문에 모든 내용을 알고 자신의 담당 분야에 활용하는 것은 쉽지 않습니다. 이때 릴리스AI를 활용하면 쉽게 관련 영상을 요약할 수 있습니다. 같이 해봅시다.

① 영상 요약은 2가지 방식으로 할 수 있습니다. 유튜브 링크가 있으면 빈 칸에 링크를 넣으면 되고요. 영상 파일이 있다면 [업로드] 텍스트를 클릭하고 업로드하면 됩니다. 아주 간단하죠?

② 그럼 교육부에서 진행한 한 공청회 유튜브 영상을 요약해 보겠습니다. 영상의 유튜브 URL을 붙여넣은 다음 우측 화살표 버튼을 누르면 자동으로 요약이 시작됩니다.

③ 영상 요약 결과를 살펴볼까요? 문서 때와 마찬가지로 우측에는 원본 영상이, 좌측에는 [요약 노트]가 있습니다. 자동으로 영상의 음성을 받아쓰고 그 스크립트를 기반으로 요약한 것입니다. 읽어보면 전체적으로 요약이 잘된 것을 확인할 수 있습니다. 또 요약 상세 페이지에 표시된 시간 버튼을 누르면 원본 영상이 그 시점에서 자동 재생됩니다. 그러면 요약이 정확히 잘되었는지 바로바로 확인 가능해 편리합니다.

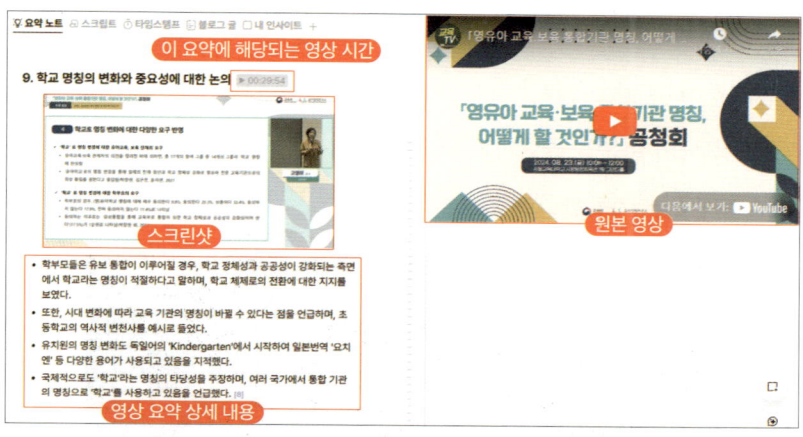

이로써 빠르고 정확하게 공청회나 토론회, 포럼 등 여러 주요 정책 관련 현안들을 모두 시청하지 않아도 몇 번의 조작만으로 요약된 결과를 확인할 수 있게 되었습니다. 릴리스AI가 앞으로 공무원의 업두 시간 절약과 업무 효율 향상을 크게 도울 것으로 기대합니다.

언제든 물어보세요: 365일 깨어 있는 AI 규정 검색 도우미 with 노트북LM

공무원 관련 규정은 정말 복잡합니다. 수백 페이지의 규정에서 원하는 정보를 찾기란 하늘의 별 따기와 같죠. 게다가 규정이 계속 업데이트되므로 이를 일일이 숙지하는 것은 거의 불가능한 일입니다. 하지만 이제는 괜찮습니다. 노트북LM NotebookLM으로 나만의 공무원 규정 검색 도우미를 만들면 되니까요. 노트북LM을 활용하면 공무원 관련 여러 규정을 쉽게 검색할 수 있고, 이를 이해하기 쉬운 형태로 다시 가공할 수도 있습니다.

'노트북LM'을 검색하거나 notebooklm.google 주소로 접속(우측 QR코드로도 접근 가능)하면 다음과 같은 대문이 나옵니다. [Try NotebookLM(노트북LM 써보기)] 버튼을 클릭하고, 회원가입을 마치세요. 구글 계정을 연동하여 손쉽게 이용 가능합니다.

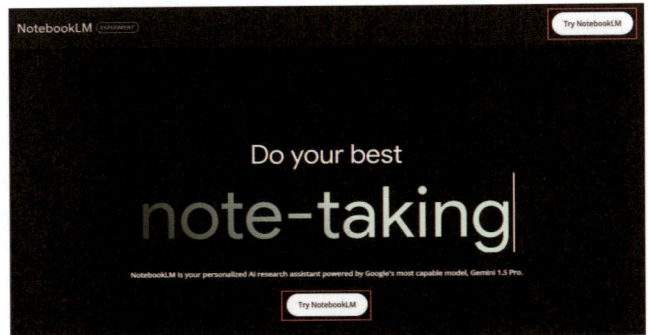

로그인까지 마친 노트북LM의 메인 화면입니다. 노트북LM에서 할 수 있는 일들이 간략하게 안내되어 있습니다. 이제 [만들기] 버튼을 눌러, 나만의 노트북 제작을 시작하면 됩니다.

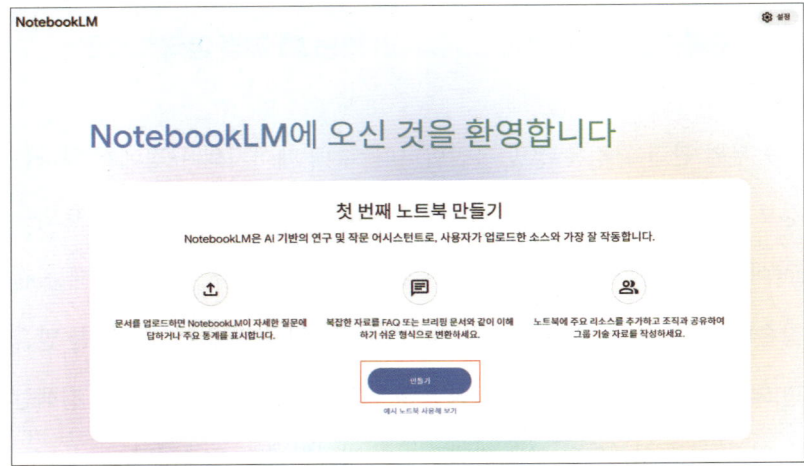

그럼 본격적으로 노트북LM을 활용해 복잡한 공무원 관련 규정을 쉽고 빠르게 검색하고 이해하기 위한 방법을 알아보겠습니다.

나만의 공무원 규정 노트북(챗봇) 만들기

노트북LM 사용법은 매우 간단합니다. 원하는 여러 소스를 업로드하기만 하면 되죠. 이 경우에는 공무원 직무와 관련된 여러 규정집이 되겠습니다. 그 후 이 노트북에 필요한 질문을 하면 AI가 관련 규정을 분석하여 이에 기반한 정확한 답변을 제공해 주는 방식입니다.

① 노트북LM 메인 화면에서 [+ 새로 만들기] 버튼을 클릭합니다.

② [소스 추가]라는 팝업창이 나옵니다. PDF, TXT, 마크다운 형식의 문서를 업로드할 수 있으며, 구글 드라이브 문서, 웹사이트 링크, 유튜브, 텍스트 등 여러 형태의 소스 입력을 지원하네요. 화면의 '파일을 선택' 텍스트를 클릭하거나 팝업창에 드래그 앤 드롭하여 업로드할 수 있습니다.

필자는 총 4건의 공무원 관련 규정 문서를 사용하고자 합니다. [국가 공무원 복무 규정, 국가공무원 복무·징계 관련 예규, 2021년 공무원 근무혁신 지침, 2024 공무원보수 등의 업무지침] 모두 합치면 1,000페이지가 넘는 분량입니다. 업로드하는 순간 자동으로 노트북 제작이 시작되므로, 필요한 문서는 한꺼번에 선택하도록 합시다. [열기]를 클릭해 업로드합니다.

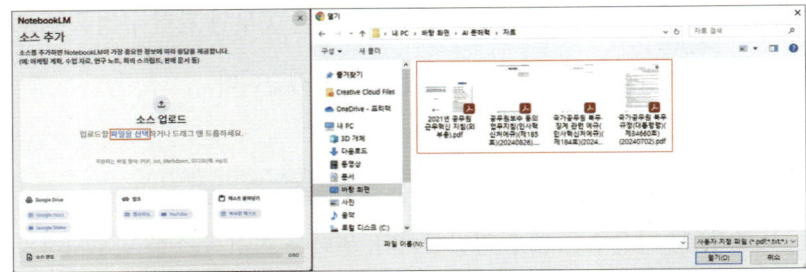

③ 한동안 기다리면, 노트북이 완성됩니다. 분량이 상당한 만큼 어느 정도의 시간이 걸리지만, 우리가 직접 페이지를 하나하나 넘겨 가면서 원하는 내용을 찾을 때에 들이는 엄청난 시간과 노력에 비해서는 사소하다고 생각됩니다.

④ 자, 그럼 완성된 노트북을 봅시다. 화면 중앙에 [노트북 가이드]가 나타납니다. 우리가 노트북을 이용할 수 있도록 해주는 메인 화면 겸 메뉴입니다. 업로드한 파일의 전체적인 [요약]과 [추천 질문], [생성 지원 기능] 등이 표시됩니다. 여기서 [추천 질문]을 활용하여 해당 문서에 대해 질문할 수도 있고요, [생성 지원 기능]을 통해서 FAQ나 목차, 브리핑 문서 등을 생성할 수도 있습니다.

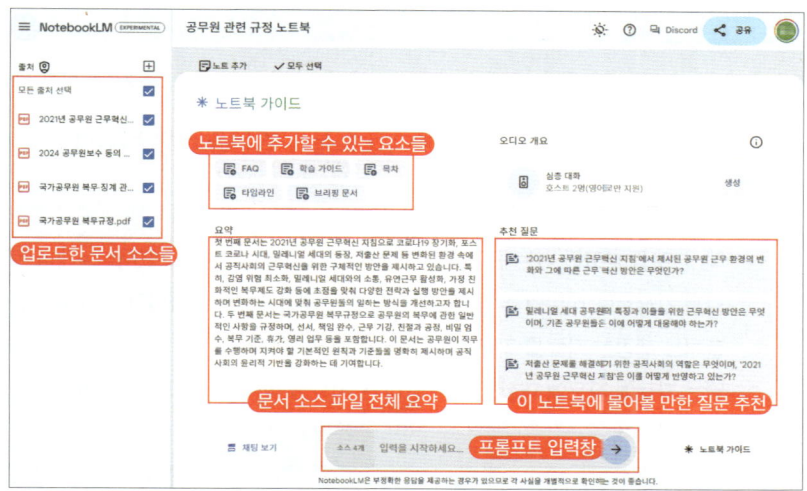

⑤ 생성 지원 기능 중 몇 가지를 눌러보겠습니다. 그러면 이와 같이 문서를 기반으로 정리된 내용이 나옵니다. 자주 묻는 질문을 보면 어떤 질문을 해야 할지 쉽게 가이드가 되니, 질문할 거리가 생각나지 않는다면 활용해 보는 것이 좋겠습니다.

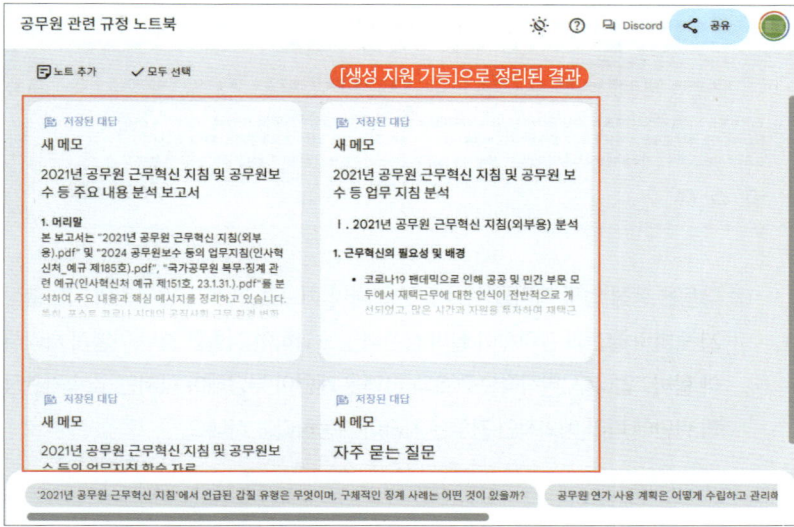

궁금한 각종 사례 질문하고 답변 확인하기

이제 실전으로 넘어가 보겠습니다. 규정과 관련하여 궁금하거나 확인해야 하는 사항이 생길 때마다, 편하게 이 노트북에 질문을 하면 됩니다.

① 징계 규정을 알고 싶다고 합시다. "어떤 공무원이 SNS를 통해 비밀 누설을 했는데, 징계를 받아야 하는 규정을 찾아줘."라고 질문했습니다. 그랬더니 4개의 자료를 기반으로 '비밀엄수 의무 위반'이라는 규정을 찾아주었습니다. 중요한 점은 출처로 제공한 자료를 기반으로 근거 있는 답변을 해준다는 거예요. 만약 내가 넣은 자료에 질문에 대한 정보가 없다면, 자료를 찾을 수 없다는 솔직한 답변을 받게 됩니다.

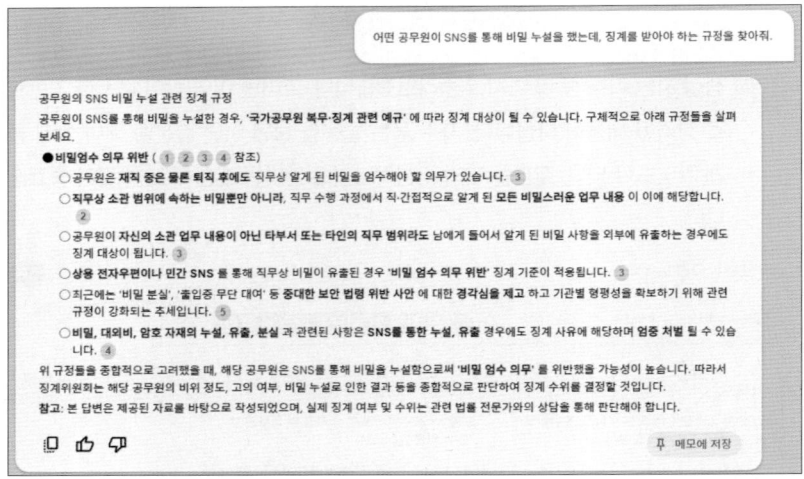

② 다음은 행정 업무 처리를 위한 질문을 하나 해보겠습니다. "공무원의 국외출장 시 숙박비 정산과 관련하여 실비 상한액을 초과하여 지출한 경우 어떻게 처리해야 할까?"입니다. 원칙적으로 초과 금액은 개인이 부담해야 하지만, 소속기관장의 판단에 따라 예외적인 경우는 지급이 가능하다고 하네요.

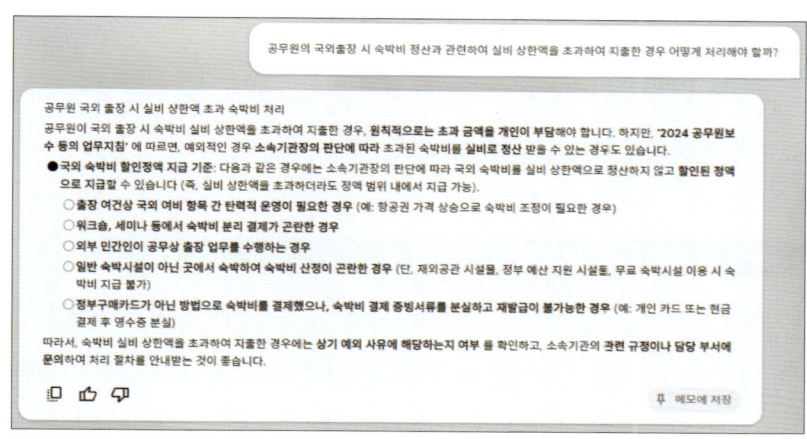

자, 정말 똑똑하지 않나요? 수많은 규정집을 하나씩 보면서 머리를 쥐어짜는 일은 노트북LM 덕에 없어지지 않을까요?

초보자도 가능한 맞춤형 보도자료·축사 AI 챗봇 제작

공무원이라면 직무에 따라 보도자료나 축사 등 정형화된 문서를 작성할 일이 잦습니다. 그럴 때마다 많은 시간과 노력이 필요하지요. 비슷한 내용이라도 매번 새로 작성해야 하며, 문서의 일관성을 유지하기도 쉽지 않습니다. 이로 인해 업무 효율이 떨어지고, 다른 중요한 일에 집중하기 어려운 상황도 발생합니다.

이제 손이 많이 가는 반복 업무는 단순화하고, 다른 일에 집중해 볼까요? 챗GPT의 'GPT 스토어'와 '나만의 GPT' 기능을 활용하면 정형화된 문서 작성용 맞춤 AI챗봇을 만들 수 있습니다. 몇 가지 규칙을 정해 두면, 일관성 있는 문서 초안을 빠르게 생성해줄 것입니다.

그럼 공무원 업무에 필요한 다양한 문서를 쉽고 효율적으로 작성하게 해줄 챗봇을 함께 만나보도록 하겠습니다.

GPT 탐색을 통한 보도자료 작성하기

챗GPT(chatgpt.com)에 로그인한 상태에서, 좌측 사이드바 중 [GPT 탐색] 메뉴를 누르면, 다른 사용자들이 GPT 모델을 이용해 제작한 다양한 특화 GPT(챗봇)들이 나타납니다. 인기 있는 GPT들은 메인 화면에 노출되니 그중에 골라서 사용해 봐도 되고, 검색창에 키워드를 검색하여 원하는 GPT를 찾아서 활용할 수도 있습니다.

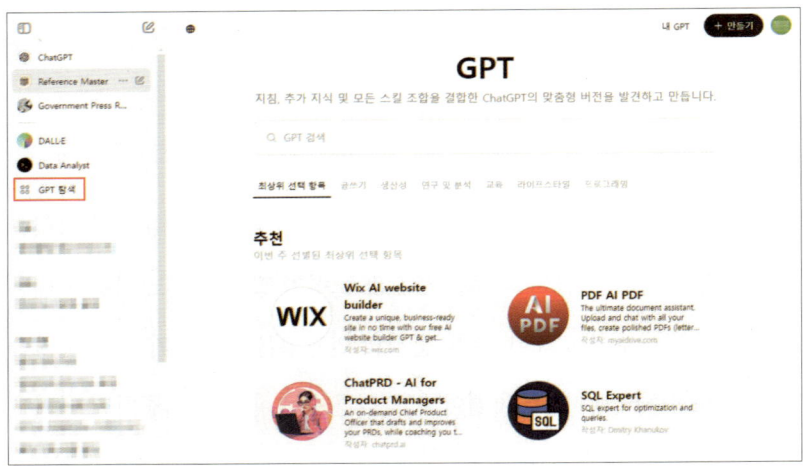

다른 사용자가 만든 GPT를 활용할 때 좋은 점은 GPT를 만들기 위한 노력을 별도로 하지 않아도 된다는 것입니다. 한번 해봅시다. 원하는 작업을 검색 키워드로 사용하면 됩니다.

① 검색창에 '보도자료'라는 키워드로 검색하자, 여러 GPT가 나열되네요. 원하는 것을 선택하여 사용하면 됩니다. 시험 삼아 가장 많이 활용된 '나는 기자다' GPT 와 대화해 보겠습니다. [채팅 시작] 버튼을 클릭하세요.

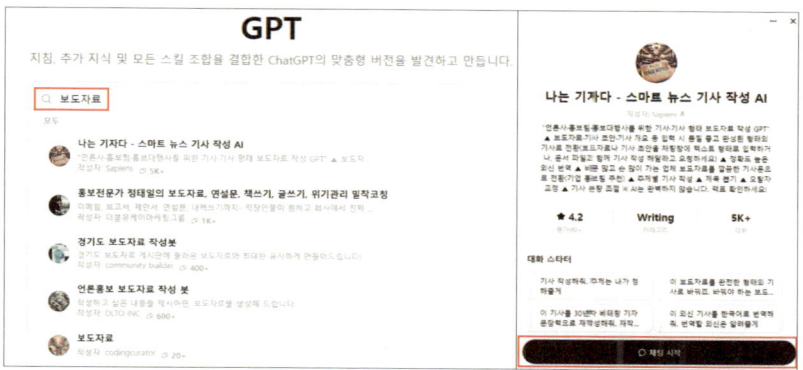

② 챗봇이 바로 실행됩니다. 첫 화면에는 어떤 일을 할 수 있는지 제작자가 작성한 설명과 예시 질문들이 보입니다. 이제 하단의 채팅창에 보도자료 작성을 위해 프롬프트를 입력해야 합니다.

③ 좋은 보도자료를 위해서는 우선 양질의 프롬프트를 입력하는 것이 중요합니다.

03 공무원의 AI 리터러시   337

최대한 구체적인 내용을 포함한 프롬프트를 제공하면 상세한 보도자료를 완성하는 데 도움이 됩니다.

다음은 필자가 기존 교육부 보도자료 중 일부를 활용하여 만든 프롬프트 예시입니다. 제목과 상세 내용, 담당자 등의 정보가 보이실 건데요, 최소한 이 정도는 입력해야 사용할 만한 수준의 보도자료가 나옵니다. 한두 줄로 완벽한 보도자료가 나오는 일은 절대 없으니, 꼭 상세하게 입력하세요.

> 다음 내용을 바탕으로 교육부 보도자료를 작성해 주세요.
>
> 제목: 수업 자료 나눔으로 교실 변화 앞당긴다
> 내용:
> - 2025년 9월 1일에 개통된 '수업의 숲' 서비스 소개 보도자료
> - 서비스의 주요 목적과 기능: 디지털 기반의 학생 참여형 수업을 하고 싶어도 수업 자료가 부족해 어려움이 있었음
> - 사용 방법: 다양한 방식의 수업에 필요한 자료를 내려 받아 그대로 활용하거나 학급·학생 여건에 따라 일부 변형해서 사용
> - 저작권: 저작권 침해 등의 걱정 없이 '수업의 숲'에 수업 자료를 게시하고 활용할 수 있도록 '수업 자료 제작 및 활용 지침서(가이드라인)'를 제공하고 운영지원단을 운영
> - 책임자 멘트: 홍길동 교육정책실장
> - 담당자: 김용성, 연락처: 02-1234-1234

④ 그럼 이 내용을 그대로 입력하고 [Enter] 키를 눌러보겠습니다. 잠시 기다리면 금세 상세한 보도자료가 출력됩니다. 완성된 보도자료를 살펴보면, 입력한 내용을 기반으로 충실하게 잘 작성된 것 같습니다. 간단히 핵심만 적어 넣었는데, 이렇게 논리적인 문장과 구성의 긴 글로 바뀐 것입니다. 이는 AI에게는 너무 쉬운 일입니다.

> **수업 자료 나눔으로 교실 변화 앞당긴다**
>
> 교육부는 2025년 9월 1일, 디지털 기반 학생 참여형 수업 활성화를 위한 '수업의 숲' 서비스를 정식 개통했다고 밝혔다. '수업의 숲'은 수업 자료 부족으로 학생 참여형 수업에 어려움을 겪었던 교사들에게 디지털 자료를 제공함으로써 교실 현장의 수업 변화를 앞당기는 데 그 목적을 두고 있다.
>
> '수업의 숲'은 교사들이 다양한 방식의 수업에 활용할 수 있는 수업 자료를 쉽고 편리하게 내려받을 수 있는 서비스다. 교사들은 이곳에서 제공되는 자료를 그대로 수업에 활용하거나 학급 및 학생의 특성에 맞게 변형해 사용할 수 있다. 이를 통해 수업 준비에 소요되는 시간을 절약하고, 수업의 질을 높일 수 있을 것으로 기대된다.
>
> 교육부는 교사들이 저작권 걱정 없이 수업 자료를 자유롭게 활용할 수 있도록 '수업 자료 제작 및 활용 지침서(가이드라인)'를 함께 제공한다. 또한, 수업 자료의 게시와 활용에 대한 지원을 위해 운영 지원단을 구성해 지속적인 지원을 약속했다. 이를 통해 교사들이 더 안전하고 편리하게 수업 자료를 활용할 수 있도록 돕고, 교실 현장에서의 디지털 기반 수업 활성화를 적극적으로 추진할 계획이다.
>
> 홍길동 교육정책실장은 "학생 참여형 수업의 활성화를 위해 교사들이 자료를 손쉽게 활용할 수 있도록 지원하는 것이 중요하다"며, "'수업의 숲'은 단순한 자료 공유를 넘어 교실 수업의 변화를 촉진하는 계기가 될 것"이라고 밝혔다.
>
> '수업의 숲' 서비스는 교육계의 다양한 요구를 반영해 교사들이 디지털 시대에 발맞춘 수업을 쉽게 구현할 수 있도록 꾸준히 발전시켜 나갈 예정이다.
>
> 문의: 교육부 김용성 주무관 (02-1234-1234)

이 밖에도 여러 GPT를 다양한 보도자료 작성에 활용해 보세요. 적당한 GPT를 골랐다면, 초안을 작성받은 뒤 조금씩만 내용을 고치는 것으로 충분할 겁니다. 아직 아쉽다면, 더 나아가 부족한 점을 개선해서 나만의 GPT를 만들어 활용하는 것도 좋은 방법입니다. 바로 알아봅시다.

나만의 GPT로 축사 자동 작성하기

이번에는 나만의 GPT를 제작해볼 차례입니다. 보도자료는 이미 해결했으니, 축사 작성 AI에 도전해 볼까 합니다. 다만 직접 GPT를 제작하려면 유료 모델인 'ChatGPT Plus'(매월 22달러)로 업그레이드해야 합니다. 여기서는 유료 사용자임을 전제하고 진행하겠습니다.

① [GPT 탐색] 메뉴 메인 화면을 엽니다. 우측 상단에 [+ 만들기]라는 버튼이 나타나는데요, 이걸 클릭해 주세요.

![GPT 검색 화면]

② 그러면 내 GPT 제작을 도와줄 [GPT Builder(GPT 빌더)] 창이 열립니다. 화면 좌측에는 GPT를 설정할 [만들기]/[구성] 탭이 있고, 우측에는 GPT를 미리볼 수 있는 창이 있습니다. 제작은 자동으로 [만들기] 탭에서 시작됩니다.

GPT Builder가 등장해 영어로 인사하고, 무엇을 만들고 싶은지 물어보네요. 번역을 해보면 다음과 같습니다.

> 안녕하세요! 새 GPT를 만드는 것을 도와드리겠습니다. "새 제품의 비주얼을 만드는 데 도움을 주는 크리에이터를 만들어 주세요." 또는 '내 코드 형식을 만드는 데 도움을 주는 소프트웨어 엔지니어를 만들어 주세요.'와 같이 말할 수 있습니다.
> 무엇을 만들고 싶으신가요?

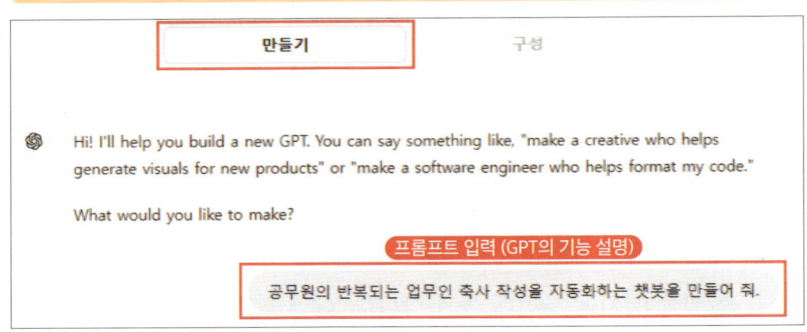

영어로 물었지만, 편하게 한국어로 답변해도 됩니다. 우선 원하는 GPT 챗봇의 기능을 입력하세요. 아직 아주 자세하게 설명할 필요는 없습니다. 여기서는 "공무원의 반복되는 업무인 축사 작성을 자동화하는 챗봇을 만들어 줘"라고 알리며 대화를 시작했습니다.

③ 이어서 GPT Builder가 입력받은 챗봇 기능을 참고하여 내 GPT의 이름을 제안합니다. 이름이 확정된 뒤에는 대표 이미지도 자동으로 생성해 줍니다. 제안받은 이름과 대표 이미지가 마음에 든다면 수락(예: 아주 좋아. 이대로 사용할게)하면 되고, 그렇지 않으면 원하는 대로 수정해 달라고 요청(예: '공무원 축사 작성 도우미로 이름 변경해줘')할 수 있습니다.

> 이제 이 GPT의 이름을 정해보겠습니다. **축사 작성 도우미**는 어떨까요? Confirm하거나 다른 이름을 제안해 주세요.

> 공무원 축사 작성 도우미로 이름 변경해줘.

> 이제 프로필 사진을 만들어볼게요. 잠시만 기다려주세요.

> 프로필 사진이 완성되었습니다. 이 사진이 마음에 드시나요, 아니면 수정할 부분이 있을까요?

> 아주 좋아. 이대로 사용할게.

④ 그럼 기본 설정은 끝입니다. 이제 GPT Builder는 GPT의 역할을 구체화하기 위해 다음처럼 추가 질문을 할 것입니다. 예로 들어준 대로, 축사의 보편적인 격식이나 문체 등을 구체적으로 설명하면 됩니다.

> 좋습니다! 이제 이 GPT의 역할에 대해 조금 더 다듬어보겠습니다. 먼저, 어떤 점을 가장 강조하고 싶은가요? 예를 들어, 축사의 격식이나 문체, 대상에 따른 다양성 등에 대해 구체적으로 말씀해 주세요.

⑤ 그렇지만 정형화된 문서의 경우, 기존 샘플을 알려주어 챗봇이 알아서 참고하게끔 하는 편이 여러 모로 정확하고 편리합니다. 채팅창 상단에서 [구성] 탭으로 이동하세요. 여태 대화 방식으로 정해온 '공무원 축사 작성 도우미' GPT의 기본 설정이, '이름', '설명', '지침' 등 항목별로 정리된 것을 볼 수 있습니다.

이 중 '지식'은 GPT가 작업 수행 시 이용할 수 있도록 사전 정보를 탑재하는 메뉴입니다. 이곳의 [파일 업로드] 버튼을 눌러 샘플 PDF 파일을 3개 업로드하겠습니다. 필자가 업로드한 파일은 국무총리실에서 공개한 축사 3개를 저장하고, PDF로 변환한 것들입니다.

⑥ 업로드를 마쳤다면 다시 [만들기] 탭 채팅창으로 돌아와서 다음과 같이 입력합니다. 그러면 GPT는 지시대로 업로드한 파일을 학습하고, 그 스타일로 축사를 작성하게 됩니다.

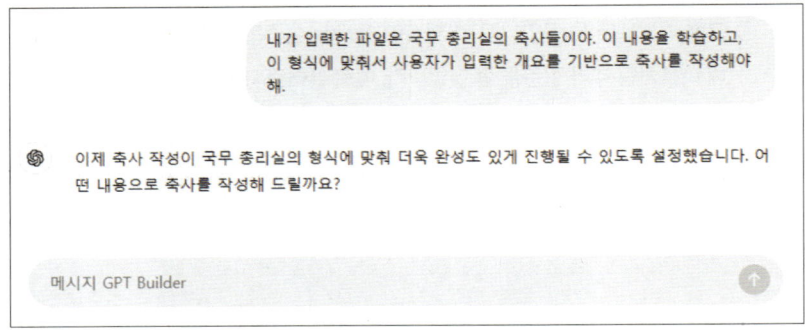

⑦ [구성] 탭에 가면 '지침'의 설명이 업로드한 파일에 해당하는 내용으로 변경되어 있고, 사용자가 처음 대화를 시작하기 어려울 때 도움을 줄 '대화 스타터'도 파일의 내용에 맞게 변경된 것을 확인할 수 있습니다. 이 밖에 추가 기능이 필요하다면 [만들기] 탭-채팅을 활용하여 세부적으로 요청하면 됩니다. [구성] 탭에서 직접 수정하는 것도 가능합니다.

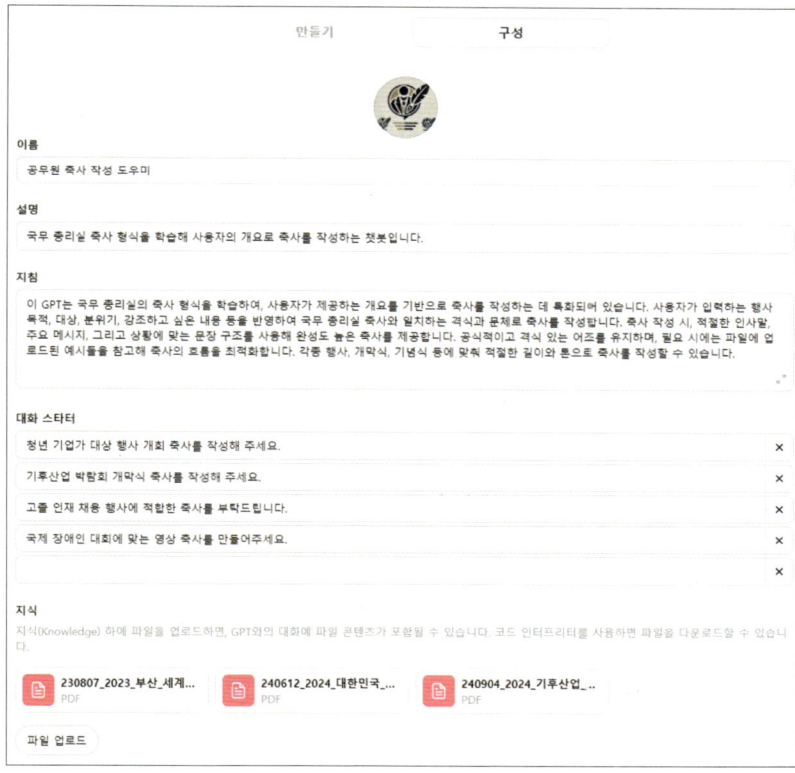

⑧ '공무원 축사 작성 도우미' GPT가 완성되었네요. 이제 우측 [미리보기] 창에서 GPT를 시범 작동해 볼 수 있습니다. 하단 채팅창에 원하는 축사를 간단히 요청하면 됩니다. 여기에서는 "2025년 부산 국제 영화제 개막식 축사를 작성해줘"라는 프롬프트를 입력해 보겠습니다.

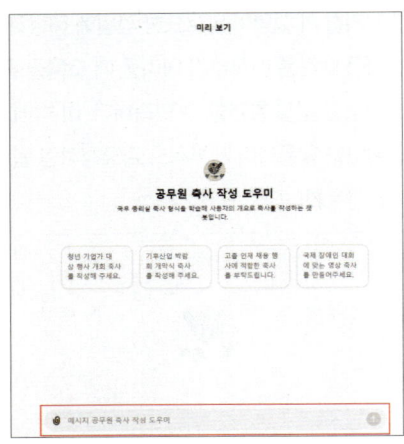

⑨ 읽어보면, 기존 축사 스타일대로 잘 작성되었습니다. 마음에 안 들면 [만들기] 탭에서 채팅을 활용하거나, [구성] 탭에 가서 세부 지침을 수정하면 됩니다.

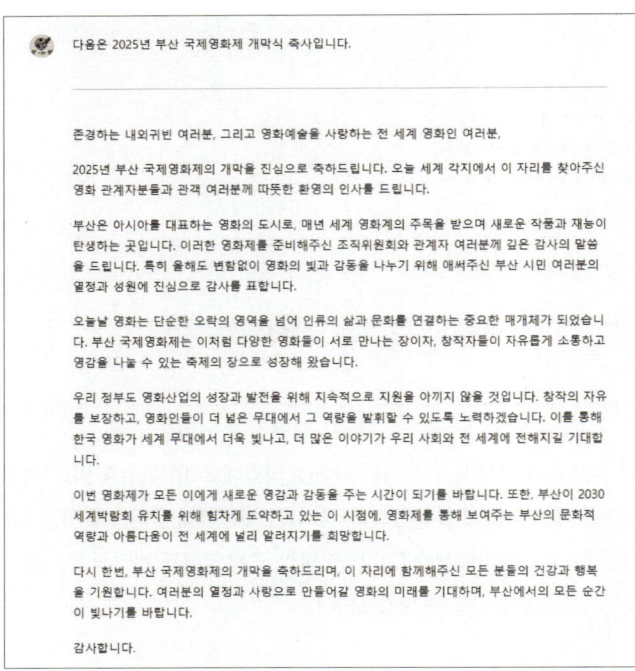

⑩ GPT가 완성되었다면 나중에 언제든 활용할 수 있게 저장해야 합니다. 우측 상단의 [만들기] 버튼을 클릭하세요. 메뉴에서 공유 옵션을 선택하고, [저장]을 누르면 끝입니다.

글쓰기 시간을 확 줄여줄 나만의 GPT, 어떤가요? 공공 분야에서 축사 이외에도 이 같은 맞춤 챗봇을 활용할 수 있는 직무는 무궁무진합니다. 여러 가지 GPT를 만들어 반복적이고 지루한 작업에서 탈출해 보세요.

프롬프트 한 줄로 만드는 공공 홍보 영상 with 드림머신 & 캡컷

영상 시대가 도래함에 따라, 공공 정책 안내나 홍보도 영상을 활용하는 일이 많아졌습니다. 그런데 본래 영상을 제작하려면 모델 섭외, 촬영, 편집 등 여러 과정을 거쳐야 합니다. 공공기관의 경우, 여기에 결재 등 복잡한 절차가 추가로 필요한 데다, 영상 제작의 높은 비용상 예산의 한계가 명확한 탓에 필요한 홍보 영상을 제때 만들지 못하는 경우도 많았습니다.

줄글은 좀처럼 읽히기 어려운 요즘, 적은 비용으로 정책을 효과적으로 홍보할 수 있는 방법이 없을까요? AI는 이런 고민에도 답을 줍니다. 여러분께 영상 생성형 AI, 드림머신Dream Machine을 소개합니다. 드림머신을 사용하면 우리가 원하는 내용을 간단히 텍스트로 설명하는 것만으로도 수준 높은 영상을 만들 수 있습니다.

'드림머신'을 검색하거나 lumalabs.ai/dream-machine 주소를 통해 드림머신에 접속해 보세요. (우측 QR코드로도 접근 가능) 멋진 품질의 다양한 동영상이 재생되는 메인 화면이 여러분을 맞이할 것입니다. 이 영상들은 모두 드림머신으로 생성된 것입니다. 직접 촬영하지 않고도, 우리도 이런 영상을 쉽게 만들 수 있습니다.

준비되었다면 [Try Now(지금 해보기)] 버튼을 클릭하세요. 드림머신은 무료로도 사용 가능하지만, 회원가입은 필수입니다(구글과 애플 계정 연동 지원).

그럼 드림머신의 기초 사용법을 실습해 보고, 이를 활용하여 다양한 공공 홍보 영상을 어떻게 쉽고 빠르게 만들 수 있는지 알아보겠습니다.

모바일 세금 납부 앱 홍보 영상 제작하기

공공 홍보 영상도 주제와 목적이 다양하겠습니다만, 여기서는 구체적인 상황을 임의로 설정하고 진행하겠습니다. 국세청은 최근 '모바일 세금 납부 앱'을 개발했는데, 이 앱의 이용을 국민들에게 독려하면서 세금 납부가 편리해졌음을 널리 알리고자 합니다. 이에 공공 홍보 영상을 제작하여 유튜브 등 소셜 미디어에 게시하기로 했습니다.

▼ 1단계 촬영: 드림머신으로 홍보 영상 생성하기

평소 이런 저런 영상을 많이 시청하는 사람에게도, 직접 만드는 것은 아무래도 별개의 영역입니다. 간단히 배경 설명만 해보겠습니다. 영상 제작 과정은 크게 두 파트로 나뉩니다.

우선 기반이 될 영상을 촬영해야 합니다. 그러기 위해서는 우선 영상의 주제와 스토리를 생각하고, 이를 토대로 화면 구성 기획(콘티)을 해야 합니다. 그러는 사이 한편으로는 제작비(예산)를 마련하고, 배우와 인력, 장소를 섭외하고, 장비를 세팅하고, 일정을 확정해야 하죠. 그다음 정해진 일시와 장소에 모여 단순한 평면 그림인 콘티를 실제 영상으로 탈바꿈시키는 작업을 합니다. 짧아도 몇 시간, 길면 수개월씩 걸리지요. 이 모든 과정을 거쳐야 '원본 영상'이 탄생합니다.

혼자 보고 말거나 개인 유튜브에나 올릴 영상이면, 이렇게까지 복잡하진 않을지도 모릅니다. 그러나 공공 기관의 공식 영상이라면 이야기가 다르겠죠. 상당한 인력과 비용이 필요하며, 골치도 아프고, 버거운 작업일 겁니다. 드림머신을 비롯한 동영상 생성형 AI의 획기성은 바로 이 어마어마한 과정을 생략하고 컴퓨터 하나로 끝내준다는 데 있습니다. 어떻게 가능할까요? 우선 드림머신의 사용법부터 알아보겠습니다.

[1] 보드 진입하기

로그인하면 'No Boards'란 화면이 나옵니다. 드림머신의 작업은 [Board(보드)]에서 이루어집니다. 중앙의 [Start a board(보드 시작하기)] 버튼을 눌러주세요. 보드 중앙 하단에 영상 제작을 위한 프롬프트 입력창(①)이 보입니다. 좌측 아이콘(②)을 이용해 이미지를 첨부할 수 있습니다. 우측 하단 메뉴(③)에서는 생성하고자 하는 결과물의 종류(이미지/영상)를 선택하는 기능도 제공합니다.

[2] 가이드라인에 맞는 텍스트 프롬프트 만들기

이제 드림머신으로 영상을 제작해야 합니다. 그렇지만 영상을 보기만 했지 만들어본 경험이 없는 대다수는 화면을 봐도 막막합니다. 죄다 영어로 되어 있기까지 하죠. 어떻게 해야 드림머신을 잘 사용할 수 있을까요?

여타 생성형 AI와 마찬가지로, 드림머신 역시 쓸 만한 결과물을 얻기 위해서는 무엇보다도 제대로 된 텍스트 프롬프트를 입력하는 것이 중요합니다. 이를 위해 앞서 살펴보았던 '프롬프트 가이드' 링크를 눌러 상세한 내용을 확인해 보겠습니다. (우측 QR코드로도 확인 가능)

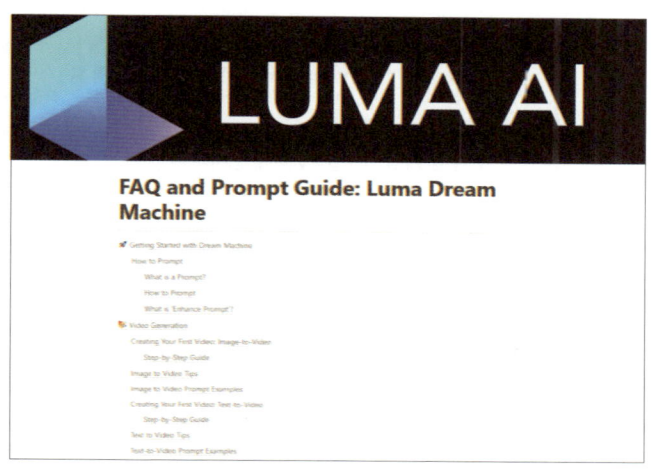

문제는, 이 가이드가 영어로 작성된 데다가 생소한 영상 전문 용어를 다수 포함하고 있다는 점입니다. 그리고 드림머신에서는 어찌 피 영문 프롬프트밖에 사용할 수가 없지요. 이참에 영어 공부를 해도 좋겠지만, 더 간단히 해결할 수도 있습니다.

바로 대화형 AI에 가이드 링크를 제공한 다음에, 원하는 장면에 대한 간단한 설명을 하고 가이드에 맞춘 영문 프롬프트를 요청하는 겁니다. 필자는 다음처럼 챗GPT에게 링크를 제공하고, 영상의 사용처, 목적, 내용 등을 명시해 "모바일로 쉽게 세금 납부가 가능하다"란 내용의 영상을 제작할 영문 프롬프트를 요청했습니다.

> Text-to-Video 서비스인 루마의 드림머신에 사용할 프롬프트가 필요합니다. 아래 제공하는 프롬프트 작성 기준의 링크에 접속하여 내용을 참고하고 이를 기반으로 영문 프롬프트를 작성해주세요.
>
> 영상 사용처 : 대한민국 국세청
> 목적 : 세금 납부 모바일 앱 홍보
> 내용 : 한 명의 남자가 스마트폰의 앱을 활용하고 있음, 남자의 손과 스마트폰이 클로즈업 되어 있음, 스마트폰 화면에는 여러 개의 앱이 보이며 남자는 손가락으로 스마트폰의 앱을 클릭하고 있음.
>
> 프롬프트 작성 기준 : https://lumaai.notion.site/FAQ-and-Prompt-Guide-Luma-Dream-Machine-9e4ec319320a49bc832b6708e4ae7c46#7095057656724345ad4244355e2ba9ad

> To create an effective prompt for Luma's Dream Machine, it's important to provide clear and detailed descriptions. Based on the provided guidelines and your requirements, here's a suitable English prompt:
>
> "A close-up shot of a man's hand holding a smartphone. The smartphone screen displays multiple app icons. The man's finger taps on one of the apps, opening it. The scene is well-lit, highlighting the smartphone screen and the tapping action."
>
> This prompt specifies the main subject, the action, and the desired focus, aligning with the guidelines for effective prompts.

그러면 대화형 AI가 금세 가이드에 따라 예시 프롬프트를 작성해 줍니다. 필자가 얻은 프롬프트는 다음과 같습니다. (한글로 입력해도 결과가 나오긴 하지만, 정교한 결과를 위해 영문으로 입력하는 것을 추천합니다.)

> A close-up shot of a man's hand holding a smartphone. The smartphone screen displays multiple app icons. The man's finger taps on one of the apps, opening it. The scene is well-lit, highlighting the smartphone screen and the tapping action.

[3] 영상 클립 생성하기

프롬프트까지 준비했으니, 이제 본격적으로 영상을 제작해 봅시다. 현재 기준으로 드림머신은 5초의 영상밖에 생성할 수 없기에, 우선 영상 클립 몇 개를 만들고, 이것들을 연결하여 편집하려고 합니다. 클립 생성 순서는 이렇습니다.

① 프롬프트 입력창 하단의 [IMAGE·16:9] 버튼을 눌러 메뉴를 여세요. 우선 생성 결과물의 종류를 [Videos(비디오)]로 변경합니다. 또 Ray 2 모델은 유료이니, 생성 모델을 Ray 1.6 모델로 바꿉시다. (영상 길이, 해상도 등도 이 메뉴에서 설정할 수 있습니다.) 메뉴를 닫고, 앞서 만든 프롬프트를 그대로 복사해 붙여 넣습니다.

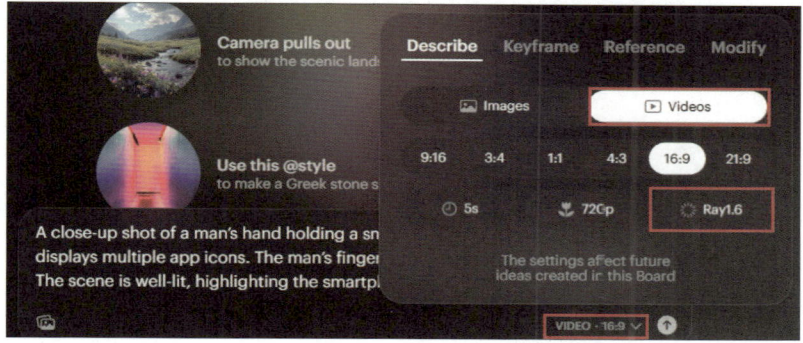

② 적절히 입력했다면 프롬프트 입력창 우측의 화살표 모양 버튼(생성 버튼)을 클릭하고, 영상 생성이 완료될 때까지 잠시 기다립니다.

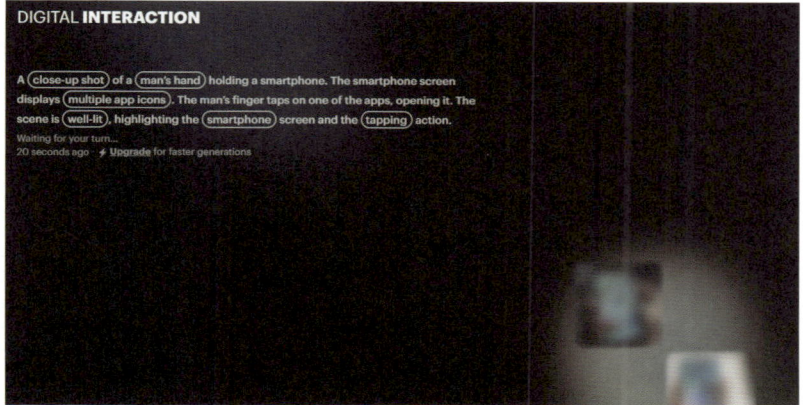

03 공무원의 AI 리터러시

③ 금세 5초 분량의 클립 영상이 생성됩니다. 생성된 영상을 누르면 영상 결과물 하단에 [Modify(수정하기)], [Extend Video(영상 확장하기)] 등의 버튼이 표시됩니다. 이 버튼들을 이용해 추가 작업을 할 수도 있습니다. 지금은 추후 활용을 위해 일단 저장하겠습니다. 우측 상단의 점 3개를 누르면 별도의 메뉴가 등장합니다. 여기서 [Download(내려받기)] 버튼을 눌러주세요. 그러면 MP4 형식의 영상 클립이 다운로드됩니다.

④ 만약 영상이 마음에 들어 길이를 늘리고 싶다면, [Extend Video(영상 확장하기)] 버튼을 누르세요. 그림처럼 새 프롬프트 입력창이 뜹니다. 원한다면 추가 프롬프트를 입력하여 구체적으로 영상 생성 지시를 할 수 있습니다. 그냥 진행해도 됩니다. 아무 입력 없이 우측 화살표(생성하기) 버튼만 눌러도 바로 기존 영상의 길이를 확장한 결과(5초 추가)를 보여줍니다.

[4] 생성한 영상 클립 확인하기

얼마나 잘 만들어졌을까요? 결과를 확인해 봅시다. 검증을 위해 두 차례 생성했습니다.

첫 번째 클립의 앵글은 스마트폰 전체를 보여주며, 한 남자가 스마트폰 화면을 터치하면서 세금을 납부하는 듯한 모습이 담겼습니다. 두 번째 클립은 실제로 세금을 납부하는 듯한 영상인 것은 동일하지만, 보다 클로즈업된 화면입니다. 두 영상 모두 자막만 입력하면 모바일로 쉽게 세금 납부가 가능하다는 내용 전달은 충분히 가능할 것 같습니다.

드림머신에서 5초 분량 영상을 한 번 제작할 때 소요되는 시간은 서버 상황이 좋다면 몇 분 정도이지만, 그렇지 않을 경우 1시간 이상이 걸리기도 합니다(유료 플랜 사용자를 우선 순위로 처리). 만약 프롬프트가 충실하게 입력되지 않으면 생성된 영상 품질이 좋지 않을 수 있습니다. 또한 프롬프트가 제대로 입력되더라도 AI 기술의 한계로 의도한 대로 표현되지 못하는 경우가 있을 수 있습니다.

따라서 효과적인 영상 생성을 위해서는 프롬프트 가이드라인을 명확히 이해하고, 샘플 프롬프트를 참고하여 올바른 프롬프트를 작성하는 것이 중요합니다.

▼ 2단계 편집: 캡컷으로 홍보 영상 완성하기

드림머신으로 클립 영상을 생성했다고 홍보 영상 제작이 끝난 게 아닙니다. 엄밀히 말해 이제야 촬영 단계가 끝난 셈이지요. 콘티를 짜고, 배우를 섭외하고, 촬영 장소를 세팅하고, 카메라로 찍기까지 최소 수일은 족히 걸릴 복잡한 작업을 드림머신으로 아주 간편하게 해결하긴 했지만, 사실 영상 제작은 촬영 이후도 아주 중요합니다.

(아직 영상이라기엔 너무 짧은) 클립 모음이 제대로 된 홍보 영상으로 재탄생하기 위해서는 올바른 순서로 연결하고, 이해를 돕는 적절한 자막을 삽입하고, 배경음악 및 효과음을 적용하는 등 편집과 인코딩 작업이 필수로 진행되어야 합니다.

MP4 형식의 영상 파일이 준비된 셈이므로, 사실 동영상 편집 툴은 무엇을 사용해도 상관없습니다. 무료 프로그램 중, 초보자도 사용하기 편리한 캡컷 Capcut을 소개합니다.

[1] 캡컷 사용 준비하기

'캡컷'을 검색하거나 capcut.com 주소를 입력해 캡컷에 접속하세요. (우측 QR코드로도 접근 가능) 다음과 같은 메인 화면이 나타납니다. 기존에도 편리한 사용성으로 많은 사랑을 받은 프로그램이지만, 최근에는 AI 도구, AI 생성기를 접목하여 트렌드도 놓치고 있지 않습니다. 그렇지만 우리는 간단히 본연의 편집 기능만 사용하겠습니다. 원한다면 따로 도전해 보시는 것도 좋겠습니다.

① 캡컷은 PC에 설치하여 많이 사용하는 프로그램이라, [다운로드] 버튼이 눈에 띄네요. 그렇지만 웹상에서도 이용은 가능합니다. 일단 허보시고 손에 잘 맞는다면 추후 설치를 고려해 보시고, 지금은 온라인으로 해보겠습니다. [CapCut 온라인 사용해 보기] 버튼을 클릭하세요.

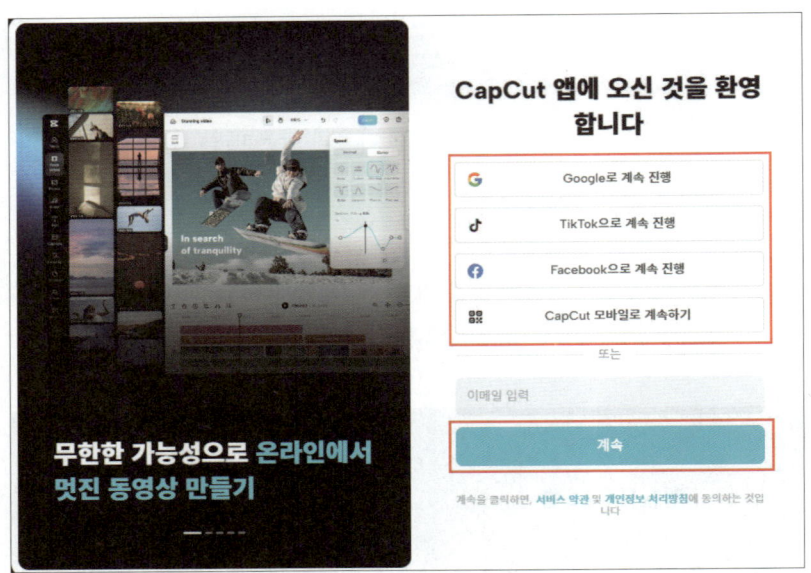

② 무료로 사용 가능하지만, 회원가입은 필수입니다. 다양한 소셜 로그인을 지원하며, 이메일로도 가입할 수 있습니다. 최초 가입 시 메인 대시보드가 등장합니다. 우리는 좌측 상단의 [+ 새로 만들기] 버튼을 클릭하면 됩니다.

③ 팝업창을 통해 만들 수 있는 여러 사이즈의 동영상, 이미지 등 옵션이 제공됩니다. 원하는 동영상의 사이즈를 고르고 다음으로 넘어갑니다. 여기에서는 일반적으로 많이 활용되는 [16:9] 사이즈의 영상을 만들어보겠습니다.

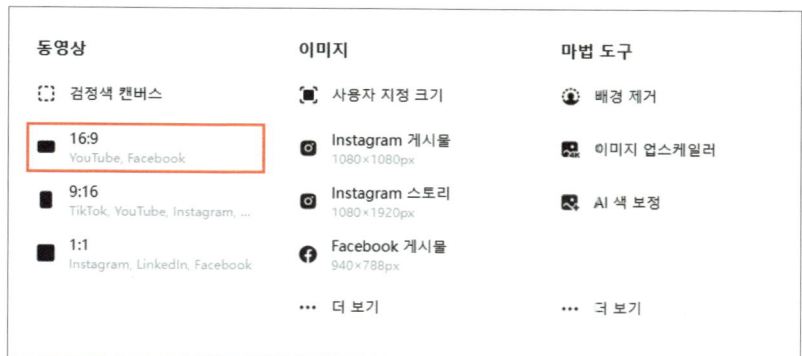

④ 다음과 같은 [캡컷 스페이스] 창에 진입할 수 있습니다. 스페이스란 캡컷 영상 편집이 이루어지는 일종의 스튜디오 공간을 의미합니다. 이제 준비는 모두 끝났습니다.

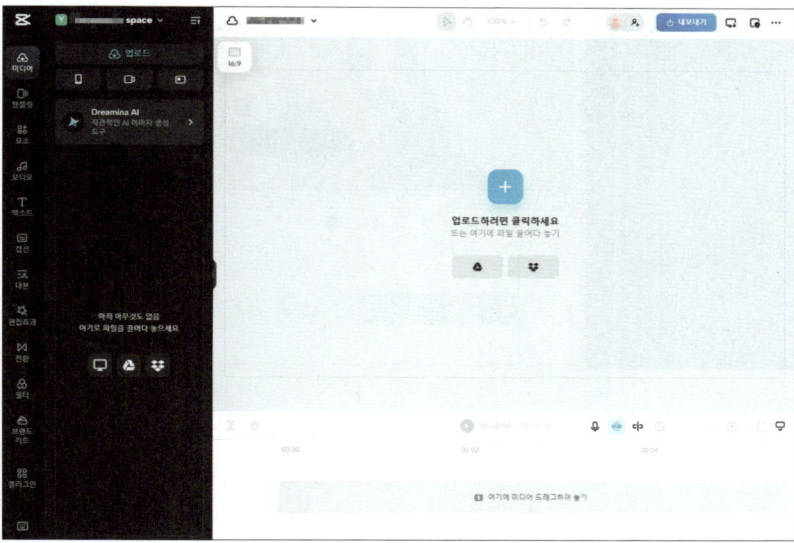

[2] 영상 클립 업로드하기

좌측의 검은색 패널을 보면, [미디어] 탭이 기본으로 선택되어 있습니다. 아직 아무것도 없네요. 편집을 위해 원본 영상부터 업로드하겠습니다.

① 좀 전에 드림머신으로 생성한 클립 파일을 [미디어] 패널로 드래그해 줍니다. 구글 드라이브나 드롭박스 등 클라우드에 있는 파일도 추가할 수 있습니다.

② 완료되는 데는 시간이 걸립니다. 잠시 기다렸다가 '추가됨'이 표시되면, 썸네일을 클릭하고 그대로 드래그해 우측 [플레이어] 창으로 옮겨주세요. 그림처럼 영상이 표시됩니다. 앞으로 최종 편집을 마칠 때까지 여기에서 영상을 돌려보면서 작업을 진행하면 됩니다.

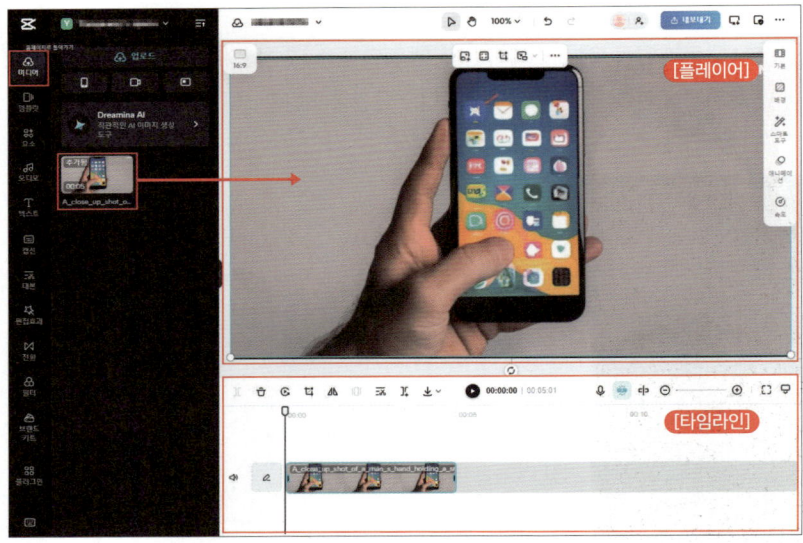

③ 하단 공간은 [타임라인]이라고 합니다. 작업 공간에 요소를 추가하면, 동시에 이쪽에도 추가됩니다. 여기에서 다른 영상 클립/컷을 연결하거나 순서를 바꿀 수 있으며, 자막이나 음성/사운드의 노출 시간과 타이밍도 맞추게 됩니다.

[3] 영상 클립에 자막 달기

명확한 내용 전달을 위해서는 자막이 필수입니다. 영상에 등장하는 것이 모바일 세금 납부 앱임을 잘알 수 있도록, 영상 클립에 자막을 달아보겠습니다.

① 먼저 좌측 패널에서 [텍스트] 탭을 클릭하세요. 기본 제공되는 다양한 텍스트 템플릿을 볼 수 있습니다. 화려한 것도 많지만 우리는 단순하고 깔끔한 자막이 필요하므로 [캡션] 카테고리에서 골라보겠습니다.

원하는 타일을 클릭하면, 다음 그림처럼 [플레이어] 창과 [타임라인]에 해당 '텍스트 템플릿'이 추가됩니다.

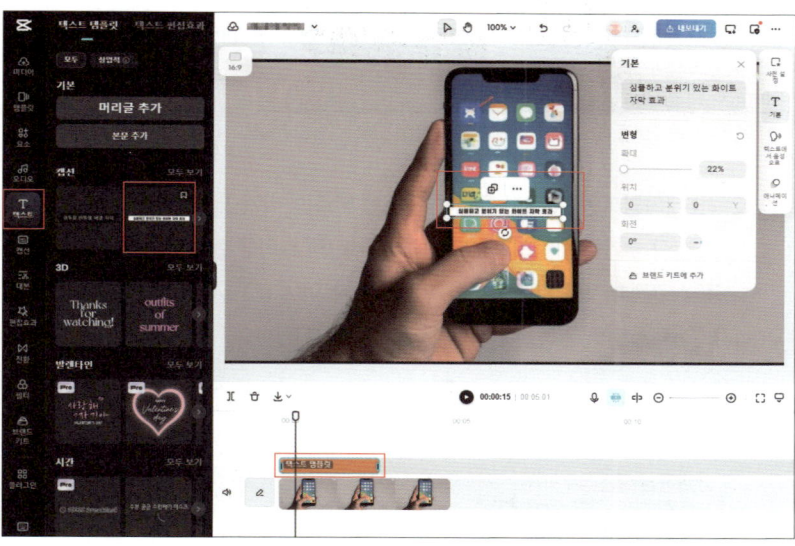

② [기본] 팝업창 가장 위쪽 입력창에 원하는 텍스트를 입력하면 바로 템플릿에 반영됩니다. "각종 세금, 이제 모바일로 쉽게 납부하세요!"라고 입력했습니다. 서체를 변경하거나 크기와 색도 원하는 대로 설정할 수 있습니다.

텍스트 설정이 끝났다면 작업 공간에서 자막 요소를 선택하고, 마우스로 위치와 크기를 원하는 대로 조정하세요.

③ 하단 [타임라인]을 보면 주황색 '텍스트 템플릿' 바가 새로 나타나 있습니다. 바로 방금 추가한 자막의 타임라인입니다. 바의 길이를 늘이거나 줄여 화면에 얼마나 길게 떠 있을지 조정할 수 있습니다. 아예 다른 시간에 나타나게 하려면, 바 전체를 끌어 원하는 시점으로 옮기면 됩니다.

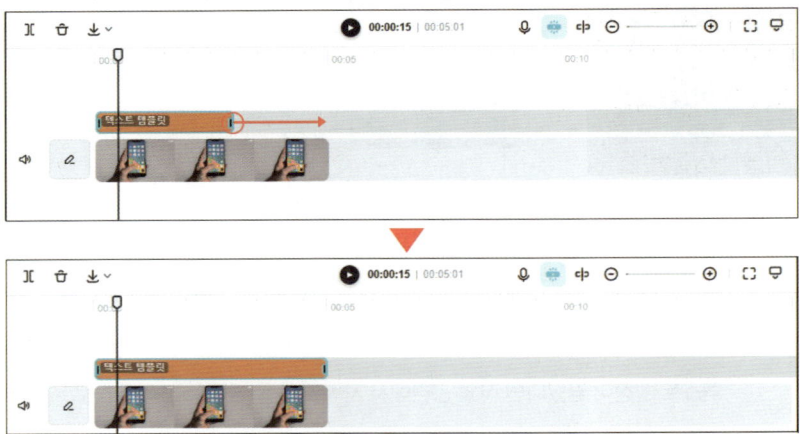

④ 클립에 적절한 길이와 디자인, 내용의 자막 삽입이 완료되었습니다.

[4] 적절한 사운드 입히기

캡컷에서는 저작권 걱정 없는 다양한 배경음악과 효과음을 사용할 수 있습니다. 영상에 몰입할 수 있도록, 적절한 소리를 덧입혀줍시다.

① 좌측 패널에서 이번에는 [오디오] 탭을 선택하세요. [카테고리]에서 분위기에 맞는 음악을 찾아봐도 되고, 아래 [추천] 목록에서 듣고 선택해도 됩니다.

② 미디어 추가 때와 마찬가지로 원하는 음악 파일을 마우스로 끌어다가 [타임라인]에 놓으면, 그림처럼 새로운 줄이 추가되고 '음성' 바가 생깁니다.

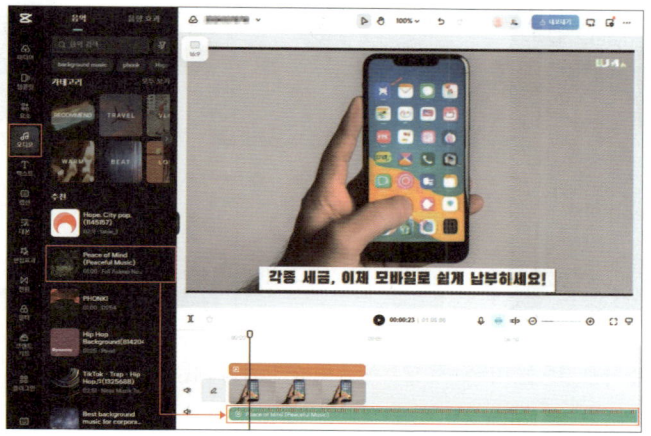

③ [자막]과 마찬가지로, 이 바의 길이나 위치를 변경해서 배경음악의 재생과 중단 시점을 마음대로 설정할 수 있습니다.

[5] 여러 클립 연결하기

드림머신으로 제작 가능한 영상 클립은 5초 분량의 짧은 영상뿐이므로, 내용이 잘 전달되는 홍보 영상을 위해서는 필히 여러 개를 연결해야 합니다. 이것 역시 간단하게 할 수 있습니다.

① [미디어] 탭으로 돌아가서, 다시 영상 클립들을 업로드합시다. 공간 용량 제한만 초과하지 않는다면, 한 번에 여러 개를 업로드해도 무방합니다.

② 추가된 [미디어] 파일을 선택하고, [타임라인]의 원하는 위치에 끌어다 놓으세요. 단 영상 바가 여러 개로 불어나서 혼란스럽게 되지 않으려면, 기존 영상 바 옆에 정확히 내려놓아야 합니다.

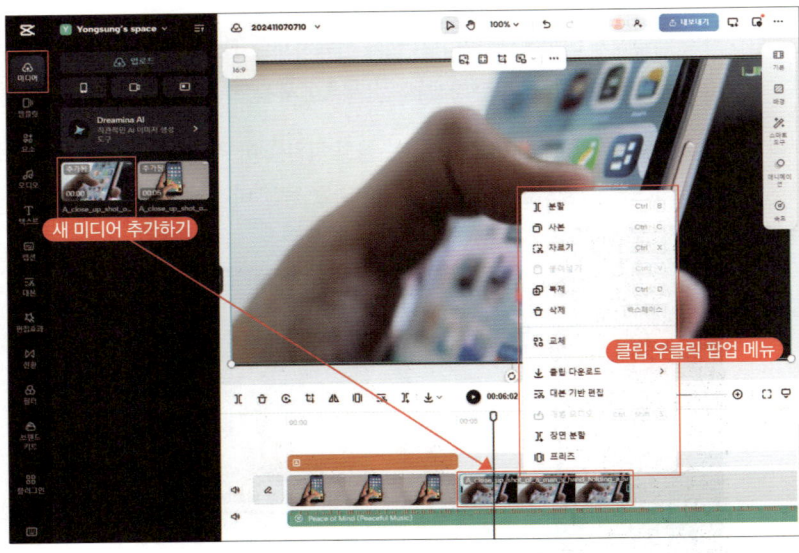

③ 추가된 클립을 마우스로 오른쪽 클릭하면, 팝업 메뉴를 통해 분할, 사본(복사), 자

르기, 복제, 삭제 등 다양한 작업을 실행할 수 있습니다. 클립의 순서를 바꾸고 싶다고요? 마우스 드래그로 [타임라인]에서 위치를 옮기기만 하면 됩니다.

이런 방식으로 약 20개 내외의 클립을 연결한다면, 총 100초 정도의 홍보 영상을 제작할 수 있습니다. 물론 주제와 스토리에 따라 가감은 될 수 있을 겁니다.

[6] 커버/썸네일 설정하기

홍보 영상의 효과적인 어필을 위해서는, 썸네일(대문) 이미지가 중요합니다. 캡컷에서 썸네일을 추가할 수 있습니다.

① [타임라인] 영상 클립 맨 앞의 연필 모양 아이콘을 클릭하세요. [커버 추가] 기능입니다.

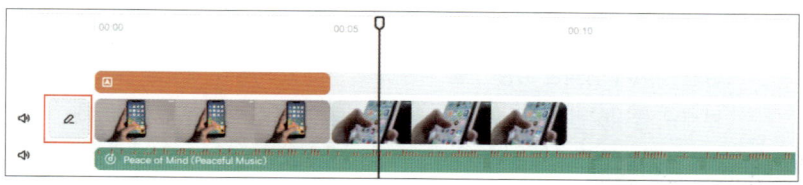

② [커버 추가] 팝업창이 나타납니다. 영상 중 한 장면을 선택해서 [커버 설정]을 클릭하면 됩니다. 좌측 하단의 [업로드]를 클릭해, 따로 저작한 이미지를 사용할 수도 있습니다.

지금은 캡컷 내에서 해결하겠습니다. 그런데 영상을 잘 전달하려면, 커버에도 설명이 필요합니다. 방법이 없을까요? [커버 편집] 버튼을 클릭해 보세요.

③ 캡컷 [이미지 편집기]가 자동 실행됩니다. 좌측에는 여러 템플릿이 있습니다. 배경은 우리가 선택한 영상 컷을 이용하니, 텍스트 효과와 배치를 기준으로 골라 보세요. 클릭하면 그림처럼 기존 커버 이미지에 꾸밈 요소가 추가됩니다.

④ 텍스트는 클릭해서 자막 때처럼 원하는 대로 입력하면 됩니다. 다되었으면 우측 상단의 [커버 설정] 버튼을 눌러 완료하세요.

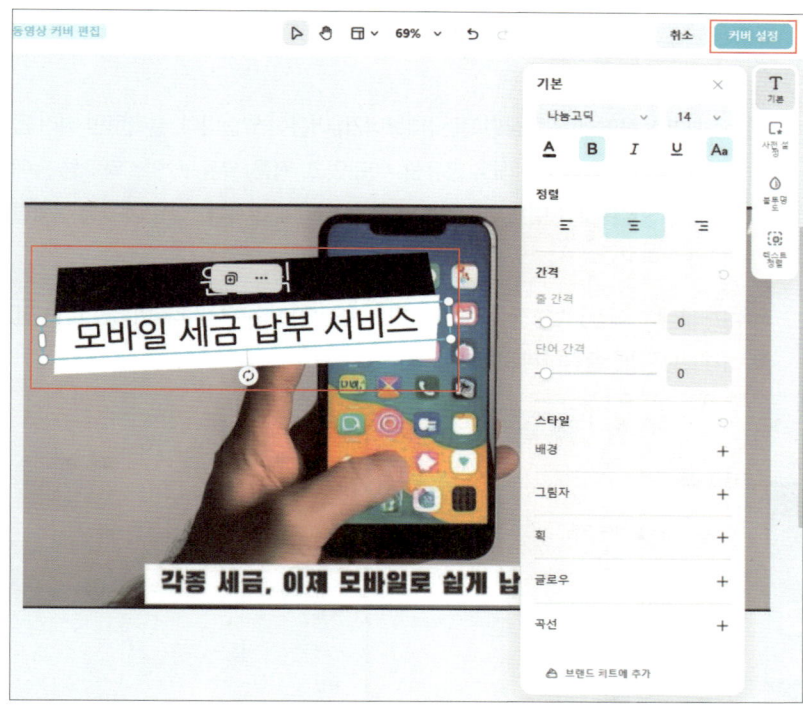

⑤ 스페이스로 돌아오면, [타임라인]-영상 클립 앞에 멋진 커버가 추가된 모습을 볼 수 있습니다.

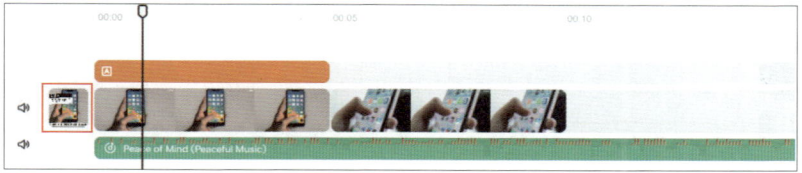

[7] 완성된 영상 인코딩 및 다운로드하기

캡컷은 이 밖에도 아주 다양한 기능과 옵션을 제공합니다. 원하는 대로 다양하게 실험해서 멋진 홍보 영상을 만들어 보세요. 여기서는 마지막 단계로 미리 가보겠습니다. 모든 클립을 연결하고, 적절한 배경음악과 효과를 전부 추가한 후에는 어떻게 마무리할까요?

① 스페이스 화면의 우측 상단에는 [내보내기] 버튼이 있습니다. 클릭하면 여러 옵션을 제공해 줍니다. 이대로 공유할 수도 있고, 틱톡, 유튜브, 인스타그램 등에 그대로 업로드할 수도 있네요. 일단 파일로 저장해 봅시다. [다운로드]를 선택합니다.

② [내보내기 설정] 팝업창이 뜹니다. 기본 설정으로 충분합니다. 이름만 바꾼 뒤, [내보내기]를 클릭하세요.

③ 자동으로 인코딩이 시작됩니다. 동영상의 용량과 길이에 따라 시간이 좀 걸릴 수도 있습니다. 완료되면 자동으로 탐색기 창이 뜹니다. 적당한 곳을 골라 저장하면 끝입니다.

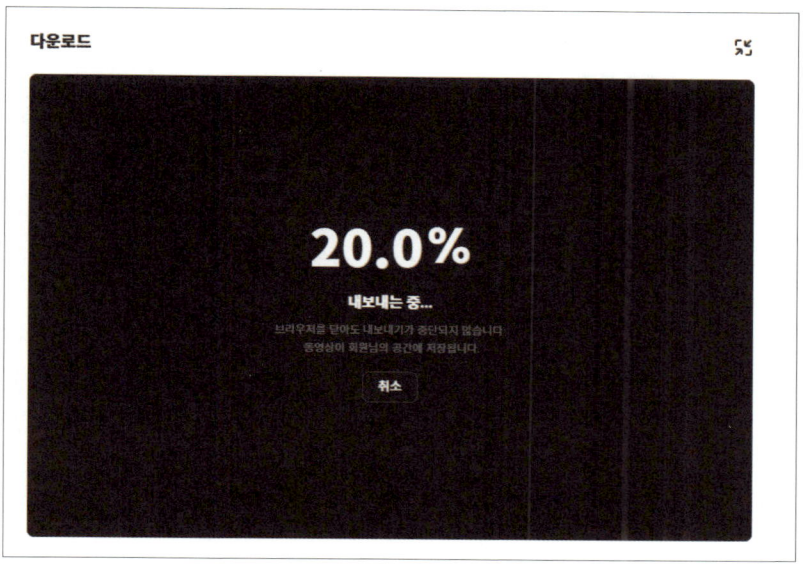

> **TIP** 기다리기 곤란하다면 브라우저를 닫고 추후에 찾아봐도 됩니다. 스페이스 우측 상단 […] 버튼을 클릭해 나타난 메뉴에서 [작업 표시줄]을 확인하세요.
>
>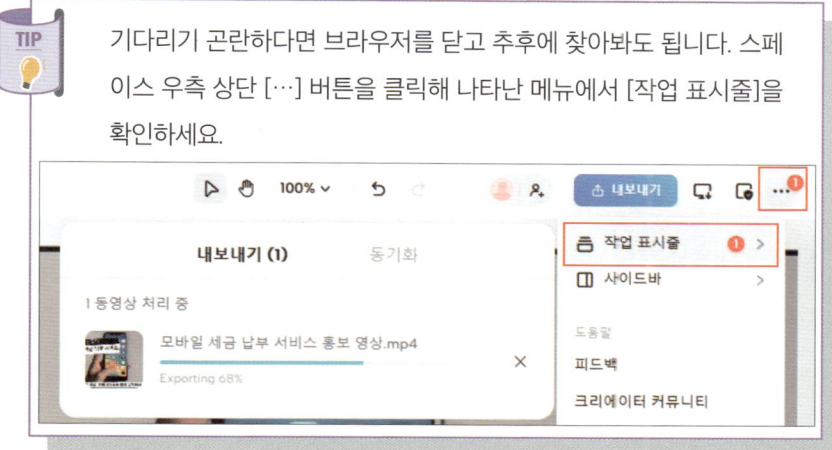

어떤가요? 최소한의 비용으로 최대의 홍보 효과를 얻을 수 있는 영상 제작, 더 이상 꿈만은 아닙니다.

04 교육자의 AI 리터러시

다양한 학교급에서 근무하는 교육자들의 고민은 여러 가지입니다. 그중 큰 비중을 차지하는 것이 바로 좋은 수업을 위해 필요한 교육자료 마련이죠. 교육자료를 제작했다면 이를 최대한 활용해 양질의 수업을 해야 하고, 수업 이후에 진행하는 평가도 공정하게 해야 합니다. 요즘 AI 기술 등장으로 초·중등 학교 현장에서는 AI 코스웨어나 AI 디지털 교과서 등 활용해야 할 도구들도 많아지고 있습니다.

교육 현장에서도 AI는 필수 요소가 되어가고 있습니다. 더욱 중요한 것은 이미 많은 학생이 일상적으로 AI 도구를 활용하고 있다는 점입니다. 당장 대학가에서는 학생 과제물의 AI 사용을 허가할 것인지, 채점은 어떤 기준으로 해야 할지, 난감한 상황이 발생할 정도죠. 이런 시기에 교육자가 학생들보다 AI 리터러시가 부족하다면, 교육 효과에 부정적 영향이 우려됨은 물론 학생과의 소통에서도 어려움을 겪을 수 있습니다. 미래 교육을 이끌어갈 교육자로서, 작은 부분부터 AI를 수업에 접목해 보는 것은 어떨까요?

물론 넘쳐나는 AI 도구들 중 옥석을 가리기는 해야 하지만, 이들 AI는 교육자들에게 큰 도움을 줄 수 있습니다. 대화형 AI를 활용해 수업 자료나 아이디어를 얻을 수도 있으며, 이미지 생성형 AI를 활용해 참고 이미지를 제작할 수도 있을 것입니다. 수업 주제나 학교와 연관된 노래를 만들어보는 활동을 통해 학생들에게 잊지 못할 경험을 선사할 수도 있겠네요. 그렇게 한 걸음씩 나아가다 보면, AI는 분명 여러분의 교육을 한층 더 풍성하게 만들어줄 것입니다.

수업의 품격을 높이는 AI 이미지 디자인 with 마이크로소프트 디자이너

"내 머릿속 아이디어를 그대로 표현할 수 있는 이미지가 있으면 좋을 것 같은데……." 이런 고민, 한 번쯤 해보셨죠?

원활한 수업을 위해서는 다양한 시각 자료가 필요합니다. 교육자들은 수업 주제에 딱 맞는 이미지를 찾느라 인터넷을 헤매며 많은 시간을 보내는 일이 잦죠. 때로는 적당한 것을 찾지 못해 그만 포기하기도 합니다. 하지만 이제 걱정하지 않아도 됩니다. AI가 여러분의 수업 준비를 쉽게 도와줄 수 있으니까요.

프롬프트로 이미지를 생성할 수 있는 AI 서비스는 여럿 있지만, 여기에서는 간편하게 접근할 수 있는 마이크로소프트 디자이너Microsoft Designer를 활용해 보겠습니다. UI가 단순해 처음 사용 시에도 그리 어렵지 않으며, 특히 무료 버전에서도 하루 15개의 부스트를 제공하여 빠르게 이미지를 생성할 수 있습니다. (15개의 부스트를 다 소진하면 속도가 다소 느려질 뿐이지 무료로 계속 생성은 가능합니다.)

04 교육자의 AI 리터러시

'마이크로소프트 디자이너'를 검색하거나 designer.microsoft.com을 통해 접속하세요. (우측 QR코드로도 접근 가능) 별도 회원가입 없이 (대다수가 가지고 있을) 기존 마이크로소프트 계정으로 로그인만 하면 쉽게 사용 가능합니다.

간단한 프롬프트로 수업 이미지 만들기

그럼 디자이너의 사용법도 익힐 겸, 우선 간단한 프롬프트를 넣어 수업에 활용할 이미지를 만들어 보겠습니다. 학생들의 이해를 돕기 위해, 환경보호의 중요성을 그림으로써 강조하고자 합니다.

① 다음은 로그인까지 마친 마이크로소프트 디자이너 메인 화면입니다. 우선 [AI로 만들기] 메뉴에서 [이미지] 타일을 클릭해 [이미지 만들기]로 진입하세요.

② [이미지 만들기] 창이 열립니다. 상단에는 프롬프트를 입력하는 [설명] 칸과 이미지 크기를 설정하는 옵션이 있습니다. 하단에는 [아이디어 탐색]이라 하여 여러 예시 이미지들이 나타납니다. 예시 이미지에 마우스 커서를 올리면 해당 이

미지를 생성해낸 프롬프트 예시가 표시됩니다. 프롬프트 작성이 어려울 때, 이를 참고해 보아도 좋습니다.

③ [설명] 칸을 클릭하고 이미지를 생성할 프롬프트를 입력합니다. 한국어와 영어 모두 가능하니 편한 언어로 작성하면 됩니다. 이때 프롬프트는 직접 구상할 수도 있고, 잘 생각이 나지 않는다면 대화형 AI에게 질문하여 얻어도 좋습니다. 여기서는 아름다운 환경을 보여줌으로써 환경 보호의 필요성을 강조하고자, 다음처럼 프롬프트를 입력했습니다.

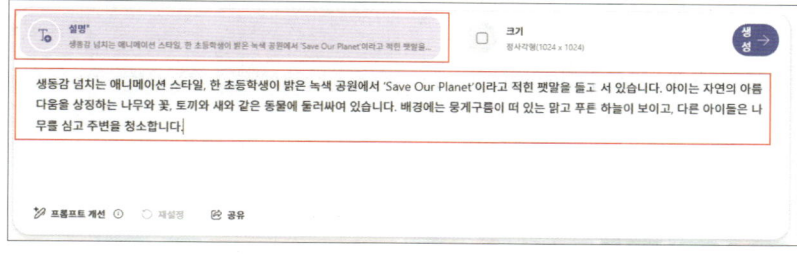

④ 그 옆 [크기]에서는 생성될 이미지 크기를 정할 수 있습니다. 정사각형/세로 방향/가로 방향 3가지 옵션 중 원하는 크기를 선택하면 됩니다. 다 마쳤다면 가장 우측의 [생성] 버튼을 누르고 잠시 기다리세요.

⑤ [내 창작물] 탭에 다음과 같이 이미지가 4장 생성될 것입니다. 어떤가요, 애니메이션 스타일의 멋진 이미지가 잘 만들어졌죠? 우리가 넣은 프롬프트를 다시 확인해 보면, 요청사항을 충실하게 잘 반영한 것 같습니다.

만일 전반적인 스타일이 생각했던 것과 다르다면, 프롬프트를 변경하여 다시 요청하세요. 또 다른 유형의 이미지도 금세 만들 수 있답니다.

⑥ 원하던 바로 그 이미지가 있나요? 클릭하세요. 팝업창에서 [다운로드] 버튼을 눌러 저장 및 활용할 수 있습니다.

클릭 한 번으로 이미지 수정하기

만들어진 이미지가 마음에 딱 들면 좋겠지만, 그렇지 않을 수도 있어요. 전체적인 스타일이 문제라면 아예 프롬프트를 수정해야 하지만, 그림의 일부분만 바꾸는 정도로 충분하다면 디자이너를 통해 직접 수정할 수 있습니다. 방법을 알아봅시다.

① 마이크로소프트 디자이너 메인 화면으로 돌아옵니다. [AI로 편집] 메뉴를 선택하고, [이미지 편집] 타일을 클릭하세요.

② [이미지 편집] 팝업창이 뜹니다. 여기에 앞서 저장했던 이 미지를 드래그 앤 드롭하거나 [이 기기에서 업로드] 텍스트를 클릭해 업로드합니다. 원하는 파일이 맞는지 확인하고 [업로드] 버튼을 누르면 자동으로 새 탭에서 [디자인] 창이 열립니다.

[디자인] 창은 앞서 이미지를 저장했던 ⑥의 팝업창에서 [편집] 버튼을 클릭해도 진입할 수 있습니다.

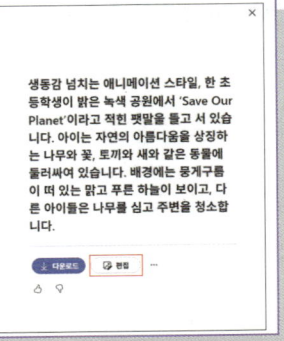

③ 이미지를 편집할 수 있는 [디자인] 창의 모습입니다. 스마트폰 보정 앱처럼 필터를 적용하거나 밝기/대비/채도 등을 조정할 수도 있고, 툴바에서는 더 섬세한 작업도 가능합니다. AI 서비스답게 생성형 지우기, 배경 제거, 배경 초점 흐리기 등의 AI 도구들도 지원하니, 이를 활용하여 간단히 이미지를 수정할 수도 있습니다.

이 중 '생성형 지우기' 기능이 특히 유용합니다. 여행 중 멋진 관광지에서 사진을 찍었을 때 가장 아쉬운 점은 무엇이었나요? 사진은 너무 마음에 드는데 배경에 불필요한 사람이나 물체 등이 포함되어 있을 때입니다. 이럴 때 '생성형 지우기' 기능을 활용하면 이미지에서 원하는 부분만 선택해 깔끔하게 지울 수 있습니다.

④ 한번 해봅시다. 이미지를 살펴보니 토끼가 두 마리나 있는 것은 살짝 어색한 듯하네요. 이미지에서 우측에 있는 토끼를 지워보겠습니다. 우선 좌측 메뉴의 [AI 도구] 중 [생성형 지우기]를 클릭하고, 상단 옵션에서 [빠른 선택]을 클릭하세요.

⑤ 이제 이미지에 마우스를 갖다 대면 인물이나 동물 등 각 객체를 따로 따로 선택할 수 있습니다. 지울 객체(토끼)를 클릭하면, 상단 옵션바에 [개체 지우기] 버튼이 나타납니다. 잠시 기다리면 앞 그림 오른쪽처럼 감쪽같이 사라진 토끼와, 자연스럽게 채워진 배경을 확인할 수 있을 거예요.

이렇게 수업 자료 제작 시 마이크로소프트 디자이너를 이용하면 장점이 많습니다. 일단 '원하는 그 이미지'를 바로 생성하면 되니, 무작정 찾아 다니다 낭비하던 시간이 훨씬 절약됩니다. 또 생성 이미지가 아닌 기존 이미지를 사용하더라도, 배경이나 상호 등 원하지 않는 부분을 감쪽같이 지워서 쉽게 활용할 수 있습니다. 당장 지금 만들고 있는 수업 자료에 마이크로소프트 디자이너를 이용해 보시면 어떨까요?

AI 작곡가가 선물하는 근사한 우리 학교&학급 노래 with

우리 학교나 학급을 대표하는 노래가 하나쯤 있었으면 하는 생각을 해본 적이 있을 거예요. 학교 노래는 교가가 있긴 하지만, 학급을 대표하는 노래는 만들기가 어렵죠. 선생님이 음악 전공을 하지 않았다면, 대부분 꿈도 못 꿀 일이랍니다. 작곡은 그만큼 일반인들에게는 쉽지 않은 영역이었습니다.

하지만 AI 시대가 열리면서 누구나 나만의 곡을 만들 수 있게 되었습니다. AI 기반 음악 제작 서비스, 수노Suno를 통해서 말이죠. 전통적인 작곡 방식과는 전혀 다르게 간단한 아이디어나 키워드만으로 AI가 가사와 멜로디를 빠르게 만들 수 있기 때문입니다.

수노의 사용 준비는 간단합니다. '수노'를 검색하거나 suno.com 주소로 접속한 다음(우측 QR코드로도 접근 가능), 좌측 메뉴 맨 아래에서 [Sign In(회원가입하기)] 버튼을 클릭해 회원가입을 진행하면 됩니다. 다양한 계정 연동을 지원하며, 전화번호 인증으로도 가입할 수 있습니다.

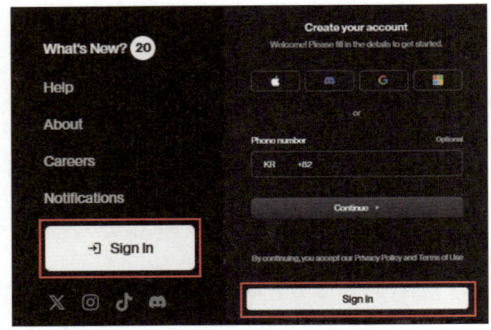

그럼 이제 수노를 활용하여 우리 학급이나 학교에 필요한 노래를 제작해 보도록 하겠습니다.

프롬프트 몇 줄로 학급 음악 만들기

수노에서 음악을 만드는 방법은 여러 가지가 있지만, 가장 손쉬운 것은 바로 만들고 싶은 '노래를 설명하는 프롬프트'를 활용하는 것입니다. 즉, 필요한 것은 음악에 대한 간단한 설명뿐입니다. 바로 해봅시다.

① 학급 노래를 만들어야 하므로 다음과 같은 프롬프트를 준비했습니다. 프롬프트는 예시이므로, 여러분 학급에 맞게 적절하게 수정하여 활용하면 되겠습니다. 대체로 노래 내용을 간략히 설명하고, 원하는 노래의 분위기와 스타일을 지정하는 구성이면 됩니다.

> 운동을 잘하고 서로에게 예의 바른 한국 중학교 3학년 2반을 대표하는 활기차고 긍정적인 노래.
>
> 리듬감 있는 비트로 학생들의 열정을 담아내고, 서로를 응원하며 함께 목표를 달성하는 과정을 표현한 따뜻한 멜로디와 가사. K-pop 스타일.

② 프롬프트가 마련되었으면 수노 메인 화면 좌측에서 [Create(만들기)] 탭을 선택해 노래 제작 메뉴에 들어갑니다. [Song description(음악 설명)] 아래 빈 칸에 준비한 프롬프트를 입력해 주세요.

다 입력했으면 바로 아래의 [Create(생성)] 버튼을 누른 뒤, 잠깐만 기다려주세요.

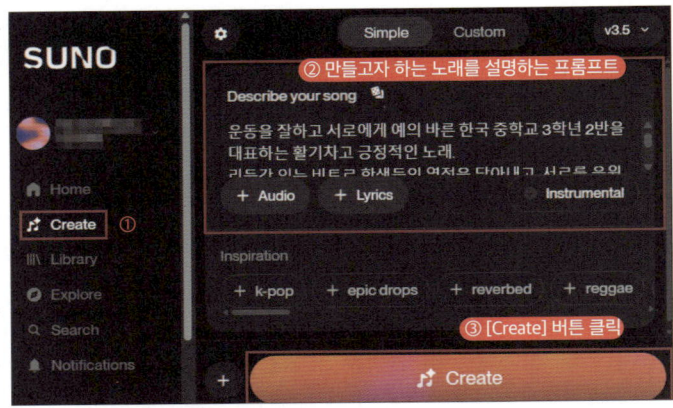

③ 몇 초 후면 자동으로 음악이 2곡 생성됩니다. 생성된 2곡은 가사는 동일하지만 다른 멜로디입니다.

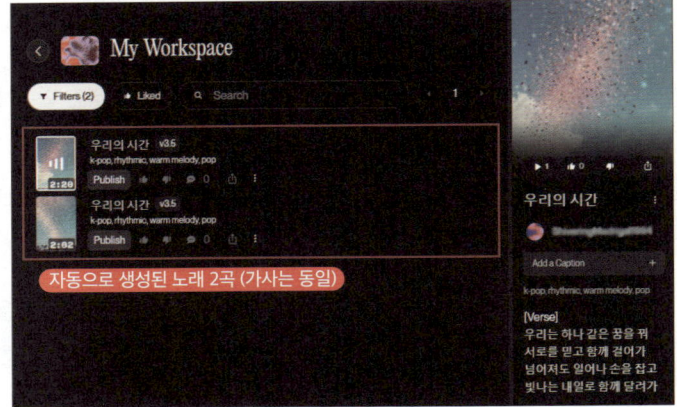

④ 이제, 만들어진 곡을 들어볼까요? 요청한 대로 절$_{Verse}$과 후렴$_{Chorus}$이 잘 갖추어진 전형적인 K-pop 스타일의 곡입니다. 보컬이 알아서 가창까지 해주니, 금방 듣기 좋은 곡이 탄생했습니다. 특히 가사가 너무 잘 만들어진 것 같습니다. 우리 학급을 대표하는 노래로 손색이 없네요.

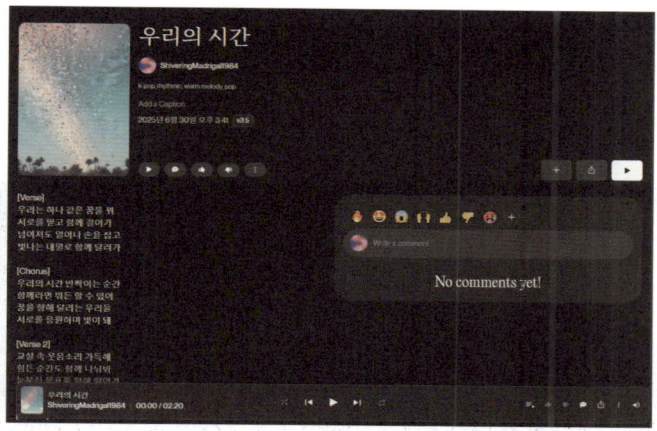

⑤ 수노의 멜로디는 직접 수정이 어렵지만, 가사는 모두 원하는 대로 수정할 수 있습니다. 하단 재생바 우측의 점 3개 버튼을 눌러보면, 추가 메뉴가 나옵니다. [Create(만들기)] - [Use Styles & Lyrics(스타일 & 가사 사용)]를 선택하세요.

그러면 이전 [Song description] 창 자리에 [Remix] 창이 새로 생깁니다. 여기의 [Lyrics(가사)] 탭에서 원하는 대로 가사를 직접 바꿀 수 있습니다. 다 변경했으면, 다시 [Remix] 버튼을 눌러주세요.

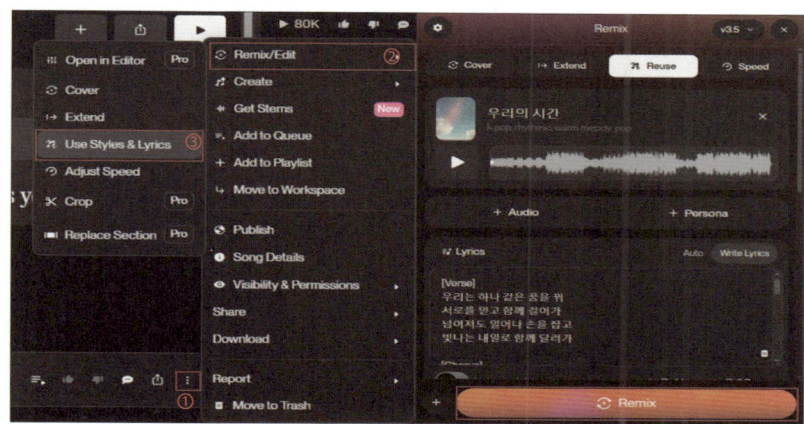

04 교육자의 AI 리터러시

⑥ 잠시 후면 수정한 가사에 멋진 멜로디가 함께 어우러진 새 곡이 만들어집니다. 들어보니, 아까와는 조금 다른 스타일의 곡이 되었네요. 이번에도 마음에 들지 않는다면 원하는 느낌의 음악이 나올 때까지 앞에서 했던 과정을 몇 번 반복하면 됩니다.

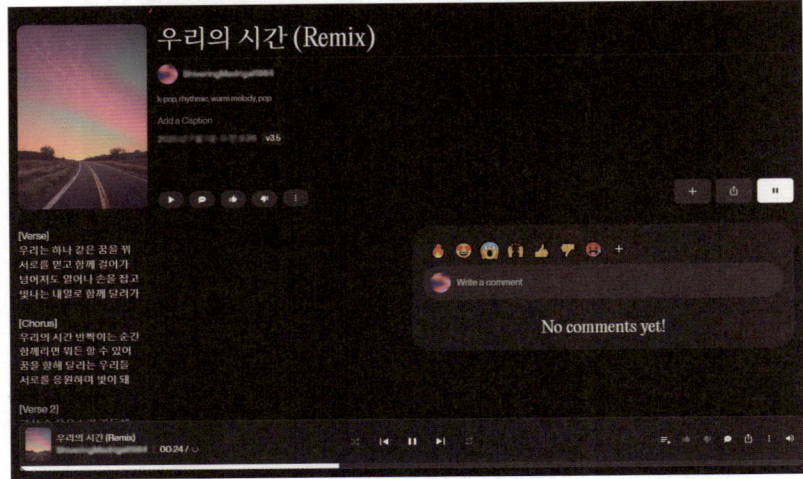

수노에서의 작곡은 여러 번 시도해 보는 것이 매우 중요해요. 다만 무료 플랜은 하루에 10곡까지만 제작 가능하니, 잘 아껴서 만들 것! 잊으면 안 됩니다.

K-pop 아이돌도 부러워할 교가 리믹스하기

교가는 이미 완성된 곡이기에 수정하는 일은 아마 생각해본 적도 없을 겁니다. 하지만 수노를 사용하면 교가도 멋지게 리믹스할 수 있습니다. 이번에는 모 학교의 교가 가사를 준비해서 입력해 보겠습니다. 이전에는 노래에 대한 간략한 프롬프트만 입력했다면, 이번에는 가사를 미리 준비한다는 점이 다릅니다.

① 수노 메인 화면으로 돌아가, [Create] 탭에 재진입합니다. 여기서 유의점, 상단의 [Custom(커스텀)] 토글을 활성화해야 합니다. 그래야 가사/스타일/제목 등 음악의 세부 요소를 정확히 설정할 수 있습니다.

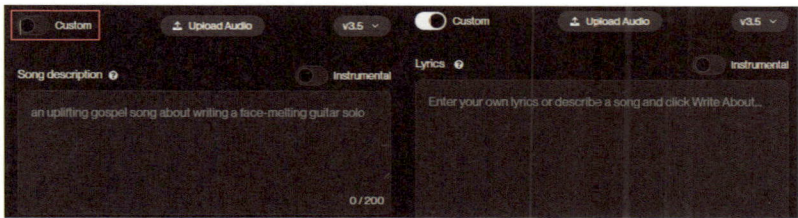

② [Lyrics] 입력창에 준비한 가사를 그대로 입력하세요. 하단의 [Title(제목)]에는 곡 제목을 입력하면 됩니다. 기존 곡 제목도 좋고, 조금 변경해도 좋겠지요. 중간의 [Style of Music(음악 스타일)]에서는 노래의 장르와 분위기를 설정할 수 있습니다. 리믹스가 목적이므로, 기존 곡과는 다른 색깔의 키워드를 입력해 보았습니다. 준비를 마쳤다면 가장 아래 [Create(생성하기)] 버튼을 눌러주세요.

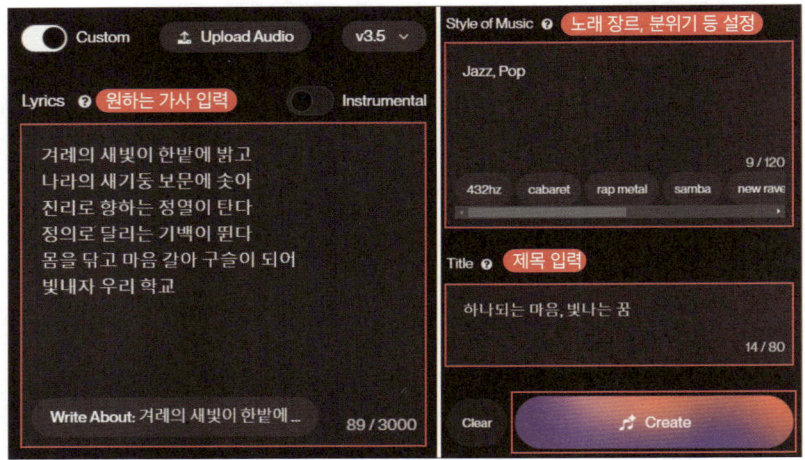

③ 가사만 넣었는데도 멋지게 리믹스된 새 버전의 교가가 만들어졌습니다. 제법 듣기 좋은 노래가 만들어져서, 나만의 교가로 간직하고 싶은 느낌이 듭니다.

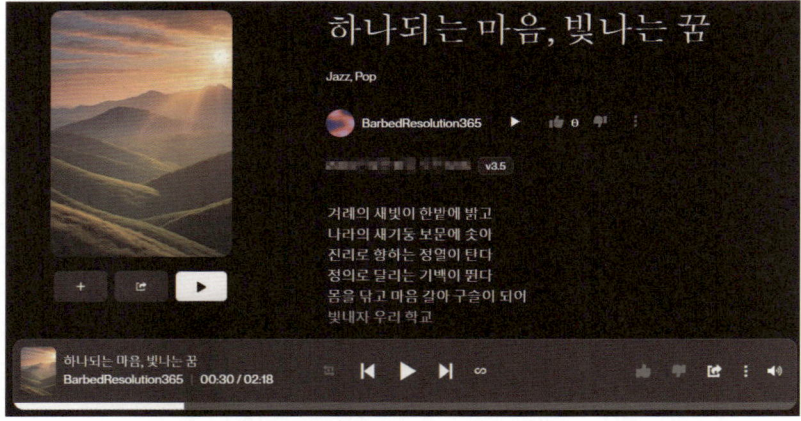

수노는 음악을 직접 만들어주는 만큼 학생들의 흥미를 끌기에 좋고, AI의 결과물을 바로바로 확인할 수 있어 프롬프트 작성 실력을 가다듬기에도 상당히 유용합니다. AI의 결과물을 그대로 활용하기보다 적절히 평가하고

수정도 가할 수 있어 AI 리터러시 함양에도 큰 도움이 되리라 생각합니다. 이제 AI를 결합시킨 트렌디한 음악 수업 한번, 어떠세요?

교실에서 AI와 떠나는 무한한 가상 세계 여행 with 스카이박스 AI

교육 현장에서 학생들에게 현실감 있는 경험을 제공하는 것은 매우 중요합니다. 특히 아직 학생들이 겪어보지 못한 역사적 장소, 자연 환경, 또는 멀리 떨어진 문화권에 대해 배울 때는 더욱 그렇지요. 실제로 현장에 가보는 것이 가장 좋겠지만, 현실적으로 그러기는 어렵습니다. 이런 한계를 극복하기 위해 교육자들은 매번 다양한 교육 자료를 찾으려고 노력하지만, 실감 나는 자료를 찾기는 쉽지 않습니다.

이때 스카이박스 AI(Skybox AI)를 활용하면 교육 현장의 어려움을 해소할 수 있습니다. 수업에서 다루는 특정 장소를 360도 파노라마 이미지로 손쉽게 만들 수 있어, 실제 현장에 가보지 않아도 마치 그곳에 가본 것 같은 경험을 제공하기 때문이죠. 이를 통해 학생들의 흥미와 이해도를 높일 수 있습니다.

그럼 스카이박스 AI를 검색하거나 skybox.blockadelabs.com 주소로 접속하여, 가상 세계 여행을 떠나볼까요? (우측 QR코드로도 접근 가능) 별도의 회원가입은 필요 없습니다.

스카이박스 AI

이처럼 스카이박스 AI 메인 화면은 아주 다채로운 스타일과 주제의 다양한 샘플 이미지로 빼곡합니다. 360도 파노라마 이미지가 무엇인지 감이 잘 안 오실 수도 있는데, 이 이미지들을 살펴보면 생성될 결과물에 대해 대략적으로 생각해볼 수 있을 겁니다. 작업에 들어가기 전에 최대한 여러 가지를 살펴보는 것이 좋습니다.

충분히 살펴보셨다면 이제 학생들과 떠날 우리 수업의 가상 세계를 만들 차례입니다. 예시로 시간/공간적으로 가장 먼 곳들을 골라보았습니다. 아직 가본 적 없는 미래의 도시와, 지구 반대편에 떨어져 있는 이집트 피라미드, 두 곳을 우리 반 데스크톱에서 바로 만들어봅시다.

미래 도시 파노라마 이미지 만들기

요즘은 수업에서도 AI에 대해 의견을 나눌 기회가 꽤 많지요. AI가 보편화된 미래의 도시는 어떤 모습일까요? 아무도 본 적 없는 세상인지라 아무래도 쉽게 상상하긴 어렵습니다. 이럴 때는 어느 미래 도시 한곳을 불러와서, 이야기의 시작점으로 삼을 수 있습니다.

① 스카이박스 AI 메인 화면에서 시작합시다. 처음부터 파노라마 이미지를 만드는 것보다, 비슷한 이미지에서 변형하는 것이 편리합니다. 마음에 드는 이미지를 골라보세요. 필자는 미래 도시 이미지를 만들어볼 예정이므로, 둘째 줄의 사이버틱한 건물 이미지를 선택했습니다.

② 잠시 기다리면 선택한 파노라마 이미지가 전체 화면으로 출력됩니다. 이미지를 왼쪽 마우스로 클릭한 후 드래그하면 그에 따라 이미지가 상하좌우 360도로 움직이니, 다양한 각도에서 이미지를 감상해 보세요.

시점은 고정되어 있지만, 주위를 360도로 둘러보는 것은 물론, 이처럼 위와 아래도 볼 수 있습니다. 말 그대로 가상 공간인 셈입니다.

③ 하단을 보면 해당 이미지를 생성해낸 프롬프트가 입력되어 있습니다. 여러 키워드의 조합으로 이루어져 있군요. 이 프롬프트를 그대로 사용할 수도 있고, 다른 프롬프트로 변경해서 생성해도 됩니다. 다만 스카이박스 AI의 경우 프롬프트는 영문으로만 구성해야 하니 유의하세요.

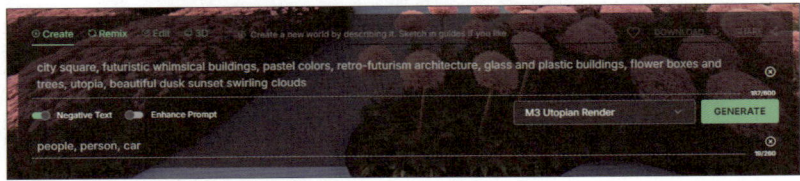

④ 일단 기존 프롬프트와 유사한 형태로 프롬프트를 재구성해 보겠습니다. 키워드를 읽고 스스로 교체해도 좋지만, 더 편하게 대화형 AI에게 수정을 요청하겠습니다. 입력되어 있던 프롬프트 전체를 복사해 대화형 AI에 넣고, 프롬프트를 '미래 도시의 특징이 부각될 수 있는 프롬프트'로 다시 구성해 달라고 했더니, 다음 프롬프트가 생성되었습니다.

> vast city square, vibrant and whimsical curved buildings, pastel hues, retro-futuristic architecture, glass and plastic skyscrapers, large flower boxes and green trees, utopia, central fountain, open gathering spaces, dusk sky with soft orange and pink tones, swirling clouds, dreamlike atmosphere, autonomous vehicles gliding through the streets, suspended gardens and green terraces, harmony of technology and nature

⑤ 스카이박스 AI의 도시 이미지로 돌아가서, 재구성된 프롬프트를 [Create(만들기)] 탭의 입력창에 붙여넣으세요. 그 아래 [Negative Text(부정 텍스트)] 토글은 이미지 생성 시 지정한 텍스트를 최대한 배제하는 기능입니다. 필요시 활용해 보세요. 여기에서는 기존 프롬프트 설정을 그대로 사용했습니다. 사람과 자동차를 생성하지 않도록 요청하고 있습니다.

⑥ 다음으로 우측 메뉴에서 이미지 생성 모델을 선택합니다. 각 모델별로 특징이 다르니 여러 모델을 활용하여 이미지를 생성해 보고, 내가 생성하고자 하는 목적에 맞는 모델을 선택하면 됩니다.

설정을 마쳤다면 우측의 [Generate(생성하기)] 버튼을 클릭하고 잠시만 기다려 주세요.

만일 생성된 이미지의 일부만 수정하고 싶다면, [Remix(리믹스)]라는 기능을 통해 프롬프트 전체가 아닌 부분만을 편집할 수 있습니다. 그러면 원본 이미지에서 해당 프롬프트 부분 수정이 반영된 이미지가 생성됩니다.

⑦ 자, 새로운 형태의 미래 도시 파노라마 이미지가 생성되었습니다.

이처럼 학생들과 함께 상상 속 미래 도시와 관련된 프롬프트를 구성하고, 직접 이미지를 만들어볼 수 있습니다. 학생들에게 나만의 도시를 만드는 경험은 물론, 실제로 미래 도시에 가본 듯한 느낌을 줄 수 있어 교육적으로 활용도가 매우 높을 것으로 생각합니다.

이집트 피라미드 파노라마 이미지 만들기

이번에는 영영 못 가는 장소는 아니지만, 거리와 비용상 쉽게 가보기 어려운 장소를 파노라마 이미지로 만들어보겠습니다. 바로 이집트 피라미드입니다.

① 간단히 피라미드와 이집트 사막을 구현해줄 프롬프트를 대화형 AI를 통해 만듭니다. 이제 이 프롬프트를 스카이박스 AI에 입력하여 피라미드 파노라마 이미지를 생성해 보겠습니다.

vast desert landscape, towering ancient pyramids, golden sands, clear blue sky, warm sunlight casting long shadows, intricate hieroglyphs on weathered stone, camel caravans in the distance, majestic and timeless atmosphere, surrounding palm trees and oasis, mysterious and mystical aura, gentle desert breeze, distant mountains, soft orange and pink hues of a setting sun, endless horizon, history and wonder in the air.

② 전혀 다른 프롬프트를 이용할 거라 꼭 특정 그림일 필요는 없지만, 일단 입력창을 불러오기 위해 스카이박스 AI 메인 화면에서 이집트 사막과 비슷한 배경의 이미지를 골라 클릭합니다.

③ 하단 [Create] 탭에 준비한 프롬프트를 복사해 붙여넣습니다. 고대 이집트를 표현하기 위해 사람과 자동차를 제외하는 [Negative Text] 토글을 활성화합니다. 모델은 구체적인 사물 생성에 특화된 'M3 Playground'로 선택했습니다.

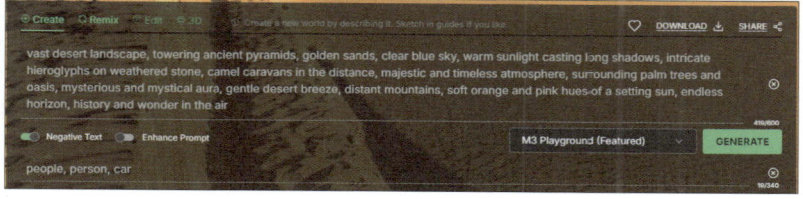

④ 이렇게 훌륭한 이집트 사막이 생성되었습니다. 결과물을 보니 진짜 피라미드에 온 것 같은 느낌을 받을 수 있을 것 같네요.

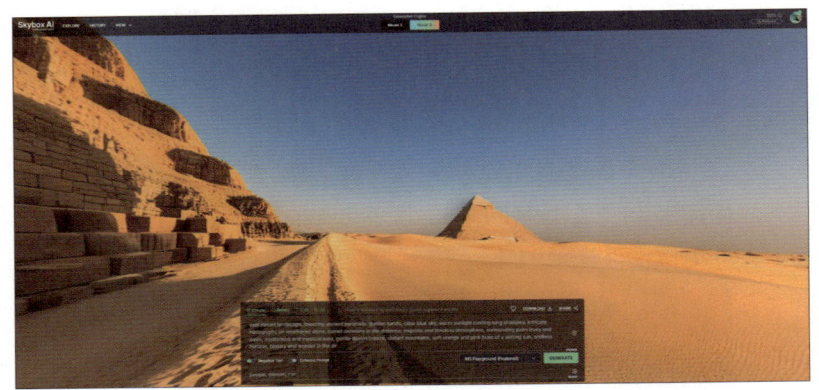

　울창한 밀림, 풍요로운 강가, 산과 바다 등 스카이박스 AI 속 파노라마 이미지는 사회나 세계사의 고대 문명 관련 단원에서 학생들이 다양한 활동을 펼칠 무대가 되어줄 겁니다. 교과에 대한 이해와 흥미가 매우 높아지리라 기대됩니다!

30초 녹화로 24시간 강의 가능한 나의 분신이 뚝딱? with 헤이젠

　온라인 강의 제작에는 많은 시간과 노력이 필요합니다. 강의 내용이 조금만 바뀌어도 전체를 다시 녹화해야 하고, 모든 강의를 교수자가 직접 촬영해야 합니다. 이로 인해 최신 정보를 반영한 강의 제작이 쉽지 않아 시의성 문제가 발생하곤 했습니다. 코로나 원격 수업 시대에 특히 부각된 문제기도 했죠.

　일일이 재촬영할 필요 없이, 바로바로 온라인 강의를 업데이트할 수 있다면 얼마나 편하고 유용할까요? 현실성이 없어 꿈만 꾸던 일이지만, AI 시대에는 더 이상 불가능이 아닙니다. 이를 가능케 한 서비스는 바로 헤이젠 HeyGen입니다.

헤이젠은 AI 기술을 활용하여 교수자의 간단한 영상 샘플과 텍스트 입력만으로도 자연스러운 강의 영상을 자동으로 생성해 줍니다. 기존에 학습된 얼굴과 목소리를 바탕으로 새로운 영상이 만들어지므로, 교육 콘텐츠 변화에 빠른 대응이 가능합니다.

헤이젠을 검색하거나 heygen.com 주소로 헤이젠 웹사이트에 접속하세요. (우측 QR코드로도 접근 가능) 메인 화면에는 남자가 말하는 영상이 재생되고 있는데, 상당히 자연스럽게 느껴집니다. 물론 헤이젠으로 제작한 가상 아바타 영상입니다. 우리도 이런 영상을 만들 수 있습니다.

그 전에, [Get started for free(무료로 시작하기)] 버튼을 클릭해 회원가입을 진행해야 합니다. 기본적으로 이메일 인증 가입이고, 애플과 구글 계정 연동을 지원합니다. 처음 접속하면 직종과 직무, 재직 회사 규모 등 간단한 영문 설문이 진행됩니다. 모두 답변하면 가입이 완료됩니다.

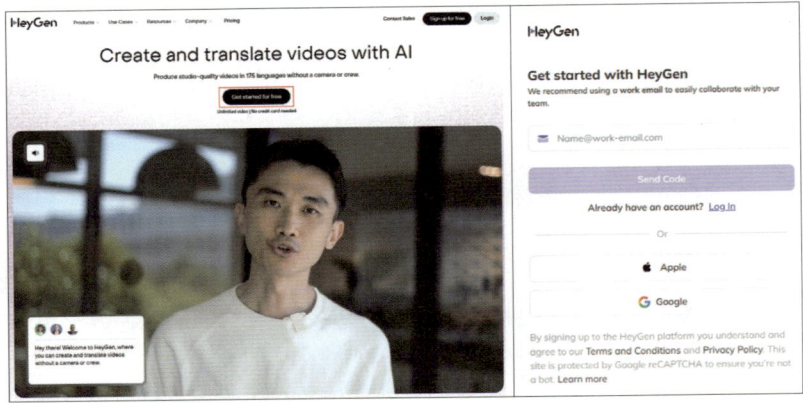

그럼 본격적으로 어떻게 효율적으로 온라인 강의를 제작하고 업데이트할 수 있는지, 하나하나 함께하며 알아보겠습니다.

내 얼굴과 목소리 학습시키기

헤이젠에서는 사전에 제작한 여러 아바타를 이용해 가상 영상을 제작할 수도 있습니다. 다만 우리가 원하는 결과물은, '내 얼굴과 목소리를 담은 온라인 강의'입니다. 따라서 먼저 우리의 디지털 트윈인 '아바타'를 먼저 제작해야 합니다. 헤이젠에서 아바타를 어떻게 만들까요? 함께 가봅시다!

헤이젠에 접속하면 좌측에 여러 메뉴가 표시됩니다. [Avatars(아바타들)]를 선택해 주세요. [My Avatars(내 아바타)]는 사용자가 제작한 아바타를 표시해 주는 공간인데, 아직 제작한 것이 없어 비어 있네요. 무료 플랜의 경우 1개의 아바타를 만들 수 있습니다. [Create Avatar(아바타 만들기)] 버튼을 클릭해 나만의 아바타를 생성하도록 합시다.

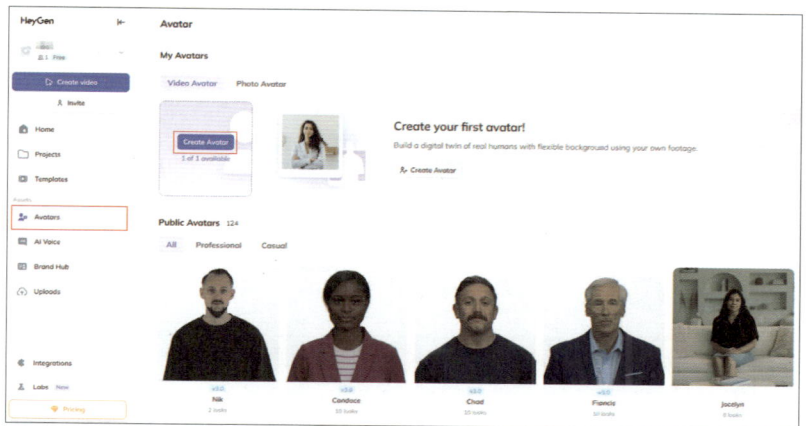

아바타 제작은 크게 4단계로 나뉩니다.

① [1] Intro

아바타 스타일을 고르는 단계입니다. 'Still'과 'Motion' 중 원하는 옵션을 선택할 수 있습니다. 'Still' 옵션은 상대적으로 움직임이 적은 영상에 적합하며, 'Motion' 옵션은 조금 더 생동감 있는 움직임이 있는 영상에 적합합니다. 교육자의 강의 영상에 적합한 것은 'Still'이니 이 기능으로 영상을 제작해 보겠습니다.

② [2] Instructions

제작 과정에 대한 설명을 영상이나 텍스트로 확인할 수 있습니다. 내용을 확인하고 싶으면 원하는 것을 선택하여 설명을 숙지하면 됩니다. 원하지 않는 경우 건너뛰어도 좋습니다.

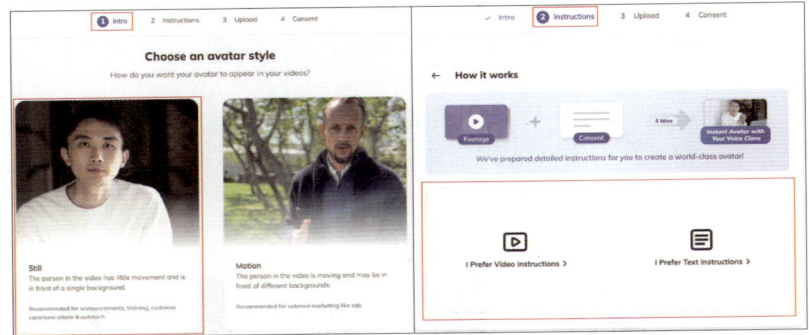

③ [3] Upload

내 영상을 업로드하는 단계입니다. 평소 강의나 수업을 하듯 자연스럽게 말하는 모습이 담겨 있으면 됩니다. 이전에 촬영한 것이 있다면 [Upload Footage(풋티지 올리기)]를 선택해 좋은 품질의 영상을 직접 올려보세요. 아바타의 품질이 더 좋아집니다.

촬영본이 없는 사람들을 위해 즉시 웹캠으로 녹화하여 올리는 옵션도 있습니다. 필자도 별도 영상 없이 녹화로 진행하고자 합니다. [Record with Webcam(웹캠으로 녹화하기)]을 선택하겠습니다. 카메라와 마이크를 설정하고, 녹화될 영상을 미리보기로 확인할 수 있습니다. 준비가 되었다면 [Next(다음)] 버튼을 눌러 다음으로 넘어갑니다.

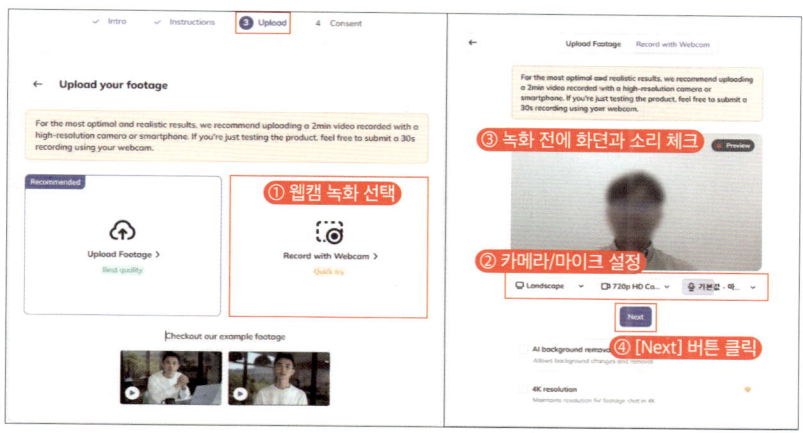

④ 이제 30초 정도 영상을 녹화해서 올려야 하는데요. 6가지 영상 주제 중 하나를 고를 수 있습니다. 필자는 직업 소개인 [Introduce your business(당신의 일 소개하기)]를 선택하고, 하는 일에 대해 간단히 설명했습니다.

⑤ 녹화가 끝나면 영상이 잘 찍혔는지 확인해야겠지요? 영상을 재생해 보고 마음에 든다면 [My Footage Looks Good(내 풋티지가 마음에 듭니다)] 버튼을 클릭해 완료합니다.

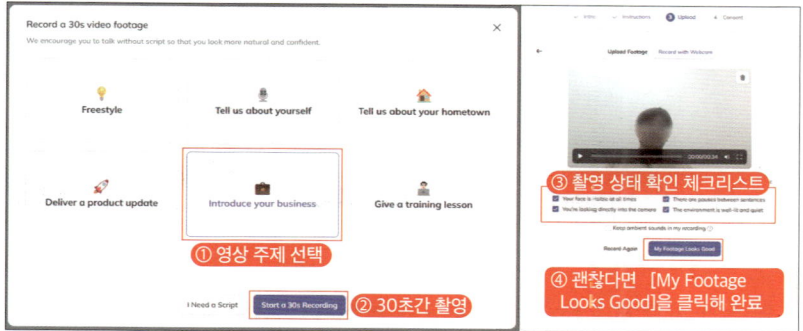

⑥ [4] Consent

녹화한 영상이 본인 영상인지 확인하는 단계입니다. 모르는 사이에 내 영상이 도용당해 나도 모르는 디지털 트윈이 태어나거나, 나와 상관없는 다른 목적으로 사용되는 등, 부작용을 막기 위해서 해당 단계를 진행하게 됩니다.

[Record via webcam(웹캠으로 녹화하기)] 타일을 클릭하여 제시된 스크립트를 직접 읽는 영상을 녹화해야 합니다. 녹화된 영상은 서버로 전송되어, 이전에 올린 영상과 동일인인지 일치 여부를 확인합니다.

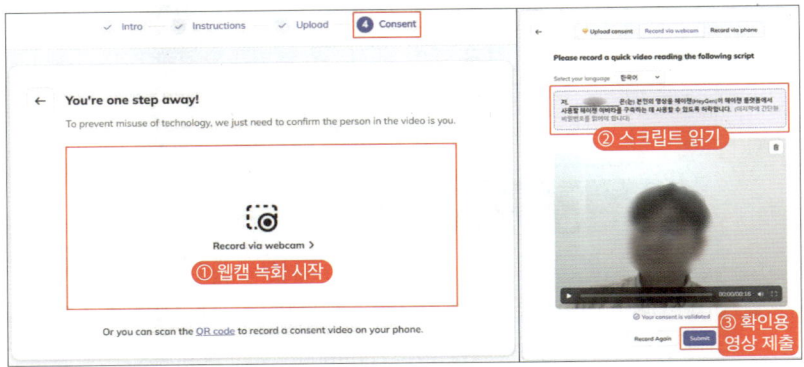

⑦ 끝으로 [Done] 버튼을 클릭함으로써 모든 절차가 마무리됩니다. 본인 검증 절차가 완료되면, 헤이젠 모델이 아바타를 생성하기 시작합니다.

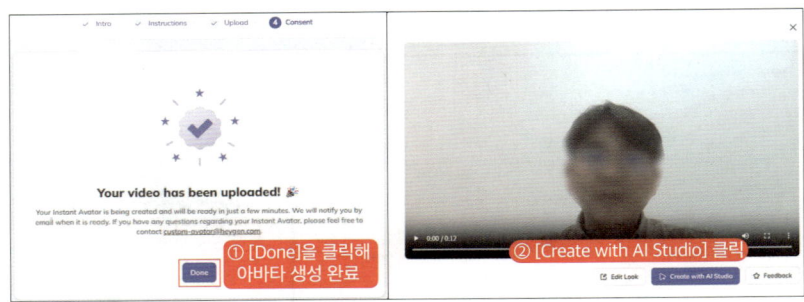

약간의 시간이 흐른 후 대시보드에 들어가면 첫 아바타 영상이 생성된 것을 확인할 수 있습니다. 해당 영상을 선택하고 [Create with AI Studio(AI 스튜디오로 만들기)] 버튼을 클릭하면, 내가 원하는 텍스트를 넣어 영상을 제작할 수 있게 됩니다.

내가 정한 대사를 읽는 나의 아바타 만들기

내 디지털 트윈이 무사히 태어났으니, 이제 무한 업데이트되는 강의 영상을 만들 시간입니다.

① [AI Studio(AI 스튜디오)] 대시보드의 [Script(대본)] 탭을 선택하고, 입력창에 아바타가 읽을 강의 텍스트를 입력하세요. 한 스크립트당 최대 2,000자까지 입력할 수 있고, [재생] 아이콘을 클릭하면 미리 들을 수 있습니다. 여기서는 테스트로 인공지능에 대한 간단한 설명을 넣어 보았습니다.

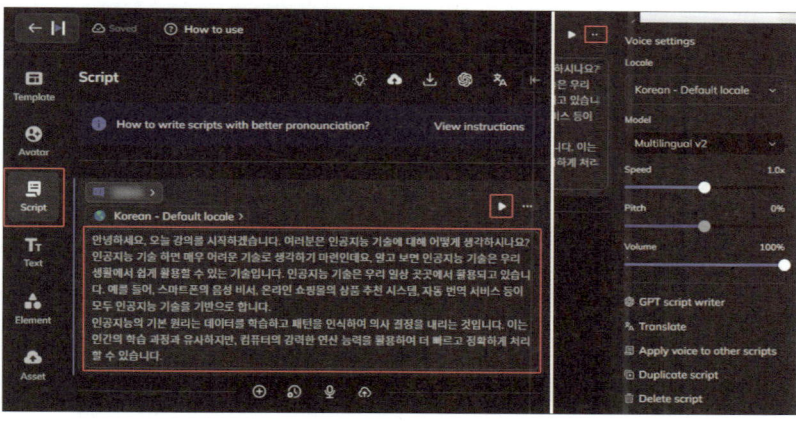

② 필요시 입력창 우측 상단의 점 3개 메뉴(앞 그림 오른쪽)를 통해 아바타 음성의 속도와 피치, 크기 등을 조정할 수 있습니다. 또 GPT 모델에 스크립트를 보강해 달라거나 다른 언어로의 번역을 요청하는 것도 가능합니다. 아바타가 말하는 중간에 잠시 쉬는 부분을 넣거나, 화자 변경 등이 필요하면 프롬프트 입력창 하단의 아이콘 메뉴를 활용하면 됩니다.

③ 추가로 하단 [타임라인] 창에서 영상 길이 등 여러 옵션을 변경할 수 있으니 다양하게 조정해 보시기 바랍니다.

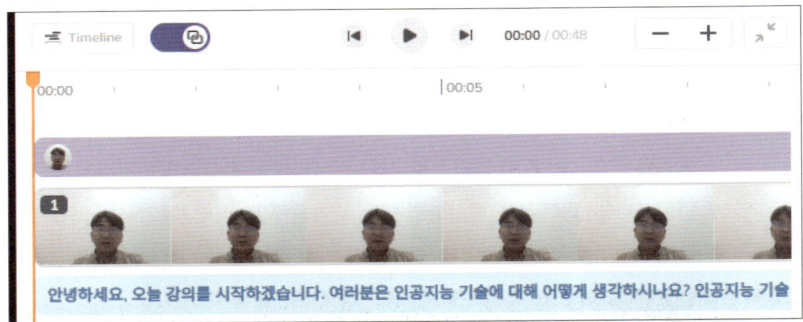

④ 모든 설정이 끝났다면 우측 상단의 [Submit(제출하기)] 버튼을 클릭해 주세요. 이후 [Submit Video(영상 제출하기)] 팝업창에서 영상의 파일명, 해상도, 포맷 등을 지정하고 다시 한번 [Submit] 버튼을 누르면 끝입니다.

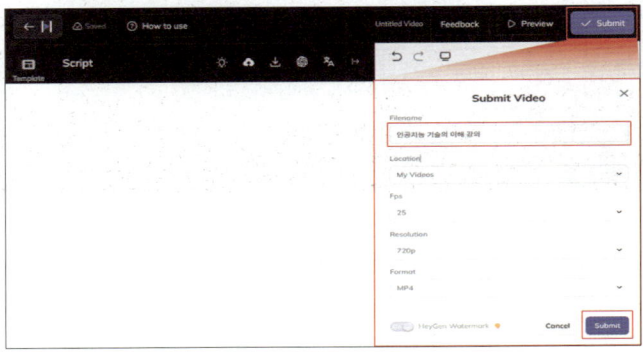

⑤ 드디어 내가 넣은 텍스트를 읽는 '나'와 똑같은 아바타 영상 생성이 완료되었습니다. 만들어진 아바타 영상을 확인해 보면 입력한 텍스트를 내 아바타가 정확하게 읽는 것을 볼 수 있는데요, 소름 돋을 정도로 자연스럽습니다. 완성된 영상은 파일로 내려 받거나, 링크를 통해 외부로 공유할 수 있습니다.

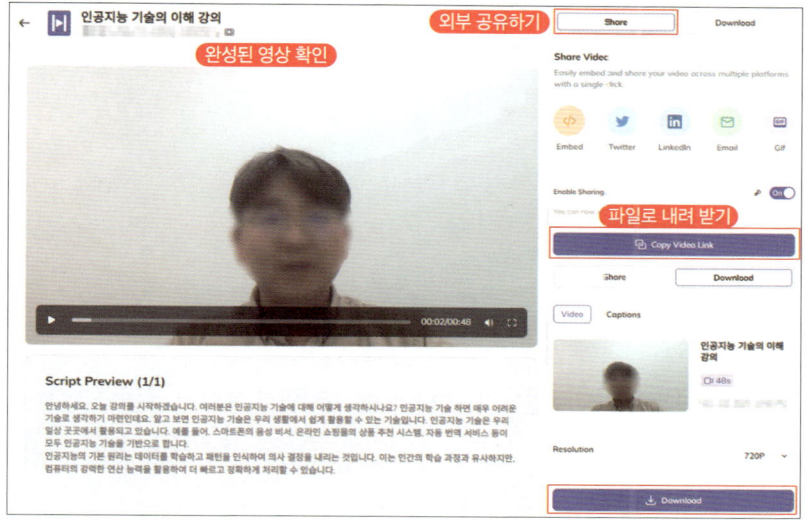

이제 여러분과 똑같은 강의 아바타가 생겼습니다. 일일이 수고롭게 강의 모습을 직접 찍는 대신, 여러 스크립트를 활용하여 다채롭고 수정도 간편한 동영상 강의를 만들어보는 것은 어떨까요?

05 연구자의 AI 리터러시

연구자들은 연구를 위한 실험, 데이터 분석, 연구 논문 작성, 학회 발표까지 몸이 2개라도 모자랍니다. 게다가 연구를 위한 제안서 준비나 행정 처리, 발표자료 만들기까지 해야 할 일은 매일 넘쳐납니다. 특히 글로벌 연구 트렌드를 놓치지 않으면서 자신만의 독창적인 연구를 수행해야 할 때, 가장 필요한 것은 효율적인 정보 처리와 분석 능력일 것입니다.

이때 AI 서비스들을 적절하게 활용한다면, 연구의 질적 향상과 시간 절약에 큰 도움이 됩니다. 수십 페이지의 영어 논문을 일일이 번역하고 정독하는 대신, AI로 핵심 내용을 빠르게 파악할 수 있다면 어떨까요? 방대한 연구 데이터 분석도, 문헌 검토도 AI의 도움을 받아 더욱 빠르고 체계적으로 진행할 수 있습니다.

이제 연구 현장에서도 AI는 강력한 조력자가 되어가고 있습니다. 아직 상당수의 연구자들에게는 새로운 영역일 수 있으나, AI를 활용한 연구는 이미 학계에서 새로운 흐름을 만들어 내고 있습니다. 전통적인 연구 방식의 기본 틀은 유지하면서, AI의 장점을 보조적으로 활용한다면 더욱 효율적이고 창의적으로 연구를 수행할 수 있을 것입니다.

클릭 한 번으로 해외 논문 번역 끝! with 딥엘

해외 논문을 읽다가 어려움을 느낀 적이 있으신가요? 연구의 세계에서 언어는 종종 우리 앞에 높은 장벽으로 나타나곤 합니다. 흥미로운 연구 주제를 발견했는데 언어 때문에 내용 파악에 시간을 허비한 경험은, 누구나 한 번쯤 있을 겁니다. 여러 외국어에 꽤 익숙해졌더라도, 아무래도 속도 측면에서는 모국어만 못 하기 마련입니다.

그렇다고 공들여 전문가에게 번역을 의뢰할 만한 건도 아니고, 해줄 사람이 있더라도 그 작업을 기다리는 것 또한 기회비용의 손실입니다. 2000년대 중반 이후로는 여러 기계번역 서비스가 있었지만, 딥러닝과 인공신경망 도입 이전의 기계번역은 오류가 많아 일상적인 수준에서도 사용하기 어려워 고려 대상이 아니었죠.

그렇지만 최근의 AI 번역은 정말 쓸만해졌습니다. 자체 보유한 언어 빅데이터 덕에 일찌감치 AI 번역에서 두각을 드러낸 구글, 파파고(네이버) 등도 널리 쓰이고 있습니다. 특히 필자가 해외 논문이나 보고서 번역용으로 추천하고 싶은 것은 딥엘DeepL이라는 AI 기반 번역 서비스입니다. 구글 번역과 비교했을 때, 복잡한 학술 용어나 전문적인 표현도 맥락을 고려해 번역해 주어 훨씬 자연스러운 결과를 얻을 수 있었습니다.

'딥엘'을 검색하거나 deepl.com 주소를 통해 딥엘 웹사이트에 접속할 수 있습니다. (우측 QR코드로도 접근 가능) 딥엘은 데스크톱 앱과 크롬 브라우저 확장 프로그램, 모바일 앱

등으로도 서비스되어 디바이스 접근성이 매우 좋습니다. 다만 대개 PDF 형태로 서비스되는 논문 및 보고서 번역용으로 사용하기에는 웹서비스가 가장 편리하므로, 이 책에서는 이에 한정해 살펴보고자 합니다.

딥엘에 접속하면, 별도 대문 없이 바로 핵심 기능인 번역기 화면이 나타납니다. 상단에는 [텍스트 번역], [파일 번역], [DeepL Write]의 3가지 기능 메뉴가 있고, 자동으로 [텍스트 번역]이 활성화되어 있습니다.

[텍스트 번역]은 비로그인 상태로도 가능합니다(글자 수 제한은 있음). 다만 우리 목표인 논문 번역에 필요한 [파일 번역] 기능은 회원 전용이니, 우측 상단에서 [로그인] 버튼을 클릭해 회원가입부터 하고 진행하겠습니다. 이메일과 비밀번호 입력만으로 간단히 가입 가능합니다.

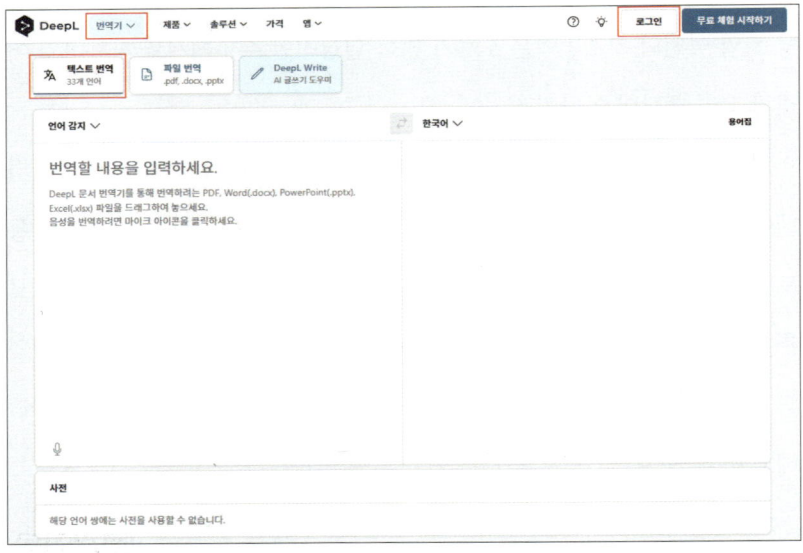

준비가 되었나요? 그럼 이제 함께 연구의 언어 장벽을 넘어보겠습니다.

텍스트 번역: 어떤 언어든 1초만에 자동 번역하기

대부분의 번역 서비스와 마찬가지로, 딥엘도 좌측 칸에 번역할 원문을 입력하면 자동으로 우측 칸에 번역 결과를 출력해 주는 구조입니다. 번역을 위해서는 우선 [출발 언어]와 [도착 언어]를 선택해야 합니다.

각각 메뉴를 펼쳐 보겠습니다. [텍스트 번역] 대상 언어를 한눈에 보여주네요. 집필 시점 기준 33개 언어를 지원하고 있습니다.

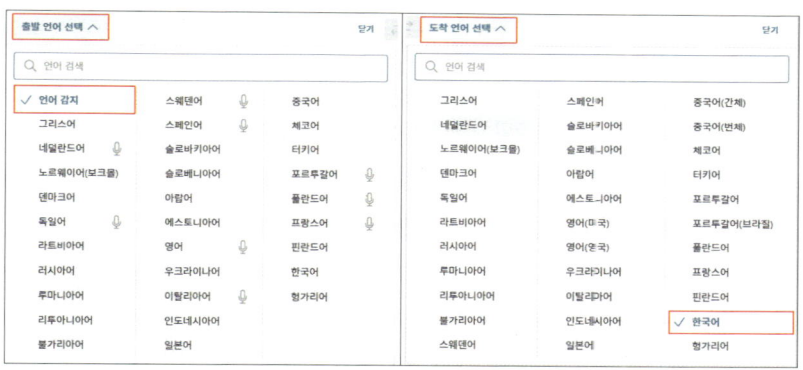

[출발 언어]의 경우 기본으로 [언어 감지]가 선택되어 있는데, 번역할 내용을 넣으면 자동으로 해당 언어를 인식하는 옵션입니다. 원문 언어를 일일이 지정하지 않아도 되는 큰 장점이 있지요. 물론 직접 선택해도 상관없습니다. 일부 언어는 음성 입력도 가능합니다(마이크 아이콘으로 표시). [도착 언어]는 최종 산출물의 언어를 의미합니다. 좌측 입력 칸에 어떤 언어의 텍스트를 입력하든지, 지정된 도착언어로 빠르게 번역됩니다.

❤ 영어→한국어 번역하기

그럼 이제 영어 텍스트를 딥엘에 넣고 한국어로 번역해 보겠습니다. 순서는 간단합니다.

① [도착 언어] 메뉴에서 '한국어'를 선택합니다. [출발 언어]는 항상 기본값인 '언어 감지'로 두어도 괜찮습니다.

② 번역할 영어 텍스트를 준비합니다. 필자는 대화형 AI에게 '현대 사회에서 AI 리터러시가 갖는 중요성'에 대해 영작해 달라고 요청하여 짧은 영문 에세이 샘플을 얻었습니다. 일부를 마우스 드래그해 복사합니다. 무료 플랜의 경우 한 번에 5천 자 제한이 있으므로, 너무 많이 복사하여 넣지 않도록 유의하세요.

③ 마지막으로 좌측 "번역할 내용을 입력하세요." 칸을 클릭하고 그대로 붙여넣으면, 별다른 조치 없이도 몇 초 만에 아주 깔끔한 번역 결과물이 나옵니다.

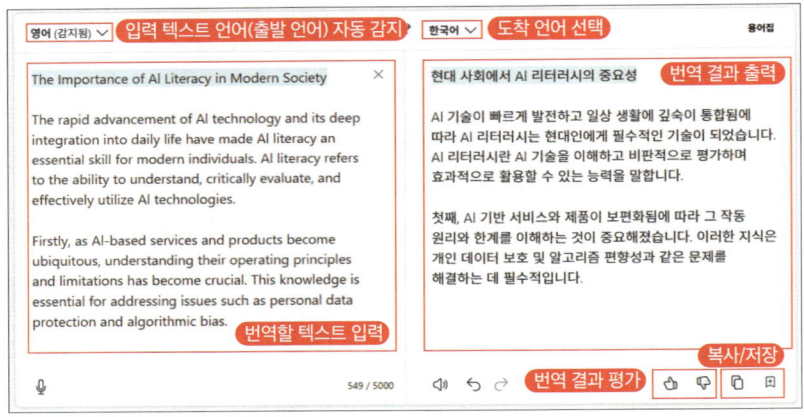

우측 칸 하단에는 번역 결과와 관련된 여러 작업 아이콘이 나타납니다. 우선 첫 번째와 두 번째 아이콘을 이용해 번역문의 품질을 평가할 수 있습니다. 마음에 들면 [엄지 올림] 아이콘을, 마음에 들지 않으면 [엄지 내림] 아이콘을 클릭하면 됩니다. 부정 피드백의 경우, 팝업창(옆 그림)에서 구체적인 문제 보고도 가능합니다. 그 밖에 클릭 한 번으로 전체 번역 결과를 복사하거나(세 번째 아이콘), 따로 저장해 추후 다시 찾아볼 수 있습니다(네 번째 아이콘).

▼ 한국어→영어 번역 및 결과 수정하기

이번에는 반대로 한국어 텍스트를 영어로 번역해 보겠습니다. 한국어 텍스트는 이번에도 대화형 AI에게 부탁해 준비했습니다. '인공지능의 역사'에 대한 간단한 설명문입니다.

과정은 앞과 똑같습니다. 먼저 [도착 언어]를 '영어'(미국, 영국 중 택일)로 변경한 다음, 좌측 입력 칸에 번역할 한국어 텍스트를 바로 붙여넣으면 끝입니다.

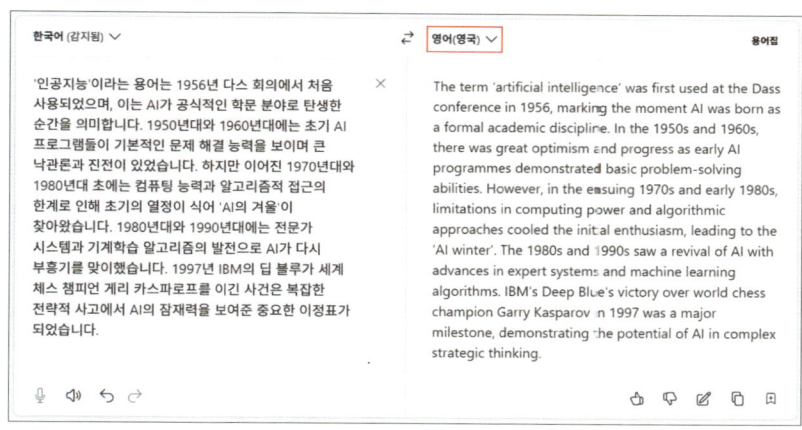

금세 영어→한국어 때와 마찬가지로 아주 빠르고 정확하게 번역을 해주었습니다. 딥엘은 한영/영한 번역의 편차가 크지 않은 편입니다. 물론 내용에 따라 오류가 있거나, 현재 사용된 어휘보다 다른 표현이 더 적절한 경우가 있을 겁니다. 이번에는 결과를 수정하는 방법도 함께 알아보겠습니다.

직접 수정하기

딥엘은 원문과 번역문을 일대일로 하이라이트 표시해 주어 검토하기가 쉽습니다. 번역 결과에 사용된 어휘/표현 중에 수정하고픈 게 있다면, 단어 첫 글자 앞쪽을 마우스 왼쪽 버튼으로 클릭하세요. 그림처럼 교체할 수 있는 다양한 표현이 [대안] 팝업 리스트로 제시됩니다.

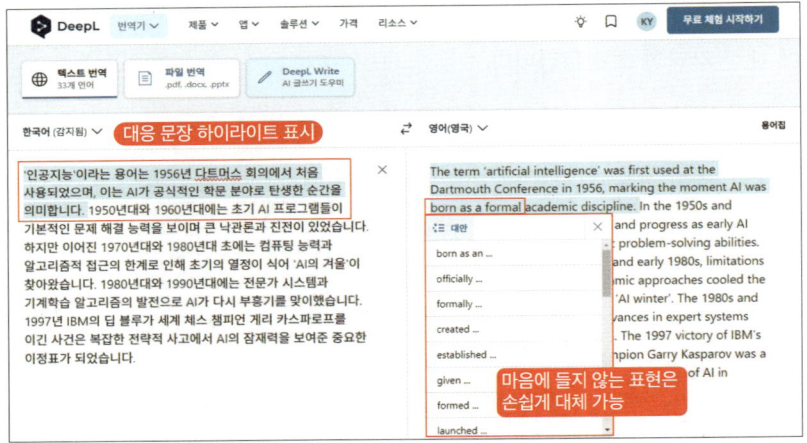

그중 원하는 것을 선택하면 번역 결과가 손쉽게 수정됩니다. 여기에서는 첫 번째 문장의 "born as a"의 대안으로 "born as an"을 선택해 보았습니다. 이때 특이한 점은 지정한 단어만 바뀌는 것이 아니라, 선택한 대안 단어에 어울리게끔 앞뒤 문맥까지도 자연스럽게 수정된다는 점입니다.

실제로 예시에서도 "AI was born as a formal academic discipline" 어구가, "AI was born as an official academic discipline"으로 변경되어, 선택한 어

휘에 맞추어 다른 방식의 표현이 적용되었음을 알 수 있습니다. 이처럼 보다 편리하고 정확하게 번역이 가능합니다.

AI로 교정하기 (딥엘 라이트)

두 번째 방법은 딥엘 번역기의 형제 서비스, DeepL Write를 이용하는 것입니다. 이번에도 결과창 하단에는 다양한 기능을 지원하는 아이콘 모음이 있습니다. 살펴보면 영한 번역 때와 달리 새로운 아이콘이 하나 더 나타나 있을 겁니다. 세 번째 아이콘, [번역 개선] 기능입니다.

클릭해 보면, 딥엘의 작문 AI인 [DeepL Write(딥엘 라이트)]가 자동 실행됩니다. 초  록색 밑줄로 표시된 부분이 바로 더 자연스러운 영어 표현으로 변경된 어구입니다. 몇 가지 변경 부분을 살펴보면, "problem-solving ablilities"가 "problem-solving capabilities"로 알맞은 용어로 변경되었고, 큰따옴표 같은 구두점도 영어에서 사용하는 것으로 적절히 교체해 주었네요.

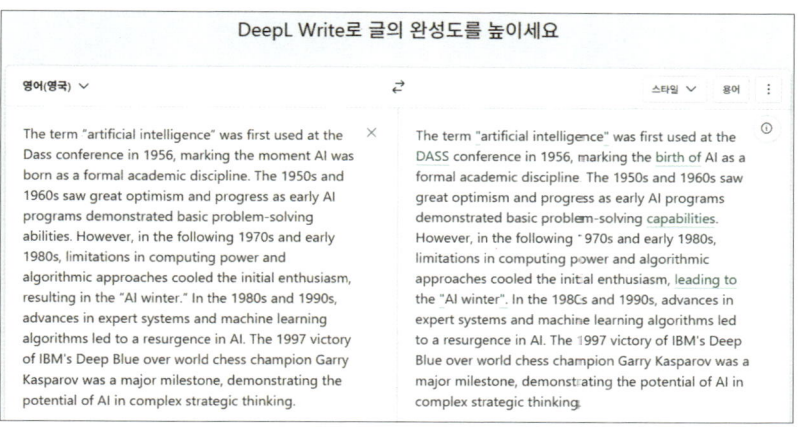

더 나아가 아예 전문적인 첨삭도 가능합니다. 우측 상단의 [스타일] 메뉴를 클릭하면, 번역문의 문체와 어조를 설정할 수 있습니다. 문체는 일반/비즈니스/학술/캐주얼로, 글이 쓰일 상황을 고려하여 선택하면 되겠습니다. 어조는 전체적인 표현의 느낌을 표현하는 것입니다. 우리는 연구자이니까, 좀 더 학술적인 글이면 좋을 것 같습니다. [문체 설정] 중 [학술]을 선택하고, 하단 [적용] 버튼을 눌러보겠습니다.

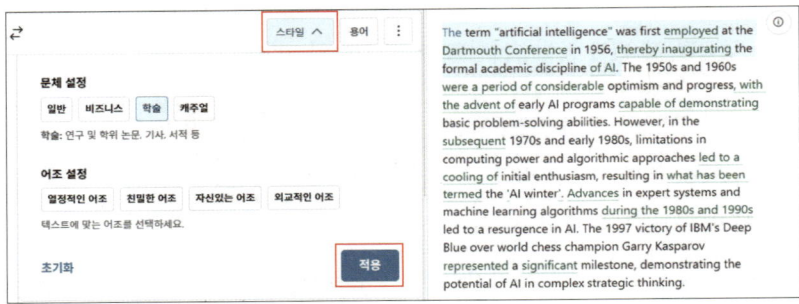

마찬가지로 수정한 부분은 초록색 밑줄로 표시되어 있습니다. 전체적으로 보다 '학술적인' 느낌의 글로 변모했음을 알 수 있을 겁니다. 상당히 유용합니다. 영어 논문 작성에도 도움을 받을 수 있겠지요?

파일 번역: PDF/Word/PPT 문서 통으로 번역하기

앞서 소개한 텍스트 번역 기능은 구글 번역이나 파파고 등의 여러 번역기를 통해 접해본 독자도 많으리라 생각합니다. 하지만 영어 논문이나 보고서 등은 별도 PDF 파일로 되어 있는 것이 대부분입니다. 이걸 번역하려고 하니 갑자기 어려움이 발생합니다. 몇 줄씩 복사해서 번역기에 넣을 수는 있지만, 수십~수백 쪽 문서를 그렇게 하다 보면 내용을 읽기도 전에 지치지 않을까요?

영어 논문 읽기가 (거의 필수인) 연구자들을 위해, 딥엘에는 [파일 번역] 기능이 있습니다. 여러 형식의 문서를 문서 형태 그대로 번역해줄 수 있는 아주 특별한 기능이랍니다. 논문이나 보고서 PDF를 업로드하면, 통으로 번역하여 기존 문서 형태 그대로 출력해 줍니다. 물론 약간 깨지는 부분도 있지만, 시간 대비 효율로 따지면 어마어마한 기능이죠.

① 그럼 이제 본격적으로 파일 번역을 해보겠습니다. 사실 어려운 일은 별로 없고요, 상단 메뉴에서 [파일 번역]을 선택한 뒤, 화면에서 안내하는 대로 번역을 원하는 파일을 드래그해서 올리기만 하면 됩니다. PDF 외에도 확장자 .docx, .xlsx, .pptx, .txt, .html, .xliff 등 다양한 문서 파일을 지원한다고 합니다.

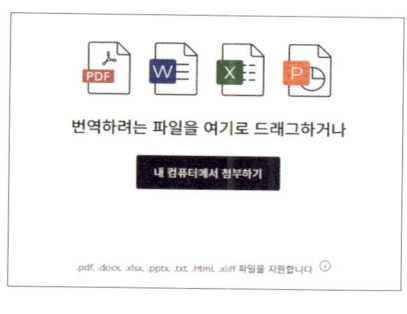

② 논문 PDF를 드래그해 넣고 기다리자, 자동으로 출발 언어(영어)를 감지해 냈습니다. [도착 언어]는 원하는 언어를 선택하면 됩니다. 여기서는 '한국어'네요. 다음은 여기까지 완료한 화면입니다.

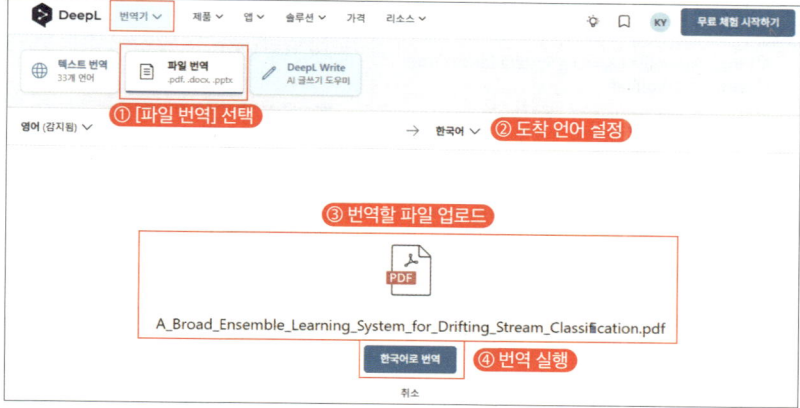

③ 이제 [한국어로 번역] 버튼을 클릭합시다. 몇 분만에 번역이 완료되고, 자동으로 번역본 PDF 다운로드가 시작됩니다. 만일 자동 다운로드가 되지 않았다면 우측 [다시 다운로드하기] 버튼을 클릭해서 저장할 수 있습니다.

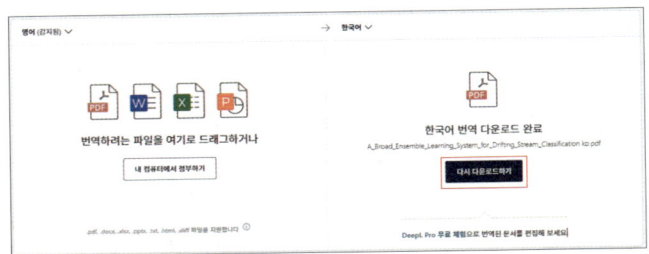

절차는 모두 끝났습니다. 번역된 PDF를 열어봅시다. 파일명 뒤에 자동으로 'ko'가 붙어 저장되어 있습니다. 내용을 보니 100%는 아니지만 상당 수준의 번역이 이루어진 것을 확인할 수 있습니다. 물론 잘못된 해석을 방지하려면 꼭 원문과 대조해 보는 습관이 필요합니다. 그럼에도 놀라운 사실은, 무료 플랜으로 테스트를 진행했는데도 이 정도 수준의 번역본을 제공받았다는 것입니다. 아쉽게도 한 달에 3개로 파일 번역이 제한되니, 작업 결과에 만족한다면 유료 플랜 구독을 고려해봄직 합니다.

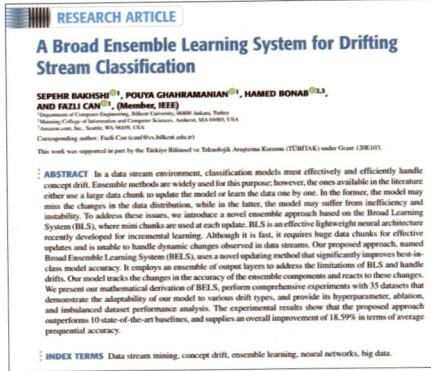

영어 원문

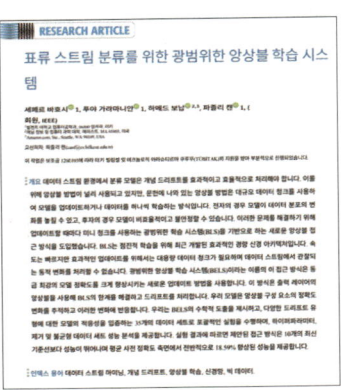

한국어 번역본

[파일 번역]의 또 한 가지 큰 장점은, 파일의 형식과 형태가 그대로 재현된다는 데 있습니다. 원본 PDF와 나란히 놓고 보아도 서체의 크기와 색, 문단 모양 등 대부분의 요소가 잘 유지되어 있음을 알 수 있습니다. 간혹 페이지가 밀리는 일이 발생하기는 하는데, 이는 딥엘로 번역한 문서에 다음 그림과 같이 일종의 '헤더'가 추가되서일 수 있습니다.

이처럼 문서 레이아웃이 틀어지는 현상은 사전에 다른 PDF 편집 프로그램을 활용해 하단의 페이지 번호나 각주 등을 제거한 다음 번역하면 어느 정도 줄일 수 있습니다. 팁으로 활용해 보세요. 또 유료 플랜에 가입하면 문서 파일 번역 수량이 늘어나는 것은 물론, [편집] 작업이 가능해져 바로 수정할 수 있으니 이 점도 참고하시길 바랍니다.

이처럼 적당한 AI 번역기 하나만 들여도 연구 생활이 금세 쾌적해집니다. 한번 시도해 보면 어떨까요?

초고속 문헌 분석의 비밀 with 사이스페이스

연구자에게 있어 논문만큼 중요한 주제는 달리 또 없지요. 딥엘에 이어 계속해서 논문 분석에 도움이 되는 AI를 만나보겠습니다.

늘 그래왔듯, 필요한 논문을 찾고 읽는 과정에는 생각보다 많은 시간이 소요됩니다. 구글 학술 검색(Google Scholar)이나 리스(Riss) 등 여러 학술 검색 엔진을 연거푸 검색하여 관련 논문 후보들을 찾아내고, 그 논문들을 일일이 읽고 분류해 정리해야만 다음 단계로 나아갈 수 있었지요. 그러나 이제는 연구의 패러다임이 바뀌고 있습니다. 문헌 연구를 위해 모든 논문을 처음부터 끝까지 읽는 대신, AI를 통해 핵심만 빠르게 파악하고 연구자가 중요하다고 생각하는 논문 위주로 탐독할 수 있는 시대가 열렸습니다.

이를 가능케 해주는 것이, 바로 사이스페이스SciSpace입니다. 사이스페이스를 활용하면 AI의 도움을 받아 관련 연구 논문을 쉽고 빠르게 검색하고, 전체 내용을 요약하며, 궁금한 내용은 여러 질문을 통해 더 깊이 이해할 수 있게 됩니다. 더 나아가 논문 집필과 출판까지, 매우 다각적인 도움을 연구 전반에 걸쳐 받을 수 있습니다.

어떤 서비스일지 일단 접속부터 해봅시다. 'scispace'를 검색하거나 typeset.io 주소를 통해 들어가면 됩니다(우측 QR코드로도 접근 가능).

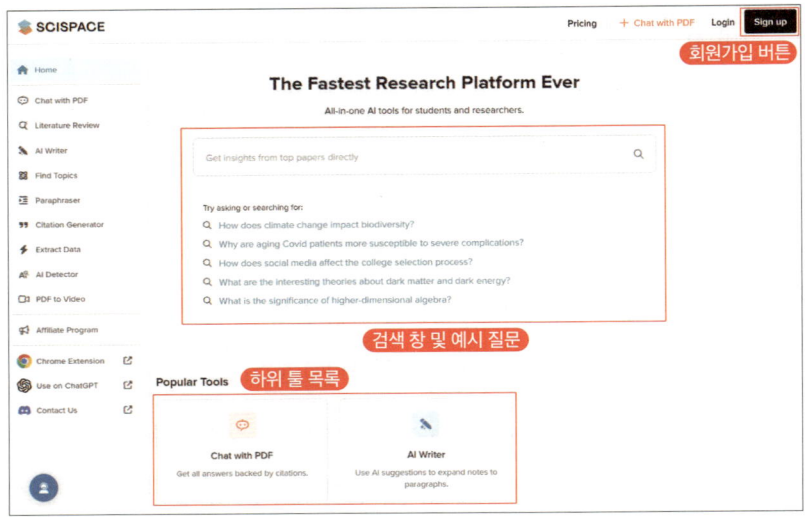

사이스페이스의 메인 화면이 뜹니다. 구조를 보면, 우선 상단에 무슨 질문이든 해볼 수 있는 검색창이 보입니다. 그대로 스크롤해 보면 '인기 있는 툴Popular Tools'을 비롯해 연구자/학생/작가 그룹별로 적합한 툴이 정리되어 있습니다. 연구자에게는 [Literature Review(문헌 고찰)], [Find Topics(연구 주제 찾기)], [Extract Data(데이터 추출)] 3가지를 추천한다고 하네요.

좌측 메뉴에서는 [Chat with PDF(PDF와 대화하기)], [AI Writer(AI 라이터)]를 필두로 다양한 하위 툴들에 접근할 수 있습니다. 메뉴에 따르면 크롬 브라우저나 챗GPT에서도 사이스페이스를 활용할 수 있다고 하니, 접근성도 우수합니다.

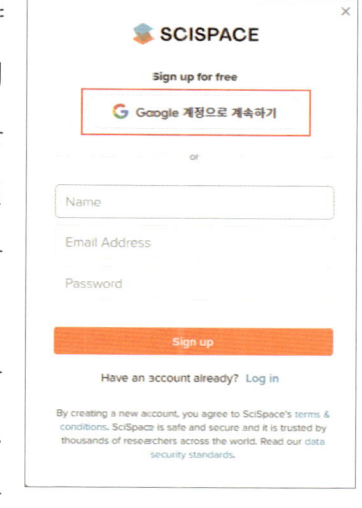

연구를 위해서는 지속적으로 이용해야 하므로 회원가입은 필수입니다. 상단 메뉴 우측 끝의 [Sign Up(가입하기)] 버튼을 클릭해 가입하도록 합시다. 이름/이메일 주소/비밀번호를 입력하면 간단히 끝나며, 구글 계정 연동도 지원합니다.

서비스가 원체 다양해서 무엇부터 하면 좋을지 감을 잡기 어려울 수 있습니다. 이제 차근차근 사이스페이스를 내 연구에 어떻게 활용할 만한지 구체적으로 살펴보도록 하겠습니다.

클릭과 질문 몇 번으로 문헌 분석 끝내기

가장 직관적으로, 검색창이 있으니 검색을 해야겠지요? 연구와 관련된 무슨 질문이든 해봅시다. 필자는 대학에 몸담고 있으면서 생성형 AI 관련 연구를 하고 있으므로, 이렇게 입력했습니다. "생성형 AI를 대학 교육에 활용하여 효과성을 분석한 연구는 어떤 것이 있을까?" (팁을 하나 드리자면, 질문에 물음표를 붙였을 때 더 나은 결과를 낸다고 하네요.) 프롬프트 입력은 영어와 한국어 모두 가능합니다.

잠시 기다리면 입력창 하단에 자동으로 입력 질문과 연관된 질문 추천이 뜹니다. 이 목록 중 원하는 질문 텍스트를 마우스로 클릭하여 바로 물어볼 수도 있습니다. 지금은 입력한 한국어 질문을 사용하겠습니다. 그대로 [Enter] 키를 눌러주세요.

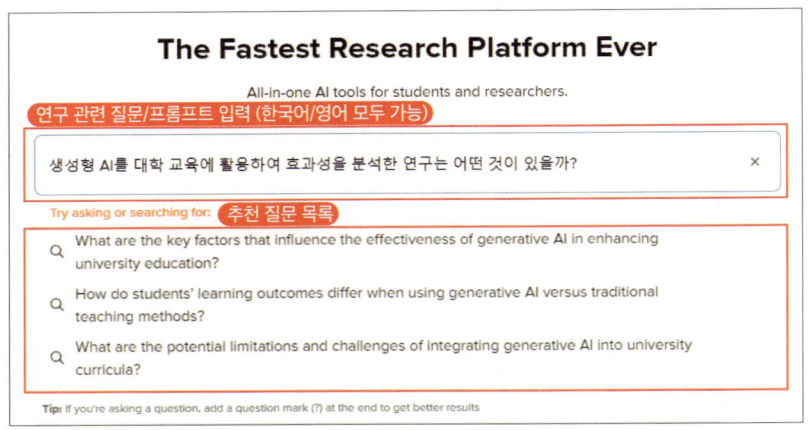

그러면 사이스페이스가 몇 초 만에 관련된 연구들을 검색하여 보기 좋게 나열해 줍니다. 이 기능이 연구에 정말 유용합니다. 자세히 살펴봅시다.

❤ [1단계] 논문에 기반한 요약 답변으로 전체 흐름 빠르게 파악하기

첫째로는 상위 5건의 논문을 기반으로 일목요연하게 정리한 요약 글이 나옵니다. (유료 플랜을 이용하면 논문 10건의 요약을 제공합니다.) 참고로 한국어로 질문했더라도 초기 설정은 영어이므로, 처음에는 영어로 쓰여 있을 것입니다. 이때 상단 우측에서 언어 설정을 [Ko]로 변경해 주면, 자동 번역되어 편히 읽을 수 있습니다. 한번 세팅해 두면, 이후로는 별도 조치 없이도 한국어로 결과가 표시됩니다.

요약 글을 읽어보면, 질문에 대한 답변이 키워드(굵은 글씨체)별로 묶여 아주 간단한 형식(글머리기호 목록)으로 나열되어 있습니다. 같은 질문을 하더라도, 사이스페이스가 뽑은 키워드는 그때그때 약간 다를 수 있습니다. 이 예시에서는 '학습 개선 사항', '윤리적 고려사항', '이해관계자 관점'의 3개가 등장했네요. 한편 각 항목마다 출처 논문이 표기되며, 클릭하면 하단 표의 해당 논문 칸으로 이동합니다.

♥ [2단계] 내 마음대로 생성되는 표로 여러 논문 한방에 비교·분석하기

조금 아래로 내려오면 검색된 논문들로 만들어진 표 메뉴가 나옵니다. 어떤 구성인지 하나씩 자세히 볼까요?

[Papers] 칼럼

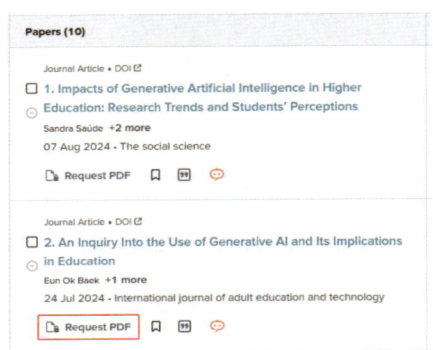

첫 번째 칼럼(열)에는 질문에 따라 검색된 총 10건의 논문이 1칸에 하나씩 나열되어 있습니다. 논문 제목과 대표저자, 발표일, 게재된 학술지 이름이 바로 보여 편리합니다.

또 각 칸의 하단에는 다양한 기능 아이콘 모음이 있습니다. 첫 번째 [Request PDF]는 저자에게 원문 PDF를 요청할 수 있는 기능입니다. (사이스페이스가 직접 제공할 수 있는 경우 이 위치에 [PDF]라고만 표시되며, 클릭하면 자동으로 파일을 내려 받을 수 있습니다.)

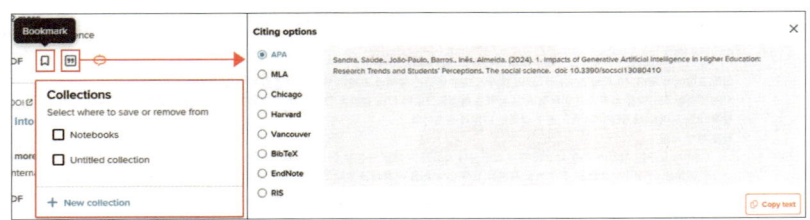

그 옆에는 논문을 다시 찾아볼 수 있는 북마크 기능(두 번째 아이콘)과 인용하기 기능(세 번째 아이콘)도 이용할 수 있습니다. [Citing Options(인용하기)]에서는 APA, MLA, BibTeX 등 다양한 참고 문헌 표기 방식 중 하나를 골라 텍스트를 그대로 복사할 수 있어, 논문이나 연구 보고서 작성 시 참고 문헌 정

리에 활용할 수 있습니다. 또한, [Bookmark(북마크)] 아이콘을 클릭하면 사용자가 지정한 콜렉션(폴더와 비슷)별로 유사한 연구 주제의 논문들을 저장해 둘 수 있어, 나중에 문헌 연구가 필요할 때 찾기도 쉽습니다.

칼럼 추가하기

여기까지만 해도 훌륭하지만, 이 표의 진정한 진가는 표의 우측에 자리 잡은 [Create or add columns(칼럼 생성 및 추가하기)] 패널, 즉 새 칼럼 추가 기능에서 드러납니다.

[Create or add columns] 패널에는 [Conclusions(결론)], [Summarized Abstract(초록 요약)], [Results(연구 결과)] 등, 논문의 분석 기준으로 사용할 수 있는 여러 속성이 쭉 나열되어 있습니다. 이 중 확인해 보고 싶은 속성을 클릭하면, 자동으로 표에 그 속성을 제목으로 한 새 칼럼(열)이 추가됩니다. 그 상태로 잠시 기다리면 사이스페이스가 각 논문의 해당 내용을 분석해 곧바로 표를 빼곡히 채워줍니다. 여기서는 [Insights(인사이트)], [Methods Used(사용된 연구 방법)]을 추가했습니다.

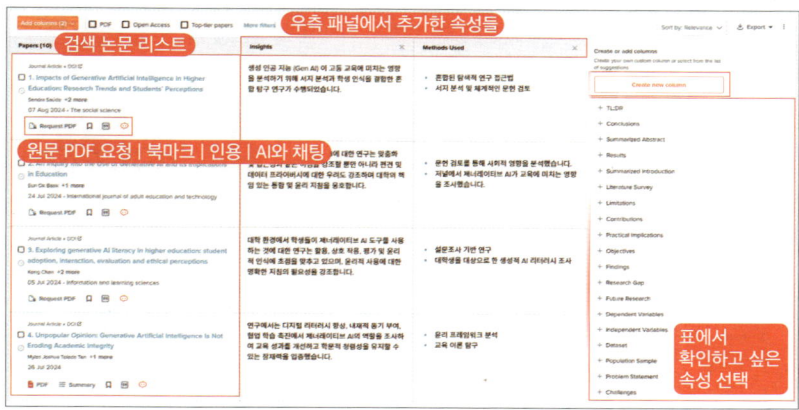

어떤가요? 여러 논문을 일일이 찾고 따로 정리하지 않아도, 알고 싶은 정보를 표를 통해 한눈에 알아볼 수 있게 되었습니다. 이런 AI 도구가 없었던 시절 연구 논문을 하나씩 읽고 비교하던 시절을 생각하면, 정말 시간과 노력을 획기적으로 아낄 수 있을 거라 생각합니다.

▼ [3단계] AI에게 논문 심층 질문하기

다음은 논문 하나를 골라 심층 분석해볼 시간입니다. 앞서 본 표에서 논문 제목을 클릭하면 새 탭에서 다음 그림과 같이 선택한 논문의 상세 페이지가 열립니다. 세 파트로 구성되어 있습니다.

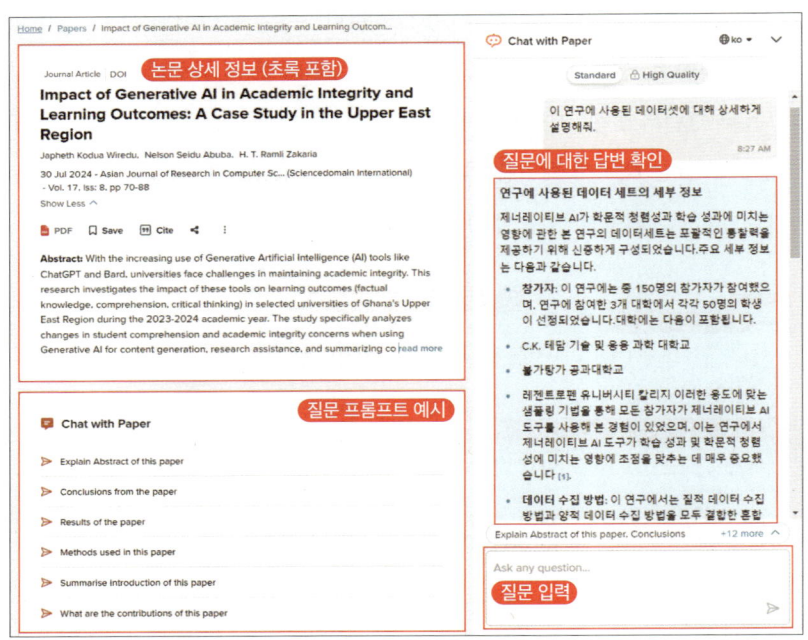

- 좌측 상단에는 논문의 상세 정보가 있습니다. 표의 정보와 거의 같지만, 추가로 초록을 읽어볼 수 있네요. 해당 논문에 대해 좀 더 명확한 정보를 알 수 있습니다.

- 우측에는 [Chat with Paper] 채팅창이 있습니다. 채팅 형식으로 AI에게 해당 논문과 연구 내용에 대해 질문할 수 있는데요. 물론 한글과 영어 모두 사용 가능합니다. "이 연구에 사용된 데이터셋에 대해 상세하게 설명해줘"라고 질문하자, 금세 어떤 데이터를 수집하여 활용했는지를 설명하는 상세한 답변을 받았습니다. 이처럼 질문 몇 번으로 간단하고 빠르게 여러 내용을 확인할 수 있다는 점에서, 이 기능은 연구자의 시간을 획기적으로 절약해 주리라 기대됩니다.

- 좌측 하단의 [Chat with Paper]에서는 많이 하는 질문들을 정리하여 보여줍니다. 질문이 떠오르지 않을 때는 여기 제시된 질문을 클릭해 바로 물어볼 수도 있어 편리합니다. 그 아래에는 [Trending Questions], 즉 인기 질문도 함께 제공하여 다른 연구자들은 해당 연구에 어떤 식으로 접근하는지도 쉽게 알 수 있습니다.

지금까지 3단계에 걸쳐 아주 기본적인 사이스페이스 활용법을 알아보았습니다. 이렇게 다각적으로 논문을 분석하다 보면 연구 주제에 대한 보다 심층적인 이해가 가능해질 것이고, 이를 통해 연구의 질 역시 향상시킬 수 있을 것입니다. 다만 필요한 논문을 발견했다면, 보다 깊은 이해를 위해서는 원문을 직접 꼼꼼하게 읽어야 하며, 이것이 연구자로서 명심해야 할 변함없는 진리임을 잊지 말아야 합니다. (AI가 제공하는 요약만 보고 연구 논문의 내용을 깊이 있게 이해하는 것은 쉽지 않기 때문입니다.)

논문 마법사와 함께 떠나는 무궁무진한 관련 연구 탐색 with 리서치래빗

다른 연구자와 차별화되고 시의성 있는 연구를 하려면, 항상 최신 연구들을 두루 살펴보는 것이 중요합니다. 내 연구 분야는 최근 어떤 트렌드를 보이고 있을까? 다른 논문에서는 어떤 연구를 하고 있을까? 등에 관심을 갖고, 항상 시야를 넓게 두고 있어야 하죠.

대부분의 연구는 일반적으로 다른 연구와 연결되어 있습니다. 좁게는 연구자 본인의 이전/이후 연구나 공저자들의 연구와 관련이 높을 수 있겠지요. 넓게 보면 해당 분야는 물론 아예 타 분야의 연구까지 연결고리가 미치기도 합니다. 이러한 연구 동향 파악을 위해 연구자는 참고 문헌을 충분히 탐독하고 전체적인 동향과 흐름을 파악하는 데 상당히 많은 시간을 할애하곤 합니다.

실제로 참고 문헌 리스트를 죄다 훑고 연구 간 관계를 파악하는 것은 보통 작업이 아닙니다. 하지만 이제 연구자 여러분께 도움을 줄 AI 도구, 나 대신 관련 논문을 한 방에 찾아 보기 좋게 시각화해 주는 비서가 생겼습니다. 바로 리서치래빗ResearchRabbit이라는 도구인데요, 이 도구를 활용하면 선행 연구 검토와 논문 탐색 수고를 획기적으로 줄일 수 있습니다.

어떻게 하는지 볼까요? 우선 '리서치래빗'을 검색하거나 researchrabbit.ai 주소를 통해 리서리래빗에 접속하세요.
(우측 QR코드로도 접근 가능)

다음과 같은 메인 화면이 나타납니다. 이용을 위해서는 회원가입을 해야 합니다. 좌측 하단의 [Sign up(가입하기)] 버튼을 클릭하세요.

리서치래빗은 이메일 주소를 입력하고 비밀번호만 설정하면 간단히 가입할 수 있습니다. 단, 설문조사 답변은 필수입니다. 디어서 이름과 지위, 소속 기관, 관심 분야, 가입 경로에 대해 질문합니다.

모두 입력하고 [Submit(제출하기)] 버튼을 누르면 절차가 완료됩니다. 그럼 본격적으로 리서치래빗을 활용하여 다양한 참고 문헌을 어떻게 파악하고, 연구에 도움을 받을 수 있는지에 대해 알아보겠습니다.

클릭 몇 번으로 논문 검색부터 연구 관계도 생성까지

리서치래빗에서 찾아 그려낸 연구 관계도를 'Collection(콜렉션)'이라고 합니다. 리서치래빗의 핵심은 이 Collection이며, 메인 화면도 그 위주로 구성되어 있습니다.

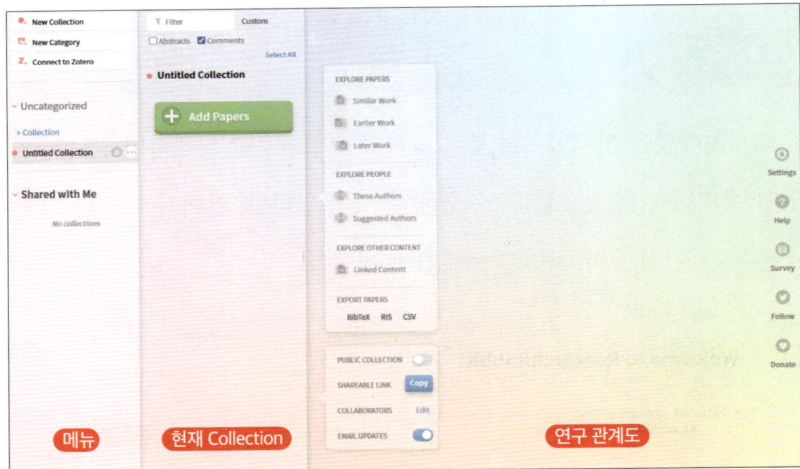

크게 3곳으로 나누어 보자면, 우선 가장 좌측은 새 Collection을 추가하고 카테고리를 설정할 수 있는 메뉴입니다. 이전에 정리한 기존 Collection들도 여기에서 다시 참고할 수 있습니다. (지금은 막 생성된 상태라 비어 있네요.) 중간 메뉴는 현재 Collection을 보여주는 곳이고, 우측의 넓은 공간은 연구 관계도가 그려지는 곳입니다.

리서치래빗의 사용 방법 자체는 매우 간단합니다. 한번 해보겠습니다.

① 우선 연구 관계 파악을 위한 시드seed 논문을 넣어야 합니다. 중간 메뉴의 [Add Papers(논문 추가하기)] 버튼을 누르세요. [Add a paper you know and love(당신이 잘 알고, 관심 있는 논문을 추가하세요)]라는 팝업창이 나옵니다. 검색창에 논문의 제목, DOI, PMID 또는 키워드를 입력하면 논문을 검색할 수 있고요, 아니면 하단 [Upload File(파일 업로드하기)] 메뉴를 이용해 논문을 직접 업로드해도 좋습니다. 'BibTeX', 'RIS' 파일을 지원합니다.

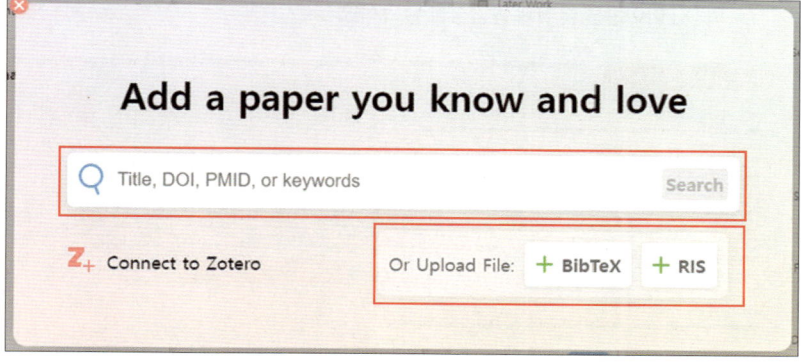

② 여기서는 'Deep Transfer Learning for Image-Based Structural Damage Recognition'이라는 논문 제목 전체를 입력한 다음, [Search(검색)] 버튼을 클릭했습니다. 그러자 원하는 논문을 잘 찾아주었습니다. [Add to Collection(콜렉션

에 추가하기)] 버튼을 클릭하면 해당 논문이 현재 콜렉션에 추가됩니다.

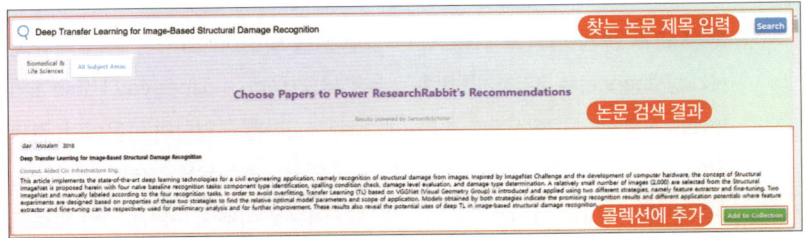

③ 스크롤을 내려 보면 우리가 검색한 논문 외에도, 연관된 다른 논문도 한꺼번에 찾아준 것을 확인할 수 있습니다. 리서치래빗의 유용함은 이 단계에서 이미 드러나는데요, 물론 학술 검색 엔진 역시 검색어에 맞는 여러 논문을 보여주지만, 리서치래빗은 보다 검색 논문의 주제나 키워드에 직접 관련된 연구를 찾아 제시하기 때문입니다. 실질적인 탐색 시간 절약에 큰 도움이 될 것입니다.

그럼 ②와 같은 방식으로 연구 논문 탐색을 위해 2개 논문을 더 추가해 보겠습니다. 다음처럼 [Add to Collection] 버튼이 [Remove from Collection(콜렉션에서 제거하기)]으로 바뀌면 정상 추가된 것입니다. 다되었으면 팝업창 좌측 상단의 [X] 아이콘을 클릭해 팝업창을 닫으세요.

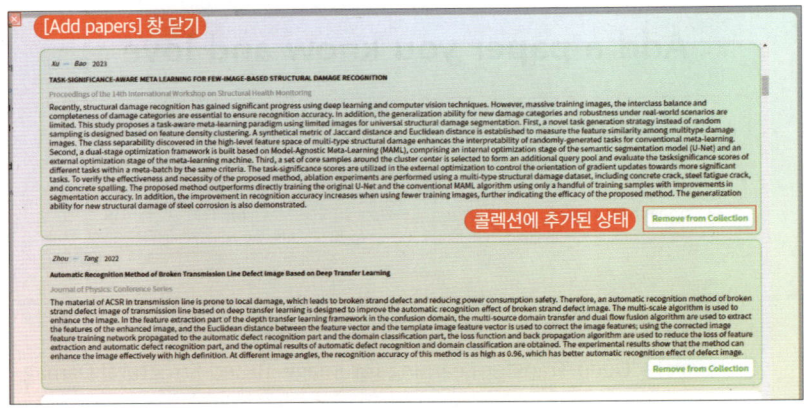

④ 여기까지 완료했다면, 다음 그림처럼 좌측 메뉴에 논문 3건이 추가되어 있을 겁

니다. 한 논문을 선택해 봅시다. 다음과 같이 [1 selected paper(선택된 논문 1건)] 창이 뜹니다. 여기에서 논문의 제목 및 초록, 논문 저자, 발표 연도와 학술지 등을 확인할 수 있습니다. [PDF] 버튼이 활성화되어 있다면 클릭해 보세요. 원문 PDF를 다운로드해 살펴볼 수 있습니다.

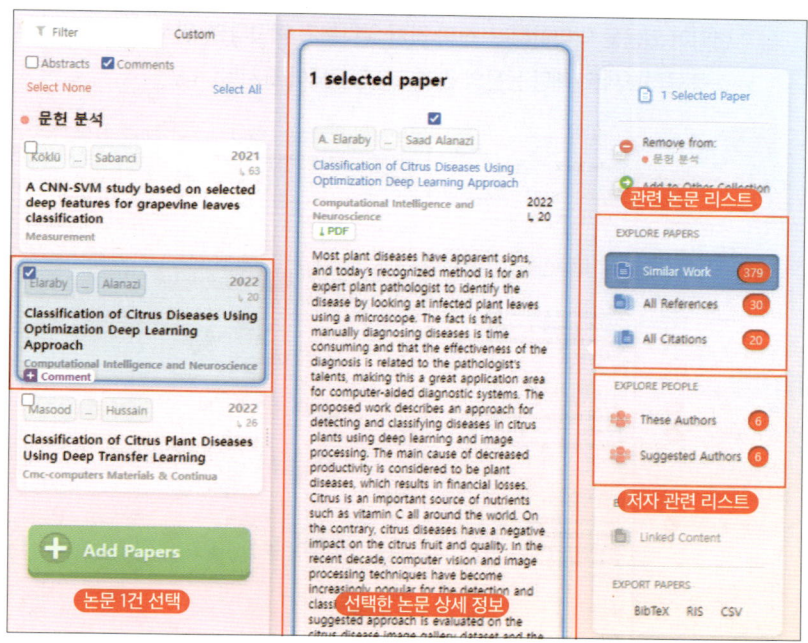

한편 바로 우측에는 선택된 논문에 대한 추가 정보창이 표시됩니다. [EXPLORE PAPERS(논문 탐색)] 탭에서는 [Similar Work(유사 연구)], [All References(참고 문헌)], [All Citations(인용처)]를 기준으로 해당 연구의 관련 연구들을 한번에 탐색할 수 있습니다. 그 아래 [EXPLORE PEOPLE(저자 탐색)] 탭은 연구자들에 대한 정보를 제공합니다. [These Authors(이 저자들)]는 해당 연구의 저자들이며, [Suggested Authors(추천 저자들)]는 리서치래빗이 해당 연구/주제와 관련해 추천하는 검토할 만한 저자들입니다.

⑤ 유사 연구들을 확인하기 위해 [Similar Work(유사 연구)]를 클릭해 보았습니다.

그러자 우측에 유사 연구 목록이 쭉 펼쳐지더니, 이 연구 논문들의 관계를 표현한 그래프가 바로 그려집니다.

관계도를 더 자세히 볼까요? 마우스 스크롤로 확대해서 편히 볼 수 있습니다. 각 노드(원)는 특정 논문 하나하나를 나타내며, 노드를 잇는 선은 두 연구가 서로 관련되어 있음을 의미합니다. 선이 겹쳐 알아보기 어렵다면, 원하는 노드에 마우스를 올려보세요. 해당 논문의 관계도가 강조되어 표시됩니다.

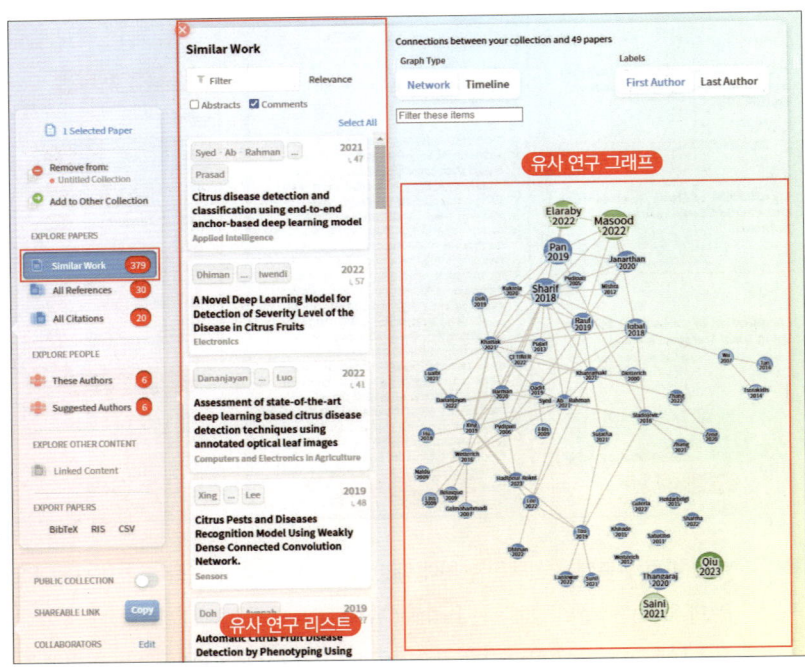

그래프로 연구 간 관계, 연구자 간 관계를 표현하여 한눈에 쉽게 해당 분야의 연구 정보를 확인할 수 있습니다. 리서치래빗을 활용하면, 복잡하게 이 논문, 저 논문 오가거나 일일이 검색하고 분류하지 않아도 금세 전체의 구조가 눈에 들어와 편리하겠지요?

여러 논문 간 관계 심층 분석하기

기본적인 원리는 알았으니, 이제 조금 더 나가 봅시다. 앞서의 콜렉션에서, 이번에는 논문 3건을 한 번에 선택해 보겠습니다. 창 이름이 [3 Selected Papers]로 바뀌고, 논문 각각의 연구 간 관계, 연구자 간 관계 등 모든 내용이 한 번에 통합되어 표시됩니다.

① [Similar Work(유사 연구)]를 클릭해 유사 연구 그래프를 생성해 보았습니다. 동일 논문이 포함되어 있음에도, 하나만 기준으로 그렸던 이전의 그래프와는 조금 다른 형태를 보이고 있죠.

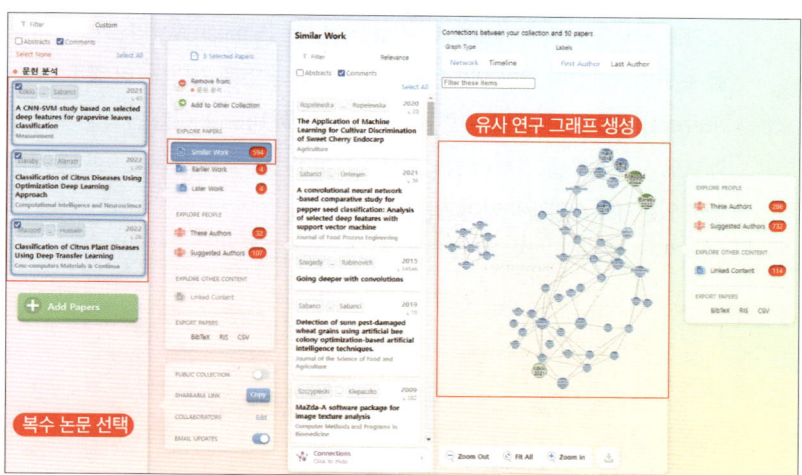

② 리서치래빗의 장점 또 한 가지는, 연구 그래프에서 보고 싶은 연구를 클릭하면 우측으로 계속 꼬리에 꼬리를 물고 그래프들이 생성된다는 것입니다. 이렇게 해서 연구의 전체 흐름과 연구 간의 관계, 앞으로 해야 할 연구 등도 쉽게 파악이 가능합니다.

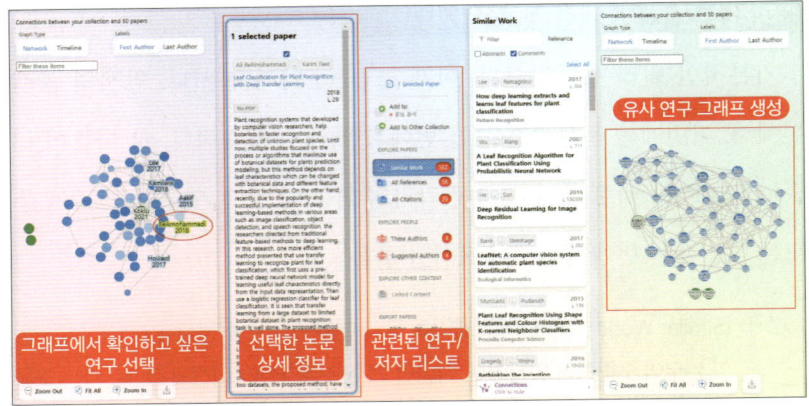

③ 추가로 저자들 간의 관계도 파악해 보겠습니다. [Similar Work] 그래프 우측을 보면 [EXPLORE PEOPLE] 창이 새로 나타나 있을 겁니다. 이 중 [These Authors] 버튼을 클릭하면 관련된 저자 목록이 쭉 나오고, 이들 간의 관계도 그래프로 시각화해 줍니다. 이 방법으로 저자들이 연구를 통해 서로 어떤 관계를 맺고 있는지도 손쉽게 파악이 가능합니다.

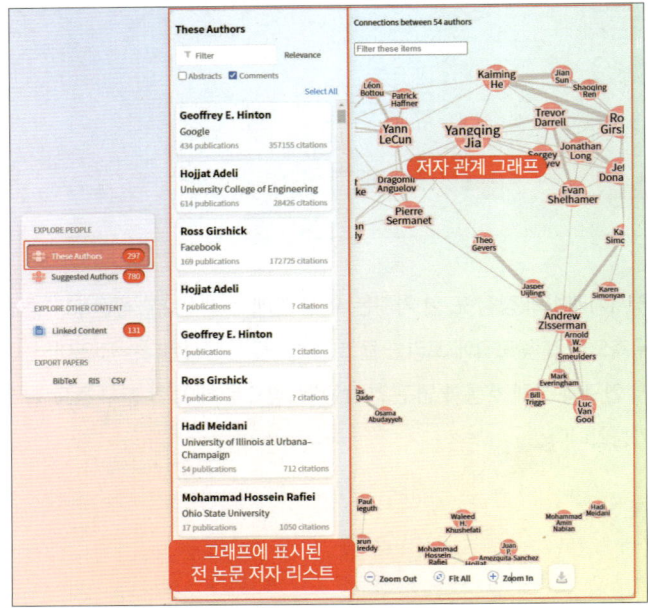

④ 한편 이 저자들에서 출발해 다시 연구를 역추적하는 것도 가능합니다. [These Authors] 창이나 우측 저자 그래프에서 원하는 저자를 선택하면, 선택된 사람에 대한 [EXPLORE PEOPLE] 창이 새로 나타납니다. 그 연구자의 역대 [Published Work(출판된 논문)]와 [Collaborators(공저자)]를 다시 목록과 그래프의 형태로 자세히 살펴볼 수 있습니다.

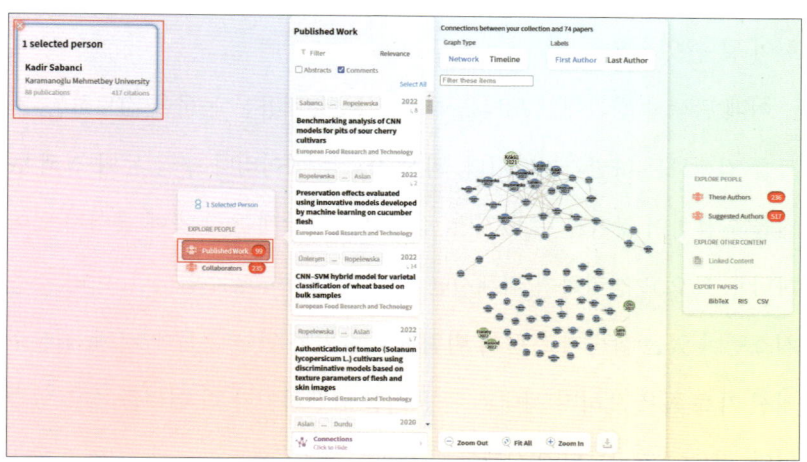

이처럼 리서치래빗이 찾아내는 연구 정보는 즉각적이고 파악하기 쉬우며, 확장과 활용이 용이합니다. 여러분의 전문/관심 분야로 직접 해보면 더 무궁무진한 활용법이 떠오를 겁니다. 리서치래빗과 함께 문헌 탐색의 시간과 노력을 대폭 절약하고, 내 연구에 더욱 집중할 에너지를 확보해 보면 어떨까요?

지능형 검색을 통한 완벽한 정보 정리 with 퍼플렉시티

연구자가 연구 시 참고할 수 있는 문헌 중 가장 좋은 것은 역시 논문입니다. 그런 만큼 지금까지는 연구의 핵심인 논문 탐색과 선행 연구 검토, 참고 문헌의 체계적 정리에서 일손을 덜게 해주는 AI 서비스들을 주로 살펴보았습니다. 그런데 사실, 논문에 쓸 자료는 연구 논문만은 아닙니다. 논문 이외의 연구 보고서나 기타 문헌도 분야와 주제에 따라 얼마든지 주요 참고 문헌이 될 수 있지요.

이때 탐색과 정리에 소모되는 시간과 노력, 비용은 논문을 검토하든, 자료를 검색하든 마찬가지입니다. 최신 자료는 네이버나 구글 등의 검색 엔진을 활용하여 찾아볼 수 있지만, 정보의 바다답게 온갖 곳에 흩어져 있어 하나로 모으고 정리하기 위해서는 크나큰 노력이 필수입니다. 여러 검증 시스템이 있는 학술지로 탐색 범위가 국한되는 연구 논문에 비해, 웹상의 최신 자료 쪽은 오히려 제대로 된 문헌을 탐색하기가 더 어려울 수도 있습니다. 정보의 진위부터 의심해야 하기 때문이죠.

연구자들이 항상 겪는 이런 고민, 퍼플렉시티Perplexity로 해결해 볼까요? 퍼플렉시티는 쉽게 말해 AI를 활용하여 웹의 자료를 체계적으로 검색하고 일목요연하게 정리해 주는 포털 검색 엔진입니다. 키워드 몇 개만 입력해도 최신 자료를 쭉쭉 찾아주고, AI 기술을 활용해 멋지게 시각화까지 해서 제공해 줍니다.

어떻게 그러냐고요? 직접 가서 확인해 봅시다. '퍼플렉시티'를 검색하거나 perplexity.ai 주소를 입력해 웹사이트에 들어가세요. (우측 QR코드로도 접근 가능) 자동으로 회원 가입 창을 띄워주네요. 구글 계정을 연동시키는 게 편리하나, 별도의 이메일로도 가입은 가능합니다.

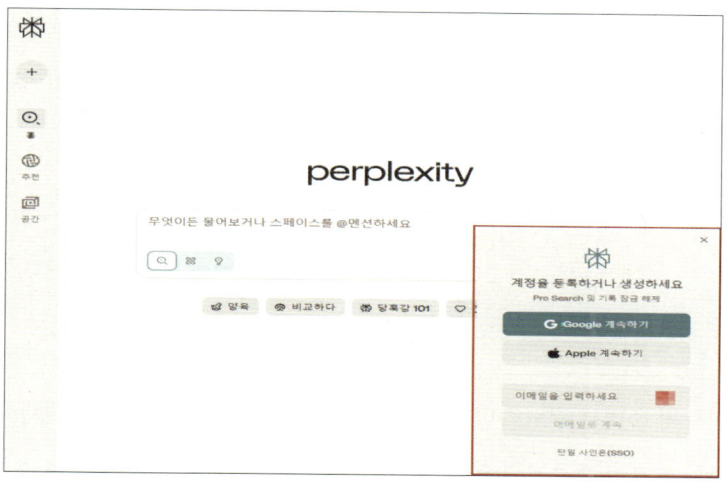

로그인을 하면 다음과 같이 사용 플랜을 선택하라는 안내가 나옵니다. 우리는 [Continue with free(무료로 계속하기)] 버튼을 클릭해 무료 플랜으로 시작해봅시다.

퍼플렉시티는 다양한 언어를 지원합니다. 만약 다른 언어를 사용한다면

언어 설정을 바꿔줍시다. 왼쪽 메뉴에서 자신의 이름을 클릭하면 [환경설정] 메뉴가 나옵니다. [환경설정] 창에서 두 번째 [언어] 옆 드롭다운 메뉴를 클릭하고, 목록에서 자신이 원하는 언어로 설정하여 사용하면 됩니다.

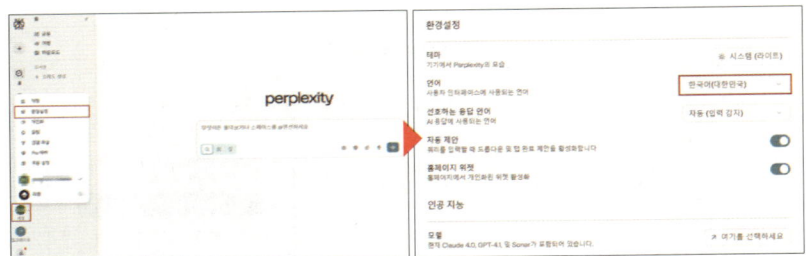

이로써 준비는 끝났습니다. 퍼플렉시티는 일상적인 웹 검색을 대체해 사용해도 충분히 유용하지만, 여기에서는 "퍼플렉시티가 있으면 어떻게 연구 효율이 좋아지는지"에 중점을 두고 살펴보고자 합니다.

퍼플렉시티에서 정보/자료 검색하기

좌측 메뉴에서 [홈] 탭을 눌러 검색창이 있는 메인 화면으로 돌아오세요. 퍼플렉시티의 핵심이자 최고 인기 기능인 '키워드 검색'을 사용해 보겠습니다. 이제 검색 포털에서 하듯 똑같이 검색을 하면 됩니다.

▼ 퍼플렉시티 검색 방법

무얼 검색해 볼까요? 'AI 기술의 사회적 영향'에 대해 연구한다고 가정하고, 최근 이슈가 되고 있는 '딥페이크 기술의 악용 가능성'을 방지하고자 각국이 어떤 규제를 취하고 있는지, 그 동향을 한눈에 알아보고 싶다고 합시다. 순서는 다음과 같습니다.

① 우선 검색창에 원하는 검색어를 넣습니다. 여기서는 "딥페이크 기술의 각국 규제 동향" 정도로 짧게 정리해서 입력했습니다.

② 검색창 하단 두 번째에 있는 그리드 원 모양 아이콘을 누르면 웹, 학문모드, 소셜 등 다양한 모드를 볼 수 있습니다. 최신 자료를 검색해야 하므로, '웹'으로 진행하겠습니다. (복잡한 주제에 관한 보고서가 필요하다면 왼쪽으 [연구] 모드를 활성화하면 됩니다.)

③ 이때 [Pro 검색 시도하기]를 선택하지 않으면 검색 품질이 낮아지므로, 꼭 활성화시켜서 검색하는 것을 추천합니다. (무료 사용자도 1일 3회 사용 가능합니다.)

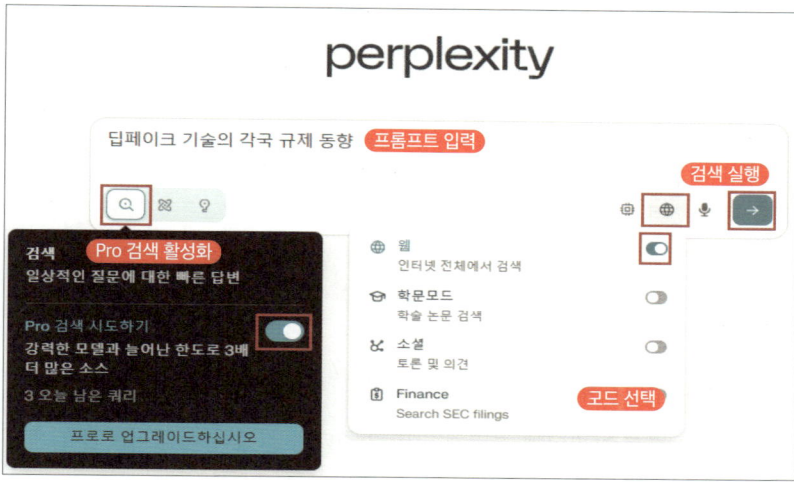

④ 다 마쳤으면 오른쪽 끝 [화살표] 버튼을 클릭해 검색을 실행하세요. 불과 몇 초 후면 검색 결과 화면을 볼 수 있습니다.

❤ 퍼플렉시티 검색 결과 활용하기

다음이 4단계까지 실행한 결과 화면입니다. 정보량이 상당하네요. 한 파트씩 살펴보겠습니다.

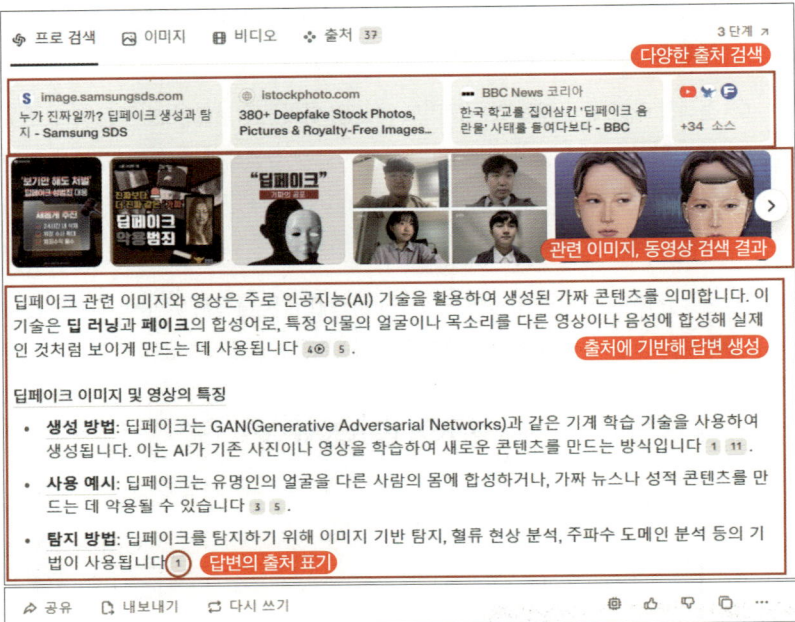

[답변]

퍼플렉시티의 가장 큰 특징은 흩어져 있는 자료를 모아 사용자가 제시한 키워드에 맞춰서 한꺼번에 정리해 답변해 준다는 점입니다. 읽어보면 검색어 "딥페이크 관련 각국 규제 동향"에 걸맞게, 미국, 유럽연합, 중국, 한국까지, 국가별로 일목요연하게 기술된 딥페이크 규제 동향 정보를 볼 수 있습니다.

특히 각 서술/항목마다 끝에 모두 숫자가 붙어 있는 게 눈에 띄는데요, "어디에서 찾은 정보인지"를 표시하는 숫자입니다. 어떤 자료를 기반으로 해당 글을 정리했는지 쉽게 알 수 있죠.

글 말미에는 메뉴바가 등장합니다. 이 버튼들을 이용해 답변을 공유하거나 복사할 수 있으며, 마음에 들지 않으면 다시 써 달라 요청할 수도 있습니다.

[출처]

답변을 위해 검색된 자료 목록은 [답변] 위 [출처]에서 확인할 수 있습니다. 여기 노출된 타일들은 모두 퍼플렉시티가 아래 답변을 제공하기 위해 살펴본 웹사이트와 자료들이며, 순서대로 넘버링이 되어 있습니다. [답변]에 생성된 항목 중 끝에 숫자 1이 붙은 것은, 여기의 1번 자료(이 경우 '누가 진짜일까? 딥페이크 생성과 탐지' 웹사이트)에서 찾은 것입니다.

[+00 소스] 타일이나 상단 [출처] 탭을 클릭하면 더 상세한 출처 목록과 간략한 설명이 나타납니다(매 검색마다 몇 곳의 출처를 확인하는지는 달라지므로, 숫자는 상이할 수 있습니다). 각 출처를 선택하면 바로 해당 URL로 연결해 주며, 문서 파일의 경우 자동으로 다운로드가 실행됩니다. 이들 원 출처와 답변의 내용을 교차 검증하여 답변의 신뢰도를 재확인해 봐도 좋겠지요.

[이미지/영상 검색 결과]

검색 결과 상단에는 입력한 키워드로 도출한 [이미지]와 [비디오] 검색 결과 탭이 있습니다. [이미지] 탭에서는 검색된 이미지 전체 결과를 한눈에 보여줍니다. 이미지를 클릭하면 원 출처로 바로 연결되며, 이 창에서 바로 마우스 오른쪽 클릭해 저장할 수도 있습니다.

[비디오] 검색 결과 탭을 누르면, 같은 방식으로 관련된 비디오(영상)들을 제시해 줍니다. 기본적으로 유튜브 영상들이며, 클릭하면 외부 이동 없이 곧바로 시청할 수 있습니다.

[추가 질문]

[답변]을 스크롤해 다 읽으면, [사람들도 묻습니다]라는 관련 질문(프롬프트) 생성 코너가 보입니다. 키워드 입력만으로 완벽한 정보를 얻지 못한 경우에 쓸 수 있도록, 이와 연관된 질문을 제공해 주는 겁니다. 그럼으로써 최대한 많은 정보를 검색하고 정리할 수 있게 도와주는 것이죠.

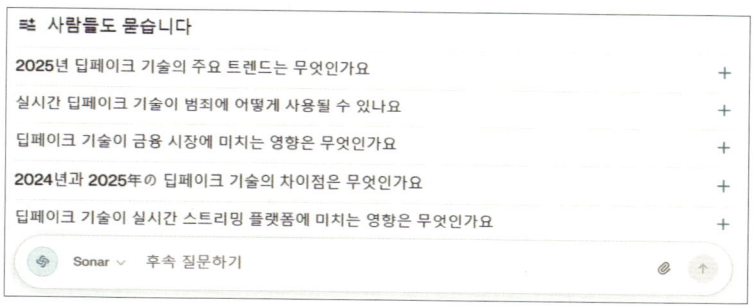

실제로 생성된 질문 리스트를 읽어보면 딥페이크 해외 규제를 보다 상세하게 알아볼 수 있는 질문들임을 확인할 수 있습니다. 연구에 필요한 정보를 찾는 데 아주 유용하겠죠. 퍼플렉시티의 강력한 기능 중 하나라 할 수 있습니다.

어떤가요? 한 페이지에 이렇게나 많은 검색 결과가 제공되며, 하나같이 검색 키워드와 연관성이 높고, 심지어 광고도 없습니다! 다른 대화형 AI와 비교했을 때 퍼플렉시티는 항상 웹 검색 결과를 기반으로 답변을 만들어 내므로 환각현상도 상당 부분 줄일 수 있습니다. 이렇게 좋은데, 퍼플렉시티를 사용하지 않을 이유가 없겠죠?

대화형 AI의 팩트 체크하기

퍼플렉시티를 색다르게 활용하는 방법을 하나 더 소개할까 합니다.

앞서 1~2부에서도 여러 번 언급했듯, 순식간에 다양한 글을 써주는 대화형 AI에게는 항상 환각현상의 위험이 있습니다. 편리하지만 오류나 잘못을 방지하려면 늘 팩트 체크를 해야 하지요. 요청한 글이 연구 논문에 활용될 목적이라면 결코 빼놓을 수 없는 절차입니다. 어쩌면 혼자서 글을 쓸 때보다 오히려 더 오래 걸릴지도 모르겠네요. '이럴 바엔 내가 쓰지……'란 생각이 살짝 들 수도 있습니다.

이 작업을 퍼플렉시티가 어느 정도 대신해줄 수 있습니다. 정말 가능할까요? 실제 대화형 AI를 통해 작성한 글의 팩트 체크를 퍼플렉시티에게 부탁해 봅시다.

① 우선 글이 필요하겠네요. 필자는 챗GPT에 '딥페이크 규제 역사'에 대해 알려 달라고 요청하고, 다음과 같은 답변을 받았습니다.

> 딥페이크는 AI 기술로 실제와 구별하기 어려운 가짜 콘텐츠를 만드는 기술입니다. 이 기술이 악용되어 개인의 사생활 침해, 정치적 혼란, 허위 정보 확산 등의 문제가 발생하면서 세계 여러 나라에서 규제가 도입되었습니다.
>
> 주요 규제 역사
>
> 2019년 미국: 텍사스와 캘리포니아 주에서 선거에 영향을 미치거나 성적 목적으로 딥 페이크를 사용하는 것을 금지하는 법안이 처음 통과되었습니다.
>
> 2020년 유럽: EU는 딥페이크가 허위 정보에 사용되는 것을 방지하기 위해 '디지털 서비스법'에서 규제를 논의했습니다.
>
> 2020년 한국: 성폭력처벌법 개정으로 딥페이크를 성적 목적으로 제작·유포할 경우 처벌이 강화되었습니다.

② 이 글 전체를 그대로 복사해 퍼플렉시티 검색창에 붙여넣습니다. 그리고 제일 앞에 "다음 글에 언급된 규제 연도가 정확한지 팩트 체크 해줘."라는 프롬프트를 추가한 다음, [화살표] 버튼을 클릭합니다.

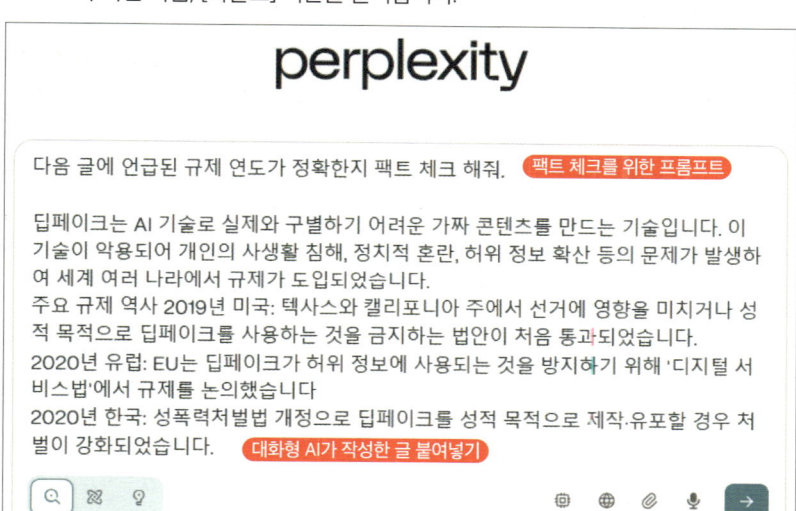

③ 마찬가지로 결과는 금세 나옵니다. 한번 읽어보죠. 대화형 AI는 필자에게 미국과 유럽, 한국 3개국의 규제 역사를 알려주었습니다. 이 내용에 대한 팩트 체크를 요청했더니, 퍼플렉시티가 미국, 유럽연합, 한국의 관련 규제 현황을 검색하고, 이를 기반으로 참고 문헌과 함께 구체적인 답변을 해주었습니다.

답변에 따르면, 주어진 연도와 관련된 규제 내용은 대체로 정확하다는 결론입니다. 이제 글의 신빙성을 확보한 것 같습니다.

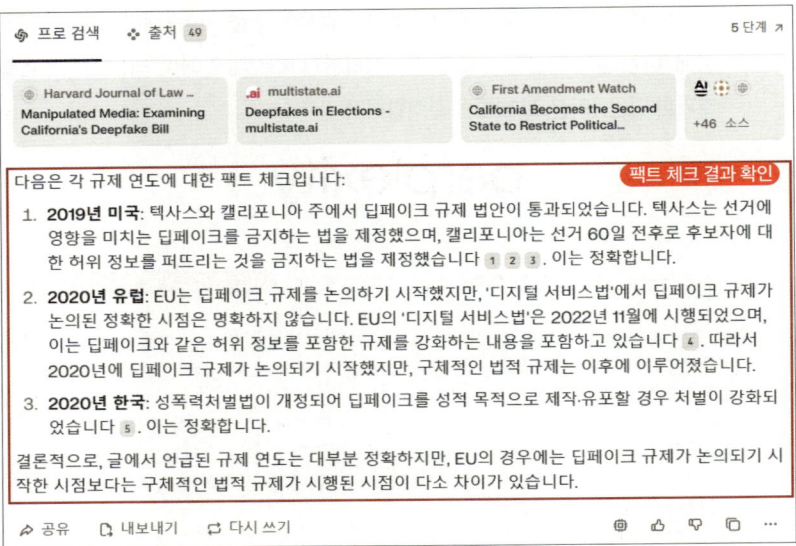

이처럼 퍼플렉시티는 대화형 AI의 맹점을 보완해줄 수 있으며, 유사한 방법으로 연구 내용을 넣고 참고 문헌을 각각 검색하는 용도로 활용할 수도 있습니다(최초 검색 시 학문 모드로 검색하기를 추천합니다).

정리해 볼까요? 퍼플렉시티를 활용하면 연구에 필요한 참고 문헌을 체계적으로 검색하고 정리하는 데 도움을 받을 수 있고, 대화형 AI의 환각현상을 줄이는 용도로도 효율적으로 활용할 수 있습니다. 물론 연구 논문의 글 작성은 대화형 AI로 하지 않아야 하며(저작권 문제 등), 여러 연구 자료를 탐색하고 요약할 때 팩트 체크 용도로 활용한다면 연구 논문의 신뢰성을 더욱 높일 수 있을 것입니다.

06 자영업자의 AI 리터러시

자영업자들의 하루는 매일 비슷해 보이지만 늘 복잡한 문제 상황이 생기기 마련입니다. 실제로 매출 관리와 고객 응대는 기본이고, SNS 마케팅, 직원 교육, 재고 관리까지…… 대표 혼자 감당하기에는 너무나 많은 업무가 매일 쌓여갑니다. 시시각각 변하는 소비자 트렌드를 파악하고, 경쟁업체들의 전략을 분석하며, 차별화된 서비스를 개발하는 것도 큰 업무 중 하나죠. 매장 운영의 자동화를 위해 서빙 로봇이나 키오스크 도입 등을 고려하지만, 초기 투자 비용이 부담되는 것이 현실입니다.

이때 AI 서비스들을 적절하게 활용한다면, 업무 능률 향상과 매출 증가에 큰 도움이 될 수 있습니다. 외부 전문가에게 높은 비용을 주고 맡겼던 로고 디자인도 AI를 활용해 직접 할 수 있고, 텍스트 하나로 매장에서 필요한 홍보 이미지를 순식간에 만들어낼 수도 있습니다. 매출 분석이나 고객의 리뷰 등 피드백 정리도 AI의 도움을 받아 더욱 체계적으로 진행할 수 있을 것입니다.

이렇듯 자영업 현장에서도 AI는 든든한 비즈니스 파트너가 되어가고 있습니다. 특히 유행에 민감한 소비자들의 마음을 사로잡기 위해서라도 AI

활용이 그 어느 때보다 중요해진 상황입니다. AI를 활용한 비즈니스가 이제 선택이 아니라 필수인 시대가 된 것입니다. 처음에는 어렵게 느껴지더라도, 하나씩 도입해서 사용하다 보면 어느새 여러 명의 직원이 하는 일을 혼자서도 쉽게 처리할 수 있을 것입니다.

AI가 만들어주는 내 가게 맞춤 로고 with 브랜드마크

프랜차이즈가 아니라 개인 가게를 연다든지, 아예 기업을 창업하는 경우에는 독자적인 로고가 필요합니다. 창업에서 브랜딩 파워가 상당히 강하다는 것은 누구나 아는 사실이죠. 브랜딩을 위해 가장 중요한 것 중 하나가 로고 생성이 아닐까 합니다.

그런데 로고를 의뢰하자니 비용도 비용이지만, 내가 원하는 유형의 로고가 되리라 확신하기가 어렵습니다. 이는 온전히 디자이너의 영역이므로, 전문성이 없는 일반인 입장에서는 만들어진 샘플 몇 가지 중 하나를 고를 수밖에 없기 때문이죠.

그렇지만 이제는 AI를 활용해서 로고를 직접 디자인하고 수정하여 나만의 로고를 만들 수 있습니다. 방법도 너무 쉽기 때문에 처음 접하는 사람들도 클릭 몇 번이면 훌륭한 로고를 얻을 수 있답니다. 바로 브랜드마크 Brandmark 입니다.

'브랜드마크'를 검색하거나 brandmark.io 주소를 통해 브랜드마크에 접속할 수 있습니다. (우측 QR코드로도 접근 가능) 비로그인 상태에서도 로고 제작까지는 가능하지만, 만들어진 로고의 저장 및 사용을 위해서는 회원가입이 필수입니다. 우측 상단의 [LogIn(로그인)] 버튼을 클릭하면 그림처럼 팝업창이 뜹니다. 여기서 구글 계정을 연동하거나 이메일 주소를 입력해 간단히 가입 가능합니다.

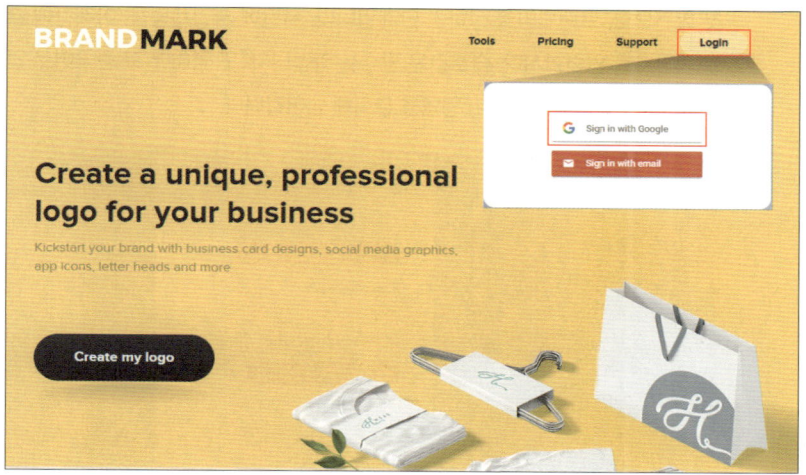

여기까지 마치면, 자동으로 새 창에서 브랜드마크 토고 제작 화면이 열립니다. 사업체에 어울리는 로고를 만들기 위해서 필요한 것은 사업체명과 슬로건 정도뿐입니다. 어떻게 가능한지, 한번 함께 해봅시다.

텍스트 입력으로 사업체 로고 만들기

샌드위치 가게를 창업한다고 합시다. 우선 상호명을 정해야 하겠죠? 직접 고민해도 좋고, 대화형 AI와 함께 의논해도 좋습니다. 필자는 대화형 AI에게 맛있는 샌드위치를 파는 가게 이름(영어)을 추천해 달라고 해서, 'Sandwich Station'이라는 멋진 이름을 얻었습니다. 추가로 가게를 홍보할 슬로건(Your Daily Sandwich Stop!)도 가게 이름과 어울리게 지어봤지요. 여러분도 여기까지 준비되었다고 가정하고, 브랜드마크로 로고 생성을 해보겠습니다.

① **[1단계] BRAND NAME**

첫 화면으로, 브랜드명을 정하는 단계입니다. 위칸에 사업체명을, 아래칸에 슬로건 문구를 입력합시다. 슬로건은 필수는 아닙니다. 또 영어 말고 한국어로 입력해도 무방합니다. 우측 [>] 영역을 클릭해 넘어갑니다.

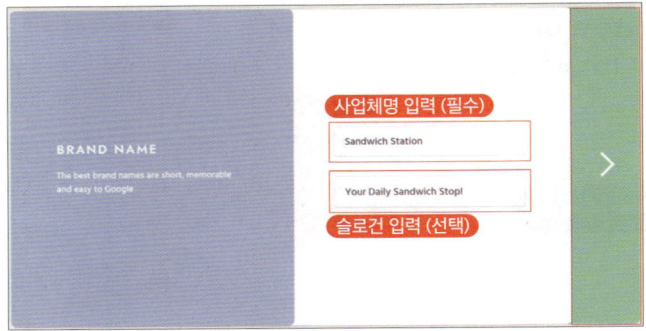

② **[2단계] BRAND KEYWORDS**

다음은 나의 브랜드/사업체를 묘사하는 단어들을 입력할 차례입니다. 어떻게 입력할지 잘 모르겠다면 [See examples(예시 보기)] 버튼을 클릭하거나 하단 [Keywords Idea(키워드 아이디어)]에서 영감을 얻을 수 있습니다. 주로 짧은 명사나 형용사군요.

필자는 대화형 AI가 추천해준 대로 'Sandwich', 'Freshness', 'Salad', 'Everyday' 총 4개의 키워드를 넣었습니다. 각 단어마다 ,(쉼표)를 꼭 넣어 구분해 주도록 합니다. 역시 한글로 입력해도 무관하니 편한 언어를 사용하면 됩니다. 입력을 마쳤다면 다시 한번 우측 [>] 영역을 클릭해 넘어갑니다.

③ [3단계] COLOR STYLE

로고에 사용했으면 하는 색상을 골라주세요. 여러 배색 스타일 중 골라도 되고, 간단하게 하단의 단일 색상을 선택해도 상관없습니다. 필자는 자연적이고 편안한 느낌을 주기 위해 [Organic]을 선택했습니다. 마지막으로 우측 [>] 영역을 클릭합니다.

④ 이제 브랜드마크가 입력한 내용에 기반하여 자동으로 멋진 로고들을 만들어 줍니다. 정말 많은 로고 후보를 추천해 주니, 쭉 넘겨 보면서 그중 원하는 로고를 선택하기만 하면 됩니다.

 로고를 하나하나 넘겨보기 어렵다면, 타일 형식으로 표시되도록 변경할 수 있습니다. 우측 상단의 톱니바퀴 아이콘을 클릭하고, 메뉴에서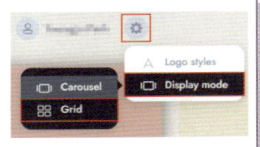
[Display Mode(화면 표시 모드)]를 [Grid(그리드)]로 선택해 주면 됩니다.

추가 기능으로 로고 업그레이드하기

최종 화면 하단에는 브랜드마크에서 지원하는 여러 기능이 모인 메뉴바가 있습니다. 다 마음에 드는데 딱 한 가지 거슬리는 곳이 있다면? 처음 생각했던 것과 방향성이 너무 달라 색다른 제안을 원한다면? 이런 고민을 해결해줄 추가 기능을 소개합니다.

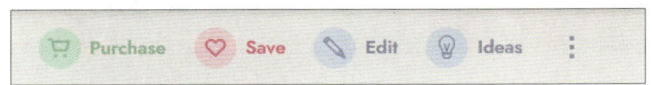

▼ [Edit(편집하기)]: 세부 수정하기

[Edit] 버튼을 클릭해 생성된 로고를 고르는 데서 그치지 않고, 이름부터 슬로건, 아이콘, 배경, 레이아웃까지 온갖 세부 사항을 마음대로 수정할 수도 있습니다. 내가 의도한 것과 비슷한 로고를 발견했는데, 아주 사소한 디테일,

예를 들어 생각했던 것보다 폰트가 작거나 아이콘이 마음에 들지 않는 정도의 문제가 있다면, 고민하지 말고 브랜드마크상에서 바로 예쁘게 수정하면 됩니다.

로고 타일을 선택한 채 [Edit] 버튼을 클릭하면, 앞 그림처럼 선택한 로고가 상단에, 편집 가능한 옵션 창이 하단에 배치된 화면이 나타납니다. 이름과 슬로건의 경우, 폰트나 색을 변경하거나 글씨 크기, 자간, 여백 등을 세세히 조정할 수 있습니다. 아이콘 역시 색과 위치 변경이 가능하며, [Browse Icons(아이콘 보기)]를 클릭해 다른 아이콘을 적용할 수도, 아예 없앨 수도 있습니다. 배경도 배색을 추가하는 등 자유로이 바꿀 수 있습니다. 레이아웃은 아이콘과 이름/슬로건의 배치를 결정합니다.

▼ [Ideas(아이디어들)]: 다른 버전으로 보기

일일이 조정하기가 어렵다면 [Ideas]를 이용해 보세요. 클릭 한 번만으로 기본 틀은 유지하면서 색상, 폰트, 아이콘, 레이아웃을 다르게 설정한 버전을 다양하게 둘러볼 수 있습니다. 세부적인 수정보다는 전체 분위기를 변화시키는 목적으로 사용한다고 생각하면 됩니다. [Ideas]에서 대략적인 느낌을 고르고, 세부 사항은 [Edit] 기능으로 수정하는 것이 좋습니다.

♥ [Purchase(구매하기)]: 로고 사용하기

나만의 로고를 최종 결정했다면, [Purchase]를 클릭하세요. 로고 생성과 편집까지는 무료이지만, 실제로 사용하려면 유료 결제가 필요합니다. 금액이 아주 저렴하진 않습니다만 월이나 연 결제가 아니라 1회 지불로 영구 사용권을 획득하는 방식이므로, 체험한 후 구매를 고려해봄직도 합니다.

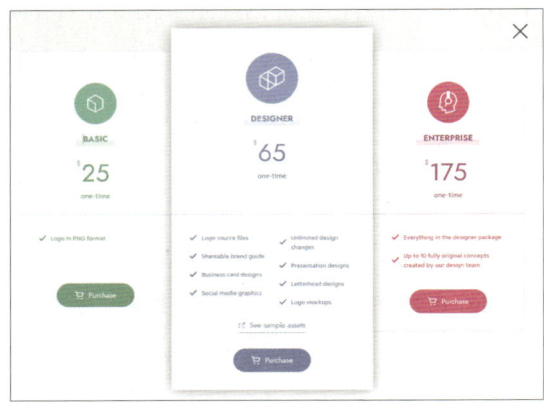

이상의 방법을 통해 나만의 로고를 직접 저렴한 가격으로 만들고 수정하여 명함, 간판, 브로슈어, 굿즈 등 다양한 곳에 활용할 수 있습니다.

AI 디자이너의 이미지 제작소에서는 무엇이든 OK! with 파이어플라이

사업을 하다 보면 멋진 이미지가 필요한 순간이 참 많죠. 새로운 메뉴의 사진, 매장 인테리어 모습, 제품 사용 장면 등등…… 하지만 이런 이미지들을 직접 찍고 편집하려니 막막하기만 합니다. 전문 장비도 없고, 포토샵 같은 복잡한 프로그램은 다룰 줄도 모르고요. 전문가에게 맡기자니 비용이 만만치 않고, 그렇다고 스마트폰으로 대충 찍자니 퀄리티가 영 마음에 들지 않았습니다.

하지만 이제는 개인사업자도 더 이상 이미지나 사진 문제로 머리를 싸맬 필요가 없습니다. 바로 파이어플라이 Adobe Firefly라는 AI 기반 이미지 생성 서비스가 있기 때문이죠. 파이어플라이는 실사 스타일 이미지 생성에 능해, 사업에 필요한 이미지를 만드는 데 매우 유용합니다.

firefly.adobe.com 주소를 통해 Adobe Firefly 웹사이트로 진입하면 다음과 같은 화면이 나타납니다. (우측 QR코드로도 접근 가능) 파이어플라이는 포토샵, 프리미어 프로 등 전문 그래픽·영상 프로그램을 서비스하는 어도비사가 개발한 생성형 AI이기에 이들 프로그램 내에서도 활용할 수 있습니다. 우리는 전문가가 아니므로, 웹상의 생성으로도 충분합니다.

이용을 위해서는 회원가입을 해야 합니다. 우측 상단의 [로그인] 버튼을 클릭하세요. 구글, 라인, 애플 계정 연동을 지원하며, 이메일로도 가입할 수 있습니다.

준비를 마쳤으니, 이제 파이어플라이를 활용해 여러분의 사업에 필요한 이미지들을 어떻게 만들고 활용할 수 있는지 자세히 알아보겠습니다.

텍스트를 이미지로: 음식 이미지 만들기

우선 자영업 중 대다수 파이를 차지하는 요식업에서 활용할 수 있는 이미지를 생성해 보겠습니다. 예를 들어 카페 SNS에 올릴 '아이스 아메리카노' 사진이 필요하다고 하겠습니다. 어떻게 할까요?

이 작업은 파이어플라이의 [텍스트를 이미지로] 기능을 이용하면 가능합니다. 파이어플라이 메인 화면에서 스크롤을 내리면 여러 하위 기능이 소개되어 있습니다. 이 중 첫 번째 [텍스트를 이미지로] 타일을 클릭해 진입하세요.

여러 레퍼런스 이미지들과 하단의 프롬프트 입력창이 보입니다. 입력창에 다음과 같이 아이스 아메리카노를 생성할 프롬프트를 입력합니다. 프롬프트는 필요한 이미지를 정확히 표현할 수 있게 정교하게 작성하는 것이 좋습니다.

> 투명한 컵에 담긴 아이스 아메리카노가 깔끔한 나무 테이블 위에 놓여 있으며, 배경은 흐릿하게 처리된 모던한 회색 톤의 색상으로 심플하게 연출. 컵의 시원한 물방울이 제품을 더욱 돋보이게 하며, 모던한 카페 분위기.

[생성하기] 버튼을 누르면 다음처럼 이미지 결과 화면이 나옵니다. 이미지가 생성되는 동안 잠시 좌측의 메뉴를 살펴보겠습니다.

- **[일반 설정]**: 이미지 생성 [모델]을 설정할 수 있는데요, 최신 모델이 기본으로 설정되어 있으니 그대로 두어도 좋습니다. [가로세로비율]은 가로(4:3), 세로(3:4), 정사각형(1:1), 와이드스크린(16:9) 등을 선택할 수 있습니다.

- **[콘텐츠 유형]**: 사진이 필요하므로, 둘 중 [사진]으로 체크하면 됩니다.

- **[구성&스타일]**: 우리가 원하는 이미지와 '구성'이나 '스타일'이 유사한 참조 이미지를 찾아서 넣을 수 있습니다. 이미지를 본 AI는 우리가 생각한 이미지를 훨씬 더 잘 이해하고 만들 수 있습니다.

- **[효과]**: 회화, 디지털 아트, 극사실주의 등과 같은 다양한 효과를 넣을 수 있고, 색상/톤, 조명, 카메라 각도 등 원하는 이미지 스타일에 맞게 세부적인 조정을 할 수 있습니다.

잠시 기다렸더니, 이렇게 멋진 이미지가 4장 생성되었네요. 실제 메뉴판에 넣어도 손색없는 퀄리티의 이미지들입니다. '게티이미지' 같은 전문 이미지 제공 웹사이트를 검색해 보면, 이와 유사한 이미지들이 유료로 판매되고 있는 것을 확인할 수 있을 겁니다. 아주 짧은 시간에 무료로 이런 이미지를 만들 수 있다니, 정말 놀랍지 않나요?

생성형 채우기: 모델 무한 피팅하기

여러분이 온라인 쇼핑몰을 운영한다면, 아마 여러 의상의 착용 사진을 게재해야 할 때가 많을 겁니다. 예를 들어 반려견 의상 및 소품 쇼핑몰을 운영한다고 해봅시다. 반려견에게 여러 제품을 입히고 촬영하는 데는 생각보다 많은 품이 듭니다. 좀 더 쉽게, 언제든지 기존에 촬영한 사진을 변형해 다른 제품용 이미지를 만들 수 있다면 어떨까요? 파이어플라이의 [생성형 채우기] 기능을 활용하면 가능합니다. 한번 해보겠습니다.

① 파이어플라이 메인 화면에서, 이번에는 두 번째 [생성형 채우기] 타일을 클릭해 보세요. (상단의 [이미지] 탭을 클릭하면 이 타일을 볼 수 있습니다.)

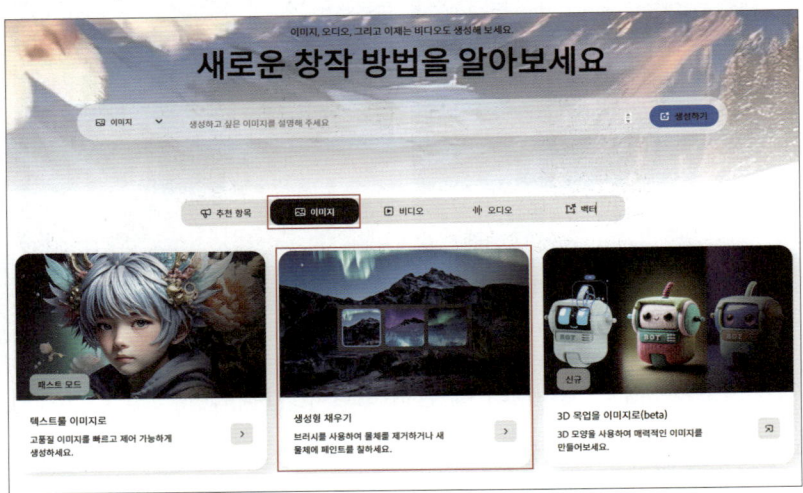

② [생성형 채우기]의 메인 화면에 진입했습니다. 처음 할 일은 [이미지 업로드]입니다. 우리가 할 작업은 '다른 제품의 착용 사진' 제작이기 때문에, 원본이 될 이미지가 있을 겁니다. 이 이미지를 올려줍니다.

③ 필자는 임의로 픽사베이의 무료 이미지[2]를 가져왔습니다. 강아지가 멋진 파란색 스카프를 하고 있네요. 이 스카프를 감쪽같이 다른 스카프로 바꿔보겠습니다. 좌측 메뉴의 '삽입' 버튼과 하단의 '추가' 버튼을 클릭하고, 브러시를 활성화합니다.

④ 이제 변경할 부분을 브러시로 칠해 지워주세요. 아주 세밀할 필요는 없지만, 가급적 변경할 부분은 모두 지우는 편이 좋습니다. 이때 경계 부분을 먼저 스케치

하듯 지운 다음 안쪽을 지우면 수월합니다.

하단의 숫자(숫자는 현재 브러시 크기)가 적힌 세 번째 [브러시] 메뉴에서 브러시 크기를 포함해 크기, 경도 등 옵션을 변경할 수 있습니다. 필요시 크기를 줄여 꼼꼼히 작업해 주세요. 그림처럼 스카프를 모두 지워주었습니다.

⑤ 마지막으로 하단 입력창에 무엇을 생성할지 프롬프트를 입력합니다. 필자는 "빨간색 체크무늬 스카프가 목에 둘러져 있음"이라고 적었습니다. 이 상태로 [생성하기] 버튼을 눌러보겠습니다.

⑥ 잠시 기다리면 입력창 자리에 그림처럼 3가지 버전의 생성 결과가 표시됩니다. 하나씩 클릭해 보고, 마음에 드는 것을 선택한 뒤 [유지하기] 버튼을 누르면 적용 완료됩니다. (마음에 드는 것이 없다면 [더 보기]를 클릭해 재생성할 수 있습니다. 단 월간 크레딧에서 매 생성마다 1크레딧이 차감되니 유의해서 사용하세요.)

⑦ 짜잔! 이렇게 완성되었습니다! 동일한 강아지가 스카프만 파란색에서 빨간색 체크무늬 스카프로 바꿔 맨 모습을 볼 수 있죠?

 이와 유사하게 노란색, 초록색 등 다양한 색으로 스카프를 두를 수도 있고요. 몸에 옷도 입혀줄 수 있습니다. 이처럼 쇼핑몰 의상이나 소품 등을 촬영하고자 할 때 파이어플라이를 활용하면 매우 쉽게 이미지를 수정하고 생성할 수 있답니다. 사업 운영에 큰 보탬이 되겠지요?

제품 사진의 변신, 3D 효과로 홍보 극대화 with 이머시티 AI

소상공인이나 자영업자들이 SNS에 제품을 홍보할 때는 주로 정적인 이미지를 사용하곤 합니다. 그 대신 움직이는 3D 모션 영상을 활용하면 제품의 실제감이 높아져 광고 효과가 크게 향상될 수 있습니다. 그러나 이런 3D 모션 영상을 만들기 위해서는 제품 영상을 직접 촬영해야 하고, 시간과 노력도 많이 들지요. 전문적인 장비나 기술이 없는 소상공인들에게는 큰 부담일 수 있습니다.

그렇다면 이머시티 AI Immersity AI를 만나보세요. 일반 2D 제품 사진을 간단히 업로드하면, 곧바로 생동감 넘치는 3D 모션 영상으로 변환할 수 있습니다. immersity.ai 주소를 통해 접속해 보세요. (우측 QR코드로도 접근 가능)

여러 움직이는 이미지들이 번갈아 재생되는 메인 화면이 나타납니다. 우리도 이런 이미지들을 만들 수 있습니다. 우측 상단의 [Try Now(지금 해보기)]를 클릭해 시작합시다.

[Sign In(가입하기)] 버튼을 클릭해 회원가입을 진행하겠습니다. 이메일 가입이 기본이고, 구글 계정 연동을 지원합니다. 이용약관과 개인정보보호 정책을 읽고, 동의에 체크한 다음 [Confirm(확인)]을 클릭하면 완료됩니다.

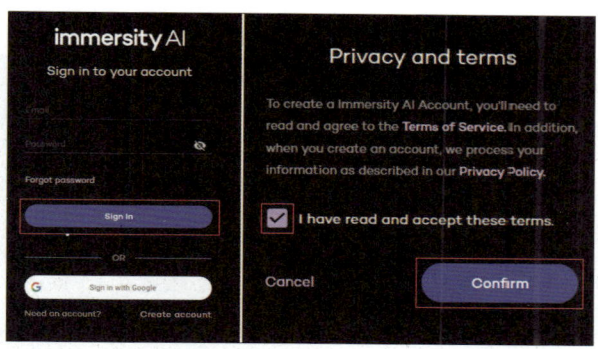

처음 접속하면 이머시티를 소개하는 가이드 투어를 볼 수 있습니다. [Start(시작)]를 눌러 안내하는 대로 둘러보세요. 바로 해보고 싶다면 우선은 [Skip(건너뛰기)] 해도 됩니다. 나중에 우측 상단의 프로필 아이콘 메뉴에서 [Start Guided Tour(가이드 투어 시작하기)]를 클릭하면 다시 볼 수 있습니다.

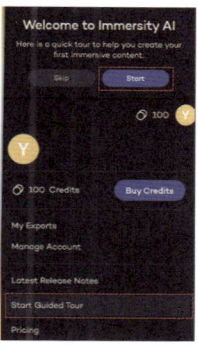

이제 준비는 끝났습니다. 그럼 어떻게 쉽고 빠르게 저품 사진을 영상으로 만들 수 있는지 알아보겠습니다.

사진 업로드만으로 3D 모션 영상 만들기

한 꽃집에서 예쁜 꽃다발 제품 사진을 많이 찍어 두었는데, 보다 매력적으로 고객들에게 보여주고 싶다고 합시다. 이 꽃다발 사진을 3D 모션 영상으로 만들어보겠습니다. 필자는 앞서 살펴본 파이어플라이를 활용하여 생성한 꽃다발 이미지를 사용하겠습니다. 방법은 아주 간단합니다.

① 다음이 이머시티 AI의 메인 화면입니다. 가운데 점선 박스에 꽃다발 사진/이미지를 드래그해 넣거나 [+ Upload(업로드)] 버튼을 클릭해 업로드하세요.

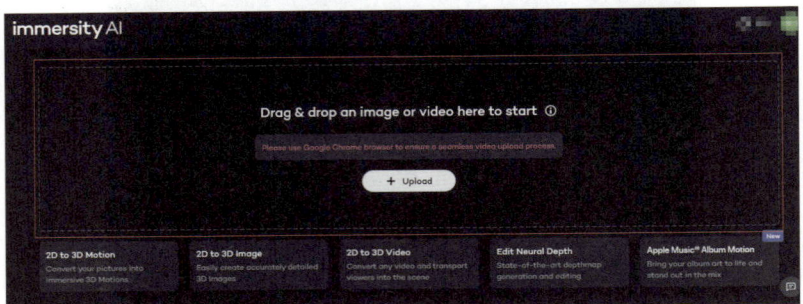

② 자동으로 변환이 시작되고, 잠시 후 업로드한 이미지를 활용한 3D 모션 영상이 생성됩니다.

③ 이미 자연스럽게 움직이는 3D 모션 영상입니다만, 우측 메뉴를 통해 세부 수정을 할 수 있습니다. 이머시티 AI가 3D 모션 생성 툴인 만큼 지면으로는 설명에 한계가 있습니다. 꼭 직접 접속해서 하나하나 움직이고 바꿔 보며 실제 움직임을 보시기 바랍니다.

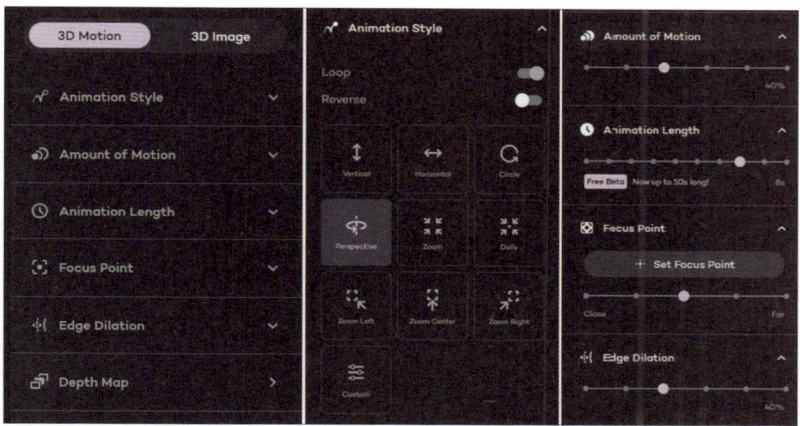

- [Animation Style]: 애니메이션 전반의 스타일을 결정합니다. [Loop]는 반복 재생 여부입니다. 기본 활성화 상태입니다. [Reverse]는 거꾸로 재생으로, 현재 생성된 영상과는 반대로 움직였으면 할 때 사용하면 좋습니다.

  그 아래 타일들은 카메라 뷰 옵션입니다. 세로, 가로, 원, 줌인 방향(왼쪽으로, 중앙으로, 오른쪽으로) 등을 클릭 한 번으로 변경할 수 있습니다. 가령 [Zoom Left]를 고르면 꽃다발 왼쪽으로 이동하며 확대되는 3D 모션 영상이 제작됩니다.

- [Amount of Motion]: 모션의 정도를 정합니다. 0%에 가까울수록 정적으로, 100%에 가까울수록 동적으로 바뀝니다.

- [Animation Length]: 애니메이션 길이입니다. 1초부터 최대 10초까지의 길이를 지원합니다.

- [Focus Point]: 3D 모션의 초점을 설정합니다. 'Far'에 가까워질수록 더 멀리서 움직이며, 'Close'에 가까워질수록 가까이서 이미지를 볼 수 있습니다.

- [Edge Dilation]: 가장자리 팽창 정도를 0~100%로 설정합니다. 피사체 끝 부분을 확인하면서 가장 자연스러운 수치로 맞춰주면 됩니다.

> **TIP**
> 과도하게 조정해서 모션이 이상해졌나요? 한 번에 처음 생성 상태로 돌아갈 수 있습니다. 영상 하단의 [Reset] 버튼을 클릭하고, 팝업창에서 [Submit]와 [Ok] 버튼을 차례로 클릭해 주면 됩니다.
>
>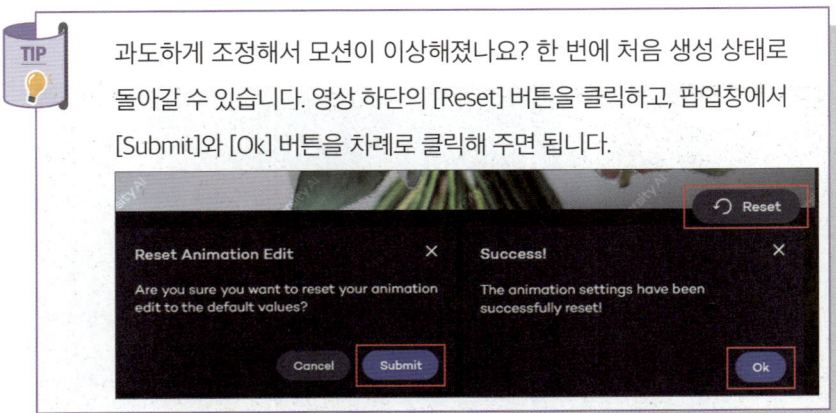

④ 생성된 3D 모션 영상을 저장해 봅시다. 우측 상단에서 [Export(내보내기)]를 클릭하세요. MP4, GIF, PNG 파일로 내보낼 수 있으며, 크기도 선택 가능합니다.

내보내기에는 크레딧이 소모됩니다. [Standard(스탠다드)]와 [Custom(커스텀)] 모드(영상 사이즈 직접 선택 가능) 모두 30크레딧을 사용해야 합니다. 처음 가입 시 받은 크레딧(100)을 사용해도 좋고, 모두 사용했다면 유료로 조금씩 구매하여 사용할 수 있습니다.

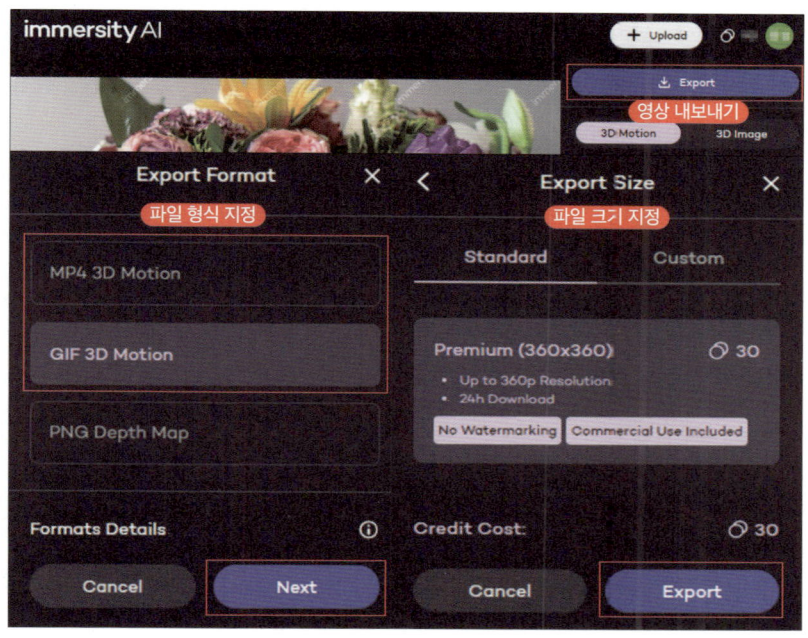

이렇게 여러 제품 이미지를 멋진 3D 모션 영상으로 변환하고, 이를 활용하여 홍보 쇼츠 영상을 제작하면 그 효과는 배가되겠지요? 다양한 이미지로 테스트하고 활용해 보세요.

대본만으로 완성하는 매력적인 홍보 쇼츠 with

영상이 가진 홍보 효과는 단순 인쇄 광고물이나 SNS 게시글 등에 비해 훨씬 큽니다. 나도 비즈니스를 고객에게 어필할 만한 영상을 한번쯤 써보고 싶다, 바란 적이 분명 있을 겁니다. 그렇지만 원래 비즈니스 홍보나 마케팅을 위한 홍보 영상을 만들기 위해서는 직접 촬영을 하거나, 복잡한 동영상 편집 프로그램을 다루느라 며칠 밤을 새워야 했습니다. 그 결과물도 막상 들인 공에 비해 만족스럽지 않은 경우가 많았지요. 전문가에게 맡기자니 비용 부담이 너무 컸습니다.

다행히 우리의 시간을 절약하면서도 퀄리티는 한층 끌어올린 영상을 제작해 줄 AI 도구가 등장했는데요, 바로 브루Vrew라는 서비스입니다. 여러분은 대본만 준비하면 됩니다. 이에 맞는 멋진 영상을 AI가 금세 만들어주니까요.

'브루'를 검색하거나 vrew.ai 주소를 통해 브루 홈페이지에 접속할 수 있습니다. (우측 QR코드로도 접근 가능)

브루는 윈도우 프로그램입니다. [무료 다운로드] 버튼을 클릭해 설치 파일을 내려받아 실행해 주세요. 설치 후 프로그램을 실행하면, 그림 오른쪽처럼 약관 동의 창이 뜹니다. 이용약관과 개인정보처리방침을 읽어보고, 괜찮다면 [동의하고 시작]을 클릭하세요.

이제 브루 메인 화면에 진입했습니다. 데모 영상과 스크립트를 보면서 대략적인 작동 방식을 유추할 수 있습니다. 다른 무료 서비스와 마찬가지로, 브루도 회원가입은 필요합니다. 좌측 메뉴 상단의 [내 브루]에 마우스를 올리면 로그인 안내 팝업창이 나타납니다. [회원가입] 버튼을 클릭하면, 웹상에서 회원가입을 진행할 수 있습니다.

브루는 이메일 가입만 가능합니다. 이름, 이메일, 비밀번호를 입력하고 [회원가입]을 클릭하면 인증 메일이 옵니다. 확인해서 이메일 인증까지 완료하면 모든 절차가 완료됩니다. 마지막으로 브루 프로그램을 다시 열어서 [내 브루] 메뉴를 클릭하고 로그인하면 준비는 끝입니다.

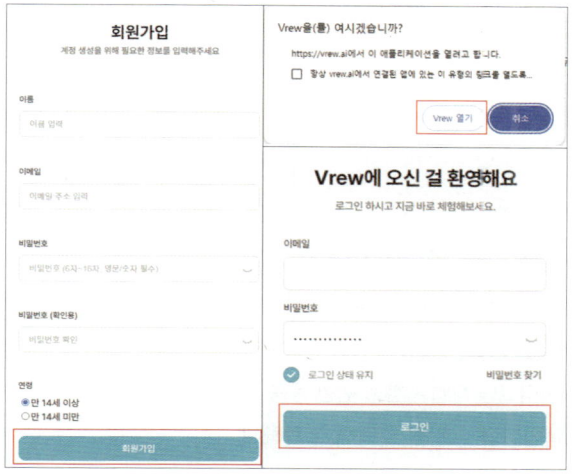

06 자영업자의 AI 리터러시

그럼 브루를 활용하여 우리 사업체에 딱 맞는 홍보 쇼츠 영상을 제작하는 방법과 과정을 구체적으로 살펴보겠습니다.

텍스트 입력으로 우리 가게 홍보 쇼츠 제작하기

어떤 영상을 만들어 볼까요? 샐러드를 파는 '샐러드 라이프'라는 가게의 점주가 되었다고 하고, 가게 홍보 쇼츠 영상을 제작해 보겠습니다.

① [홈] 탭 화면에서 시작합니다. 좌측 상단의 [새로 만들기] 버튼을 눌러주세요. 그러면 [PC에서 비디오/오디오 불러오기], [텍스트로 비디오 만들기] 등 다양한 기능을 선택할 수 있습니다. 우리는 쇼츠 제작이 목적이므로 [텍스트로 비디오 만들기] 타일을 클릭해 보겠습니다.

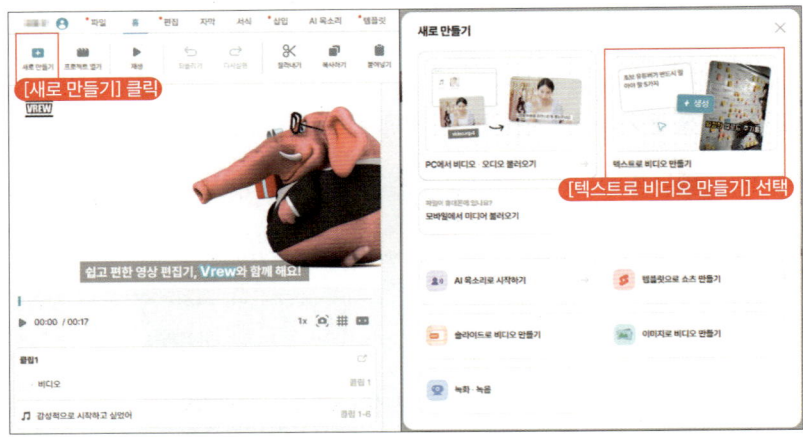

② 처음 실행하면 [확인] 창이 뜹니다. FFmpeg 다운로드가 필요하다고 하는데요, 이것은 동영상 제작과 재생에 필수인 인코딩/디코딩 작업 수행을 위한 응용 프로그램입니다. [예]를 클릭해 설치하세요. 한번 설치하면 영구 사용할 수 있습니다.

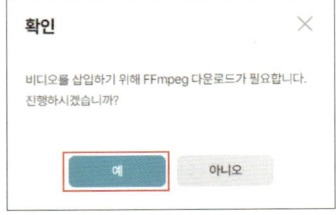

③ [텍스트로 비디오 만들기] 과정은 총 3단계로 이루어집니다. 1단계는 [화면 비율 정하기]입니다. 영상의 사이즈를 고릅니다. [쇼츠 9:16]를 클릭하세요. 우측에 자막 옵션 설정 창이 나타납니다. 자막 길이(짧게, 길게)와 자막 위치(위, 중간, 아래)를 원하는 유형으로 선택해 주세요.

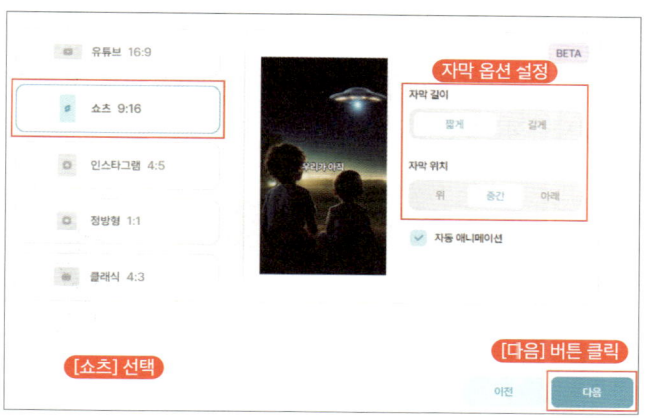

④ 2단계는 [비디오 스타일 선택]입니다. 브루에 따르면 '비디오 스타일'은 "특정 형식의 영상을 빠르게 만들도록 도와주는 인공지능 도우미"라고 합니다. '캐주얼한 정보전달', '영어 회화 공부', '공포 영상', '다큐멘터리', '명언' 등 아주 다양한 스타일이 기본으로 제공됩니다. 이 중 원하는 스타일을 선택해도 좋고요, 원하는 스타일이 없다면 [스타일 없이 시작하기]를 클릭하면 됩니다.

⑤ 마지막 3단계, [영상 만들기]에서는 영상의 주제와 대본을 입력하게 됩니다. 영상 주제는 아주 간략하게 입력해도 좋으며, 자세히 입력할 경우 AI가 좀 더 상세한 대본을 만들어줄 수 있습니다.

주제 입력창에 "'샐러드 라이프' 샐러드 가게 소개 영상"이라고 적고, [AI 글쓰기] 버튼을 눌러보았습니다. 자동으로 대본이 완성되었습니다. 완성된 대본을 보니 그럴듯하지만 조금 어색한 부분도 있습니다. AI가 만들어준 대본을 그대로 활용해도 되지만, 직접 수정해도 됩니다.

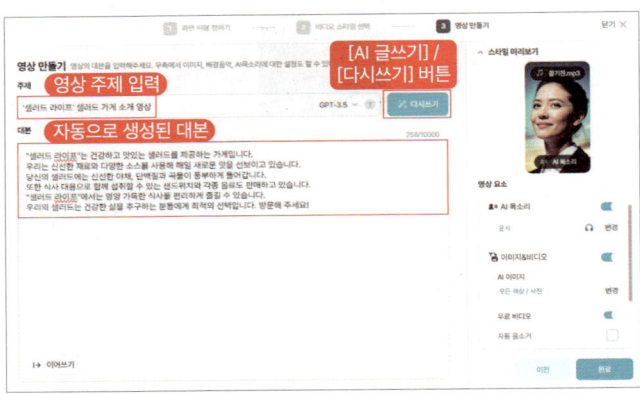

⑥ 그럼 대본을 우리가 직접 입력해 보겠습니다. 다음 대본은 대화형 AI의 도움을 받아 '샐러드 라이프' 가게의 강점을 강조하여 만든 것으로, 앞서 아무 정보 없이 생성한 내용보다 훨씬 자연스럽습니다. 이 대본대로 영상을 만들어볼게요.

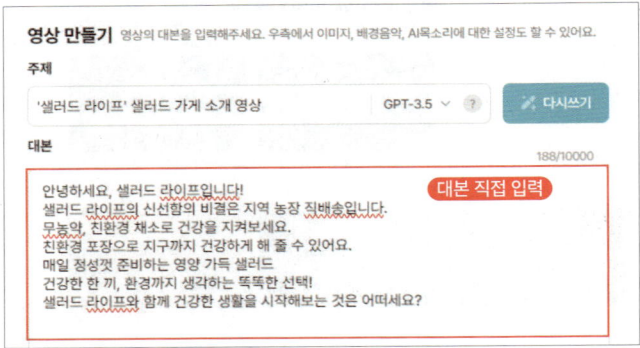

⑦ 우측에는 [영상 요소]를 정할 수 있는 메뉴가 있습니다. 대본을 읽을 [AI 목소리]를 들어보고 직접 선택할 수 있고요, 이미지/비디오의 색상 톤이나 스타일 등을 직접 지정할 수도 있습니다. 원하는 유형을 선택했다면, 이제 [완료] 버튼을 눌러주세요.

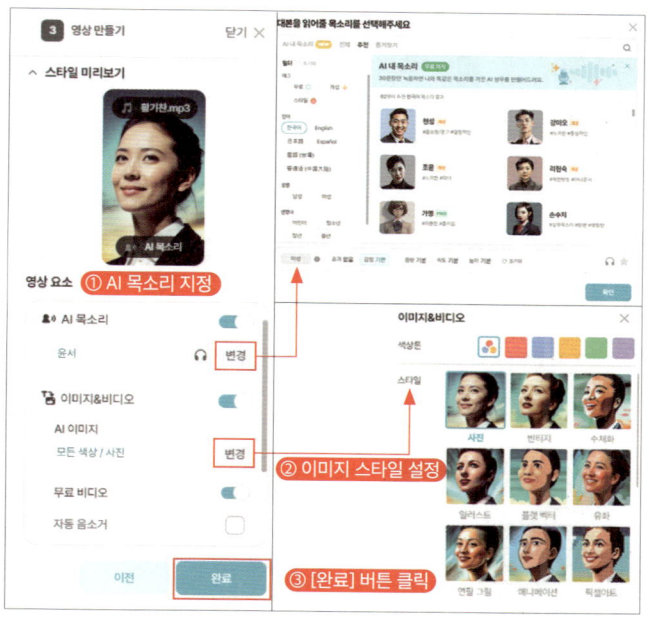

⑧ [작성한 대본으로 영상을 생성하시겠어요?]라는 팝업창이 뜨면 [완료] 버튼을 누른 뒤 1~2분 정도 기다리세요. 바로 멋진 쇼츠가 완성됩니다. 하단 [재생] 아이콘을 눌러 영상을 감상해 보세요!

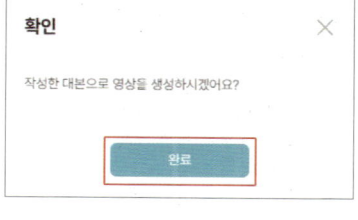

⑨ 영상이 마음에 든다면 그대로 저장합시다. 우측 상단 머 메뉴에서 [내보내기]-[영상 파일(mp4)]을 선택한 뒤, [동영상 내보내기] 창에서 허상도와 화질 등을 설정하고 다시 한번 [내보내기] 버튼을 클릭해 주면 끝입니다.

06 자영업자의 AI 리터러시

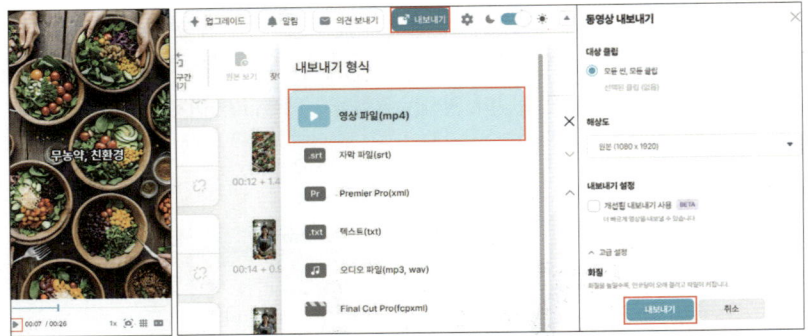

우리 가게 홍보 쇼츠 수정 및 저장하기

영상을 재생해 보았는데, 어색하고 마음에 들지 않는 부분이 있나요? 걱정 마세요. 텍스트 대본과 목소리, 삽입된 이미지/영상을 모두 수정할 수 있습니다.

생성된 영상의 우측을 보면, 박스들이 쭉 나열되어 있습니다. 숫자가 매

겨진 한 박스가 한 '클립'입니다. 이 기본 단위를 쭉 이어 재생하면 영상이 되는 셈입니다. 여기서 사이에 클립을 추가하거나 순서를 서로 바꿀 수도 있고, 애매하면 아예 삭제할 수도 있습니다. 기존 영상 편집의 컷 편집과 유사합니다.

클립 박스의 위쪽 박스 글들은 자막, 아래쪽 파란색 글씨는 (목소리가 읽는) 대본입니다. 둘 모두 마우스로 클릭한 다음, 원하는 대로 텍스트를 입력해 수정할 수 있습니다. 오른쪽은 실제 영상에 노출되는 화면(이미지)입니다. 간혹 엉뚱한 것이 들어간 경우, 클릭해서 교체해 주면 됩니다. 하나씩 함께 해보겠습니다.

♥ 자막/대본 수정하기

중간에 과도하게 자막이 끊겨 어색한 부분이 있습니다. 18~19 클립인데요, "건강한 한 끼,"가 한 구이므로 한 클립에 연결되어 나타나는 편이 좋겠습니다.

① 수정을 원하는 클립 박스 위쪽의 우측 [연필] 아이콘을 틀릭하면, 다음처럼 입력창이 활성화됩니다. 원하는 대로 텍스트를 이어서 새로 적었습니다. [확인] 버튼을 누르면 자막 변경이 적용됩니다.

② 쇼츠 영상이 화면에 자막을 넣으면서 그걸 그대로 목소리가 읽는 형식이기 때문에, 서로 일치해야 어색하지 않습니다. 클립 박스 아래 파란색 텍스트를 클릭하고 자막과 똑같이 입력해 줍니다.

③ 잠시 기다리면 좌측 영상에 바로 반영됩니다. 재생해 보고 어색하면 추가로 수정하면 됩니다. 여기에서는 19 클립이 '환경까지'로만 끝나면 너무 짧게 느껴져서, 20 클립에 있던 '생각하는' 자막과 음성까지 추가로 옮겨 왔습니다.

④ 자막의 내용은 괜찮은데 폰트나 색이 마음에 안 드시나요? 상단 메뉴에서 폰트와 색, 크기를 얼마든지 원하는 것으로 바꿀 수 있습니다.

♥ 영상/이미지 교체하기

때로는 AI가 생성하거나 찾아서 삽입한 영상/이미지가 대본의 내용을 충분히 반영하지 못한다고 느낄 수 있습니다. 실제로 다음 그림을 보면,

"친환경 포장"을 설명하고 있는데 이미지는 단순히 샐러드를 만드는 모습이라서 서로 맞질 않습니다. 그럴 때는 영상을 교체해야 합니다.

① 이 이미지는 10번 클립(친환경 포장으로)에서 재생됩니다. 10번 클립 앞에 있는 썸네일 이미지를 클릭하면 영상 관련 메뉴가 나타납니다. [교체]를 선택하세요.

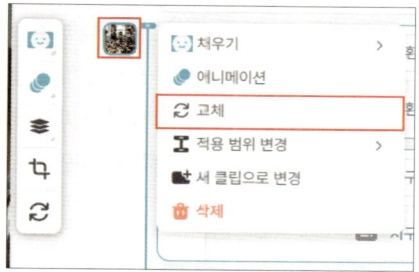

② [다른 이미지 또는 비디오로 교체하기] 팝업창이 열립니다. 좌측 [이미지 묘사] 입력창에 원하는 이미지를 설명하는 프롬프트를 입력합니다. "친환경 종이 박스에 담긴 신선한 샐러드"라 적었습니다. '스타일'과 '이미지 비율'은 전체 영상에 맞춰 그대로 두고, 하단 [이미지 1장 생성] 버튼을 클릭하세요.

잠시 기다리면, 중앙에 AI가 생성한 이미지가 나타납니다. 이미지가 마음에 드나요? 그 아래 [삽입하기] 버튼을 클릭하면 바로 이미지가 교체됩니다. 한편 우측의 [무료 이미지 & 비디오] 칸에는, 입력 내용을 바탕으로 브루가 찾은 이미지와 비디오가 제시됩니다. 이 중에 골라서 클릭해도 바로 적용됩니다. [PC에서 불러오기]를 클릭해 우리 가게의 실제 포장 이미지를 올려도 좋겠지요.

③ AI가 처음 생성한 이미지가 마음에 들지 않을 경우, [삽입하기] 왼쪽의 [AI와 이미지 수정하기] 버튼을 클릭해 추가 보완을 진행할 수 있습니다. 우측 하단 프롬프트 입력창에 수정 요청을 하면 됩니다. 채소 포장 박스 대신 샐러드 포장 박스처럼 보일 수 있게 다음과 같이 요청했습니다. 잠시 기다리면 새 이미지가 생성됩니다. [삽입하기]를 클릭하면 완료입니다.

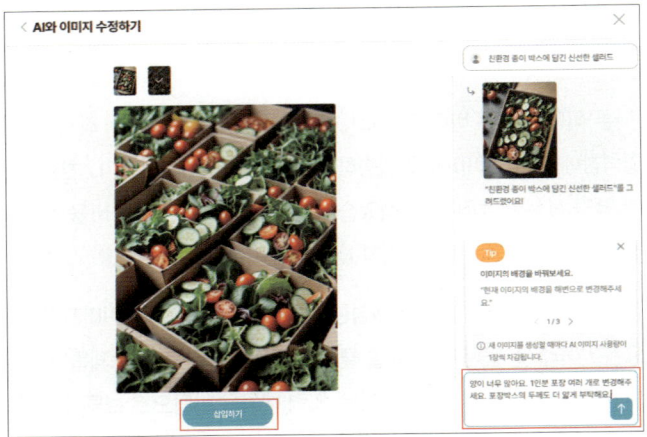

④ 클립 목록으로 돌아왔습니다. 새 이미지가 삽입되었지만 다른 영상과 크기가 좀 다르네요. 양 대각선으로 늘려 꽉 채워줍시다. 우측 메뉴에서 애니메이션 방식

을 변경할 수도 있습니다.

이 밖에도 배경 음악, 효과음, 기타 영상 효과 등 다양한 소스를 활용하면서 이전에 촬영부터 편집까지 홀로 해내야 했던 때보다 더 빠르게 나만의 홍보 쇼츠를 완성할 수 있습니다. 여러분도 지금 바로 도전해 보세요!

지금까지 우리는 학생, 직장인, 공무원, 교육자, 연구자, 자영업자 각각의 상황에서 AI를 어떻게 활용할 수 있는지 살펴보았습니다. 처음에는 이렇게 많은 AI 서비스가 부담스럽게 느껴졌을지도 모릅니다. 하지만 이제는 아시겠죠? 중요한 것은 모든 AI를 다 알고 사용하는 것이 아니라, 나의 상황과 고민에 맞는 AI를 찾아 제대로 활용하는 것입니다.

학생들은 과제와 발표 자료 제작에, 직장인들은 업무 효율화와 보고서 작성에, 공무원들은 문서 검토와 민원 응대에 AI를 활용할 수 있습니다. 교육자들은 수업 자료 제작과 학생 피드백에, 연구자들은 논문 분석과 데이터 처리에, 자영업자들은 매장 홍보와 고객 관리에 AI의 도움을 받을 수 있습니다. 이처럼 각자의 자리에서 필요한 부분에 집중하여 AI를 활용한다면, 그것이 바로 진정한 의미의 'AI 리터러시'가 되는 것입니다.

앞으로도 새로운 AI 서비스들은 계속해서 등장할 것입니다. 이제 새로운 AI 서비스를 만날 때마다 귀찮다고 생각하지 말고 직접 경험해 보세요. 그러면 나에게 필요한 서비스인지, 그렇지 않은지 쉽게 파악이 가능할 수 있습니다. 나에게 맞는 AI를 찾아 꾸준히 활용하다 보면, 자연스럽게 AI 활용 능력은 높아질 것입니다.

여기 소개한 AI 활용법들은 시작에 불과합니다. 여러 직종과 업무에 맞는 다양한 사례는 이제 여러분이 찾아 나갈 차례입니다. 작은 것부터 시작해 하나씩 익혀 나간다면, AI는 분명 여러분의 일상과 업무에 든든한 조력자가 되어줄 것입니다.

마무리하며

요즘 주변을 둘러보면 신기하기도 하고, 한편으론 무섭기도 합니다. 기술이 너무 빨리 변하기 때문이죠. 게다가 챗GPT를 포함한 여러 AI 서비스들은 앞다투어 선두 자리를 차지하기 위해 엄청난 노력을 하고 있습니다. 그만큼 AI 서비스들의 발전 속도는 우리가 따라가기 쉽지 않습니다. 실제로 많은 사람이 이 급격한 변화 속도에 두려움을 느끼고 있죠. 새롭게 등장하는 수많은 AI 서비스 앞에서 혼란스러움을 느끼는 것도 당연합니다.

잠시 과거를 돌아볼까요? 필자가 학창 시절에 만난 한 선생님께서는, 파워포인트라는 '획기적인' 도구로 수업을 하셨습니다. 현란한 글씨와 효과음으로 가득한 수업 자료는 당시 저희에게 신세계였죠. 그 시절 학교에서 그런 도구를 사용하시는 분은 그 선생님 한 분뿐이었습니다. 하지만 지금은 어떤가요? 중고등학생부터 직장인까지, 파워포인트는 이제 누구나 다루는 기본 도구가 되었습니다.

AI도 똑같은 길을 걸을 것입니다. 아니, 오히려 더 빠른 속도로 우리 삶에 스며들 것입니다. 정보의 전파 속도가 그만큼 빨라졌기 때문이죠. 물론 지금도 AI 사용을 주저하는 분들이 많습니다. 하지만 막연한 두려움으로 이를 남의 이야기처럼 바라보고만 있다면, 우리는 분명 뒤처지고 말 것입니다.

이 책에서 우리는 AI 리터러시의 여러 측면을 살펴보았습니다. AI 기술의 작동 원리와 프롬프트 엔지니어링부터, 실제 서비스들의 활용 방법 그리고 각자의 상황에 맞는 구체적인 적용 사례까지. 이 모든 것이 바로 AI 리터러시의 핵심 영역들입니다. 앞으로 우리의 경쟁력은 이러한 AI 서비스를 업무와 일상의 적재적소에 활용할 수 있는 능력에 달려 있을 것입니다.

하지만 이 책은 작은 시작, 여러분만의 AI 리터러시를 만들어가는 첫걸음일 뿐입니다. 이제 여러분이 각자의 자리에서 AI를 여기 저기에 활용하면서 이러한 역량을 발전시켜 나가야 합니다. AI 시대의 리더가 될지, 방관자가 될지는 여러분의 선택에 달려 있습니다. 아무런 노력 없이 얻을 수 있는 것은 없습니다.

지금 이 순간에도 새로운 AI 서비스들이 등장하고 있습니다. 하지만 이제 두렵지 않으시죠? 이 책을 통해 배운 기초를 바탕으로, 다른 사람보다 AI 서비스 하나라도 더 배우고 활용하는 분이 되시기를 바랍니다. 여러분의 AI 리터러시가 만들어갈 새로운 미래가 너무 기대됩니다.

감사의 말씀

끝으로 이 책을 마무리하는 데 도움을 주신 많은 분께 감사의 말씀을 드립니다. 먼저 좋은 아이디어로 책 집필을 시작하게 도와주신 프리렉 최흥석 대표님, 그리고 책을 더욱 빛나게 만들어주신 박영주 편집자님께 감사드립니다. 항상 멀리서 응원해 주시는 양가 부모님께 감사드리며, 곁에서 든든한 지원과 격려를 아끼지 않고 힘이 되어주는 사랑하는 아내에게도 진심으로 감사의 마음을 전합니다. 그리고 무엇보다 항상 밝고 사랑스러운 모습으로 제게 힘이 되어주는 두 아이, 서연이와 현중이에게도 고마움을 전합니다.

미주

PART 1

1. Media literacy: what are the challenges and how can we move towards a solution?, https://blogs.lse.ac.uk/parenting4digitalfuture/2019/03/13/media-literacy-what-are-the-challenges/
2. https://www.doopedia.co.kr/doopedia/master/master.do?_method=view&MAS_IDX=230331001827522
3. Ribble, M. (2015). Digital citizenship in schools: Nine elements all students should know. International Society for technology in Education.
4. Long, D., & Magerko, B. (2020, April). What is AI literacy? Competencies and design considerations. In Proceedings of the 2020 CHI conference on human factors in computing systems (pp. 1-16)
5. 이유미, & 박윤수. (2021). AI 리터러시 개념 설정과 교양교육 설계를 위한 연구. 어문론집 85. 451-474.
6. Kojima, Takeshi, et al. Large language models are zero-shot reasoners. Advances in neural information processing systems 35 (2022): 22199-22213.
7. Li, Yunshui, et al. One shot learning as instruction data prospector for large language models. arXiv preprint arXiv:2312.10302 (2023).
8. Parnami, Archit, and Minwoo Lee. Learning from few examples: A summary of approaches to few-shot learning. arXiv preprint arXiv:2203.04291 (2022).
9. Zhang, Zhuosheng, et al. Automatic chain of thought prompting in large language models. arXiv preprint arXiv:2210.03493 (2022).
10. https://www.doopedia.co.kr/doopedia/master/master.do?_method=view&MAS_IDX=101013000857908
11. James Vincent, Getty Images sues AI art generator Stable Diffusion in the US for copyright infringement. The Verge. 2023.02.07
12. 김미정. 美 법원, AI 저작권 소송 기각…"증거 불충분". 지디넷코리아. 2023.11.01
13. https://x.com/grok
14. 성유진. 가짜뉴스 막는다… AI 생성물에 '워터마크' 의무화 추진. 조선일보. 2024.05.23
15. Google DeepMind. https://deepmind.google/technologies/synthid/
16. Elizabeth Howell. James Webb Telescope question costs Google $100 billion—here's why. SPACE.COM. 2023.02.09
17. 김양진. 챗GPT 대항마, 구글 바드 오답 '망신'…시가총액 150조원 증발. 한겨레. 2023.02.11
18. JUSTIA US Law. Mata v. Avianca, Inc., No. 1:2022cv01461 - Document 54 (S.D.N.Y. 2023).
19. Now and next for AI-capable smartphones. https://canalys.com/reports/AI-smartphone-market-forecasts
20. 전웅빈, 문동성, 박세원. 하루종일 스마트폰 했더니 600개 기업이 내 정보 빼갔다 [이슈&탐사]. 국민일보. 2021.03.13
21. Jeffrey Dastin. Insight - Amazon scraps secret AI recruiting tool that showed bias against women. Reuters. 2018.10.11
22. https://terms.naver.com/entry.naver?docId=932415&cid=43667&categoryId=43667
23. Warren Butler. What Early Adopters Reveal About Microsoft Copilot. ServerSys. 2023.12.15
24. 김경은. 생성형 AI 이용 현황 및 노동 대체 가능성에 대한 이용자 인식조사. SW중심사회 2024년 4월호. 소프트웨어정책연구소. 2024.4.23.
25. https://terms.naver.com/entry.naver?docId=6730630&cid=43667&categoryId=43667
26. AI-nstein. The AI Divide: A Looming Chasm in the Landscape of Innovation. Medium. 2024.02.06
27. Marco Neves. https://www.linkedin.com/pulse/artificial-intelligence-divide-impacts-consequences-approaches-neves

PART 2

1. Arkadiusz Krysik. Netflix Algorithm: How Netflix Uses AI to Improve Personalization. 2024.06.14
2. AtliQ. From DVDs to Data: The Evolution of Netflix's Personalized Content Recommendations. 2023.12.19
3. 티맵모빌리티 네이버포스트. 2022.09.29. https://m.blog.naver.com/tmapmobility/222887224258

4. 남윤정. "이 사진 나 맞아? 너무 예쁜걸"…2030 여성 '스노우 AI 필터'에 열광. 서울경제. 2024.02.29
5. 스노우 홈페이지. https://recruit.snowcorp.com/cnts/people_detail?id=5
6. 곽노건. [IT이야기] 인공지능 음성인식 비서, 어디까지 진화되었을까요? 미디어인뉴스. 2020.08.20
7. 박재호. 자율주행차와 인공지능: GPGPU와 딥러닝. AEM. 2016.07월호.
8. 현대자동차. https://update.genesis.com/KR/KO/updateNoticeView/dJk7ZT
9. 카를 고틀리프 폰 빈디슈, 퍼블릭 도메인, https://commons.wikimedia.org/w/index.php?curid=1458855
10. Britannica. Deep Blue. https://www.britannica.com/topic/Deep-Blue
11. 방준식. 건당 20원 '눈알 붙이기'…1시간에 27만원도 벌었죠". 한국경제. 2024.01.21
12. Ashish Vaswani, et al. "Attention Is All You Need." arXiv:1706.03762 (2017) https://arxiv.org/abs/1706.03762
13. Dr. Jagreet Kaur Gill. Generative AI Models Types, Training and Evaluation Strategy. XENONSTACK. 2024.10.07
14. The 5 Different Types of Generative Models. Deepchecks Community Blog. 2023.08.28
15. ETICA. What are the primary advantages and limitations of using Generative Adversarial Networks (GANs) compared to other generative models? 2024.06.11
16. sabrepc. GANs vs Diffusion Models - Generative AI Comparison. 2023.05.13
17. Minshuo Chen, Song Mei, Jianqing Fan, Mengdi Wang. "An Overview of Diffusion Models: Applications, Guided Generation, Statistical Rates and Optimization." arXiv:2404.07771 https://arxiv.org/abs/2404.07771
18. ENCORD BLOG. An Introduction to Diffusion Models for Machine Learning. 2023.08.08
19. Iterate.ai. Variational Autoencoder (VAE): The Definition, Use Case, and Relevance for Enterprises. https://www.iterate.ai/ai-glossary/what-is-variational-autoencoder-vae
20. Georgios Nanos. VAE Vs. GAN For Image Generation. Baeldung. 2024.03.18
21. Lilian Weng. Flow-based Deep Generative Models. https://lilianweng.github.io/posts/2018-10-13-flow-models/
22. Meghaquantum.ai. https://www.meghaquantum.ai/tech-detail.php?id=flow-based-models
23. Dr. Jagreet Kaur Gill. op cit.

PART 3

1. Conversational AI Market - By Component (Solutions, Services), By Type (Chatbots, Intelligent Virtual Assistant), By Deployment Mode (Cloud, On-premises), By Technology, By End User, By Application & Forecast, 2024 - 2032.
2. Fabio Duarte. Number of ChatGPT Users (Nov 2024). EXPLODING TOPICS. 2024.11.12
3. AI Image Generator Market Size - By Component (Solution, Services), By End-user (Media & Entertainment, Healthcare, Fashion, E-commerce & Retail, Education and Training, Marketing and Advertising), By Organization Size, By Deployment Model & Forecast, 2024 - 2032
4. People Are Creating an Average of 34 Million Images Per Day. Statistics for 2024. https://journal.everypixel.com/ai-image-statistics
5. Kate Sukhanova. AI Image Generator Market Statistics – What Will 2024 Bring? Techreport. 2024.01.19
6. 윤영주. "최고의 AI 이미지 생성기 가려볼까…승자는?" AI POST. 2023.12.11
7. AI Video Generator Market Size, Share & Industry Analysis, By Enterprise Type (Small & Medium Enterprises (SMEs) and Large Enterprises), By Source (Text to Video, PowerPoint to Video, and Documents to Video), By Application (Training & Education, Marketing & Advertising, Social Media, and Others), By Industry (IT & Telecom, Retail & E-commerce, Education, Healthcare, Real Estate, Media & Entertainment, and Others), and Regional Forecast, 2024 - 2032

PART 4

1. [IF Strategy(23-10)] 인공지능(AI) 국제협력 현황 및 특징 분석. 2024.01.10
2. 픽사베이. https://pixabay.com/ko